UN PASO AUDAZ

UN PASO AUDAZ
EL TERCER HITO DE LA HISTORIA DE SCHOENSTAT
LA MISIÓN DEL 31 DE MAYO
Editor: P. Rafael Fernández de A.
Traducción: Sergio Danilo Acosta

ISBN: 978-956-246-770-4

© **Editorial Nueva Patris S.A.**
José Manuel Infante 132
Teléfono: 22235 1343 - Fax: 22235 8674
Providencia, Santiago - Chile
E-mail: gerencia@patris.cl
www.patris.cl

Diseño/Diagramación:
M. Constanza Martínez M.
Alberto Siredey D.

Impreso por:
Dimacofi Servicios S.A.
Noviembre, 2014
Chile

Editor

P. Rafael Fernández de A.

Un Paso Audaz

El tercer hito
de la Familia de
Schoenstatt

TEXTOS SOBRE
LA MISIÓN
DEL 31 DEL MAYO

Contenido

Presentación

El diagnóstico que hizo el P. Kentenich sobre el desarrollo cultural de Occidente, posee plena vigencia e, incluso, en nuestra coyuntura histórica cobra aún mayor actualidad. El cambio de época que sufre hoy el mundo, la situación que experimenta la Iglesia, apuntan claramente en la dirección que, hace decenios, señaló el fundador de Schoenstatt.

Él no se limitó sólo a analizar la realidad y mostrar las tendencias futuras predominantes, sino que, al mismo tiempo, mostró caminos de solución concretos, orientados hacia los "novísimos tiempos", a una Iglesia profundamente renovada, capaz de ser alma de una nueva sociedad.

En su intento de ofrecer a la jerarquía su propuesta pedagógico-pastoral en 1949, no fue comprendido ni tampoco encontró eco. Al contrario, lo que recibió fue rechazo y un exilio en Milwaukee que duró 14 años.

Hoy la situación es otra. Se han abierto puertas que antes estaban cerradas. Nos encontramos ante una Iglesia necesitada y ávida de renovación. El aporte pedagógico pastoral que Dios quiere entregar a la Iglesia a través de Schoenstatt es acogido y apreciado.

Esta nueva realidad nos obliga a elaborar la propuesta evangelizadora kentenijiana con mayor profundidad y consecuencia. Nos pide encarnarla como Familia en un nivel superior y, además, mostrar una disposición efectiva de entregarla a la Iglesia en una actitud de servicio desinteresado. Buscamos sentirnos cada vez más en el seno de la Iglesia, junto a otras comunidades que también buscan entregar lo mejor de sí mismas para construir juntos un futuro eclesial y social impregnado de los valores del Evangelio.

El sentido profundo del jubileo de los 100 años de fundación de Schoenstatt, que celebra nuestra Familia, implica una "refundación" de Schoenstatt en el sentido que planteó nuestro Padre. Y esa refundación necesariamente requiere asumir con nueva fuerza y nueva decisión no solo el primer fin de Schoenstatt, el hombre nuevo en la nueva comunidad, sino también el segundo y tercer fin de Schoenstatt.

La Misión del 31 de Mayo está estrechamente ligada a lo que el P. Kentenich denominó "rescate de la misión salvífica de Occidente". Llevar a la vida este fin requiere asumir el acto de envío que hiciera nuestro padre desde el santuario de Bellavista el 31 de Mayo de 1949. En otras palabras, se trata de incorporarnos y asemejarnos a nuestro padre en el arriesgado paso que dio ese día, es decir, hacer nuestro el tercer hito de la historia de Schoenstatt.

Esto hará también posible que el tercer fin, la Confederación Apostólica Universal, comience a ser más y más una realidad.

El libro que ahora publicamos, bajo el título de *"Un Paso Audaz"* se comprende en este contexto. Como preparación al jubileo de la Misión del 31 de Mayo, en 1974, publicamos, con la ayuda del P. Hans Werner Hunkel, una colección de textos en alemán de nuestro padre y fundador, titulada *"Texte zum 31. Mai 1949"*. Para el jubileo mismo, en 1999, se publicó una selección de estos textos en castellano, en el libro *"Textos escogidos sobre la Misión del 31 de Mayo"*.

Este nuevo libro completa aún más la colección de estos textos. Hemos asumido en él la selección que hizo el P. Paul Vautier sobre el tema. Para una mejor comprensión de los mismos, agregamos además introducciones aclaratorias.

P. Rafael Fernández de A.

I.
Introducción

1. Contexto histórico

El 20 de Mayo de 1945, al término de la Segunda Guerra Mundial, después de haber sido liberado del campo de concentración de Dachau, el P. Kentenich regresó a Schoenstatt. Su retorno fue el inicio de un período de grandes bendiciones para la Familia de Schoenstatt. La corriente de gracias y de vida que tuvo su origen el 20 de Enero de 1942 y que había plasmado el Jardín de María, significaba la maduración interna de Schoenstatt.

Los lazos con el fundador se habían hecho aún más estrechos. La Familia lo reconocía como su fundador y cabeza, y esta convicción se expresaba en la adhesión y seguimiento a su persona.

Considerando el momento histórico que vivía la Iglesia en el espacio cultural de Occidente, el fundador sintió la urgencia que llegase al seno de la Iglesia lo que Dios había hecho surgir en Schoenstatt, y que pudiese ser conocido y reconocido oficialmente por la jerarquía. Estaba plenamente convencido del carácter sobrenatural de la Obra: Schoenstatt traía un aporte en el orden pedagógico-pastoral, esencial para la renovación de la vitalidad de la Iglesia, para que ésta pudiese enfrentar fecundamente los desafíos de los novísimos tiempos.

Movido por ello, el P. Kentenich diseña y pone en marcha un "cambio de estrategia". Si bien en los decenios pasados Schoenstatt se había desarrollado silenciosamente, especialmente por la persecución del nazismo, concentrándose en la construcción y fortalecimiento interno de la Familia, ahora parecía necesario tomar activamente la iniciativa para dar a conocer la espiritualidad y pedagogía de Schoenstatt, los principios que la animaban y su puesta en práctica: lo que Dios y María habían realizado en Schoenstatt no era para Schoenstatt mismo, sino para fortalecer la vida de la Iglesia.

El fundador percibía con claridad que el proceso cultural conducía a Occidente a su ruina, víctima de una mentalidad que él denominó "mecanicista", que socavaba los vínculos de amor tanto en el orden natural como sobrenatural.

Por otra parte, en este mismo sentido, estaba convencido de la importancia del mensaje mariano de Schoenstatt para vencer el "bacilo" o germen de la enfermedad que aquejaba nuestra cultura.

Por ello, una vez libre del campo de concentración, buscó activamente que la jerarquía se interesara por el carisma de Schoenstatt, que lo estudiara, valorara y recibiera. Con este fin hizo que se publicara el librito de oraciones *Hacia el Padre* (donde se podía percibir la espiritualidad que había surgido en el Movimiento) y que fuera difundido. Realizó igualmente visitas a diversos obispos.

Lo que el P. Kentenich pretendía no era presentar el carisma de Schoenstatt a la jerarquía sólo para su reconocimiento, sino expresamente para que ésta lo asumiera como un aporte pastoral y un don que Dios había suscitado en su seno.

De ningún modo se trataba que la Iglesia "se hiciese schoenstatiana", sino que las leyes pedagógicas y la espiritualidad que se habían probado fecundamente en Schoenstatt pudiesen aplicarse en forma análoga en la vida y en la pastoral de la Iglesia.

Pensaba que, para vencer la lejanía y ausencia de Dios en nuestra cultura y para detener el proceso de desintegración y destrucción de los vínculos de amor queridos por Dios, era necesario que la teología, la espiritualidad y la pedagogía de las causas segundas, o el cultivo de la armonía entre la Causa Primera, Dios, y la causa segunda, el hombre, fueran asumidas en el proceso de una nueva evangelización.

Según su opinión, si esto no sucedía, la Iglesia no estaría suficientemente capacitada para vencer los "errores colectivistas", el bacilo del "pensar mecanicista" que corroía profundamente su vitalidad y la incapacitaba para ser alma de la cultura adveniente.

En 1947, emprendió sucesivos viajes al extranjero. Quería visitar a los suyos y fortalecer en las Familias locales la vida naciente y transmitirles la riqueza que Schoenstatt había experimentado a raíz de la profundización de la Alianza del 20 de Enero de 1942. Por otra parte, considerando el proceso de la Iglesia y de Schoenstatt en Centroeuropa, buscaba que Schoenstatt se desarrollara en el ámbito latino, donde esperaba que el mensaje mariano experimentase una amplia acogida y fecundidad.

Sin embargo, el intento de que la Iglesia reconociera y acogiera el aporte de Schoenstatt en Alemania, especialmente de parte de la jerarquía, no encontró la acogida esperada. Al contrario, poco a poco se fueron acentuando las críticas a Schoenstatt.

2. El arriesgado paso del 31 de Mayo de 1949

En estas circunstancias el fundador buscó que se enviase, de parte de la diócesis de Tréveris –diócesis a la cual pertenece Schoenstatt en Alemania– una "comisión de estudio" al lugar de Schoenstatt. Pero, de hecho, el obispo, a pedido de la Conferencia Episcopl, ordenó una visitación diocesana que se llevó a cabo entre el 19 y 28 de Febrero de 1949 por el obispo auxiliar de la diócesis, Monseñor Stein.

El padre fundador recibió el informe del visitador mientras se encontraba en Uruguay. Este *Informe* afirma que no se puede objetar nada en cuanto a la doctrina y la moral en Schoenstatt, pero sí expresa reparos respecto a las prácticas pedagógicas.

El obispo de Tréveris envió este informe al P. Kentenich pidiendo una respuesta. Esto motivó al fundador a comenzar a escribir una extensa respuesta a las observaciones del visitador. Tras los reparos de éste, él constataba una mentalidad que, a su juicio, acarreaba fatales consecuencias para la Iglesia y la cultura de Occidente.

Dado este hecho, la situación se tornaba delicada. El P. Kentenich podría responder, como se lo aconsejaban miembros de la Familia especialmente cercanos a él, que se buscaría enmendar las prácticas pedagógicas respecto a las cuales el visitador hacía reparos y, de esta forma, Schoenstatt podría continuar su camino sin mayores tropiezos.

Sin embargo, el P. Kentenich estimó que en esas críticas se manifestaba justamente la mentalidad que él se sentía llamado a denunciar y a tratar de sanar; que Dios le estaba mostrando el momento en que debía exponer su misión a los obispos, con claridad y franqueza, ampliamente y en profundidad.

Se trataba de una encrucijada semejante a la que debió enfrentar el 20 de Enero de 1942. En esa ocasión, él decidió no hacer nada que impidiese su confinación en el campo de concentración de Dachau. En ese momento, la Familia no entendió su actitud. Sólo después se mostró que ello había correspondido a una inspiración del Espíritu Santo. Una situación semejante se volvía a repetir ahora. Sabía que si seguía este camino probablemente no iba a ser comprendido e, incluso, su intento podía sufrir un duro revés. Así y todo decidió actuar, comenzando a escribir su respuesta al informe, encontrándose todavía en Argentina.

El P. Kentenich había sido invitado a bendecir, en Santiago de Chile, el nuevo santuario construido junto a los Andes, en Bellavista.

Llegó a Santiago el 17 de Mayo de 1949. Durante su estadía, en la medida que se lo permitían sus actividades, se dedicó a escribir incesantemente. El 20 de Mayo tuvo lugar la bendición del santuario Cenáculo en Bellavista.

Pocos días después, en el atardecer del 31 de Mayo, se dirige al santuario acompañado de un pequeño grupo de Hermanas de María. Había terminado la primera parte de su respuesta y quiso ofrecerla a la Santísima Virgen en esa fecha en que –de acuerdo a la costumbre de Alemania– se celebra el término del Mes de María.

Depositó entonces su escrito sobre el altar del santuario y pronunció una plática que marcó lo que más tarde se denominaría "Tercer Hito de la historia de Schoenstatt".

El padre fundador se daba plenamente cuenta de que enviar su respuesta a los obispos y exponer su pensamiento en esos términos, implicaba para él y para la Familia de Schoenstatt un extraordinario riesgo; que su franqueza podía ser interpretada como altanería y que sus ideas podían ser rechazadas.

Pero estaba convencido de que la divina Providencia le pedía hablar, que el carisma de Schoenstatt al servicio de la Iglesia no debía permanecer oculto. Por eso, estaba también dispuesto a sacrificarlo todo, aun aquello que él más quería –su Obra– por amor a la Iglesia.

No podemos, explicaba en la plática, sentirnos dispensados de correr este riesgo. ¡Quien tiene una misión ha de cumplirla aunque nos conduzca al abismo más oscuro y profundo, aunque exija dar un salto mortal tras otro! La misión de profeta trae siempre consigo suerte de profeta.

Considerando que tras los reparos del visitador se escondía "el bacilo del mecanicismo", es decir, de esa mentalidad que impedía entender vitalmente y aplicar en forma consecuente la piedad y pedagogía marianas, que además se mostraba incapaz de comprender y aplicar la "pedagogía de las causas segundas", de los vínculos de amor personal como camino para lograr un encuentro vivo con Dios Padre, él no podía callar.

No se trataba, en ese momento, de defender Schoenstatt como tal, de defender su papel como fundador y el tipo de vínculo que existía entre él y las Hermanas de María (que habían sido el objeto directo de la visitación), sino que su actuar y su escrito respondían a la responsabilidad que sentía por los destinos de la Iglesia y de Occidente. Por eso decide jugarse por entero en su carta de respuesta al *Informe* del visitador.[1]

La celebración en el pequeño santuario recién bendecido, encontró un punto culminante en las palabras que pronunció el P. Kentenich en esa ocasión. En ese momento realizó un nuevo acto de envío para el naciente Schoenstatt en Chile y para toda la Familia: daba un nuevo paso histórico que lo comprometía a él y a toda la Familia; hacía en ese momento un nuevo acto de envío desde el Santuario Cenáculo de Bellavista, proclamando una cruzada por la victoria del pensar, amar y vivir orgánicos, por la perfecta restauración del organismo natural y sobrenatural de vinculaciones:

Creemos –afirma– que tenemos que ofrecernos como instrumentos para impulsar una contracorriente que vuelva a los países desde los cuales un día estos pueblos recibieron su cultura, desde los cuales también nosotros hemos sido abundantemente beneficiados. (…)

Con la entrega solemne que hacemos de este trabajo, aceptamos una carga que hombros humanos no pueden llevar por sus propias fuerzas. (…)

---

1 Los textos recogidos en el capítulo VIII de esta colección, muestran que desde hacía decenios el P. Kentenich tenía clara la necesidad de superar el pensar mecanicista a través del cultivo de un pensar orgánico. La lucha no se situaba, sin embargo, en primer lugar, en el orden puramente ideológico sino en el orden pedagógico. Su nuevo camino pedagógico-pastoral exigía, para su comprensión y puesta en práctica, una manera de pensar orgánica. Después de decenios de experiencia pedagógica en la fundación y desarrollo de su obra, decide dar ahora una batalla en el ámbito intraeclesial contra la mentalidad mecanicista.

¿Será acaso un don que nos hace en pago, un reconocimiento y un honor para nosotros, y que ella, a partir de este día, nos quiere usar, desde aquí, para ganar una influencia más poderosa, que repercuta en la forjación de los destinos de la Iglesia en el espacio cultural de Occidente?

Con este paso, se daba inicio a un cierto "cambio en la circulación de la sangre" en el Schoenstatt internacional: era el comienzo de la "mayoría de edad" para Schoenstatt fuera de Alemania, como lo explicará posteriormente en su Carta a Monseñor Schmitz.

Pocos días después de este acto de envío, en la fiesta de Pentecostés, el 5 de Junio, el P. Kentenich coronó a la Madre y Reina tres veces Admirable en el Santuario de Bellavista como Reina de la cruzada recién iniciada por él. Ella debía conducir a los suyos a la batalla y llevarles a obtener la victoria, en una tarea que fuerzas humanas nunca podrían realizar por sí mismas.

Las consecuencias de su respuesta (llamada posteriormente *"Epistola Perlonga"* por el visitador del Santo Oficio, el P. Tromp), no se hicieron esperar. Su propósito no fue entendido ni sus explicaciones aceptadas. A la visitación diocesana siguió una visitación apostólica: el Santo Oficio nombró como visitador al P. Tromp quien terminó separando al fundador de su Familia y enviándolo al exilio en Milwaukee, USA.

3. Segundo fin de Schoenstatt y tercer hito de la historia de la Familia de Schoenstatt

Para comprender cabalmente lo que significa la Misión del 31 de Mayo, es preciso considerar, por una parte, su contenido y, por otra parte, el acto de envío que realizó el P. Kentenich el 31 de Mayo de 1949.

Si hablamos del contenido de la Misión nos referimos particularmente al segundo fin de Schoenstatt, es decir, el rescate de la misión salvífica de Occidente.

En el segundo sentido, nos referimos a los hitos de la historia de Schoenstatt, en concreto, al tercer hito.

Los fines señalan metas y abarcan toda una visión ideológica. El contenido de la Misión se refiere a algo que había estado presente desde el inicio en Schoenstatt, a saber, la lucha por el pensar, amar y vivir orgánicos y que el padre fundador había formulado expresamente ya en los años 30.

Por otra parte, cuando hablamos de la Misión del 31 de Mayo, como un hito de la historia de Schoenstatt, nos referimos a la irrupción de gracias, a un acontecimiento, al acto de envío que hace el fundador, en el sentido de la realización del fin que Schoenstatt quiere alcanzar.

Ese contenido se perfilaba ahora en toda su dimensión y profundidad y debía ser asumido como una corriente de ideas, de vida y de gracias, desde el santuario de Bellavista. Pero no solo Bellavista, como más tarde se explicitó claramente; con ello estaban llamados todos los santuarios a enrolarse en la cruzada del 31 de Mayo, incorporándose de esta forma al tercer hito de la historia de la Familia.

El contenido de la Misión se refiere expresamente al rescate de la misión salvífica de Occidente, que implica superar el mecanicismo y fomentar el cultivo del pensar, amar y vivir orgánicos, o de la instauración del doble organismo de vinculaciones, natural y sobrenatural, en sí mismos y en su mutua relación.

Los tres fines de Schoenstatt se van realizando en el tiempo. Y esa realización está jalonada por lo que el padre fundador denominó "hitos de la historia de Schoenstatt". El hito no es una proclamación de una idea, es ante todo un acontecimiento de gracias, en el cual, como explica el padre fundador en su plática, la Madre y Reina de Schoenstatt vuelve a entregar al fundador la misión que ella posee frente a Occidente, involucrando con ello a todos aquellos que comparten esa Misión con el fundador. Se trata de una movilización misionera a partir de los santuarios filiales.

Por eso, cuando hablamos de la Misión del 31 de Mayo o del tercer hito de la historia de Schoenstatt no nos referimos a nada nuevo en relación al ideario, la espiritualidad y la pedagogía de Schoenstatt.

Ahora bien, si no agrega nada en cuanto al contenido de la misión de Schoenstatt, sí lo centra o perfila en forma clara. Esto reviste importancia ya que considerando la dimensión de lo que la Obra de Schoenstatt comprende, puede ocurrir que "por ver tantos árboles, se pierda la visión de bosque". Schoenstatt es para algunos la Virgen peregrina, para otros el Santuario Hogar, para otros un sistema de autoformación; para algunos un movimiento especialmente mariano, o bien consideran lo central la fe practica en la divina Providencia, o la preocupación por la familia, etc., etc.

Es cierto que Schoenstatt abarca todas estas realidades y tareas, pero todo ello tiene un mismo objetivo pedagógico, una coherencia interna, que está dada por su misión mariana específica: la instauración del organismo de vinculaciones o del pensar, amar y vivir orgánicos.

Lo nuevo, en cambio, es el acto de envío que realizó nuestro padre el 31 de Mayo; lo nuevo es la irrupción de gracias desde el santuario de Bellavista que, como vasos comunicantes debe llegar a toda la red de santuarios filiales y retornar al santuario original, llevándole abundante bendición. Lo nuevo es el acto de coronación en el cual el P. Kentenich pone en manos de María Reina la victoria o realización de la cruzada propuesta.

Por otra parte, cabe señalar también que no se trata de una misión "chilena", por estar el santuario de Bellavista en Chile, de modo semejante como la misión del santuario original no es una misión "alemana" por estar éste en Alemania.

4. Vigencia de la Misión

Tal como ocurrió con su plática del 18 de Octubre de 1914, el P. Kentenich no volvió a referirse a la plática del 31 de Mayo de 1949 sino varios años más tarde. Esperó que la divina Providencia señalará el momento adecuado.

Esto aconteció en 1952, ya rumbo al exilio de Milwaukee, cuando saca a luz lo que había dicho el 31 de Mayo de 1949 y muestra la vigencia de su acto de envío. Reitera entonces su llamado y anima a asumir la tarea encomendada.

Los años del exilio serían años de cruz para el P. Kentenich y para la Familia de Schoenstatt. En octubre de 1965, durante la última etapa del Concilio Vaticano II, el P. Kentenich recibiría nuevamente la libertad de acción que le había sido quitada, y serían levantadas todas las limitaciones y prohibiciones que se le habían impuesto a él y a la Familia.

Los años del exilio impidieron que el P. Kentenich pudiera hablar en público sobre la Misión. Pero, la semilla había sido sembrada y arraigó en muchos corazones en torno al santuario de Bellavista. Y, por otra parte, su *Carta a José* fue conocida por un cierto número de schoenstatianos y sus palabras sobre la misión calaron hondo en muchos schoenstatianos de otras latitudes.

Pero la acción del demonio, por otra parte, no tardó en producirse, usando su arma predilecta para desbaratar la obra de Dios: la división. Se generó en torno al 31 de Mayo una controversia respecto a su interpretación, que creó grandes tensiones y divergencias, que fueron superadas a través de la oración y las contribuciones al capital de gracias. Lo que escribió el P. Kentenich en sus Crónicas y Apuntes durante el tiempo de Milwaukee permiten hasta hoy obtener una plena claridad respecto a la interpretación y sentido de la misión.

Cuando el P. Kentenich regresa de Milwaukee, liberado de los cargos que pesaban contra él, retoma públicamente una y otra vez el tema de la Misión del 31 de Mayo, esta vez animando a la Familia entera a su plena realización.

¿Cuánto se ha cumplido de su sueño? Ciertamente queda aún mucho por hacer.

II

Un nuevo acto de envío

1. La plática del 31 de Mayo de 1949

Cuando se trató de dilucidar el contenido de la Misión del 31 de Mayo, el P. Kentenich indicó que se debía recurrir al texto de la plática que él pronunció ese día y a la tradición viva de la Familia de Schoenstatt en Chile.

Nos detenemos en primer lugar a considerar sus memorables palabras, recogidas por las Hermanas de María que lo acompañaban en ese momento en el Santuario Cenáculo de Bellavista.

Santo es este lugar

Inicia la plática con una declaración solemne: "Santo es este lugar", refiriéndose luego a la elección de aquellos que María elige, sobre cuyos débiles hombros se impondrán santas tareas.

Es como si el ambiente del hogar nos rodeara en estos momentos, como si ángeles estuviesen en medio de nosotros y nos dijesen: "¡Quítate el calzado, porque el lugar que pisas es tierra santa!" (Ex 3,5). Sí, santo es este lugar y quiere hacerse más y más santo; tierra santa es ésta, porque la Santísima Virgen ha escogido este terruño; tierra santa, porque en el transcurso de los años, de los decenios y de los siglos, desde este lugar surgirán, crecerán y trabajarán fecundamente hombres santos. Éste es un lugar santo, finalmente, porque desde aquí deberán imponerse santas tareas, es decir, tareas que santifican, sobre débiles hombros.

Una corriente de retorno

Ya al inicio de su plática menciona el P. Kentenich lo que más tarde, en la Carta a Monseñor Schmitz, llamará "cambio de la circulación de la sangre" al interior de la Familia de Schoenstatt.

Él había llegado al convencimiento de que la Santísima Virgen tenía planes especiales para su nuevo santuario y, con él, para los santuarios filiales. Desde ellos debía brotar una fuerte corriente de gracias, de ideas y de vida; una corriente de retorno hacia el Schoenstatt de origen y una contracorriente frente al colectivismo mecanicista.

De esta forma, desde el santuario Cenáculo de Bellavista, el P. Kentenich anuncia proféticamente su llamado a emprender una cruzada contra el mecanicismo. Se trata de una corriente de gracias destinada a llevar abundantes bendiciones al santuario original.

Es un hecho histórico que Schoenstatt ha venido hasta nosotros: el Schoenstatt de origen al nuevo Schoenstatt. Desde hoy en adelante, otro hecho ha de llegar a ser realidad histórica:

Desde hoy -así me parece- tenemos que cuidar que, desde aquí, el nuevo Schoenstatt encuentre su camino de retorno hacia el Schoenstatt de origen. El torrente de gracias, que vino desde allá en la plenitud de la Tercera Acta de Fundación y que sigue derramándose, quiere volver a la fuente primitiva llevándole abundante bendición. Éste es seguramente el profundo sentido de esta celebración. Ella tiene un doble carácter: de obsequio feliz y de pesada misión.

Un trabajo hecho en común

El padre fundador escribió la primera parte de su respuesta en la casa de las Hermanas situada en la calle Manuel Montt, en Santiago, que en ese momento era casa provincial de las Hermanas de María. Él quiso siempre actuar con los suyos. Mientras escribía lo acompañaban las Hermanas con sus oraciones y contribuciones al capital de gracias.

Nos hemos reunido aquí en esta tranquila hora vespertina para entregar solemnemente a la Santísima Virgen el trabajo que para ella hemos hecho en común. Digo que fue un trabajo hecho en común, porque, mientras yo escribía día y noche, ustedes silenciosamente imploraban para mí el Espíritu Santo en nuestro Cenáculo. Ustedes no se cansaron de ofrecer mayores sacrificios por la misma intención en forma aún más intensa, y, sobre todo, se esforzaron por tomar en serio la *Inscriptio* en la vida cotidiana.

Acepta una pesada carga

Señala que está emprendiendo una misión de extraordinaria importancia para el destino de la Iglesia y de Occidente. Se trata de un nuevo envío: "a partir de este día".

Declara que es un honor poder ayudar a la Santísima Virgen a que ella pueda realizar su misión.

La trascendencia de la misión es enorme: ganar una poderosa influencia en los destinos de la Iglesia en el espacio cultural de Occidente.

Con la entrega solemne que hacemos de este trabajo, aceptamos una carga que hombros humanos no pueden llevar por sus propias fuerzas. Pero también esperamos para Occidente, sobre todo para nuestra patria una gran bendición. Desde allá nos dejamos enviar como instrumentos en las manos de la Madre y Reina tres veces Admirable de Schoenstatt para ayudar a realizar aquí los planes de la sabiduría divina y del amor divino. Y nosotros tratamos de hacer todo lo que estuvo en nuestras fuerzas.

¿Será acaso un don que nos hace en pago, un reconocimiento y un honor para nosotros, si creemos que ella, a partir de este día, nos quiere usar, desde aquí, para ganar una influencia más poderosa, que repercuta en la forjación de los destinos de la Iglesia en el espacio cultural de Occidente? Por cierto, cuando escuchamos la palabra "Occidente", pensamos siempre en primer lugar en Alemania.

Intercambio de desvalimiento, disponibilidad y fidelidad

Tanto la Virgen María como nuestro Padre están desvalidos ante la gran tarea. La Santísima Virgen necesita de instrumentos que le ayuden e igualmente los instrumentos sienten su pequeñez. Por eso el intercambio entre ella y nosotros.

¿Puedo expresar lo que mueve nuestra alma en estos momentos? ¿Puedo revestir de palabras lo que siente nuestro corazón? Venimos para regalar y ser regalados. Intercambiamos con la querida Santísima Virgen todo nuestro desvalimiento, nuestra disponibilidad y nuestra fidelidad. Le regalamos nuestro desvalimiento y ella nos regala su desvalimiento. Le regalamos nuestra disponibilidad y ella nos regala su disponibilidad. Le regalamos nuestra fidelidad y ella nos regala su fidelidad.

Llama la atención el profundo amor de nuestro Padre por María. Entre ambos existe una alianza de amor extraordinariamente cálida. En virtud de esta alianza, el Padre no sólo está ligado personalmente a la Santísima Virgen, sino que también se siente responsable por su misión

Esta contraposición nos recuerda espontáneamente que la alianza es el pensamiento central que nos mueve siempre, que nos impulsa constantemente hacia adelante y que nos asegura a la vez una paz inalterable en todas las situaciones. También ahora la alianza está en el primer plano de nuestros intereses. Ella da respuesta a todas las preguntas que requieren una solución. Los dos aliados que, desde hace mucho tiempo se pertenecen el uno al otro, vuelven a estar frente a frente en este lugar santo. ¿Y qué quieren?...

Desvalimiento económico

Luego describe el múltiple desvalimiento que entregamos a María.

Lo que nosotros traemos, lo que regalamos, es nuestro desvalimiento.

Se trata de un desvalimiento económico. Deténganse ahora un momento. Pienso, en primer lugar, en quienes tienen la responsabilidad por los asuntos económicos. Ahora quieren ofrecer sencillamente, con toda la ternura que guardan en su alma, este desvalimiento a nuestra Madre celestial. Lo hacemos porque la Santísima Virgen habita aquí, ofreciéndole a ella nuestro total desvalimiento.

Desvalimiento físico

Se trata también de un desvalimiento físico. Quienes han venido hasta acá, pronto han percibido las inconveniencias del clima. El cuerpo rápidamente siente su debilidad. ¡Y si pensamos que sobre estos débiles hombros ha de ser edificado un mundo, un mundo nuevo! Nuestro cuerpo es demasiado débil frente al clima, frente a las tareas que se nos ha confiado.

Desvalimiento espiritual

¿Qué le regalamos a la Santísima Virgen? Llegamos con las manos colmadas: traemos nuestro desvalimiento económico, nuestro desvalimiento físico, pero también nuestro desvalimiento espiritual. Nosotros, especialmente los que venimos de Alemania, aunque espiritualmente somos ágiles, ¡cuán fuerte sentimos nuestro desvalimiento! ¡Qué impotencia no poder hablar bien el idioma! ¡Qué desvalidos nos sentimos para transmitir nuestro mundo espiritual! El corazón rebosa, la cabeza está plena y, sin embargo, no puedo hablar. Así le sucede a casi todas. Y aunque se domine más o menos bien el idioma, expresarse con facilidad y captar el alma del pueblo, no se consigue tan pronto. Éste es nuestro desvalimiento espiritual. Con todo el fervor de nuestra alma ofrecemos este desvalimiento a María Santísima.

Desvalimiento moral

El desvalimiento que todos sentimos más profundamente es nuestro desvalimiento moral. Allí donde se ha despertado el amor filial, ¡cuánta impotencia se llega a sentir! Cada grado de amor filial profundiza la conciencia de nuestra debilidad. Sólo cuando el niño es pequeño, puede ser grande. Ofrecemos así también todo nuestro desvalimiento moral. Esto nos ocurre a todos, sin excepción: cuanto más nos acercamos a Dios, tanto más percibimos también la oscuridad en nuestra alma. De este modo ofrecemos a la Santísima Virgen todo nuestro desvalimiento.

Desvalimiento religioso

Y, por último, le regalamos también nuestro desvalimiento religioso. ¡Cuántas veces nos sentimos fríos y desvalidos ante Dios! Queremos ser hogueras que ardan por Cristo y por lo divino. Esto tiene un profundo sentido: por una parte, el ferviente anhelo, y por otra, experimentamos justamente lo contrario a lo que es arder como una hoguera. Por eso venimos hasta aquí y le regalamos este múltiple desvalimiento a María Santísima.

El desvalimiento ante la pesada tarea que María nos encomienda

El P. Kentenich y los suyos sienten su impotencia ante la magnitud de la tarea que María les confía. El P. Kentenich había señalado la tarea de Schoenstatt en Chile, pero ahora amplía el horizonte. Dice: "el motivo que nos reúne hoy, en esta tarde, indica que Dios nos ha confiado una gran tarea para todo el mundo, especialmente para Europa, para el Occidente". La divina Providencia le ha dado claras señales de ello.

El desvalimiento de uno de los contrayentes consiste, principalmente, en el apremio interior a causa de la pesadísima tarea que ahora se le ha vuelto a confiar y que ha vuelto a asumir para Occidente. Les he señalado la gran tarea que tenemos aquí en Chile como pequeña Familia. Sin embargo, el motivo que nos reúne hoy, en esta tarde, indica que Dios nos ha confiado una gran tarea para todo el mundo, especialmente para Europa, para el Occidente.

¿De qué tarea se trata? Se trata de desenmascarar y sanar en su raíz el germen de la enfermedad que aqueja al alma occidental: el pensar mecanicista.

La carta que envía el 31 de Mayo de 1949 pone fuertemente en evidencia el carácter profético y carismático del padre fundador. Él sabe que la carta dirigida a los obispos —donde expone valiente y claramente su posición y denuncia la mentalidad mecanicista que se ha infiltrado en la misma vida de la Iglesia—, puede traer graves consecuencias para él y la Familia… Sin embargo, afirma, "no puedo dejar de hablar".

Tengo suficientes razones para suponer que Dios ha impuesto, en este sentido, una pesada carga sobre los hombros de nuestra Familia. La ley de la "puerta abierta" me convence de ello… Eso sí, quien tiene una misión, debe serle fiel y cumplirla.

¡Si pienso cómo Dios ha dispuesto todo! Lo que ahora he escrito al Episcopado alemán necesariamente causará heridas. Y, por esto, caminamos con un gran desvalimiento. ¿Quién se arriesga a presentarse ante las autoridades de la Iglesia tal como lo hacemos nosotros, por medio de este trabajo tan trascendental?

Algo así puede tener muy mal resultado. Pero quien tiene una misión ha de ser fiel a ella.

La lucha personal en su juventud

El contenido de la misión que se le confía echa sus raíces en su propia historia personal. Él pudo experimentar profundamente la enfermedad que aqueja al hombre actual, pero también pudo experimentar abundantemente la sanación.

Todo es un don extraordinariamente grande que me ha regalado Dios: la mentalidad orgánica opuesta a la mentalidad mecanicista. Ésta fue la lucha personal de mi juventud. Dios me hizo vivir la lucha que hoy conmueve a Occidente hasta en sus raíces más profundas. Porque él me dio una inteligencia clara, tuve que pasar durante años por pruebas de fe. Lo que guardó mi fe durante todos esos años, fue un amor hondo y sencillo a María. El amor a María regala siempre, de por sí, esta manera de pensar orgánica.

Las luchas terminaron cuando fui ordenado sacerdote y pude proyectar, formar y plasmar en otros, el mundo que llevaba en mi interior. El constante cavilar encontró sanación en la vida cotidiana. Ésta es, además, la razón de por qué comprendo tan bien el alma moderna, aquello que causa tanta desgracia en Occidente. ¿A quién debo agradecer todo esto? Es un gran regalo recibido de lo alto; sin duda, de la Santísima Virgen. De este modo pude, además de la enfermedad, experimentar también en mi propia persona, y muy abundantemente, la medicina.

Necesidad de derrumbar el muro del mecanicismo

Cultivar un modo de pensar, amar y vivir orgánicos condiciona esencialmente la vitalidad de la fe. Ello supone vencer el mecanicismo. Esto es lo que el P. Kentenich quiere hacer ver en su respuesta a los obispos.

Señala nuevamente que este intento puede acarrear consigo graves consecuencias para él y la Familia: Misión de profeta implica suerte de profeta.

La misión tan manifiesta de Schoenstatt para Occidente, especialmente para nuestra patria, frente al colectivismo que avanza poderosamente y que destruye todo, se encuentra frente a un muro que sólo puede ser derrumbado, significativa y eficazmente, si se vence y aleja el mencionado bacilo.

Ustedes, a su manera, pueden llevar conmigo esta carga y compartir las tareas de la Familia. Pero tenemos que contar con que este trabajo hiera profundamente nobles corazones allá en la patria; que despierte una gran indignación y provoque fuertes y duros contragolpes. No nos admiremos si este trabajo suscita un frente común, poderoso y unido, de hombres influyentes en contra mía y de la Familia. Humanamente hablando, tenemos que contar, por último, con que nuestro intento fracase por completo. Y, sin embargo, no podemos sentirnos dispensados de correr este riesgo. ¡Quien tiene una misión ha de cumplirla, aunque nos conduzca al abismo más oscuro y profundo, aunque exija dar un salto mortal tras otro! La misión de profeta trae siempre consigo suerte de profeta.

Impulsar una contracorriente

El P. Kentenich muestra cómo Occidente camina hacia un precipicio. Su actitud no es tremendista ni pesimista. Él está animado por un realismo que detecta un derrumbe, pero, al mismo tiempo, está lleno de esperanza: está convencido de que Dios está actuando y que nosotros estamos llamados a cooperar con él.

Ante la necesidad de vencer el mecanicismo, el P. Kentenich recurre a los santuarios filiales, a fin de que éstos acudan en ayuda del santuario original. El paso que está dando, afirma, se asemeja al que dio el 20 de Enero de 1942. Se siente como David frente a Goliat.

Vemos cómo Occidente camina a la ruina y creemos que estamos llamados desde aquí a realizar un trabajo de rescate, de poner a salvo, de construcción y de perfeccionamiento.

Creemos que es deber nuestro ofrecernos como instrumentos para impulsar una contracorriente, que vuelva a los países desde los cuales estos pueblos recibieron antaño su cultura, y desde los cuales también nosotros hemos sido abundantemente beneficiados.

Por eso tenemos el valor de decir con San Pablo: "*Non possum non predicare*! ¡No puedo dejar de predicar! ¡No puedo hacer otra cosa, debo hacer uso de la palabra! [2]

Ustedes comprenden cuán grande es esta gigantesca tarea en comparación con nuestro desvalimiento. Nos encontramos como David enfrentándose con Goliat (1 Sam 17). Pienso en el salto mortal que tuve que arriesgar en 1942 y estoy consciente de que esta vez se repite. Si no contáramos con la disposición a ayudarnos de parte de la Santísima Virgen, nunca nos atreveríamos a dar este paso tan crítico.

El desvalimiento de la Santísima Virgen

Nuestro Padre reitera una vez más el desvalimiento de María: ella quiere mostrarse desde su santuario como la vencedora de las herejías antropológicas, pero nos necesita a nosotros para llevarla a cabo.

---

2 En Hech. 4,20, pronuncia San Pedro estas palabras. Ver también 1 Cor.9,16.

Por otra parte, si ustedes me comprenden bien, podría agregar que no sólo yo, no sólo nosotros, sino también la Santísima Virgen está desvalida ante esta situación. Es cierto que ella es la Omnipotencia Suplicante ante el trono de Dios, pero también es cierto que según los planes del Amor divino, ella no puede prescindir de instrumentos humanos dóciles y de buena voluntad. Si –como lo dice el Primer Documento de Fundación– ella ha asumido la tarea de mostrarse en Alemania, desde nuestro Santuario, en forma preclara, como la Vencedora de los errores colectivistas, entonces ella –me expreso a la manera humana– busca ansiosa con su mirada instrumentos que le ayuden a realizar esta tarea.

Ella me pidió que yo le entregase todo

Si la Virgen nos necesita, entonces, dice el padre fundador, le entregamos todo: es un honor para nosotros poder ayudarla.

Por eso, queremos ofrecer a la Santísima Virgen nuestra buena voluntad, nuestra disponibilidad, y tenemos tanto interés en este trabajo. Lo importante es que siempre de nuevo ofrezcamos a la Santísima Virgen nuestra buena voluntad, nuestra fidelidad.

¿Qué nos queda sino ponernos sin reservas a su disposición en el sentido de nuestra consagración, aceptar sus deseos, entregarnos nuevamente a ella y dejarle a ella la responsabilidad por la gran Obra, en la cual nosotros, dependiendo de ella y por interés en su misión, queremos cooperar, sufrir, sacrificarnos y rezar? La Santísima Virgen está desvalida, ella sola no puede realizar la tarea. Y nuestro honor es poder ayudarla.

La Santísima Virgen tiene una gran tarea frente al Occidente. Una vez que me hizo comprender esto, me pidió que yo también le entregase todo. Esto es lo hermoso, lo grande, que nuevamente nos une: Presentamos a la Santísima Virgen nuestro desvalimiento, y ella nos regala su desvalimiento, pero también su disposición a ayudarnos. ¿Qué pide en cambio de nosotros? Reconocer nuestro desvalimiento...

Claro es que quisiéramos pedir: Madre, quítanos todas las preocupaciones. Pero si éstas desaparecen ¿qué sería de nosotros? Podríamos decir las más lindas palabras, pero estaríamos saturados de egoísmo.

María nos regala su poder y su fidelidad

María es fiel. Ella nos ofrece su poder de educadora. Nos confiamos enteramente a ella y eso infunde paz en nuestra alma.

Ella viene hasta nosotros como la gran Educadora. Nos ofrece como tal su capacidad, su poder y fuerza de educadora. Cuando Dios nos conceda un poco más de su bendición, de modo que podamos tener la Casa de la Adoración junto al Santuario, entonces podremos esperar más dones suyos todavía. Si buscamos el Reino de Dios, todo lo demás se nos dará por añadidura (cfr Mt 6, 33 ss.)

La Santísima Virgen permanece fiel. No tienen por qué angustiarse. Es cierto que, en general, hay poca fidelidad. Pero la Santísima Virgen es la *Virgo fidelis*, la Virgen fiel. Ella nos quiere, aunque andemos con el vestido sucio. Ella nos quiere, incluso si alguna vez le hemos vuelto las espaldas. Ella permanece fiel, y su fidelidad termina sólo cuando nos sabe allá arriba en el cielo...

Así pues, nos alegramos por haber sentido tan nuestro y cercano el Santuario en esta noche. Es como en 1914, cuando se congregaron los jóvenes. ¡Cuánto entregaron y trabajaron!

Una hora decisiva en la historia de nuestra Familia: un trabajo de rescate desde los santuarios filiales

Nuevamente se refiere el padre fundador al llamado a los santuarios filiales.

Estamos en una hora extraordinariamente decisiva en la historia de nuestra Familia. Si no logramos derribar el mencionado muro, la Santísima Virgen retirará de nuestro terruño (en Schoenstatt) su misión para Alemania y emprenderá un intento de rescate desde los santuarios filiales. ¡Ella permanece fiel a la alianza! Si grupos de nuestra Familia, por cobardía y debilidad, no responden fidelidad con fidelidad, podemos suponer que su misión se traspasa a nosotros.

Tua res agitur, clarifica te! Mater perfectam habebit curam!

El P. Kentenich estaba profundamente convencido de que, si nos esforzábamos por tirar del carro de triunfo de la Santísima Virgen, ella cuidaría de nosotros y de su Obra, y la guiaría victoriosamente a través de las tormentas del tiempo.

Proclama así dos lemas que deben conducirnos en la lucha: Tua res agitur, clarifica te! (Se trata de tu causa, ¡glorifícate!) y Mater perfectam habebit curam! (¡La Madre cuidará perfectamente!).

Dos pensamientos deben conducirnos a la lucha; dos consignas deben brillar como estrellas en nuestra vida. Una es: *Tua res agitur! Clarifica te! ¡Se trata de tu causa! ¡Glorifícate!* ¡Se trata de tu misión, de tu tarea, ahora, por tanto, glorifícate tú y tu Obra! La segunda consigna dice: *Mater perfectam habebit curam! ¡La Madre cuidará perfectamente!* La Santísima Virgen se glorificará de la manera más perfecta. Si nos esforzamos, dondequiera que podamos, por tirar de su carro de triunfo, entonces ella asumirá el cuidado por nosotros y por su Obra de Schoenstatt y la guiará victoriosa a través de todas las luchas, tal como lo ha venido haciendo durante los pasados años de persecución.

En cuanto lo permita nuestra debilidad, mantenemos con firmeza: *Mors sola!...* Sólo la muerte puede separarnos: separarnos de la Obra, separarnos de nuestro Santuario.

Se trata de la misión histórica del nuevo Schoenstatt

Una vez más nuestro Padre destaca la importancia decisiva del momento: se perfila así un nuevo hito en la historia de Schoenstatt.

Es como si sólo ahora comenzáramos a vivir; como si todo lo que hemos vivido hasta este momento fuese un trozo de prehistoria. Recién ahora comienza propiamente la historia, la historia del nuevo Schoenstatt, tal como en Schoenstatt en los años 1914 y 1915.

¡Qué contentos hemos de estar de que juntos formemos la generación fundadora y que todos queramos sumergirnos, con nuestro ser y nuestra vida, en los fundamentos del Santuario! También nosotros queremos morir. No físicamente. Pero esto queremos tomarlo en serio: enterrarnos en los fundamentos del Santuario, sumergir allí nuestra vida y la fuerza de nuestro amor. Queremos ser las columnas de sustentación.

En el otro, con el otro, para el otro

El núcleo de la misión toca de lleno la vivencia del Jardín de María, de la unidad de destinos entre el Padre y los suyos, lo que significó el 20 de Enero. La espiritualidad y pedagogía que se probó en el segundo hito de la historia de Schoenstatt, deben ahora traducirse y entregarse en forma análoga, en la pastoral y vida de la Iglesia.

Vencer la mentalidad mecanicista significa positivamente instaurar el organismo de vinculaciones, el pensar, amar y vivir orgánicos. Esto es lo que el P. Kentenich defiende y proclama. Es lo que él está viviendo con su Familia. Por eso dice que él no quiere ser simplemente "un señalizador" en el camino: aboga por abrir el camino a una nueva forma de transmitir la fe y evangelizar, donde el encuentro de amor con Dios va acompañado y está mediatizado por el encuentro de amor en el plano humano. Esto se refleja especialmente en los párrafos finales de la plática.

Todo esto se puede resumir en las palabras: yo me vuelvo a regalar a ustedes y ustedes se me regalan a mí. Vamos juntos a todas partes; pero, en primer lugar, vamos juntos hacia el corazón de la Santísima Virgen, al corazón de la Santísima Trinidad.

La Santísima Virgen nos ha regalado el uno al otro. Queremos permanecer recíprocamente fieles: el uno en el otro, con el otro, para el otro, en el corazón de Dios. Si no nos reencontrásemos allí, sería algo terrible. Allí debemos volver a encontrarnos. No deben pensar: vamos hacia Dios, por eso debemos separarnos. Yo no quiero ser simplemente un señalizador en la ruta. ¡No! Vamos el uno con el otro. Y esto por toda la eternidad. ¡Cuán errado es que se nos conciba sólo como un señalizador en el camino! Estamos el uno junto al otro para encendernos mutuamente. Nos pertenecemos el uno al otro, ahora y en la eternidad. También en la eternidad estaremos el uno en el otro. ¡Éste es el habitar de una persona en la otra propio del amor; es un eterno habitar de uno en el otro por el amor! Y entonces, permaneciendo el uno en el otro y con el otro, contemplaremos a nuestra querida Madre y a la Santísima Trinidad.

Algo de ello ya nos fue regalado, y eso será la prenda por la cual la Santísima Virgen se preocupará en el futuro de que realmente formemos una comunidad de Cenáculo, una Provincia de Cenáculo, guiada por un amor verdadero, fuerte, que todo lo supera.

2. Version de la plática del 31 de Mayo en la carta a Mons. Schmitz

Cuando el P. Kentenich escribe la "Carta a José" en 1952, realiza ciertos cambios que resulta interesante observar. Reproducimos este texto:

La plática pronunciada en esa ocasión permite percibir y revivir el recogimiento que embargaba el corazón de los presentes e inundaba todo el ambiente:

Es como si el ambiente del hogar nos rodeara en estos momentos -así lo destacaba la plática- como si ángeles estuviesen en medio de nosotros y nos dijesen: "¡Quítate el calzado, porque el lugar que pisas es tierra santa!" (Ex 3,5). Sí, santo es este lugar y seguirá haciéndose más y más santo; tierra santa es ésta, porque la Santísima Virgen ha escogido este terruño; tierra santa, porque en el transcurso de los años, de los decenios y de los siglos, desde este lugar surgirán, crecerán y trabajarán fecundamente hombres santos. Éste es un lugar santo, finalmente, porque desde aquí se impondrán santas tareas, es decir, tareas que santifican, sobre débiles hombros.

Es un hecho histórico que Schoenstatt ha venido hasta nosotros: el Schoenstatt originario al nuevo Schoenstatt. Desde hoy en adelante, otro hecho ha de llegar a ser realidad histórica: desde hoy -así me parece- tenemos que cuidar, desde aquí, que el nuevo Schoenstatt encuentre su camino hacia el Schoenstatt de origen. El torrente de gracias que vino desde allá en la plenitud de la Tercera Acta de Fundación y que sigue derramándose, quiere volver a la fuente primitiva llevándole abundante bendición. Éste es el profundo sentido de esta celebración. Ella tiene un doble carácter: de obsequio feliz y de pesada misión. Nos hemos reunido aquí en esta silenciosa hora vespertina para entregar solemnemente a la Santísima Virgen el trabajo que para ella hemos hecho en común. Digo que fue un trabajo en común, porque, mientras yo escribía día y noche, ustedes imploraban para mí, silenciosamente, el Espíritu Santo en nuestro Cenáculo. Ustedes no se cansaron de hacer abundantes sacrificios por la misma intención y, más que nada, se esforzaron por tomar en serio la Inscriptio en la vida cotidiana.

Con la entrega solemne de este trabajo, aceptamos una carga que hombros humanos no pueden llevar por sí solos. Pero también esperamos para Occidente, sobre todo para Alemania, una gran bendición. Desde allá fuimos enviados como instrumentos en las manos de la Madre y Reina tres veces Admirable de Schoenstatt para ayudar a realizar acá los planes de la sabiduría y del amor divinos. Tratamos de hacer todo lo que estuvo en nuestras manos.

¿Será acaso un don que nos hace en pago, un reconocimiento y un honor para nosotros, si creemos que ella, a partir de este día, nos quiere usar, desde aquí, para ganar una influencia más poderosa, que repercuta en la forjación de los destinos de la Iglesia en el espacio cultural de Occidente? Está claro que cuando escuchamos la palabra "Occidente" pensamos siempre, en primer lugar, en Alemania.

Permítanme expresar lo que mueve nuestras almas en estos momentos y revestir de palabras lo que sienten nuestros corazones. Venimos para dar y recibir. Queremos intercambiar con la Santísima Virgen todo nuestro desvalimiento, nuestra disponibilidad y nuestra fidelidad. Le regalamos nuestra disponibilidad y ella nos regala su disponibilidad. Le damos nuestra fidelidad y ella nos da su fidelidad.

Esta contraposición nos recuerda espontáneamente que el pensamiento central que nos mueve, que nos impulsa constantemente y que nos asegura una paz inalterable en todas las situaciones, es la Alianza. También ella ocupa ahora el primer plano de nuestros intereses y nos da la respuesta a todas las preguntas que esperan una solución. Los dos contrayentes, que desde hace tanto tiempo se pertenecen el uno al otro, se vuelven a encontrar en este santo lugar. ¿Y qué es lo que quieren?

La plática describe con detalles los mutuos ofrecimientos y obligaciones. Destaco en forma especial algunos pensamientos relevantes:

El desvalimiento de uno de los contrayentes se debe sobre todo a la extrema dificultad frente a la pesadísima tarea que se le ha vuelto a confiar y que ha vuelto a asumir para Occidente... Se trata de desenmascarar y sanar la raíz, el último germen de la enfermedad que aqueja el alma occidental: el pensar mecanicista.

Tengo bastantes razones para suponer que Dios ha impuesto, en este sentido, una pesada carga sobre los hombros de nuestra Familia. La "ley de la puerta abierta" me persuade de ello. Las luchas de mi juvetud indican en esa misma dirección. Ellas me permitieron combatir lo que hoy agita a Occidente hasta en sus más profundas raíces. Además de la enfermedad, pude experimentar también en mi propia persona, y muy abundantemente, la medicina[3] (...)

La misión tan manifiesta de Schoenstatt para el Occidente, especialmente para nuestra patria, frente al colectivismo que avanza poderosamente y que destruye todo, se encuentra ante un muro que sólo puede ser derrumbado si efectivamente se vence y se extirpa el mencionado bacilo (...)

Ustedes, a su manera, pueden asumir conmigo la responsabilidad y compartir la misión de la Familia. Pero tenemos que contar con que este trabajo hiera profundamente nobles corazones en la patria, que despierte una violenta indignación y haga que, en respuesta, se nos den fuertes y duros contragolpes. No nos admiremos si se forma un poderoso y unido

---

3 El 11 de diciembre de 1916, el P. Kentenich escribió sobre este tema a su colaborador, el primer prefecto de la congregación, J. Fischer: "permítame revelar algo de mi pasado: desde mi entrada al noviciado hasta la ordenación sacerdotal y aún algo después, tuve que soportar permanentemente las luchas interiores más tremendas. Ni el menor rastro de felicidad o paz interior. Mi director espiritual no me comprendió y, en mi enfermizo modo de pensar racionalista y escéptico, apenas si tenía un apoyo en lo sobrenatural. Eran unos sufrimientos increíbles, tanto interiores como exteriores, es decir, espirituales y, además, corporales". En 1958, escribía mirando retrospectivamente: "Después -tras una dura y larga lucha- cuando pude superar en mi interior el racionalismo y el escepticismo del recién terminado siglo XIX, así como la versión apologética del cristianismo imperante en aquel entonces, entró Schoenstatt en la historia con una concepción clara y sólida de la vida y de la educación cristiana" (*Ensayo de 1957/58*, existente como manuscrito).

frente común de hombres influyentes en contra mía y de la Familia. Humanamente hablando, tenemos que contar por último con que nuestro intento fracase completamente. Y, sin embargo, no podemos sentirnos dispensados de correr este riesgo. ¡Quien tiene una misión ha de cumplirla aunque conduzca a los más oscuros y profundos abismos, aunque exija dar un salto mortal tras otro! La misión de profeta implica siempre suerte de profeta.

Vemos cómo Occidente camina a la ruina y creemos que estamos llamados desde aquí a realizar un trabajo de rescate, de construcción y de edificación. Creemos que tenemos que ofrecernos como instrumentos para impulsar una contracorriente que vuelva a los países de los cuales también nosotros hemos sido abundantemente beneficiados. (...) Por eso es que tenemos el valor de exclamar con san Pablo: *Non possum non praedicare!* ¡No puedo dejar de predicar![4] ¡No puedo hacer otra cosa, debo esgrimir la palabra!

Ustedes comprenden cuán grande es esta gigantesca tarea frente a nuestro desvalimiento. Tenemos que pensar en David enfrentándose con Goliat. Pienso en el salto mortal que tuve que arriesgar en 1942 y estoy consciente de que esta vez se repite. Si no contáramos con la disposición de la Santísima Virgen a ayudarnos, nunca nos atreveríamos a dar este arriesgado paso (...)

Por otra parte, si ustedes me comprenden bien, podría agregar que no sólo yo, no sólo nosotros, sino también la Santísima Virgen está desvalida ante esta situación. Es cierto que ella es la Omnipotencia Suplicante ante el trono de Dios, pero también es cierto que según los planes del amor divino, ella está supeditada a instrumentos humanos dóciles y de buena voluntad.

---

4 En Hechos 4,20, san Pedro pronuncia estas palabras. Ver también 1 Cor.9,16.

Si según el *Primer Documento de Fundación*, ella ha aceptado la tarea de mostrarse en Alemania en forma preclara, desde nuestro santuario, como la vencedora de los errores colectivistas, entonces -me expreso a la manera humana- ella busca ansiosa con su mirada instrumentos que la ayuden a realizar esta tarea. ¿Qué nos queda sino ponernos sin reservas a su disposición en el sentido de nuestra consagración, aceptar sus deseos, entregarnos nuevamente a ella dejando a ella la responsabilidad por la gran obra en la cual nosotros, dependiendo de ella y por interés en su misión, queremos cooperar, sufrir, sacrificarnos y rezar?

Estamos en una hora decisiva en la historia de nuestra Familia. Si no logramos derribar el mencionado muro, la Santísima Virgen quitará a nuestro terruño su misión para Alemania y emprenderá un intento de rescate desde los santuarios filiales. ¡Ella permanece fiel a su Alianza! Si ramas de nuestra Familia, por cobardía y debilidad, no pagan fidelidad por fidelidad, podemos suponer que su misión se traspasa a nosotros.

Dos pensamientos deben conducirnos a la lucha, dos consignas que como estrellas deben brillar en nuestra vida. Una es: *Tua res agitur! Clarificate!* ¡Se trata de tu misión, de tu tarea, ahora, por tanto, glorifícate tú y tu Obra! La segunda es: *Mater perfectam habebit curam!* La Santísima Virgen se glorificará de la manera más perfecta si nosotros nos esforzamos, dondequiera que sea, por tirar de su carro de triunfo. Entonces ella cuidará de nosotros y de su Obra de Schoenstatt y la guiará victoriosa a través de las luchas, tal como lo ha venido haciendo durante los años pasados de persecución.

Ésta es la historia del 31 de Mayo en conexión con el día 20 del mismo mes. Ambos días están históricamente relacionados, razón por la que he querido unirlos en esta exposición. El día 20 es condición necesaria y la preparación para comprender el significado del día 31, ya que sin la bendición del Santuario de Bellavista no hubiera sido posible la celebración siguiente, con su profundo contenido.

3. Fragmentos de la Epistola Perlonga (respuesta al Informe de la visitación)

El P. Kentenich inicia la respuesta que da al obispo, a raíz del informe del visitador, en Argentina. Concluye en Chile la primera parte de lo que más tarde se llamaría "Epistola Perlonga", es decir, la larguísima carta. Continúa escribiendo posteriormente en Brasil, completando cinco partes de un escrito de cerca de unas 400 páginas.

En ese escrito el P. Kentenich va respondiendo uno a uno los reparos que hace el visitador. Temas centrales son la obediencia, la relación filial al P. Kentenich, la persona del fundador, Schoenstatt como obra predilecta de Dios, etc.

No se debe pensar que esta carta es un tratado sobre la Misión del 31 de Mayo. Es preciso, por eso, distinguir lo que es el contenido de la Misión, y el acto de envío que realizó el P. Kentenich el 31 de Mayo de 1949.

La Epistola Perlonga no es una explicación sobre la Misión del 31 de Mayo (solo en 1952, el P. Kentenich se referirá a ésta con ese nombre); trata más bien temas que conciernen a la vida concreta, en este caso, en la comunidad de las Hermanas de María, en relación al amar y vivir orgánicos. El fundador busca dar respuesta a las objeciones del visitador a la luz del pensar orgánico. Lo hace en forma extensa, pues le interesa mostrar que en esas objeciones se manifiesta el bacilo del mecanicismo que amenaza la vitalidad de la fe y prepara el camino a la masificación colectivista.

Recogemos algunos pasajes de la Epistola Perlonga donde se muestra el esfuerzo del P. Kentenich por hacer comprender la trascendencia que posee en la educación de la fe una pedagogía y espiritualidad orgánicas. Para quien se ha familiarizado con Schoenstatt, sus ideas no revisten una novedad: muchas veces las había ya explicado en diversas jornadas y escritos. Lo seguirá haciendo en el futuro, hasta su partida a la casa de Dios Padre. Pero sus palabras solo se harán vida cuando el envío del 31 de Mayo encuentre instrumentos que ayuden a nuestra Madre y Reina a realizar su misión para nuestro tiempo desde su santuario.

3.1. Conversación entre Pedro y Pablo

Este texto recoge una explicación de lo que es el mecanicismo y el pensar y amar orgánicos a través de la simulación de una conversación entre Pedro y Pablo.

Parte de la objeción respecto a hablar de Schoenstatt como una "creación predilecta" de Dios.

En el fondo se trata del problema del intelectualismo o racionalismo que genera una vivencia impersonal del Dios vivo.

Para el P. Kentenich es central que cada persona y cada comunidad se sepa y sienta profundamente amada por Dios. No es lo mismo decir "el Señor nos ama" a decir "el Señor me ama".

Ahora bien, una relación cálida y personal con Dios supone la vivencia de un amor personal en el plano humano. Pertenece a todo amor verdadero el estar "el uno en el otro, con el otro y para el otro".

Por eso no debe extrañar que se hable del estar "en, con y para el Padre". Es preciso superar la separación entre lo sacro y lo profano, entre el amor a Dios y el amor a los hombres.

Quisiera explicar, dice el P. Kentenich, este punto en forma de una conversación. Llamaremos a los interlocutores, Pedro y Pablo.

Pedro: Las ideas y la acuñación de vocablos en Schoenstatt son tan inexpugnables e invulnerables que resisten toda crítica. Sólo en un punto tengo problemas. *Schoenstatt se define a sí mismo como "la ocupación predilecta y la creación predilecta de Dios y de la Santísima Virgen".* Eso me suena a exageración y arrogancia. Si se fuera más modesto y sólo se hablara de una ocupación predilecta de Dios, no habría nada que objetar. Estoy seguro que nadie, en ninguna parte, vería una dificultad.

Pablo: Nunca Schoenstatt ha querido afirmar otra cosa. Desde un principio hasta ahora, siempre se ha interpretado esa frase en sentido afirmativo y nunca en sentido exclusivo. Nunca se ha acentuado la palabra "la", sino que siempre se ha dicho de un sólo aliento, con la misma fuerza y rapidez de las otras palabras. Sabe muy bien que no puede compararse con otras comunidades de la Iglesia. Estas son, usando un término de san Francisco de Sales, como un barco grande y magnífico. En comparación a él apenas si somos una pequeña barca. Ellas pueden aplicarse mucho más a sí mismas ese título honorífico. Algunas de ellas ya han probado en el correr de los siglos, lo que son y lo que pueden, y han sido extraordinariamente fecundas para la Iglesia.

Quienquiera que estudie detenidamente sus manifestaciones de vida, descubrirá pronto que, aunque la convicción de ser obra predilecta palpita indeleble en ellas, casi no la mencionan. Esto no les parece necesario porque todo su sentimiento de vida está compenetrado de ello.

Pedro: Siendo esto así, ¿por qué no se expresan con mayor precisión? Si se tomase en cuenta las circunstancias lingüísticas, es decir, si se contentaran con la aclaración de que Schoenstatt, a semejanza de muchas otras incontables comunidades, es una ocupación predilecta de Dios y de la Santísima Virgen, se evitaría todo asomo de incomprensiones y no se hubieran producido tensiones inquietantes.

Pablo: Sin duda alguna que si se tratase de una exposición científica ante un gran público habría que expresarse de esa manera equilibrada. Pero es diferente si uno habla como educador ante un círculo cerrado. Es evidente que en una situación así se formulen verdades universales en una forma concreta y tangible. Obsérvese asimismo, cuando está predicando ejercicios espirituales a sacerdotes o religiosos.

Pedro: Es verdad. Anoche estuve pensando en eso un largo rato. La conversación que sostuvimos ayer me llevó a ello. Me encuentro como ante un enigma. La reflexión abstracta se resiste a la expresión *nosotros somos la ocupación predilecta de Dios*. ¿Cómo se explica entonces, que yo, a pesar de eso, haya usado inconscientemente en retiros esas mismas fórmulas? Y me temo que en el futuro lo voy a seguir haciendo.

Pablo: Esa desavenencia proviene de la peculiaridad de su estructura psicológica. Por naturaleza usted tiende unilateralmente al pensamiento abstracto. Esta predisposición se acentuó más con su estudio profesional de filosofía. Y podría ser que no haya superado en usted mismo el idealismo filosófico de siglos. Así se explica que usted, continuamente, piense en universales. Es una suerte que, al mismo tiempo, haya podido conservar un instinto tan sano y una cercanía tan preciosa de la vida que, sin darse cuenta, tan pronto como empieza a actuar como director espiritual o educador, empieza también a concretar y a individualizar lo universal. Es cierto que usted acostumbra decir: yo soy de mentalidad objetiva y usted subjetiva. Le gusta compararse con Luis y examina la relación que han tenido con su antiguo educador y llega a la conclusión de que Luis se deja llevar por el sentimiento y que usted, a pesar de todo el afecto, permanece siempre objetivo y examina primero las ideas. En eso se equivoca. Si quiere interpretar lo que ha tomado forma y vida en el uno y en el otro tiene que decirse: yo soy unilateralmente abstracto, usted, lo mismo vale para Luis, es multilateral. Quiero decir: tiene una predisposición para lo abstracto, al igual que una vital. En ambos casos la predisposición es objetiva.

Pedro: Eso es verdad. Lo que para mí significa un conocimiento liberador y comprometedor.

Pablo: Tan pronto como el alma sana se encuentra a solas con Dios, empieza a individualizar. Eso pasa siempre que una persona se sabe a solas frente a otra. Entonces, al rezar, no dice yo soy una sino yo soy la esposa de tu corazón. Francisco de Sales lo explica en su Teótimo: "El alma que está en estado de gracia es la -no una- esposa del Señor. Si comete un pecado cae en un desmayo espiritual". Pablo se entusiasma con la idea de *"dilexit me et tradidit se..... pro me* (me amó y se entregó a sí mismo por mí). El no dice: *Etiam pro me sicut pro allis* (también por mí al igual que por los otros), como sería lo correcto decir, hablando metafísicamente. Ignacio, en sus Ejercicios, induce al alma a meditar en la pasión del Señor y a decirse a sí misma: *Et onmia haec propter me* (y todo esto por mí)... No dice *Etiam pro me* (también por mí). Usted entiende lo que quiero decir con esto.

La comunidad más estrecha puede y quiere ser considerada como un yo extendido. Por eso valen aquí las mismas normas que para la oración individual y personal. Así se entiende que, normalmente, el educador y predicador individualiza, en forma espontánea, la idea abstracta correspondiente. El que no actúa así o el que impide que otros lo hagan, sin saberlo está ayudando a la desperzonalización tanto de Dios como del hombre. Sin duda alguna que suena y mueve mucho mas personalmente cuando espontáneamente digo: "Yo soy... ustedes son...nosotros somos la ocupación predilecta de Dios", que cuando, en abstracto, formulo que "soy... somos una de las muchas ocupaciones predilectas de Dios". Esta afirmación suena a regimentación, pasa a ser expresión de la despersonalización y un modo de hacerla más profunda. En tiempos de creciente masificación, deberíamos celosamente evitar cualquier cosa que pueda aumentar la terrible enfermedad de nuestro tiempo y tratar de cultivar con gran amor todo lo que ayude a superarla. A mí me parece que ya el modo de poner el problema es señal de contagio.

Pedro: Veo más y más claro que he sido víctima de una cierta unilateralidad.

Pablo: Examine su actividad como educador. Es posible que no le haya sido fácil enseñar filosofía al mismo tiempo que ser educador. Sin embargo, su actividad pedagógica, a pesar de todo, tuvo un gran éxito. ¿Se ha preguntado alguna vez por las causas? Eso se debe a que usted siempre pregonó claras ideas y se esforzó por servirlas con extraordinaria abnegación. El objeto de la educación era un círculo de elite pequeño y extraordinariamente aplicado que por las circunstancias del lugar estaba herméticamente cerrado. Por eso, todo marchó bien. Su manera de ser es excelente para guiar la vida existente, para precaverla de extravíos y señalarle claros fines. Pero no creo que le resultaría crear un movimiento y mantenerlo vigente a no ser que pudiera salir de sus abstracciones filosóficas y bajar más a la vida y formular las ideas de modo más plástico, más tangible y más concreto y que su propia original plenitud de vida, aunque sea de manera reposada, llegue a despertar una semejante plenitud de vida en sus seguidores.

Pedro: Esta conversación me recuerda otro problema que me preocupa desde algún tiempo. ¿Qué diría usted en referencia al hecho de que personalmente no me podría describir como el hijo predilecto de mis padres?

Pablo: ¿Quiere decir con eso que sus padres lo trataron como hijastro y que mostraron más preferencia por los otros hermanos?

Pedro: No podría decir eso. Es cierto que siendo mi hermana la menor de todos y la única hija, fue siempre como la niña de los ojos de mis padres. Pero a mí no me faltó amor. Sin embargo, ni siquiera en silencio puedo decirme que soy el hijo preferido de mis padres. Hay algo en mí que se rebela en contra de esa afirmación.

Pablo: Ahí aparece otra de las fisuras de su carácter. Por lo demás, también a mí me pasaba lo mismo. Estaba tan concentrado en ideas y tareas que no podía soportar que alguien me entregara su corazón, o si me daba cuenta que el mío se sintiese atraído por otra persona. A primera vista, eso podría parecer como intocabilidad virginal, pero en realidad no tiene nada que ver con eso. Todo lo contrario. Es un amor enteramente impersonal. Es un culto desequilibrado de ideas enajenado de la vida. Es signo de un corazón acallado; es ausencia de originalidad chispeante y de madurez; es prueba de que todavía en nosotros mismos hay mucho de la personalidad masificada y despersonalizada, que no puede clara ni conscientemente decir "yo", prefiriendo el artículo impersonal lo o ello, que lo hace propenso a ser víctima de ideas fijas u obsesivas, a no ser que la vida provoque un cambio a tiempo. Si reflexiona con más profundidad sobre usted mismo, tendrá que extender un diagnóstico parecido. Por eso es que a su personalidad le falta la espontaneidad y la frescura chispeante. ¡Hasta en sus movimientos se nota algo forzado. Usted todavía está muy poco abierto a valores ajenos, no los hace parte de usted mismo con toda sencillez, no se deja enriquecer ni complementar por ellos. De seguro que usted ama pero su amor se dirige más a las ideas que a las personas. Lo mismo pasa con su amor a Dios. Lo que usted ama en él es más a una idea que a él mismo, en la realidad de su ser. Aunque usted no lo piense, su tranquilidad proviene de cierto estoicismo filosófico más que de la conciencia de estar aceptado personalmente por la Persona de Dios. No es fácil en nuestros días conservar y cultivar una vida espiritual que tenga la frescura de un manantial. Y, sin embargo, eso es tan necesario si no queremos ser víctimas de la acción velada o abierta del bolchevismo.

Pedro: Con lo más profundo de mi corazón estoy encariñado con todos aquellos a quienes he podido educar, pero no me atrevo a confesarlo ni siquiera a mí mismo me lo digo, mucho menos otras personas deben notar o saber eso.

Pablo: Ahí se deja sentir de nuevo el hombre de ideas rígido y solterón. Una prueba más de la exactitud de mi diagnosis. Sé que hoy es peligroso hablar en público de amor. Uno se expone al riesgo de ser mal interpretado. En nuestros días, se suele confundir el amor con la sensualidad. Hace ya muchos años, en un curso de ejercicios espirituales para sacerdotes, expuse el pensamiento de san Francisco de Sales sobre la alegría perfecta y el amor perfecto. Un venerable decano, ya mencionado, reaccionó diciendo que de eso no se debería hablar en el púlpito, porque siempre la gente lo entiende como sensualidad.

A eso posiblemente se debe que los educadores prefieran referirse, en sus escritos, más a la bondad que al amor. Todo eso está demostrando cuán difícil es encontrar un sano organismo de vinculaciones. Por un lado, se presentan pocas vinculaciones personales, por otro, pocas vinculaciones a las ideas, al lugar o a las formas. Por eso es que el colectivismo encuentra un camino fácil. Desgraciadamente, muy pocos educadores tienen claras estas conexiones internas. ¿A dónde irá a parar todo esto? En su primera etapa, todo amor es tímido; conscientemente se evitan expresiones visibles. Si se trata de un amor más maduro, puede darse sin peligro, con sencillez y candor. Así se comprende el testamento pedagógico de Don Bosco. El reconoció: "Mi pedagogía es hija del amor". Por eso la amonestación: ¿Quieres ser obedecido? Haz que se te ame. ¿Quieres ser amado? Ah, pero eso todavía no basta. Tenéis que ir todavía más allá. Vuestros alumnos no sólo deben ser amados por vosotros sino que también tienen que tomar conciencia de ello. ¿Y cómo se logra eso? Preguntadlo a vuestro corazón, él lo sabe".

Compare con esto su propia disposición síquica. ¿Nota el fuerte contraste? Francisco de Sales combatía el espíritu de *port-royal* según el cual en cada emoción del corazón husmeaba una manifestación de la concupiscencia y por eso exigía una fría distancia interior y exterior. Me atrevería a pensar que algo de ese espíritu hay en usted. Qué difícil debe serle entonces entender a san Francisco de Sales que en la cumbre de su vida, muchas veces tuvo expresiones que suenan chocantes a sus lectores. Escuche lo que escribe a la Sra. Chantal: "Nada o Dios, porque todo lo que no es Dios, o es nada o peor que nada. Por eso, mi querida hija, permanezca entera en él y rece para que yo también permanezca entero allí donde podremos amarnos inmensamente, hija mía, porque nunca podremos amar demasiado o bastante. ¡Qué alegría amar sin temor de exageración! Pero no hay nada que temer cuando se ama en Dios".

Es buena suerte que Francisco de Sales sea un santo y doctor de la Iglesia porque de no serlo, serían muchos los que sin más lo rechazarían o acusarían de peligrosa sensualidad. Sobre el gran dominio que tenía de sí mismo, sobre su gran amor a Dios y al prójimo, marcadamente afectuoso, sensible y natural, se puede leer en *La Santificación del día de trabajo*. Allí, entre otras cosas, se dice: "Agustín, a la muerte de su madre, trata de retener a la fuerza la profunda emoción, pero no le resulta. Tiene que llorar por una breve hora. Eso le pareció posiblemente como algo defectuoso, pero muy perdonable. Francisco de Sales piensa y actúa de modo muy diferente. Con toda naturalidad habla de la gran emoción que se apoderó de él junto al lecho de muerte de su querida madre, y luego continúa: "Tuve el valor de darle la última bendición, cerrarle los ojos y la boca y de darle el último beso de paz en el momento de su partida. Entonces fue que mi corazón no pudo más y me puse a llorar a esta buena madre como nunca había llorado desde que pertenezco a la Iglesia; pero todo eso fue sin amargura interior". Así también, de manera muy humana, recibió la noticia de la grave enfermedad de su hermano: "Mi hermano está feliz, así lo creo; pero eso no impide que llore por él. No puedo evitar la pena que mi naturaleza siente". La actitud diferente de algunos otros santos, como la de santa Angela de Poligno que declaraba que la pérdida de su familia había sido para ella un gran consuelo, él la considera como algo muy digno de admiración, pero no tanto de imitación. Su ideal es y sigue siendo diferente.

En otra ocasión alaba la conformidad con la voluntad de Dios de una joven viuda y luego menciona como algo digno de encomio que "muestra su piedad en medio de sus lágrimas y suspiros". A la muerte de la hija menor de la señora de Chantal, a quien también él quería mucho, escribía: "Nuestra pobre y pequeña Carlota es feliz de haber abandonado este mundo antes de ser tocada verdaderamente por él. Ah, pero tenemos que llorar un poco. ¿Acaso no tenemos un corazón humano y una naturaleza sensible? ¿Por qué no llorar, entonces, por nuestros difuntos siendo así que el Espíritu de Dios no sólo lo permite sino que también lo señala?" Temía que la señora de Chantal, por su aspiración a la santidad perdiera su naturalidad.

Por eso le aconseja que acaricie a sus hijos como es costumbre en su tierra. Al respecto escribe: "¡Cuánto me apena no poder ser testigo de las caricias que Celso Bernine recibirá de su madre que se ha hecho insensible a todos los sentimientos naturales del amor maternal! Creo van a ser caricias terriblemente penitenciales ¿o no, mi querida hija? ¡No sea tan cruel! Demuéstrele alegría por su llegada a este pobre infante Celso Bernine".

Pedro: Ya que estamos hablando de comunidad espiritual, permítame que le señale otro asunto que no está claro. En la carta de enero, usted se refiere a una provincia de las Hermanas que interpretan así el sentido del 20 de Enero de 1942: "Nosotras esperamos el milagro de la Noche Buena por el Padre, para el Padre, con el Padre, en el Padre y a él le deseamos un milagro semejante, pero por sus hijos, para sus hijos, con sus hijas, en sus hijas". Estas expresiones que usted, por lo visto aprueba, no me dicen mucho. Y si soy sincero, tengo que reconocer que me perturban. Pueden tener cierta justificación, pero a mí me parecen ser demasiado íntimas para la publicidad.

Pablo: Sé que fue un riesgo enviar el texto en esa forma hacia afuera. Es un buen síntoma que usted vea en eso una falta de delicadeza. A nuestras Hermanas les pasó algo semejante. Espontáneamente, su sano instinto lo ha rechazado y protestado no en contra de la expresión sino en contra de su divulgación en círculos extraños.

Pedro: Si usted sabía y hasta preveía la protesta, ¿por qué lo ha hecho a pesar de todo? Usted no hace nada sin una razón poderosa. Usted conscientemente reduce todo a últimos principios.

Pablo: Permítame distinguir entre el asunto en sí mismo, su formulación y su manera de anunciarla. El asunto al que aquí nos referimos consiste en un profundo entrelazamiento de vida y de destinos. Es decir, consiste en un triunfo de la "nueva comunidad" tal como se expresó drásticamente el 20 de Enero de 1942. Para nosotros, el milagro de la Noche Buena es el hombre nuevo en la nueva comunidad. Siempre se trata de lo mismo, del estar espiritualmente el uno en el otro, para el otro, con el otro y así el no darse por satisfecho con estar simplemente el uno al lado del otro. Y esto sea que se trate del amor filial, fraternal, esponsal, maternal o de amistad. Dependiendo de las formas de unión espiritual, las formas pueden cambiar pero el núcleo es siempre la misma conciencia misteriosa de identificación de dos personalidades autónomas.

En esto tanto la literatura universal como la vida diaria, la Sagrada Escritura como también la vida y doctrina de los santos, claramente hablan el mismo lenguaje. Beethoven comienza su única carta de amor con estas palabras: "Mi ángel, mi todo, mi yo". Y la termina con esta afirmación: "Siempre tuyo, siempre mía, siempre nosotros". Ricardo Wagner hace hablar a Tristán e Isolda: "Tú, Isolda, yo, Tristán, ya no más Tristán ni Isolda; para siempre, eternamente, una sola alma". En la vida diaria se suele hablar de la "mejor mitad". Eso es más que una expresión chistosa. Traduce al lenguaje popular lo que quiere decir el poeta en el verso "dos corazones y un latido".

El apóstol de las gentes predica "quien sigue al Señor es un espíritu con él". Y san Juan: "el que permanece en el amor, permanece en Dios y Dios en él". Francisco de Sales escribe a santa Francisca de Chantal: "Queremos pertenecer a Dios, usted como yo y yo como usted".

Con esto se describe un proceso de vida sin el cual no se puede tener una verdadera e íntima comunidad. Espontáneamente actúa como una secreta fuerza instintiva, como un secreto velado en el fondo del corazón. Evita las vías públicas y las multitudes, se desarrolla inconscientemente en una gran parte del camino y, como ya lo mencionamos, al inicio se intimida ante cualquier expresión visible. Pero mientras más se posesiona de las almas, mientras más las une, tanto más respetuoso se hacen las expresiones que tratan de ocultarse a ojos extraños y que hacen sentir como impropias las manifestaciones públicas.

No es difícil aplicar lo dicho a las expresiones de la Carta de Enero. El estar mutuamente en, para, por y con el otro es simultáneamente expresión de profunda unión paternal y filial y también fraternal. En el fondo, es una documentación de una comunidad ideal.

Pedro: Es lo mismo que yo pienso. ¿Por qué, a pesar de todo, ha herido el sentimiento de las Hermanas?

Pablo: No olvide que vivimos en un tiempo de disolución total de todas las vinculaciones espirituales. Los valores son algo que día a día se van convirtiendo en meras palabras.

Pedro: Es verdad, no se toma en serio ni promesas ni votos. ¡Cuántos miembros de órdenes religiosas encontramos que se han cansado de la forma de vida elegida y solemnemente aceptada! Es verdad que piden dispensa, pero simultáneamente están dispuestos a abandonar su estado si es que ésta no se concede o se tarda. Así es cómo santos compromisos ya no se perciben realmente como sagrados. En América del Sur hay una cantidad alarmante de sacerdotes que han dejado el sacerdocio casi de repente. Observando eso entiendo mejor el hecho y la tragedia terrible de los matrimonios y las crisis de familias que se presentan en nuestros días. Comprendo también por qué usted impone a sus institutos el mínimo de obligaciones externas pero en cambio le da tanta importancia a la vida interior y al cuidado del espíritu.

Pablo: Mientras que una idea actúe como función y se posesione de la persona entera, y ya no los deje tranquilos, no se necesita hablar tanto de ella. No hay razón de volver una y otra vez a anunciarla como una tarea a realizar. Muy distinto es el caso en que la vida en su totalidad, y también la vida del amor, de la comunidad íntima, está expuesta a las leyes de la disolución. Entonces no queda otra alternativa que proclamar la idea de la comunión de las almas con toda claridad, con toda exactitud y calidez, hasta que la idea despierte nueva vida y asegure una ascensión continua. Se hace necesario así aceptar, aunque no sean agradables, las desventajas que se podrían desprender de esta práctica. Pero se hace mas fácil sobrellevarlas considerando que se trata de salvar a un mundo que se está hundiendo en el colectivismo. Por muy evidente que sea este conocimiento para el sicólogo y pedagogo, sin embargo, su aplicación en la vida práctica, por ahora, va unida a especiales dificultades debido a que la cultura actual fluctúa entre dos orillas. La vieja orilla ha quedado atrás y la vamos perdiendo de vista más y más; pero hay muchos círculos de dirigentes y también de dirigidos, que quisieran casi enfermizamente seguir aferrados a ella. Todavía no hemos llegado a las nuevas playas.

Por eso, en todas partes se observa desorientación e incertidumbre. De allí que el educador y pastor necesita más valor pero también más tino que en otros tiempos. Quien viva y actúe entre dos épocas, diametralmente diferentes, tiene que contar con que nadie lo va a comprender bien. Lo que los antiguos llaman demasiado liberal, los modernos lo rechazan como demasiado conservador. Tiene que estar dispuesto a ser apedreado por ambos o ser triturado como por dos piedras de molino. Enteramente consciente de la trascendencia de mi proceder, dos veces hasta ahora, he hecho llegar expresiones de mayor intimidad a otras ramas del movimiento. Una fue en el *Informe* de África, y la otra en la Carta de Enero. Es el mismo método de Noé cuando, cuidadosamente, soltó las palomas y se puso a esperar si volverían y qué traerían. Después de habernos esforzado tantos años por la formación del hombre nuevo, ahora nos toca intentar la formación de la nueva comunidad. La señal deberían darla las expresiones escogidas.

Pedro: Poco a poco me voy dando cuenta de lo que usted se propone. Usted se está esforzando por usar todos los medios para la superación del hombre bolchevique en una masa bolchevique. Usted vive con más intensidad que muchos otros en el futuro. Y por eso no se cansa de extraer siempre de nuevo los últimos principios de las formas existentes -como es el caso del principio de la comunidad- y de proclamarlos vigorosamente para así ayudar a crear formas nuevas capaces de sostener la Iglesia y la sociedad del futuro. Todo eso merece respeto. Quienquiera que comprenda el contexto profundo reconocerá su trabajo y querrá cooperar gustoso. Quizás le pasará a él lo mismo que a mí. Pero me queda todavía una dificultad: la expresión hace recordar el "*per ipsum et cum ipso et in ipso*" litúrgico. Además del peligro de la mala interpretación y errores, habría que recordar aquí el carácter sacral de esta terminología y su uso hasta ahora único y muy determinado.

Pablo: En amplios círculos de la Iglesia se reconoce como cáncer de los tiempos actuales el secularismo que avanza continuamente. Hay muchas causas que producen este mal tan peligroso. ¿No habría acaso que mencionar como una de ellas el hecho de que los hombres modernos, especialmente aquellos de la corriente litúrgica, separan muy marcadamente lo sacral de lo profano? ¿Acaso la comunidad espiritual de los cristianos no es algo también sumamente sagrado? Evidentemente el texto litúrgico quiere expresar dos realidades: la unión mística de Cristo con sus miembros que no tiene paralelo, y también, simultáneamente, la misteriosa presencia espiritual entre Cristo y los suyos. Claramente se señala aquí el punto de apoyo desde el cual se hace posible una comparación entre el estar espiritualmente el uno en el otro así como se da entre Cristo y los suyos, y cualquier otra noble comunidad espiritual. Esta comparación no sólo es posible sino sobremanera deseable.

Cualquier persona que tome en serio la tarea de perseguir el espíritu bolchevique de los tiempos, hasta sus últimas guaridas, aprovechará con gran dedicación toda oportunidad de unir lo sacral y lo profano. Y si esto le trae recriminaciones, se consolará recordando a san Francisco de Sales que fue reprendido por usar un lenguaje moderno demasiado secular. Por lo demás, no es del todo verdad si se afirma que el *"per ipsum et in ipso"* se haya usado hasta ahora única y exclusivamente para expresar la relación de Cristo y sus miembros. El sicólogo lo da por descontado, porque este proceso de vida de estar el uno en el otro, se repite incontables veces, de manera semejante, en la vida y en la literatura. De hecho, la piedad mariana de Grignon de Monfort usa esta misma expresión para caracterizar las relaciones de amor entre la Santísima Virgen y sus hijos. Lo hace de acuerdo al principio de *conmunicatio idiomatum*.

Una ciudad cuyo nombre ignoro y ni siquiera sé si está en Francia o Bélgica, ha escogido oficialmente como lema de su escudo de armas el: *Per ipsam et cum ipsa et in ipsa*. En todas partes, por lo tanto, se observa el traspaso de lo cristológico a lo mariológico y a lo humano y cristiano, al menos allí donde se busca el contacto vital con lo sagrado y sobrenatural y donde actúa una manera de pensar orgánica. Creo que no está lejano el tiempo en que amplios círculos van a liberarse de un lenguaje osificado y acalambrado, para usar vocablos que estén más cercanos a la vida y que mejor expresen la profunda unión de naturaleza y gracia.

Pedro: Eso es posible solamente si el pensar mecanicista ha cedido enteramente su lugar al pensar orgánico. Cuando se ha llegado a esto se elimina el peligro de la mala interpretación y del error o, al menos, este peligro es tan ínfimo que fácilmente puede ser superado.

3.2. Sobre Schoenstatt como Movimiento de educación

En la introducción de su respuesta al Informe del visitador, se destaca, en primer lugar, su complacencia de que por fin se considerara a Schoenstatt en la óptica que correspondía, es decir, desde el punto de vista pedagógico: "Desde el principio, afirma, nos hemos considerado sencillamente como un marcado movimiento de educadores, de educación".

Luego muestra que el gran desafío que presenta la Iglesia y la cultura actual es, antes que nada, un desafío centrado en la educación.

Por último señala la importancia de que exista un serio compromiso en este sentido y anima a que en el futuro surjan auténticos y eficaces educadores.

En este pasaje se manifiesta también claramente cómo el fundador de Schoenstatt se identifica personalmente con su vocación de educador.

El *Informe* menciona que el ˮproblema de Schoenstattˮ puede ser contemplado desde *cuatro puntos de vista: dogmático, jurídico, organizativo y pedagógico-pastoral.*

Se declara como inobjetable la *enseñanza dogmática* y el sentido eclesial que se fundamenta en ella: ˮ*Su ideario teológico es*, en cuanto a su contenido, ortodoxo y eclesialˮ. (…)

Por lo tanto sólo queda el aspecto pedagógico como objeto de discusión. Más exactamente, se trata aquí de Schoenstatt como problema *pedagógico*. El *Informe* afirma que "el problema de Schoenstatt no es, en primer lugar, de carácter dogmático doctrinario, sino más bien pedagógico práctico".

De esta manera nos movemos finalmente en el plano en el cual Schoenstatt, desde el principio, quiso ser valorado y juzgado. Tomamos la posición que constituye la única perspectiva desde la cual puede entenderse Schoenstatt. Contemplamos la dirección hacia la cual apunta su misión para la época. Estamos nombrando el campo en el cual Schoenstatt habrá de significar una bendición o una maldición para la Iglesia...

Nunca quisimos ser un movimiento dogmático, filosófico o psicológico, sino sólo oficial de enlace entre ciencia y vida. Nuestra ascética y nuestra pedagogía quieren ser dogmática, filosofía y psicología aplicadas. (Carta de Octubre de 1948).

Desde el principio nos hemos considerado sencillamente como un marcado movimiento de educadores, de educación, de apostolado, y deseamos que la historia nos juzgue como tal y sólo en calidad de tal. (…)

Quien esté al tanto de la situación pedagógica del tiempo actual y conozca su relación con la catástrofe de Occidente; quien esté familiarizado con los intentos de rescatar a este último, ampliará espontáneamente el marco y podrá así *contemplar a Schoenstatt como símbolo de la problemática pedagógica de todo Occidente.* Esta crisis es la que ha dado los más fuertes impulsos a Schoenstatt, la que inspiró sus objetivos y leyes fundamentales, sus medidas y trascendencia.

Schoenstatt es un espejo de los interrogantes existenciales y vitales de Occidente, pero también un compendio de sus intentos de solución. (…)

Quien haya tenido oportunidad de estudiar el estado actual de la Acción Católica en el extranjero (fuera de Alemania); quien haya tomado contacto con hombres que estén en la dirigencia, ése sabrá que en todo el mundo la Acción Católica enfrenta el mismo problema: la cuestión de una educación acorde a la época. La solución que se dé a la misma decidirá la subsistencia o muerte de la Acción Católica.

(…) Por eso en todas partes se escucha el clamor por un movimiento que sea un neto movimiento de educadores y de educación, tal como deseamos serlo nosotros (…)

Hoy más que nunca los temas de pedagogía se han convertido en cuestiones fundamentales para la renovación de los pueblos y para la reconstrucción que reclama todo el mundo, especialmente nuestro quebrantado Occidente. De tal modo que esa *"solidaridad mutua de los que se saben partícipes de un desconcierto general"*, de la cual hablaba Niemöller en la Conferencia Mundial de Iglesias, en Amsterdam, cobra especial vigencia en el área de la pastoral y la educación.

El *Informe de la visitación* nos llama la atención sobre dicho desconcierto que hoy se expresa de muchas maneras. Consciente o inconscientemente, el *Informe* señala como causa de los problemas surgidos en el campo pedagógico las hondas conmociones que ha sufrido nuestra cultura.

El Informe urge a realizar una investigación más profunda, para detectar las más delicadas leyes del ser y de la vida, porque el desconocimiento de estas leyes acarrea como consecuencia la separación entre individuo y comunidad y acelera la declinación del Occidente cristiano, mientras que su cumplimiento cuidadoso se convierte en fuente inagotable de abundantes bendiciones para el mundo y la Iglesia, para el pueblo y la patria.

Es cierto, sin duda, que aún los mejores y más irreprochables principios pedagógicos no están exentos de correr ciertos peligros o sufrir desviaciones a la hora de su aplicación en la práctica. De allí se explica que el *Informe* aluda a anomalías en "la aplicación de principios dogmáticos y pedagógico-pastorales que, considerados en sí mismos, son irreprochables".

El *Informe* da así la impresión de que tanto su visión de las cosas como la pedagogía de Schoenstatt descansan sobre idénticos fundamentos pedagógicos. Pero no es éste en absoluto el caso, sino justamente lo contrario. *Aquí se manifiestan diferencias, se hacen patentes antagonismos que se comportan entre sí como sí y no, como vicio y virtud, como ídolo e ideal, como caricatura e imagen ideal.* Esta constatación no dará descanso a quien indague y quiera ver con claridad inequívoca las diferencias y antagonismos. Quien quiera conocer la raíz de los mismos y sus relaciones con el acontecer mundial actual, con el derrumbe de Occidente y quiera conocer su influencia sobre la futura educación de los pueblos...

El educador católico no puede resignarse y simplemente delegar a Dios toda la responsabilidad de generar un nuevo orden mundial. El mismo que está llamado a ser colaborador en esa gran obra... (...)

Este punto de la colaboración humana se convierte en tema central a la hora de elaborar y evaluar el *Informe de la visitación*. Tanto el que redacta esta respuesta como quienes elevaron sus críticas están motivados por una misma responsabilidad y un mismo amor a la Iglesia. Ambas partes se esfuerzan por levantar al Occidente. De ahí que resulte tan difícil comprender por qué se evidencian puntos de vista tan fuertemente antagónicos. Involuntariamente surge la pregunta de si ambas partes tienen razón o, de lo contrario, dónde está el error.

Sea como fuere, vale la pena realizar un examen cuidadoso de la materia. Porque es evidente que la diferencia de criterios en el tratamiento de cuestiones fundamentales redunda en una *evaluación contradictoria de los procesos de vida. Y de ese modo los puntos de vista fundamentales, las exigencias fundamentales y las consecuencias fundamentales* de los cuales se ocupa el *Informe* se convierten en cuestiones pedagógicas primordiales y vitales para el tiempo de hoy, en especial para Occidente.

El amor a la verdad y al bienestar del pueblo y de la patria exige que se realice un examen desapasionado y una aclaración de estos temas específicos, más allá de todo falso respeto humano. Para que este estudio alcance su objetivo, es necesario además silenciar todas las interferencias a nivel psicológico y espiritual.

3.3. *Obediencia cristiana*

Otra de las objeciones del visitador se refiere al peligro del "infantilismo" respecto al fundador. Esto se relaciona con la obediencia. No se comprende a cabalidad la entrega total a la autoridad, la obediencia "ciega" —no irracional—, que cree y confía que Dios nos habla por medio de una autoridad legítima en el campo que le corresponde. Es decir, una actitud que muestra una predisposición positiva para acatar sus indicaciones.

Nuevamente está en juego aquí la relación entre Causa Primera (Dios) y la causa segunda (el hombre).

La obediencia cristiana no se inclina ante cualquier hombre, sino ante Dios que está presente en el hombre. Esto vale para todos los grados de la obediencia, y especialmente para el más alto.

Por eso la obediencia cristiana no forma hombres masificados, sino personas fuertes, abnegadas y llenas de Dios, que sean capaces de vencer el amor egoísta primitivo y cultivar un alto grado de amor abnegado al tú. A su vez ese amor personal al tú, ese acogimiento que se le dispensa, enriqueciéndolo, redunda en un desarrollo, fortalecimiento y perfeccionamiento de la propia personalidad.

Llamar a quien obedece un "instrumento sin voluntad propia en manos de otro hombre" no es cristiano y lesiona la dignidad humana. La obediencia cristiana habla de instrumentos sin voluntad propia sólo en manos de Dios, de un Dios que expresa su voluntad a través de hombres. La obediencia cristiana, por lo tanto, se refiere al caso de una dependencia absoluta de una persona sólo en la medida en que éste sea representante de Dios, transparente de Dios y portavoz de sus deseos.

Quizás hoy, en el ámbito eclesial, exista una adhesión teórica a esta concepción de obediencia que acabamos de citar, *pero en la práctica se la desconoce en incontables casos.*

De ahí que algunos autores cristianos de nuestro tiempo hablen, no sin razón, de las "herejías" de la vida práctica, para diferenciarlas de las herejías en cuanto a la doctrina de fe. ¿Quién se atreve en la actualidad a repetir aquel axioma de los *Padres de la Iglesia*, tan cargado de significados: *Sacerdos post Deum Deus terrenus, El sacerdote, después de Dios, es Dios en la tierra.* Esta manera de pensar se nos ha hecho hoy extraña.

Por eso y sólo por eso resulta chocante cuando un superior cita estas mismas palabras a sus seguidores que viven en el espíritu de fe y se esfuerzan en él con sencillez, según la amonestación paulina: "Yo soy para ustedes el mismo Dios". Hubiese sido preferible usar en este caso aquella otra sentencia, gastada y abstracta y por eso muy poco motivante: "Los hijos deben a sus padres respeto, amor y obediencia".

Por influencia del Movimiento Litúrgico se ha suscitado el entusiasmo por la sabiduría de la Iglesia Primitiva que resuena en la sentencia: *Vidisti fratrem tuum, vidisti Christum,* Si ves a tu hermano, ves a Cristo. Sin embargo, en la práctica no pasa mucho con esta frase, porque se conoce y se vive muy poco aquella ley según la cual el hombre en gracia, como asimismo todo lo creado, incluso la sexualidad, se hacen transparentes a la luz de la fe.

Espíritu de fe y obediencia católica están inseparablemente unidos y se relacionan como causa y efecto. El tipo y el grado de uno determinan el tipo y grado de la otra. En nuestro tiempo se registra en todas partes la paulatina desaparición del espíritu de fe y, con él, de la capacidad de comprender la teoría y la práctica de la obediencia católica. Lo que Pío XI y León XIII denunciaron como "la peste del laicismo" y "naturalismo" respectivamente, ha calado hoy en todos los ambientes y causa grandes estragos. Y así se le arrebata a la vida del cristiano en general y a la vida religiosa en particular la mayor parte de su fecundidad. (...)

El idealismo filosófico es también responsable de esta trágica situación, junto con la ominosa separación mecanicista de Causa Primera y causa segunda. Según la ley del péndulo a la que están sujetas las corrientes culturales del pensamiento, el idealismo filosófico despertó un vitalismo extremo, lo introdujo en el debate filosófico y finalmente lo llevó al primer lugar en él.

Sólo una mentalidad y una concepción de la vida sanamente orgánicas pueden salvarnos del mecanicismo y del idealismo filosófico. Nos referimos a una visión integradora que aplica las leyes de la transferencia y del traspaso orgánicos y es capaz de establecer la unidad en tensión y de orden que existe entre religión y vida, entre Causa Primera y causa segunda, entre naturaleza y gracia, entre fe y conocimiento.

En todos los ambientes del sentir y pensar cristianos puede detectarse hoy la atomización mecanicista de los más delicados procesos de vida orgánicos. Esta fragmentación podría parecer un dato insignificante, pero al examinarla con mayor cuidado advertimos que acarrea los efectos más devastadores. El inmenso efecto de la bomba atómica nos muestra lo que significa la destrucción de células vitales básicas. *Verdaderamente, la negación o la no observación de la ley de la transferencia y del traspaso orgánicos opera como una bomba atómica en el campo de la vida moral y religiosa.*

A pesar de su seria actitud de búsqueda e indagación, el *Informe de la visitación* no logra dar a esta ley el lugar que le corresponde. Y de ahí las diversas fallas de apreciación en las que incurre; de ahí, como se señalará cuando expongamos su psicología de la religión, su concepto de *filialidad primitiva,* que nosotros precisamente hemos rechazado siempre como una forma de idolatría pagana; de ahí su postura *mecanicista* ante *la ley de la transferencia,* la que se expresará necesariamente en forma sobrenaturalista y que, tarde o temprano, llevará a extravíos sexuales; de ahí el espanto al advertir que en la oración la palabra *palabra "Padre"* significa ambas cosas: Dios Padre y su transparente aquí en la tierra; de ahí la perplejidad cuando se inscribe este nombre en el símbolo humano del corazón paterno. Corazón que a su vez está unido en forma directa al corazón de la Santísima Virgen, representado asimismo de forma plástica.

No tiene sentido echar un manto de silencio sobre procesos vitales cuando hay cosas tan importantes en juego. Se trata de la verdad, y no de personas. Y la verdad no es una ramera que se vende, sino un bien supremo, una hija de Dios: Dios mismo es la verdad. Y el Reino de Cristo en la tierra no es sólo como lo dice Pío XII en su primera encíclica un reino de justicia y amor, sino también un reino de la verdad. Todos los que destruyen la unidad interna de la vida son, consciente o inconscientemente, *precursores del bolchevismo en el campo católico.* ¿De qué nos sirven todas las protestas y los grandes discursos contra el bolchevismo si, en el fondo, nosotros mismos cobijamos a la víbora en nuestro pecho?

En este sentido parece que la mentalidad alemana adolece de una curiosa ambigüedad que puede serle fatal. Así lo expresaba Ivo Zeiger en su extenso y sustancioso discurso en el Encuentro de los Católicos Alemanes celebrado en Maguncia: "Nosotros, los alemanes, padecemos de una curiosa escisión en nuestra manera de ser. Por una parte somos capaces de trabajar dura y tenazmente para llegar a una meta claramente delineada y, por otra, de perdernos en ilimitadas y extravagantes teorías utópicas". (...)

Mucho del idealismo que se cultiva, por ejemplo, en el *Movimiento Litúrgico,* sólo alcanza muy parcialmente su objetivo, precisamente a causa de una arraigada visión mecanicista. Seguramente por ese mismo motivo la *consagración a María Santísima* no prosperó en Alemania. El pensar mecanicista no logró ni logra descubrir en esa consagración una entrega mutua, una transferencia de toda la persona. Se redujo y se reduce a un mero seguro de protección. "Porque sólo para Dios -tal es el argumento- debemos reservar nuestra entrega total". Y no se advierte cuán gravemente mecanicista es esta concepción que atomiza, nivela, vacía y empobrece, y cómo contradice toda la tradición cristiana. Porque no reconoce ni siquiera la entrega total a María Santísima que, en su calidad de persona puramente humana, es el transparente de Dios de mayor perfección. Es lógico entonces que a una visión de la realidad como ésta le parezca imposible una obediencia realmente ciega frente a otros instrumentos subordinados, una obediencia que realmente haga ofrenda de la voluntad propia.

3.4. Libertad

Estrechamente ligada a la pregunta sobre la obediencia está ligada la pregunta sobre la libertad. Si se ama y se depende de otra persona, ¿se puede ser libre de verdad?

En este contexto el P. Kentenich delata la carencia de libertad del hombre actual y destaca lo central que es la libertad del hombre nuevo que queremos formar.

La acusación despierta en el crítico dos preguntas: una teórico-filosófica, sobre la esencia de la verdadera libertad y autonomía espiritual y otra de orden práctico y vital, sobre su cultivo y su logro como en el caso de las Hermanas de María.

El filósofo que indaga la esencia de la libertad *habla de sus dos dimensiones.* La una es la capacidad de decidirse y la otra, la capacidad de ejecución. Ambas forman el núcleo de la libertad.

El *primer elemento* es la capacidad de decidirse con cierta independencia a favor o en contra de una cosa o determinación a pesar de presiones exteriores y de penurias interiores, a pesar del impulso del sentimiento y de la vida de los instintos, a pesar del miedo y de resentimientos personales y de predisposiciones negativas del subconsciente. Es la capacidad de liberarse de todo lo no divino o antidivino, para estar libre para Dios y para todo lo divino, para sus deseos y mandatos.

El *segundo elemento* es la capacidad de ejecución, es decir, la capacidad de llevar a cabo vigorosamente la decisión tomada, a pesar de todas las restricciones y dificultades.

Una mirada a la vida actual muestra cuán difícil es encontrar hombres verdaderamente libres en los diversos sectores de la población. La mayoría son viles esclavos y cobardes, carretoneros y parias, aduladores y masificados, personas para quienes la verdad ya no es más la *adaequatio intellectus et rei,* la adecuación del entendimiento con el objeto, sino la adaptación del entendimiento con el apetito sensitivo, *intellectus et appetitus sensitivi.*

Forman sus juicios y actúan movidos no por razones objetivas y bien ponderadas, sino por intuiciones cambiantes y pasajeras. Su razón está bajo la influencia demasiado poderosa de los sentimientos o de los instintos desenfrenados o de una fantasía exuberante. Por eso su juicio y apreciaciones son siempre subjetivistas y poco dignas de confianza. Donde ellos gobiernan y dirigen, impera la "bestia rubia". Venden su simpatía y su aprobación por un par de palabras amables, por algunos mimos o galanteos. Sus resentimientos los hacen condenar y quemar hoy aquello que ayer adoraban y pregonaban como excelente.

La Canción al Terruño exalta esos dos elementos de libertad.

> ¿Conoces aquella tierra, imagen fiel del cielo,
> ese reino de libertad
> tan ardientemente anhelado;

donde la inclinación a lo bajo
es vencida por la magnanimidad y la nobleza;
donde los menores deseos de Dios comprometen
y reciben alegres decisiones por respuesta:
donde, según la ley del amor,
la generosidad siempre se impone victoriosa?

3.5. Cohesión comunitaria

El Informe del visitador muestra también reparos respecto a aquello que le parece ser un excesivo encerramiento comunitario. El P. Kentenich explica la necesidad de contar hoy con un nuevo tipo de comunidad, los Institutos Seculares, cuyos miembros deben moverse en medio del mundo y exponerse a todo tipo de avatares que ello conlleva. Por eso se requiere, más allá de la apertura y del estar expuesto a todo tipo de influencias, contar con una fuerte y sólida comunidad, interiormente cohesionada, que dé sustento, apoyo y cobijamiento a sus miembros.

Una concisa postura crítica respecto a estas omisiones se refiere a los fundamentos esenciales correspondientes a la cohesión comunitaria interna y su aplicación práctica.

La consideración fundamental gira en torno a la idea y la tarea de la familia: a su carácter como instituto original y secular.

Hay una razón sociológica y pedagógica para ello.... La sociología llama la atención sobre el hecho que la *causa finalis* de una comunidad influye esencialmente en su *causa formalis*. La pedagogía recuerda el axioma antiguo: *non scholae, sed vitae discimus*, es decir: el objetivo educativo determina la forma de educar.

La forma original de los institutos seculares consiste en vivir santamente y en trabajar para el reino de Dios, sin la protección usualmente obligatoria de comunidad y de traje, de manera independiente y con clausura interior en medio de un mundo diferente. Por causa del Reino de Dios deben lograr eventualmente tal como aquí en América del Sur es requerido no raras veces- pasar por semanas en un puesto solitario y aislado sin sacerdote ni sacramentos. Largas distancias y la falta de sacerdotes hacen necesarios tales sacrificios, si debemos conducir el mundo pagano actual a la casa de Dios.

De eso se desprende la necesidad de una educación correspondiente de personas con una independencia y solidez grande, intensa, austera y vigorosa; y eso vale para cada miembro como también para toda la comunidad.

Todo es determinado por la siguiente ley: *Finis est primum in intentione et ultimum in executione...* Esto hay que tenerlo presente cuando la imagen momentánea todavía no corresponde al ideal delineado.

Las exigencias tienen validez sobre todo si los institutos seculares quieren y deben ser modelo para los laicos, la misión y la tarea futura de los laicos. Entonces éstos tendrán que resolver tareas similares en circunstancias similares y, de manera semejante a la de los institutos seculares, no pueden prescindir de una ascética, sociología, derecho y pedagogía laical original y tienen la necesidad natural de dejarse guiar en todas estas áreas por los institutos.

La aplicación práctica de estos fundamentos evidentes lleva a dos axiomas:

Primer axioma: Los institutos deben mantener una cohesión interna comunitaria tan fuerte, que no necesiten la protección de la clausura exterior.

Segundo axioma: Tal actitud requiere de tres elementos:

1. Una cohesión eficaz, es decir, el girar común alrededor de un mismo centro: de un centro personal, local e ideal.

2. Clausura interior, es decir, inmunizarse frente a una influencia externa injustificada.

3. Apertura espiritual, es decir, un estar abierto plenamente para Dios y todo lo divino.

El *Informe* no tiene nada que objetar contra la apertura hacia arriba. Solamente no logra entender bien la forma práctica de nuestra cohesión interna y reserva. *Le preocupa sobre todo la posición de la cabeza de la Familia: el girar en torno a su persona y el cerrarse contra influencias de afuera que parecen ser inconvenientemente fuertes.*

La metafísica y la sociología, la misión y la tarea de los institutos laicales originales para la Iglesia del futuro requieren de nosotros una meta muy diferente.

Vemos un ideal extraordinariamente alto en la cohesión y reserva de una manera análoga, sin cuya encarnación estaremos como instituto laical permanentemente expuesto a los peligros de la disolución e infecundidad.

Por eso queremos y debemos ser conscientemente diferentes a otras comunidades. Sin embargo, teniendo en cuenta la sana necesidad femenina de relajación, hemos incluido una gran cantidad de instancias de conversación en el marco de la propia familia que están permanentemente a disposición.

Así representamos hoy una imagen de solidez que difiere tanto del marco usual, que se habla en todas partes de ella como de una característica de las Hermanas de María: Aquí sucede con admiración y reconocimiento, allá con el temor silencioso o abierto de una independencia demasiado grande frente a la influencia clerical.

3.6. Filialidad

No cabe duda que una de las preocupaciones centrales del P. Kentenich consiste en cómo llevar al hombre actual a establecer una relación de amor filial, cálido y profundo, con Dios Padre.

Su imagen de Cristo es ante todo la del Cristo Hijo del Padre, que viene del Padre y regresa al Padre y que con su sangre conquista para cada uno de nosotros el ser en él hijos de Dios Padre.

Por otra parte quiere sacar todas las consecuencias que se desprenden de la "ley fundamental el mundo": el amor. En Cristo estamos llamados a hacer todo en, por y para el amor.

Es en este contexto que el fundador de Schoenstatt afirma —teórica y vitalmente— que la experiencia en el orden natural del amor paterno-filial, desde el punto de vista pedagógico, es decisiva. "Un mundo sin padres, afirma una y otra vez, es un mundo sin Dios". Por eso la necesidad y urgencia pastoral de sanar los vínculos en el plano natural.[5]

Cuando el visitador se encuentra con este mundo de relaciones de profunda entrega paterno-filial, simplemente no comprende

---

5 Se puede consultar el ensayo del P. Kentenich sobre esta temática, *Mi Filosofía de la Educación*, publicado por Editorial Schoenstatt, y *Pedagogía de Vinculaciones*, publicado por Editorial Nueva Patris.

y lo estigmatiza como peligroso e impropio. Por eso, posteriormente se determinará la separación del fundador de su Obra.

Se habla de una *filialidad primitiva*. Son relativamente numerosos los pasajes del *Informe* que se ocupan del tema. Una breve mirada sobre los mismos nos revela el pavoroso abismo que, al igual que un monstruo, está devorando la cultura cristiana, despojándola de toda voluntad propia y entregándola al colectivismo.

En el *tema de la filialidad primitiva*, resalta el contraste entre el pensar orgánico y el pensar mecanicista -en su esencia, sus exigencias y sus consecuencias- de una manera más tajante, plástica y palpable que en el caso de la obediencia. Y esto ocurre así por dos razones: En primer lugar, el *problema de la filialidad,* considerada como expresión concreta de un organismo de vinculaciones, completo en sí mismo, pertenece decidida y directamente al *ámbito de lo psicológico.* Dentro del contexto *de las relaciones entre religión y psicología, por lo tanto, daremos a la filialidad un tratamiento y estudio específico.*

Al mismo tiempo, Jesús nos propuso la filialidad como objetivo trascendente de la educación. Una *meta que se revela sencillamente como remedio infalible* para evitar la catástrofe que se cierne sobre el mundo de hoy. La filialidad posee una polaridad particular que Hugo Rahner, en su meditación teológica del *"homo ludens"* [6] (titulada *El divino juego infantil*) describe como un "danzar y llorar" delante de Dios, un estar cobijado en el regazo de la gracia y ser expulsado de ella hacia un mundo peligroso a causa de la libertad.

---

6 El hombre considerado desde el punto de vista de su capacidad de jugar.

Baste recordar en este punto que todos los movimientos de renovación no lograrán alcanzar sus objetivos si no cooperan seriamente, cada uno en fidelidad a su carisma, en la labor de superar y vencer el pensamiento mecanicista. Y es así porque este tipo de pensamiento pone obstáculos a la gracia divina para calar hondo en el alma del hombre; porque perturba y destruye el órgano vivo e integral que nos permite percibir todo lo divino y grande. Todos los sistemas de todas las disciplinas, más allá de lo brillante que sean o de lo impecable de su diseño, no tocan el alma humana o no lo hacen de una manera suficientemente profunda porque les falta el pensamiento orgánico. Y por ese mismo motivo nuestras medidas y lineamientos en el campo de la pedagogía de la sexualidad no tienen el efecto esperado.

Don Bosco decía que "no son sistemas lo que nos falta, sino fuerza viva capaz de hacernos arder de entusiasmo". A lo cual nosotros podríamos agregar: "porque se ha perdido el pensamiento orgánico". En otro pasaje suyo, el mismo santo añade: "Mantengan lejos de mi casa a los cómodos, a los que ven pasar la vida desde la ventana, los que basan su autoridad en un trato a la distancia y logran así que los muchachos huyan de su incómoda y grave solemnidad".

Repetimos que la razón más profunda de esta conducta de los superiores, tan extraña a lo que necesita el mundo de hoy, radica en la falta de pensamiento orgánico.

Según la visión paulina, el sacerdote ex *hominibus assumptus pro hominibus constituitur in eis, quae sunt ad Deum*, tomado de entre los hombres, puesto a favor de los hombres en lo que se refiere a Dios, debe ayudar al hombre a establecer vínculos fundamentales con Dios y a mantenerlos siempre vivos. Pero mientras no supere el pensamiento mecanicista, serán en vano todos los esfuerzos que realice en esta área, incluso los más titánicos.

Es bueno que de esta manera se nos esté llamando la atención sobre la filialidad *como parte esencial de nuestra espiritualidad.*

Una prueba concluyente e inequívoca de esto es nuestra sencilla fe en la divina Providencia. Anteriormente hemos hablado de ella y hemos dicho que en nuestro caso se ha convertido ya en una expresa concepción del mundo que nos ha calado hasta la médula y obra en nosotros casi como una segunda naturaleza.

Otra prueba es el grado y el tipo de nuestra devoción mariana.

Y por último, nuestra actitud patrocéntrica integral.

A menudo no resulta fácil discernir dónde comienza la causa y dónde termina el efecto, o viceversa. Por lo común nuestra filialidad es ambas cosas a la vez: es causa y efecto de nuestra mentalidad vigorosamente patrocéntrica, marcada a su vez por la fe en la divina Providencia y por una ferviente devoción mariana.

Se puede comprobar que la filialidad constituye una fuente de abundante vida y de enorme fuerza motriz para la labor de educar al hombre y la mujer, tanto a nivel individual como comunitario. En el caso del varón, la filialidad ayuda a formar hombres auténticos, que sepan dominar su natural ímpetu, adherir a los valores del espíritu y enfrentar con valentía las circunstancias que les toque vivir. En cuanto a la mujer, la filialidad contribuye a formar mujeres que sepan mantener siempre en alto un espíritu valiente, de servicio heroico y plenamente femenino, como hijas y siervas de Dios.

La filialidad es causa y fuente de una infinita capacidad de entusiasmo por todo lo grande y lo hermoso; por las cosas de

Dios, por lo heroico. En medio del proceso que se registra a escala mundial en nuestro tiempo, la filialidad nos otorga una profunda receptividad para los valores naturales y sobrenaturales. En el epicentro de una situación de caos sin parangón, como la que vivimos hoy en el plano del espíritu y las ideas, la filialidad nos ayuda a desarrollar una singular seguridad instintiva y una capacidad de acertar en lo correcto...algo así como "un olfato católico" que nos permite identificar con asombrosa seguridad la voz del Padre del cielo de entre millones de otras voces que nos interpelan tratando de seducirnos.

La filialidad nos preserva, incluso a los que tienen una marcada orientación hacia lo trascendente, de no sumarnos a una mentalidad extremadamente racionalista. Al interior de la gigantesca fábrica de una humanidad primitiva, como lo son el campo de concentración y la cárcel -y a menudo también los cuarteles y los campos de trabajo-, esta filialidad nos dio la fuerza y el coraje para educar en nosotros y en nuestro entorno al hombre imbuido de la ingenuidad propia de un niño. Y precisamente este tipo de hombre es el único capaz de vencer el colectivismo y su brutalidad en todas sus formas, y de percibir, comprender y responder acertadamente la llamada de Dios al mundo de hoy.

Sólo una profunda "ingenuidad" puede librarnos de la tiranía de un ambiente masificante que el enemigo mortal del cristiano se ocupa de crear hoy en todas partes. Y lo hace con satánica inventiva, a veces por la fuerza, otras de manera solapada o disimulada.

¿Cómo lograr que el hombre, que ya se ha convertido en una especie de máquina, vuelva a ser un ser humano auténtico, un cristiano verdadero? He aquí una interrogante que continúa siendo de capital importancia para el educador de hoy. Todas las vinculaciones

psíquicas y espirituales, todas las vinculaciones que nacen del interior de la persona, hoy están desgarradas o bien en inminente peligro de desgarramiento. *¿Cómo restaurar en él un sano organismo de vinculaciones, cómo introducirlo de nuevo en una sana vinculación a personas, a lugares e ideas?* ¿Cómo generar una pedagogía de vinculaciones adecuada a nuestro tiempo?

Nos enfrentamos así con una importante interrogante que forma parte de esta problemática global. Se trata de la pregunta por el tipo y el grado de la vinculación personal: La vida psíquico-espiritual del hombre de hoy está terriblemente fragmentada. *¿Cómo aprender de nuevo a amar correctamente a Dios y al prójimo? Por otra parte, ¿cómo aprenderá nuevamente a amar con un sano amor filial?* En circunstancias normales se suele pasar fácilmente por alto estos procesos de vida tan delicados. Simplemente se deja sobre ellos el velo que los cubre, no se habla o bien se habla muy poco al respecto.

Distinta, muy distinta, es la situación cuando, de todas partes se amenaza a este supremo bien del amor y se hace evidente que sólo se lo puede salvar mediante un ferviente entusiasmo por él y una visión clara de lo que él realmente significa. Desde hace ya mucho el amor se ha convertido en nuestro mundo en un huésped que rara vez se deja ver. Así lo denuncia *La santificación de la vida diaria*:

> El amor verdadero es como el sol, que abriga y da calor. Estimula y alienta todas las semillas que hay en el ser humano para que se desarrollen en plenitud. Muchas personas se han transformado en inválidos en el plano espiritual y moral, porque esperaron en vano que llegase a ellos ese rayo de sol que aguardaban con tanto anhelo. Otros en cambio, que tienen una

tendencia hacia el heroísmo y pudieran remontarse como águilas en la búsqueda del sol, suelen estancarse, sin embargo, en los bajos fondos de la vida porque han recibido muy poco amor.

El santo de la vida diaria recibe en abundancia el amor de Dios y comparte con generosidad con su prójimo ese regalo precioso. Por otra parte, si él mismo ha sufrido en su vida escasez de un amor humano, lleno de Dios, con tanta mayor generosidad repartirá sus dones de amor.

En nuestros días, el déficit de amor ha superado toda medida... De ahí que todos los problemas que giran sobre este punto cobran un cariz e importancia nuevos. Son tan antiguos como el hombre y a la vez de relevante vigencia... Hace falta bastante coraje para abordarlos, ya que no sólo son poco claros y difíciles de abordar, sino también de contornos imprecisos y delicados

El segundo punto enfoca la estructura integral y el aspecto interno de la filialidad.

Éste puede ser contemplado desde dos ángulos: desde el objeto (*ratione objecti*) o bien *desde el sujeto (ratione subjecti).*

Consideremos el caso del niño católico que ya ha alcanzado el uso de razón. Dos *son los objetos* hacia los cuales orienta su actitud filial, es decir, su afecto y conducta filiales: *Dios y su transparente terrenal, el padre.* Uno y otros van ocupando alternadamente el primer plano de su conciencia; pero ambas partes, Dios y los padres, permanecen siempre unidos. Esta misma característica presenta la obediencia cristiana, que jamás separa a los padres de Dios; y también el amor a Dios y el amor al prójimo, que van siempre juntos, según nos enseña la teología. La íntima vinculación entre Causa Primera y causa segunda puede ser habitual, vale decir, un estado permanente natural. Y puede ser también virtual y actual. Todas estas formas obran en conjunto a fin de que la actitud fundamental siga siendo siempre la misma.

La ley que da fundamento a este proceso es la ley de la transferencia y del traspaso orgánicos. Las dos conforman a su vez la gran ley de gobierno universal.

Según esta ley, Dios transfiere a otras personas derechos y cualidades suyas; en este caso una parte de su fuerza creadora y de su bondad paternales. Y lo hace especialmente en beneficio del niño...vale decir, que Dios no se estanca en los padres. En ellos y con ellos Dios contempla al niño, pone en él su pensamiento, lo toma en cuenta, lo ama. De manera inversa, *el niño transfiere* a sus padres el respeto, el amor y la obediencia que le debe a Dios. Y en sus padres y a través de ellos, los transfiere por último a Dios mismo. Si Dios se estancase en los padres, los niños se estancarían en los padres. Y *de ese modo tendríamos la ley de la transferencia mecánica* que contradice la ley de gobierno universal.

Como se puede apreciar, en la ley de la transferencia orgánica ya está integrada la ley del traspaso orgánico, tanto desde el punto de vista de Dios como del niño. Sin embargo se habla específicamente de una ley del traspaso orgánico por excelencia cuando no se ve ni se ama tanto a Dios en el hombre sino más bien al hombre en Dios, cuando a nivel espiritual consciente se aparta lo humano de lo divino -aunque no totalmente- y se permite así que Dios pase con mayor intensidad a ocupar el primer plano, sin perturbar de ninguna manera la comunión espiritual entre Dios y el hombre.

Sólo se trata de la otra cara de un mismo proceso de vida. Quien cultiva un amor filial a Dios, ama en él también a sus padres en todo momento, aún en la visión beatífica. Es una misteriosa comunión espiritual que se realiza no sólo entre Dios y el hombre, sino entre persona y persona, pero siempre en Dios. En este punto ocurre algo similar al caso de la condenación a una pena, la cual no sólo consiste en una enemistad entre el hombre y Dios sino también entre hombre y hombre...Sí; porque tan profunda e íntimamente están unidos Dios y el hombre...Imagen divina e imagen humana... Amor a Dios y amor al prójimo... Odio a Dios y odio al prójimo.

El tercer punto nos orienta en cuanto a los grados y etapas de la filialidad. Conocemos y definimos tres de ellos. Hablamos así de una *filialidad primitiva*, otra *depurada o perfecta y finalmente la heroica.*

Lo que hemos dicho de la estructura general de la filialidad vale igualmente para todos sus grados, sin excepción, tanto para el más bajo como para el más alto, para la filialidad primitiva como para la heroica. No es necesario comprobar esto en forma especial. Los rasgos esenciales de un proceso de vida deben, de alguna manera, estar presentes en cada una de sus partes. Aplicando este postulado al tema que nos ocupa, podemos decir que *en todos los grados del amor filial, la Causa Primera y la causa segunda tienen que permanecer indisolublemente unidas.* Jamás se separe a Dios de los padres ni a los padres de Dios, a menos que éstos se declaren en contra de Dios. No debe ser necesariamente una vinculación actual o virtual; basta con que ella sea, como lo expusimos, periódicamente una vinculación habitual...

Cabe agregar que en todos los grados del amor filial *los afectos exigen un cultivo cuidadoso.* Ahora bien, el hecho de que los afectos de una persona respondan con mayor intensidad a los padres o a Dios es algo que está más allá del área de lo voluntario. *Lo esencial es y será en todo momento que Dios ocupe siempre el primer lugar en la escala de valores de la persona.*

La diferencia de los grados no está determinada por los objetos -que continúan siendo los mismos: Dios y los padres- sino por el sujeto; más exactamente, por el *grado de desasimiento de sí mismo y de abnegación* que el sujeto demuestre. El *amor primitivo* ama a Dios y a los padres por razones de conveniencia propia que no constituyen un *"ut consecutivum"*, consecuencia, sino un *"ut finale"*, finalidad. La moral designa a este amor como amor de concupiscencia.

Por eso *La Santificación de la vida diaria* nos dice al respecto:

> Los maestros de espiritualidad llaman 'amor de concupiscencia' al grado más bajo del amor. En él amo a Dios a causa de mí mismo. Por el ejercicio de ese amor espero mi satisfacción o felicidad; o bien ser más fuerte, maduro y puro. Vale decir que, en primer lugar, aguardo algo para mí mismo.

Este amor primitivo fue objeto de muchas controversias a lo largo de los siglos, ya que se ponía en duda su valor moral. De ahí que se generase una abundante literatura sobre el tema. Por eso también *La Santificación de la vida diaria* se ocupa en forma breve, pero bastante clara, de la correcta valoración y de la utilidad de este tipo de amor en la vida cotidiana:

> El santo de la vida diaria recuerda siempre que aquí en la tierra no existe un amor totalmente desinteresado. Por cierto él también conoce los grados superiores del amor y aspira a todos ellos con la ayuda de la gracia. Él sí conoce los grados superiores del amor. Aspira a todos ellos con la ayuda de la gracia

sin despreciar el amor de concupiscencia, concibiendo éstos como meta o como un efecto consecutivo de los esfuerzos y aspiraciones en el plano moral. En muchas personas no se puede alcanzar otro grado de amor, ya sea durante un cierto tiempo o bien definitivamente. Ya es bastante para ellas amar a Dios y guardar sus mandamientos para alcanzar así una riqueza interior, madurez, perfección, pureza y fortaleza mayores. Para ellas esto significa un gran logro. También el santo de la vida diaria experimenta este perfeccionamiento de su naturaleza como consecuencia de la entrega a Dios, aun cuando no siempre haya aspirado expresamente a ello. Por otra parte, Jesús mismo nos propuso el amor propio como medida para el amor al prójimo (cf Mt 19,19).

En su vida terrena Jesús solía integrar con bastante frecuencia en su predicación el motivo del desarrollo y de la felicidad personales. Con estas referencias a la recompensa futura, incluso del ciento por uno, a la dulzura de su yugo, a la participación en su ministerio de juez o bien a la paz prometida, despertaba en los suyos el anhelo de comprometerse y esforzarse en el plano ascético moral. El Señor supo emplear este recurso con destreza y eficacia; y sus apóstoles siguieron fielmente su ejemplo en todo.

En razón de su condición de ser creado y limitado, el hombre no halla en sí mismo -como sí lo halla el Dios Trino- su satisfacción. Todos sus impulsos de ser, de amar y de actuar pujan por desarrollarse, por perfeccionarse y alcanzar la dicha, por volver a la fuente original, por retornar a Dios. Estas mociones constituyen las fuerzas fundamentales del alma, capaces de aunar lo mejor de sí a la hora de entregarse a Dios.

El santo de la vida diaria permanece siempre con los pies firmemente puestos en tierra y por eso sabe aprovechar estos impulsos vitales en su labor de autoeducación. Lo hace con la debida moderación. A su vez, sabe servirse también de ellos en la educación de quienes le hayan sido confiados, respetando las circunstancias espirituales de cada persona. De esa manera experimenta en su vida la verdad de aquellas palabras de san Agustín: 'Nos has hecho para ti y nuestro corazón está inquieto hasta que descanse en ti".[7]

El amor filial purificado y perfecto ama a Dios por Dios mismo. El yo retrocede y Dios es quien ocupa el primer plano. Lo mismo vale para el amor que cultive hacia sus padres, precisamente porque el objeto amado es el mismo. Por eso los amará, espontáneamente, siempre en y con Dios. La ascética habla en este punto de amor de benevolencia, de complacencia, de conformidad... Los términos son suficientemente explícitos.

El amor heroico es el grado más alto de la filialidad. Cuando se ha alcanzado este grado, se ama a Dios exclusivamente por sí mismo; y la persona se ama a sí misma y a las cosas creadas sólo a causa de Dios. San Agustín exige este grado de todos los cristianos que quieran llegar a ser perfectos. Por su parte san Bernardo agrega que sólo pocos llegan a este grado de amor aquí en la tierra. San Francisco de Sales lo considera un ideal, al cual coloca, sin reservas, en el centro de toda su ascética.

4. Carta a la "Artusrunde", desde Santa María, Brasil
20 de Agosto de 1949

El P. Kentenich envía esta carta a sus colaboradores más estrechos en Schoenstatt, a fin de ilustrar el sentido de su respuesta al obispo en su Epístola Perlonga.

---

7 San Agustín, *Confesiones*, I, 1,1.

Examinen mi respuesta al informe oficial que elevara el Sr. Obispo Auxiliar. Fíjense que en ningún momento me preocupó la justificación de Schoenstatt, al menos no directamente, sino que mi interés se cifró en la acentuación de los principios pedagógicos y en realizar una clarísima ofensiva contra ideas y usos pedagógicos corrientes en niveles de dirigencia alemanes.

Vale decir, entonces, que me mantuve fiel en extremo a la consigna propuesta; y así dejé en manos de María Santísima toda la preocupación por Schoenstatt. Es lo mismo que hiciera en 1942, cuando descarté conscientemente todos los medios humanos y le di las riendas de todo exclusiva y únicamente a la Madre del Señor.

¿Únicamente a ella? Esta afirmación no corresponde por entero a la realidad. En aquel tiempo, sellamos y vivimos la *Inscriptio* en aras de una profunda responsabilidad de unos por otros y todos por la Obra común. Porque a la luz de la fe estábamos convencidos de que ésa era la gran condición que nos ponía la Santísima Virgen para intervenir ella misma con fuerza en la situación que se vivía. La misma condición la renovamos y asumimos conscientemente el 20 de Enero de 1949, con el acto de consagración, dándole un sello especial. Sí; es cierto, el entrelazamiento y la complicación de los hechos presentan idénticos rasgos en uno y otro caso.

Al acto realizado en 1942, le siguió un período de gran oscuridad. Quizás habría que esperar ahora una etapa similar. En aquel entonces fue la luz de la fe la que iluminó las tinieblas; y el salto mortal del entendimiento, del corazón y de la voluntad el que demostró la autenticidad del acto y preparó el triunfo pleno. (...)

La Santísima Virgen es quien debe obrar la victoria de Schoenstatt. Mi labor directa consiste en proclamar nuestros principios pedagógicos dentro del ámbito de la Iglesia alemana y luchar para que se los reconozca. Ese es mi campo de batalla. No directamente

Schoenstatt. Mi lucha recién ha comenzado, y se extenderá por mucho, mucho tiempo. Cuanto mayor sea la consecuencia con la cual libre esta batalla, con tanto mayor consecuencia empuñará María Santísima las riendas por Schoenstatt y para Schoenstatt. Sólo así se explica por qué me explayé ampliamente en la exposición de mi respuesta al informe oficial. Si mi intención hubiese sido simplemente justificar a Schoenstatt, esa abundancia de información habría sido absolutamente incomprensible. Simplemente hubiese procedido con brevedad y concisión, dando a cada objeción una respuesta sucinta, clara e inequívoca.

De ahí que en mi carta al Sr. Arzobispo, fechada el 31 de Mayo de 1949, se pueda leer la siguiente aclaración:

> A mi manera de entender, aquí se trata de los temas pedagógicos más fundamentales de Occidente. En razón de ello me propongo dar una respuesta con el detalle y la claridad necesarios para que se comprenda cabalmente mis principios y puntos de vista. (...)

En cuanto al allanamiento de las dificultades, podemos nuevamente aprender del 20 de Enero de 1942: hay que asumir con seriedad nuestra consagración. Vale decir, luego de que este acto pusiera tan fuertemente en un primer plano la fidelidad en el seguimiento y la responsabilidad mutua, llega la hora de aplicar seriamente los principios pedagógicos en nuestra propia comunidad. Dicho con mayor exactitud: luchar con fuerza y lucidez por la construcción de un estado ideal. De ese modo alcanzaremos dos objetivos:

1. Cumplir con las condiciones puestas por la Santísima Virgen.

2. Mostrar a la opinión pública la fecundidad y utilidad de nuestros principios pedagógicos.

Dios nos irá señalando a través de los acontecimientos si todos ustedes o bien algunos de nuestros grupos quieren o deben animarse a entrar directamente en la lid de los debates pedagógicos y con qué grado de compromiso. Por mi parte tengo la intención de continuar la batalla hasta que Dios no me señale otra cosa por la ley de la puerta abierta.

III.

Textos sobre el pensar, amar y vivir orgánicos entre 1949 y 1952

El P. Kentenich dijo en alguna ocasión que en la Jornada de Octubre de 1950 había hablado con plena libertad y abandonado toda reserva. Por aquel entonces el obispo auxiliar de Tréveris, Mons. Stein, ya había enviado a Roma su primera acusación y el P. Kentenich había contestado a ella.

La mayoría de sus oyentes no estaba al tanto de estos acontecimientos. Solo en 1952, en su paso por Chile, rumbo al exilio en Milwaukee, el Padre descorrerá el velo que cubría el acto de envío del 31 de Mayo. En lo que aquí habla, sin embargo, aparece claramente la problemática de fondo. Esta Jornada Pedagógica, como también lo será la siguiente Jornada Pedagógica de 1951, muestra claramente lo que el P. Kentenich deseaba ardientemente alcanzar: abrir paso a María como la gran educadora y en unión a ella, cultivar con decisión y consecuencia una nueva pedagogía, que él estimaba urgente fomentar en el seno de la Iglesia.

Llama la atención cómo el P. Kentenich denuncia el pensar mecanicista refiriéndose a lo que denomina "humanismo idealista". Aquí se puede apreciar claramente la forma en que él mismo emprende la lucha contra el mecanicismo a la cual había llamado el 31 de Mayo de 1949.

Se refiere a la devoción mariana y luego también al rol de las causas segundas como camino para llegar vitalmente a Dios; defiende un amor verdaderamente humano, cálido, afectivo y personal. Quien conoce ahora el trasfondo de la lucha que estaba dando, entiende mejor sus palabras. En verdad no puede callar, debe esgrimir la palabra. (Cf Plática del 31 de Mayo)

Desde 1948 el P. Kentenich venía empleando la expresión "idealismo", tal como la usaba H. E. Hengstenberg, especialmente en su opúsculo "Die Marienverehrung im Geisteskampf unserer Tage"[8], Würzburg. Se trata del racionalismo o modo de pensar mecanicista.

1. El humanismo idealista
Jornada de Octubre de 1950

Permítanme repetir ahora una idea central: Ustedes ya conocen el frente contra el cual he luchado siempre. Se trata del idealismo o bien del *humanismo idealista*. A aquellos que puedan entenderlo les recuerdo con énfasis especial que nuestro tiempo está enfermo de humanismo ateo, de un humanismo deísta y fatalista.

Si bien estas son corrientes doctrinales que circulan fuera de la Iglesia, han acabado por proyectar sus sombras sobre ella y en verdad lo están haciendo en una medida que inspira espanto, ya que han alcanzado a todos los ambientes.

---

8 *La devoción mariana en medio del debate ideológico de hoy.*

Humanismo idealista... ¿Me permiten expresarlo con otras palabras? Como ven, me interesa mucho hacer una presentación clara de la materia. Pues bien, yo lo llamo *idealismo separatista*, vale decir, un idealismo que sólo considera las ideas y por lo tanto desecha por entero a la religión, ya que para él la religión no es, en primer lugar, conocimiento, no es unión entre idea e idea, sino unión entre persona y persona. Luego viene el *humanismo idealista*... ¿Qué hace este humanismo? Separa la idea de la idea y la persona de la persona. Una terrible tragedia. Quien haya experimentado en carne propia este proceso y luchado contra él sabe muy bien por qué en las filas católicas hay que combatir al humanismo idealista con todas las fuerzas de las que se disponga. Volveré luego a tocar este punto.

¿Saben quiénes hacen la objeción de que la devoción mariana quita fuerzas y reblandece al creyente? Escuchen con mucha atención: esa crítica proviene de grupos caracterizados por una actitud intelectualista. Ellos no sólo separan en el objeto las ideas de las personas, sino que separan también en el corazón del hombre la afectividad del intelecto. Para ellos sólo existen las ideas, y tachan de sentimentalismo a todo lo que esté relacionado con el corazón o con sentimientos profundos. Por eso debemos ser muy prudentes y examinar con cuidado quién es el que hace esa objeción de que la devoción mariana debilita al cristiano.

Supongamos por un momento que mi amor a la Santísima Virgen fuese sentimental. Naturalmente no estoy de acuerdo con el término, ya que hoy se designa así a todo lo que exprese calidez o ternura, a lo que vaya más allá de las puras ideas y entre en el ámbito de lo personal. ¿Creen ustedes que toda esa gente que dice que la devoción mariana debilita al cristiano cultiva un amor realmente personal a Dios? Yo no lo creo. Se entregan más bien a una idea, no a Dios. Y eso no es religiosidad. Porque la religión es entrega de persona a persona. Verán la tremenda importancia que reviste en este sentido el amor a María Santísima.

El amor a la Madre del Señor es algo personal. Tengan cuidado por eso de no considerar a la Santísima Virgen como un mero símbolo. Ella quiere ser contemplada como persona, con sus propios derechos, con su propia libertad. Tengámoslo en cuenta y procedamos con sumo cuidado, ya que estamos en el filo de la navaja. En este campo sólo la sensibilidad popular es capaz de acertar en lo justo, ya que nuestros intelectuales están afectados por el humanismo idealista. Si habremos de encontrar errores, los encontraremos en este último grupo.

Hay que superar el humanismo idealista y separatista dondequiera que nos topemos con él, porque de ello depende muchísimo. Volviendo al ejemplo anterior, aun suponiendo que la devoción mariana debilitase al creyente, ello quizás pueda ocurrir en algún caso aislado provocado por una cierta predisposición de la persona en cuestión. Pero verán entonces que ese sentimentalismo no sólo se halla en la devoción mariana, sino también en otras áreas. Suponiendo que fuese así, yo les digo que prefiero tener ante mí una persona con corazón y sentimientos y que, por lo tanto, se exprese "sentimentalmente" y no una persona que sólo sea razón e intelecto. Porque, en este último caso, estaríamos frente a un fantasma o un monstruo.

Tomen en serio estas palabras. Si en Alemania no logramos vencer el humanismo idealista, especialmente en los grupos más cultos, —escuchen bien, por favor, no pretendo ser profeta— caeremos irremediablemente presa del bolchevismo. Fíjense entonces en que la lucha contra esta ideología debe ser una lucha a muerte, sea cual fuere el ámbito donde actuemos. No podemos hacer concesiones, de una vez por todas hay que decir sí o no. ¿De qué sirve que yo pueda dormir tranquilo, comer y beber bien y aparecer como una persona amable y cortés? Insisto en que se trata de una lucha a muerte. Quizás no todos estén a la altura de un combate de estas características, pero quien tiene una misión para el tiempo actual, quien esté convencido, junto con nosotros, de que la Santísima Virgen desde aquí quiere salvar a Alemania, no se contentará con el papel de mero espectador ni puede hacer las paces en estas condiciones, sino que recogerá nuevamente el guante del desafío. Y aun cuando tenga que dejarse crucificar por la causa, pues bien, ¡marchará resuelto hacia la cruz! (...)

Permítanme señalarles al adversario que tengo continuamente en la mira. Se trata del *humanismo idealista*, o bien, definido en otros términos, de un humanismo que se dedica a separar, a desgarrar todo, y que sólo trabaja con ideas abstractas. Es lógico entonces que una ideología de este tipo diga cosas como la siguiente: "¿Que la Santísima Virgen es necesaria para la salvación...? No, no es cierto; Dios puede hacer todo solo". Pero eso también lo sé yo; yo sé que él habría podido redimir el mundo sin Cristo. Cuando se pierde de vista el orden salvífico objetivo, cuando no se es objetivo, sino que se gira sólo en torno a ideas subjetivas, resulta lógico entonces que, tarde o temprano, no se tenga ya religión alguna.

Tomemos el ejemplo de la consagración de una diócesis a la Santísima Virgen. Cuando se hace esta propuesta, se objeta que la diócesis ya ha sido consagrada al Sagrado Corazón de Jesús. Y que si ahora se la consagra a la Santísima Virgen, entonces se estaría diciendo que ella puede hacer algo que Jesús no podría hacer. ¡Qué visión tan equivocada de la realidad! Al contemplar la totalidad del orden salvífico, ante nuestros ojos del espíritu aparece con claridad que Dios ha integrado la consagración a la Santísima Virgen como un medio; que él quiere algo de mí, pero a través de otros. El quiere que a través de su Santísima Madre yo me entregue a él; o dicho con mayor exactitud: de Dios mana y fluye una gran corriente de amor, un gran río de gracias.

Piensen en el pauperismo sobre el cual ya hemos hablado. El pauperismo vive de la ley del ahorro: "Sólo Dios es quien obsequia en abundancia, es en él donde está el río. ¡A arrojarse entonces a ese Jordán! A sumergirse en él, ya que es Dios mismo quien me ofrece esas aguas". Sin embargo no se trata de que la Santísima Virgen pueda hacer algo que Dios no podría hacer. ¡Cuán aplanadores son estos razonamientos! Buscar en todas partes sólo la trascendencia de Dios es caer bajo el dominio del pensar separatista, intelectualista e idealista.

El idealista apunta siempre a lo trascendente. Pero no sólo hay una trascendencia sino también una *inmanencia* de Dios. ¡Dios está también en ustedes y en mí! El hombre de hoy necesita ambas cosas, tanto la trascendencia como la inmanencia de Dios, pero en gran medida tenemos que entregarnos a la inmanencia de Dios. ¿Qué significa esto? Contemplar a Dios en las cosas. Quizás el idealista comprenda y acepte esta propuesta en teoría, pero en la práctica sólo tiene ojos para la trascendencia de Dios.

El *humanismo idealista* es un retoño del humanismo ateo en el campo católico, en el ámbito de la Iglesia. Si se le abre camino, con el tiempo tendremos una trascendencia en la cual se habrá suprimido por entero a Dios. Se concederá por cierto que Dios haya creado el mundo, pero no se admitirá la posibilidad de que pueda intervenir en esa creación suya. Y así, por último, tendremos el humanismo ateo o el ateísmo.

Hoy es necesario tomarle el pulso al pueblo alemán. Quizás nuestra gente sencilla nos diga: "¡Pero qué tontería!". Sepamos asumir tales comentarios; porque si no vemos estas cosas no avanzaremos ni un paso más con el Movimiento en Alemania.

Examinemos el tema de la inmanencia de Dios. Al amar a mi padre y a mi madre amo también a Dios y a la Santísima Virgen. ¡Qué ingenuo y sencillo! Sí; el pueblo sabe que al amar a María Santísima está amando a Dios. Y ahora ese Dios puramente abstracto y que está tan por encima de todo... ¿Cuánto tiempo se necesitará para ascender hacia ese Dios a través de los hombres y con los hombres? Si hoy tuviésemos más inmanencia de Dios, tendríamos también más transcendencia.

Observemos la vida práctica. ¿Por qué ya no se observa como antes el cuarto mandamiento? Lo que llamamos principio paterno (y materno), vale decir, que el hijo establece un vínculo de amor con su padre y su madre, es expresión a su vez del amor de Dios. Por lo tanto es una concepción errónea afirmar que el niño ama primero a su padre y a su madre con un amor primitivo, separado de Dios. ¡Pero cómo es posible! El amor filial primitivo no se explica separando los objetos; porque esa maniobra es propia del idealismo y del separatismo. ¿Y en qué consiste entonces el amor primitivo? En que yo amo a mis padres y a Dios, por amor a mí mismo.

Fíjense, entonces, que no se puede estar en paz mientras cosas tan esenciales estén en debate. Quien las traicione por razones tácticas, cometerá lisa y llanamente una traición, una traición digna de Judas. ¿Se dan cuenta ahora de lo que es un amor purificado? Amor purificado no significa dejar de lado las causas segundas y decir: "¡Señor mío y Dios mío!". No; yo llevo conmigo a mi padre y a mi madre y los tendré conmigo incluso en la visión beatífica. La purificación del amor consiste en amar al objeto ante todo a causa de él mismo y no por amor a mí mismo. Como ven, se trata de actitudes fundamentales de la persona. Pasarlas por alto quizás nos permita hacer las paces en todos los frentes, dormir plácidamente, comer y beber bien y "pasar a un tranquilo retiro". Pero en un futuro próximo nos habremos convertido en sepultureros de nuestra propia Familia.

2. Estudio "Schoenstatt en la lucha de la época" 6 de Abril de 1951

El P. Kentenich, en su carta a Mons. Josef Schmitz, en mayo de 1951, hace referencia a este documento que él había escrito el 6 de abril de 1951 y que posteriormente envió al P. Tromp.

Para un lector actual de este texto es posible que le resulte extraño el uso del término "bolchevista" y "bolchevismo", que usa el P. Kentenich para designar al pensar mecanicista. Usa ese término no por el sistema político o económico del bolchevismo marxista, sino para designar una mentalidad o modo de pensar que invade todo Occidente. Por eso, para evitar equívocos, habría que decir que para el P. Kentenich el "bolchevismo" equivale al colectivismo, al humanismo ateo, al racionalismo idealista, en una palabra, al modo de pensar, amar y vivir mecanicistas o separatistas. Este es el colectivismo que separa Dios y mundo, amor a Dios y amor a los hombres, amor afectivo y amor espiritual y sobrenatural.

El P. Kentenich se refiere también, en este texto, al pensar germano y al pensar latino. Para él, el mecanicismo se había instalado en círculos dirigentes del catolicismo en Alemania. Por eso, cuando aquí se refiere al pensar alemán, tiene en la mira a estos círculos infectados por el bacilo del mecanicismo. El colectivismo separatista aún no se encontraba en esa medida en los pueblos latinos. Lo que encontró en sus viajes fue una manera de pensar orgánica, que no mostraba problemas ni en relación con la devoción mariana ni con el amor a los intermediarios humanos de nuestro amor a Dios.

Cuando el P. Kentenich aboga por el derrocamiento del pensar mecanicista no se refiere sólo a una lucha ideológica, que sólo se mueve en el mundo de las ideas. Lo que a él le interesa en primer lugar es fomentar una espiritualidad y pedagogía de la fe, donde el amor y el vivir orgánicos constituyen lo central. Pero la implantación de esta pedagogía y espiritualidad debe contar con reacciones adversas, que deben ser superadas. De otra forma, explica, siempre se estará chocando con un muro cuando se trate de fomentar un amor y entrega a María y, particularmente, una pedagogía de vinculaciones, donde se dan lazos afectivos profundos.

El texto presenta asimismo una caracterización formal del pensar orgánico (un pensar simbólico, orgánico, universal y centrado).

Tarea de Schoenstatt:
Superación interior del bolchevismo

El 6 de abril de 1951 escribí un breve trabajo para una instancia eclesiástica. Se afirma allí, entre otras cosas: Para clarificar, destaco brevemente dos ideas. La primera debe comprenderse como una tesis; la segunda como su aplicación a algunas cuestiones prácticas.

En primer lugar[9], el principio: Schoenstatt ve hoy su tarea en colaborar, al servicio de la Iglesia, en la superación interna del bolchevismo –especialmente en Alemania– a través del cultivo cuidadoso de un marcado organismo natural y sobrenatural de vinculaciones.

Visión histórico-ideológica de esta tarea

Explicación: el bolchevismo destruye desaforadamente por todos los medios, todas las formas orgánicas de vida, normales y comprobadas. No solamente separa lo natural de lo sobrenatural, sino que también atomiza la naturaleza y desgarra el organismo natural de vinculaciones, trátese de una sana vinculación local, personal o ideal. La historia del pensamiento moderno ha realizado un abundante trabajo previo para esta obra de destrucción. No sólo la han apadrinado el materialismo, el vitalismo y el existencialismo, sino también el idealismo filosófico –apoyado por el protestantismo y el iluminismo[10] – que ha aportado lo suyo. Se torna así comprensible que un Movimiento que quiere ayudar a socavar y a superar interiormente el espíritu bolchevista[11] se esmere con cuidado por salvar el organismo sobrenatural de vinculaciones, por asegurar el organismo natural de vinculaciones y la sana interacción entre ambos.

---

9 Se cita aquí tan sólo la primera parte del trabajo *Schönstatt im Streite der Zeit (Schoenstatt en la lucha de la época)*. Una segunda parte trata acerca del principio paterno en las comunidades femeninas.

10 Secta esotérica que se jactaba de una especial iluminación y estaba cerca de la masonería

11 Originariamente decía aquí: "... al bolchevismo".

Una tarea mayor que en el medioevo

En su tiempo, Santo Tomás superó para Occidente la filosofía árabe, a través de la doctrina aristotélica de las causas segundas, ayudando de este modo a la salvación del cristianismo. Así también hoy los Movimientos cristianos de renovación deben tornar ilusorias las tendencias orientadas a la desintegración de toda vida orgánica. Esto acontece del modo arriba indicado. La tarea es, por lo tanto, incomparablemente mayor que en el medioevo. La razón es fácil de comprender: a las tendencias de disolución total sólo se puede responder exitosamente con un trabajo de salvataje integral.

Espíritu racionalista-idealista en el ámbito alemán de la Iglesia

Dado que, según parece, el futuro del bolchevismo se decide principalmente en el ámbito alemán, se debe emprender en él la lucha con lucidez y proseguirla hasta el final. Una frase de san Agustín puede servir de orientación: *Utamur hæreticis, ut contra eorum errores veram doctrinam catholicam asserentes tutiores et firmiores simus.*[12]

Librar la batalla en el ámbito germano

De lo anterior se sigue la necesidad de declarar la guerra en el ámbito germano a todas las erróneas concepciones modernas de vida que hemos señalado y también a sus consecuencias tanto ocultas como manifiestas. La desidia, e incluso el favorecimiento de las mismas, significan paralizar la capacidad de

---

12 Aprovechémonos de los herejes para tornarnos más seguros y firmes en la afirmación de la verdadera doctrina católica en contra de sus errores.

resistencia contra el enemigo mundial del cristianismo. Por esa razón es sobremanera lamentable y peligroso que, en círculos de dirigentes católicos alemanes, hayan anidado importantes residuos del idealismo filosófico, asumiendo a menudo una fachada religiosa a través del movimiento litúrgico. Estos círculos, aunque de modo inconsciente o involuntario, son precursores del bolchevismo y sepultureros de la vida cristiana.

El pensar mecanicista impide una piedad mariana profunda

Su pensar mecanicista separa la Causa Primera de las causas segundas, sin poder visualizarlas en una interconexión orgánica; su espíritu separatista desgarra las ideas de la vida haciendo a esos círculos incapaces de otorgar a una devoción mariana profunda el lugar que le corresponde en la lucha contra el bolchevismo y en el desarrollo pleno de la vida católica. Por todas partes ellos ven ante sí el fantasma del temor de que, a través de esa devoción, Cristo y Dios Padre pudiesen pasar a un segundo plano.

Se sustrae de la consagración a la Santísima Virgen el contenido que ésta posee históricamente y que se ha experimentado como fecundo, porque sólo se la conoce y reconoce como una relación de protección, pero, de ningún modo, como una entrega perfecta. Se afirma que tal entrega sólo es posible ante Dios. Después que diócesis enteras se consagraron al Sagrado Corazón de Jesús, no se atreven a profesar a la Santísima Virgen un tributo similar.

Se tiene el temor de que ello expresaría que la Santísima Virgen, en la renovación de las diócesis, lograse lo que el Señor no pudo alcanzar. Hasta este extremo llega el pensar separatista, para el cual el espíritu latino no tiene disposición alguna.

La persona de Dios se puede desvanecer

La obediencia cristiana es arrancada de su contexto esencial. La Causa Primera y la causa segunda son separadas una de la otra, de manera tal que la obediencia ciega de la inteligencia y la entrega total de la voluntad son consideradas como denigrantes para la persona y como idolatría del ser humano. La trascendencia de Dios se acentúa tan fuertemente, a la vez que la inmanencia se lleva tan a segundo plano, que la idea de Dios corre peligro de desvanecerse ideológicamente, para, por fin, terminar siendo totalmente borrada. Lo mismo ocurre respecto del carácter de ser miembros de Cristo, que se separa, como una idea deslavada, de la persona del Señor. Con ello se contribuye esencialmente a su despersonalización.

Necesidad de un enfrentamiento científico

La peligrosidad de esta actitud y la urgencia de superarla desde la raíz, no sólo exigen el fomento de corrientes de vida que se le opongan conscientemente, sino que requieren también de un claro enfrentamiento científico. Esto adquiere especial relevancia en relación al modo de ser germano que, por naturaleza, se orienta con preferencia hacia principios y que aún de cada insignificancia quiere hacer un principio.

Lucha por el pensamiento del organismo desde 1912

Desde 1912, Schoenstatt se ha colocado conscientemente en una posición opuesta a todas las formas del pensar y del vivir mecanicistas, situándose por completo sobre la plataforma del pensar orgánico. Por eso, desde el inicio, orientó su lucha en contra del idealismo filosófico. Hasta 1945 esto se dio en forma más bien reservada y a través del cultivo de un adecuado movimiento de vida. Cuando el Director[13] regresó de su confinamiento en Dachau, se cambió el método. Este cambio pareció necesario, ya que el peligro mundial aumentaba y los núcleos idealistas se consolidaban en el ámbito alemán.

Controversia de proporciones históricas

No podemos admirarnos, por lo tanto, que en el enfrentamiento de concepciones de vida tan opuestas, algunas de las formas que hemos utilizado hayan sido evaluadas como extremistas. A lo largo de la historia, esto siempre ha sido así en situaciones semejantes. Recordemos a san Francisco y su movimiento de pobreza, o a san Ignacio y su comprensión de la obediencia. En tiempos de cambio de época, los movimientos históricos siempre tienen que contar con un destino semejante. Seguramente ahora este hecho se dé con mayor fuerza aún, pues se trata nada menos que de la vida en su totalidad, tanto la natural como la sobrenatural, y no sólo de uno u otro aspecto o proceso. Recién en el futuro se podrá juzgar la medida en que detrás de todo esto estaba el deseo y la voluntad de Dios, o bien el autoengaño del hombre.

"Representante de Dios"

No hay duda que el pensar latino interpreta correctamente el concepto de "representante de Dios". En cambio el pensar germano, allí donde se ha contagiado por el idealismo separatista,

---

13 El Director del Movimiento, es decir, el P. Kentenich.

permanece en lo meramente ideológico, o bien, voluntaria o involuntariamente, abre un abismo infranqueable entre la Causa Primera y la causa segunda. Por eso, para el ámbito germano es tan importante —sea que se trate de la Santísima Virgen u otra causa segunda, como en la obediencia— acercar lo más posible a Dios al ser humano, tal como lo hacía el cristianismo primitivo en forma natural y de modo evidente (cfr 2Cor 3, 1-4) . De no ser así, el sentido y la crisis del tiempo no serán captados con profundidad suficiente ni serán respondidos de acuerdo al querer de Dios. Quien conozca los puntos concretos que están en discusión, comprenderá mejor, desde esta perspectiva, el modo de actuar de Schoenstatt. De todos modos, conscientemente éste ha estado siempre determinado por la corriente opuesta al pensar y actuar mecanicistas y por la proclamación y defensa del pensar y del vivir orgánicos tal como Dios lo quiere. Nada se ha dejado aquí a la casualidad ni tampoco se trata de desarrollos secundarios descontrolados.

Mentalidad latina y germana

La actitud dogmática que se percibe en círculos dirigentes alemanes —la que impresiona no pocas veces por su peculiaridad— a menudo ni siquiera tiene su raíz en concepciones de carácter dogmático, sino más bien en una disposición anímica enfermiza. Lo que el Señor nos explica acerca de la fecundidad de la semilla vale respecto de cualquier verdad: esta fecundidad no depende tan sólo de las fuerzas de crecimiento inmanentes, sino también de la receptividad del suelo (cfr Mt 13, 3-8). El modo de pensar germano se encuentra considerablemente enfermo. Lo que resulta tan evidente para el alma latina, y lo que la hace tan fuertemente receptiva para lo católico, le falta ampliamente al alma germana. Una naturaleza sana posee un pensar simbólico, orgánico, universal y centrado. Con frecuencia, estas cuatro características, en el individuo germano de cuño mecanicista, se hallan o bien totalmente ausentes, o bien existen en muy escasa medida. Debe tenerse esto presente cuando se reflexiona, por ejemplo, en cómo hacer atrayente para un alemán la posición de la Santísima Virgen en el plan de salvación. Los obstáculos que deben ser removidos se sitúan aquí mucho más en el espíritu que en el objeto mismo. Así se puede comprender la seriedad con la que Schoenstatt se esfuerza por enfrentar la irrupción del idealismo filosófico en el campo religioso y en la vida eclesial.

Formas de expresión de los procesos de vida

Cuando el modo orgánico de pensar y vivir ha logrado madurar en la lucha contra el mecanicismo y ha alcanzado un dinamismo propio, entonces encuentra a menudo formas de expresión para los propios procesos de vida, tal como se dan en la liturgia y en la Sagrada Escritura. *Simile simili gaudet*[14]. Manifiestamente se trata, en ambos casos, de un mismo proceso. Si ha de superarse la concepción trascendentalista propia del pensar mecanicista, que se potencia hasta lo enfermizo, entonces debe darse cabida a corrientes semejantes. Estas poseen en sí mismas un factor regulador y, por lo tanto, no hay que temer ningún desarrollo erróneo de carácter permanente, aun cuando aquí y allá transitoriamente se pueda rebasar los límites. Por el contrario: de este modo se podrá superar eficazmente la separación entre religión y vida.

---

14 Lo similar gusta de lo similar. El aforismo proviene de Macrobius, *Saturnalium conviviorum libri septem*, 7,7,12, Ed. Eyssenhardt, Leipzig 1868.

Per ipsam et cum ipsa et in ipsa

Para el pensar mecanicista, resulta monstruoso transferir a la Santísima Virgen el *"per ipsum et cum ipso et in ipso"*[15], dándole la forma *"per ipsam et cum ipsa et in ipsa"*[16], tal como se encuentra en el escudo de una ciudad belga. La separación mecanicista de Causa Primera y segunda no admite comprensión alguna para tal *communicatio idiomatum*[17]. Es por eso que la devoción mariana de Grignon, que prácticamente está marcada por esa consigna, no halla clemencia alguna ante el tribunal mecanicista.

Mucho menos aún puede comprender el mecanicismo que cualquier amor profundo, nacido del corazón, conozca y procure ese estar anímicamente uno en el otro en la forma del *'per et cum et in'* (por, con y en el otro), y que ese amor guste reposar en tales expresiones.

En resumen, Schoenstatt sólo puede comprenderse si se lo ve y valora en el contexto del bolchevismo y del humanismo idealista alemán."[18]

3. El pensar mecanicista
Jornada Pedagógica de 1951

La Jornada Pedagógica de 1951 tuvo lugar en momentos en los que arreciaba la confrontación. El P. Kentenich había sido

---

15 Por él y con él y en él. Del canon de la misa.

16 Por ella y con ella y en ella.

17 Comunicación de idiomas, es decir, intercambiabilidad de atributos.

18 Cfr. los párrafos escritos por el P. Kentenich en el tomo II de esta obra. Estudio del 6.4.1965, *Schoenstatt en la lucha de la época*, escrito en Santa María/ Río Grande do Sul (Brasil).

recientemente depuesto de su cargo como Director de la comunidad de las Hermanas de María. Si bien se le permitía dictar las conferencias de esa Jornada y de la Semana de Octubre, al cabo de las mismas debía abandonar Schoenstatt. Por lo tanto, la Jornada está dirigida también al Visitador Apostólico.

Esta jornada es clave para la pedagogía kentenijiana, ya que en ella el padre fundador desarrolla ampliamente la praxis de una pedagogía de vinculaciones. Si bien en exposiciones anteriores aparece en primer plano la lucha contra el pensar mecanicista, en esta jornada se muestra ampliamente la lucha de nuestro Padre por el amar y vivir orgánicos. Aparece así con mayor claridad que su lucha es primariamente una lucha en el orden pedagógico; se trata de lo que él denomina pedagogía de las causas segundas. Expone en esta jornada lo que Dios ofrece a la Iglesia en un nuevo camino de evangelización.

Cuando habla del "pensar" mecanicista, hay que tener en cuenta que de hecho se está refiriendo a una mentalidad y a una determinada actitud vital que no comprende un tipo de educación que da cabida plenamente a los "intermediarios", que hacen posible una vivencia personal del Dios vivo, superando de esta forma una religiosidad marcadamente "ideológica", racionalista y moralista, que termina "volatilizando" el concepto y desvirtuando el carácter personal de nuestra relación con Dios.

En el texto que citamos a continuación, el P. Kentenich desarrolla en primer lugar, la unidad orgánica —o el organicismo respecto al sujeto—, es decir, la unidad entre la esfera instintivo-afectiva, espiritual y sobrenatural del amor. Cuando el amor no abarca armónicamente todas estas dimensiones, termina desnaturalizándose y perdiendo su vitalidad transformadora.

Por otra parte, también aborda en este texto las raíces de la mentalidad separatista, destacando en ella la fuerte influencia del protestantismo.

En esta conferencia enfocaremos el fenómeno de la mutilación a nivel psíquico espiritual. Para arrojar luz sobre el asunto, es oportuno hacer una reflexión preliminar. El ser humano es una *unitas multiplex*, una unidad que ofrece diferentes facetas y estratos. El cuerpo, el alma y el espíritu hunden sus raíces en un núcleo personal que los comporta. Y se desarrollan respetando determinadas leyes. Lo hacen simultáneamente, pero no en igual proporción. Además manifiestan una tendencia a independizarse en la medida de lo posible. Es así como el cuerpo quiere seguir su propio camino, y lo mismo pretenden el espíritu y el alma. Sin embargo tienen que permanecer interrelacionados y coordinados, sin separarse. Porque el sentido de su desarrollo particular es precisamente madurar todos juntos conformando una unidad orgánica. Y toda unidad orgánica entraña un orden interno.

El cuerpo debe marcar el rumbo al espíritu y el espíritu al alma, y los tres tienen por último que permanecer subordinados a Dios. En el marco de este orden, cuerpo, alma y espíritu deben guardar una cohesión constante y sólida, para configurar así una totalidad orgánica. En cambio, si estos estratos del ser humano se desarrollan de manera divergente; si se independizan y desgajan del todo; si el cuerpo se desprende del alma y el alma del espíritu, entonces se podrá hablar, y con todo derecho, de una mutilación o atomización de la naturaleza humana.

Por ejemplo, si la razón se separa de la voluntad y de la afectividad, privándolas de su luz; si la razón toma caminos absolutamente exclusivos, tendremos ante nosotros un hombre de un intelectualismo extremo. Una persona con una cabeza hipertrofiada y un corazón raquítico, lo cual supone una fragmentación de la naturaleza humana.

Un caso similar es el de la voluntad desgajada del organismo total; cuando carece de la luz de la razón y no es capaz de estimular ni poner en movimiento la afectividad. Y algo parecido ocurre cuando la afectividad se separa de la voluntad y de la razón. Vale decir entonces que la fragmentación de la naturaleza humana puede manifestarse de muchísimas maneras.

Permítanme delimitar con mayor precisión el tema para poder así alcanzar el objetivo que nos hemos propuesto en estos días.

Dejemos aparte los diferentes tipos de fragmentación y enfoquemos al hombre caracterizado por un desarrollo extremo de lo racional y cuya manera de pensar es separatista y mecanicista.

Detengámonos en el tema de la fragmentación psicológico-espiritual de la razón humana, de la capacidad cognitiva del hombre. Dos son las preguntas que se nos plantea en este punto y que es necesario colocar en el marco de la vida actual, tan inquieta y palpitante:

1. ¿Qué se entiende por pensar separatista y mecanicista?

2. ¿Cómo juzgar este tipo de pensar en el contexto de las candentes corrientes de pensamiento que protagonizan hoy verdaderas batallas en el plano de las ideas; combates en los cuales también todos nosotros debemos participar?

Pasemos a contestar el primer interrogante: ¿Qué es el pensar mecanicista?

Se trata de un pensar no orgánico y no sano porque atomiza la naturaleza humana. Separa razón, voluntad y afectividad. En cambio el pensar sano es orgánico, simbólico, centrado e integral. Por favor, grábense en la memoria estas cuatro características, aunque sea para comprobar si nuestro propio pensar sigue siendo sano. Les repito que un pensar sano y auténticamente humano es orgánico, simbólico, centrado e integral. Si tuviésemos el tiempo suficiente, a través de estos prismas podríamos echar una mirada más amplia y profunda al alma del hombre actual. Por otra parte, las reflexiones que seguirán arrojarán un poco de luz sobre uno u otro proceso vital.

Todo pensar mecanicista es un pensar enfermo, insano. Para ahondar en el asunto, contemplemos el pensar mecanicista y separatista primero desde el punto de vista del sujeto y luego del objeto.

En relación con el sujeto, portador de la capacidad de pensar, hablo de un pensar separatista cuando se separa la razón de la voluntad y de la afectividad. En tiempos de nuestra juventud, se apuntaba a educar a un hombre intelectualista. Los mayores de entre nosotros lo recordamos muy bien. Se descuidaba mucho la formación de los afectos y de la voluntad. Pero ahora este aspecto no nos interesa tanto. Ascendiendo gradualmente en el tema, pasemos a enfocar la problemática que entraña el pensar mecanicista.

¿Qué ocurre con el pensar mecanicista con respecto al objeto? Separa la idea de la vida, la Causa Primera de la causa segunda; separa los distintos procesos de vida. (...)

¿Cómo juzgar este pensar mecanicista? Luego de todo lo escuchado al respecto, la mayoría de nosotros tendrá ya preparada su sentencia de condenación. De ahí que los pensamientos que agrego a continuación estén destinados más bien a completar el cuadro general del tema. Hay que hacer pasar al plano de la conciencia atenta y despierta esas cosas que están latentes en nosotros a nivel subconsciente o bien semiconsciente. No podemos pasarlas por alto, porque precisamente se trata de cuestiones vitales que calan en lo hondo.

El pensar mecanicista es una pésima y triste herencia del pasado, un presente de Dánae[19] de los tiempos presentes, o bien, dicho con mayor exactitud, del colectivismo. Les repito que éstas son formulaciones y reflexiones muy serias que deberían motivarnos a prestar mucha atención, a aguzar el oído interior.

Les repito, pues, que el pensar mecanicista es, en primer lugar, una pésima y triste herencia del pasado, tanto de parte del protestantismo como del idealismo filosófico.

A quien haya estudiado los postulados teológicos centrales de la doctrina protestante no le resultará difícil hallar en ellos un denominador común: la inmediatez de Dios. El pensar protestante no conoce la mediatez (los intermediarios) en la relación con Dios. De ahí que rechace a los santos como eslabones entre nosotros y el Dios vivo, y a la devoción mariana en el sentido católico; y que no admita, en suma, ninguna imagen ideal terrena o humana de lo divino.

Y por eso, en su inmediatez con Dios, tampoco reconoce al Papado ni al Magisterio de la Iglesia. Dios es para el protestantismo el "enteramente otro". Para ellos no existe una *analogia entis*, no hay parentesco con Dios en el ser. No hay puentes que conduzcan a la naturaleza humana hacia Dios. Y así se enseña una terrible trascendencia de Dios que desconoce toda plenitud o acercamiento a través de la inmanencia de Dios. Dios está más allá de todo lo creado. Dios es el enteramente Otro. No hay nada en la naturaleza creada que pueda conce-

---

19 En la mitología griega, Dánae, hija del rey Argos, madre de Perseo, engendrado por Zeus en forma de lluvia de oro. Es símbolo de un regalo, el oro, pero con una consecuencia no querida: el embarazo.

birse como analogía del Dios infinito y eterno. Estamos pues ante la separación de Causa Primera y causa segunda. Para el pensamiento teológico protestante no existe una causa segunda, sólo una Causa Primera. No hay enlace entre el más allá y el más acá, entre pensar natural y sobrenatural.

En la historia del pensar y vivir protestantes, con el correr del tiempo, se privilegió de tal forma la trascendencia de Dios y se lo separó en tal medida del hombre y de la creación que, en último término, la idea de Dios se fue volatilizando y fue desapareciendo del campo de la idea.

"*Soli Deo!*", ¡Dios solo! A lo largo de los siglos se afirmó entonces, como consecuencia: la Madre de Dios no es Dios. La rechazamos. *Soli Deo!* ¡Sólo Dios!

Este proceso continuó. Ya no se cree que la naturaleza humana del Hijo de Dios está unida hipostáticamente con la segunda persona divina: Por lo tanto, ¡fuera con el Hijo de Dios! *Soli Deo!* Que no nos extrañe entonces, si con los años, este lema termina por ser interpretado de la siguiente manera: *Soli Deo!* ¡Sólo al dios de la naturaleza sea dada toda la gloria!

Si se prosigue deslavando más y más el concepto sobrenatural de Dios, a la larga nos quedaremos con un concepto de Dios volatilizado, estaremos frente a la ausencia de Dios, frente al ateísmo. Hay que tomar en serio este desarrollo que hemos planteado. Se podría decir mucho más sobre el fenómeno. Pero baste por ahora con este esbozo general.

A los inclinados a reflexionar con mayor profundidad les propongo algunos pensamientos complementarios. Existe un humanismo ateo que sostiene que la naturaleza humana no tiene nada que ver con Dios. Hay también un humanismo fatalista, según el cual el ser y la vida del hombre están en manos de un destino ciego, vale decir, prácticamente separados de un Dios personal.

El humanismo deísta enseña que Dios incide en la imagen ideal del hombre sólo desde lejos, al haber puesto Dios determinadas leyes en la naturaleza humana. Según esta concepción, el Dios vivo no se preocupa de la sociedad humana ni de los acontecimientos de este mundo. Por eso es el hombre quien tiene que moverse y luchar para abrirse paso por sí mismo. No es raro hallar este humanismo deísta incluso en ambientes católicos.

Es cierto que el humanismo idealista tiene una propia imagen de Dios, pero esta imagen se agota en sus propias ideas y pensamientos. El humanismo idealista casi no logra ver el lado positivo de la imagen personal de Dios y se inclina poco ante la persona eminente del Dios eterno.

Esta mala herencia del pasado no sólo se remonta al protestantismo sino también al idealismo filosófico que separa las ideas de la vida.

En segundo lugar, el pensar mecanicista es, en la actualidad, un nuevo presente de Dánae, vale decir, un obsequio peligroso. Porque el colectivismo trae aparejado consigo la disolución de todos los vínculos vitales, a nivel del organismo de vinculaciones tanto natural como sobrenatural. El pensar mecanicista es en sí mismo una avanzada del colectivismo, porque separa la idea de la vida, la Causa Primera de la causa segunda y fragmenta además la vida en su mismo fluir. De ese modo el pensar mecanicista casi tiene los efectos devastadores de una bomba atómica, y no sólo en Occidente, sino a nivel mundial.

A la hora de armarse (moralmente) contra el colectivismo, no hay que pasar por alto el arma psicológico-espiritual: la superación profunda y amplia del pensar mecanicista y separatista.

4. Propuesta de un proyecto: Las fuerzas sanadoras
Jornada Pedagógica de 1951

Para el P. Kentenich la mentalidad mecanicista es algo que impregna a toda la cultura, primariamente a la familia y, en general, toda nuestra vida. Sobre esto versa el texto que ofrecemos a continuación, extraído igualmente de la Jornada Pedagógica de 1951. Presentamos una versión resumida del mismo para realzar con mayor claridad la secuencia de las ideas.

Cabe destacar el carácter fuertemente autobiográfico de este texto.

El P. Kentenich como pedagogo, se juega enteramente por el cultivo consciente y sistemático del organismo de vinculaciones o del amor. Se trata de vencer el colectivismo o impersonalismo y el ateísmo que imperan en nuestra cultura que se ha apartado del Dios vivo. Conquistar un amor personal a Dios, depende en gran parte, desde el punto de vista psicológico, del cultivo de los vínculos de amor en el orden natural. Es decir, en concreto, en primer lugar, los vínculos de amor paternales, maternales y filiales en el seno de la familia. Para lograr una vivencia de Dios, para adentrarnos vitalmente en el mundo sobrenatural, es preciso sanar los vínculos de amor en el plano natural.

El P. Kentenich muestra los diversos caminos que pueden ayudar al sinnúmero de personas que sufren hoy una deficiencia tanto en relación a la vivencia materno-paterno-filial, como en general a la destrucción de la familia tal como hoy lo experimentamos.

Luego de haber realizado un completo diagnóstico del estado de la cultura, podemos y debemos proponer un proyecto integral de renovación cultural. Para sanar al hombre de hoy, nos vienen a la mente una gran cantidad de pensamientos e ideas, que podemos ordenar distinguiendo dos ámbitos: una cura radical y una cura normal.

En cuanto a la cura radical, diferenciamos cuatro formas.

Una primera forma: la renovación total de la vida familiar, de la conciencia de ser madre y padre, de la paternidad y la maternidad. ¿Cómo es en detalle este camino?

En la familia natural, el camino pasa primeramente por la madre. Desde el punto de vista histórico, ella es quien concibe en sí al niño en su totalidad, incluso su inconsciente. Ella es quien comienza a formar el inconsciente del niño ya en el seno materno. Ella es también la que conduce al niño hacia su padre. El niño no sabe quién es su padre. A través de su afecto, la madre llama la atención del niño sobre su propio padre. Esa es su tarea. Ella le pinta, le traza la imagen del padre de una manera sencilla y clara. Y lo hace también al cultivar, a lo largo de toda su vida, un cariño sencillo y un espíritu de docilidad en su relación con el padre.

El niño es formado por esta vivencia materna y avanza hacia una profunda vivencia de padre. Y cuando, con el paso de los años, adquiera uso de razón, se formará una imagen del mundo sobrenatural según la ley de la transferencia de sentimientos. No le resultará difícil entonces transferir a la Madre del cielo el cariño que sienta por su madre biológica y al Padre del cielo el cariño que sienta por su padre biológico.

Ya hemos visto cómo las vivencias espirituales de Santa Teresita del Niño Jesús nos ofrecen una ilustración de estas verdades. Ustedes me preguntarán si es posible formar estas familias ideales. Aun cuando tengan sus dudas, vale la pena reflexionar sobre estos contextos, de lo contrario no lograremos identificar las raíces del mal.

Sea como fuere, no perdamos de vista que para renovar nuestras comunidades hay que renovar la familia, generar un movimiento de familias, y orientar gradualmente a nuestra juventud hacia el ideal de modelar y plasmar la vida según el ejemplo de la Sagrada Familia, y cifrar todas sus fuerzas en ello. (...)

Una segunda forma de cura radical es lograr una vivencia supletoria de verdadera filialidad. Todo gira en torno a la vida y a las vivencias, no al saber. Lo importante es que las vivencias calen y nos capten a nivel subconsciente, a nivel de los afectos. Por eso subrayo expresamente la importancia de tener vivencias supletorias de verdadera filialidad, vale decir, posgustar la vivencia de padre, de madre e incluso de hermano. En la práctica esto puede concretizarse en la vivencia de padre.

¿En qué consiste esta vivencia supletoria de padre? En experimentar más tarde en la vida una vivencia que no tuvimos anteriormente. Naturalmente, para ello se supone que Dios nos regale un padre, una madre –un padre o una madre "sustitutos", por decirlo así– frente a los cuales podamos sentir todo lo que no pudimos vivenciar o no experimentamos de manera suficiente en el tiempo de nuestra infancia y en el marco de nuestra familia natural.

Quizás planteen objeciones como las siguientes: "Teóricamente éste es un camino, pero ¡cuán pocos pueden recorrerlo!". O bien: "¿De qué me sirve sentir en mi corazón ese clamor del niño si no halla un padre o una madre que le responda? ¿Dónde hallar, hoy día, personas que dispongan del tiempo, que tengan el espíritu de sacrificio y el infinito amor necesarios para ser mi padre o madre sustitutos? Y suponiendo que se la encontrase, esa persona debería tener muy en cuenta que su tarea es realmente difícil..."

Un tercer modo de cura radical es la posvivencia por contraste. No sólo hay una posvivencia supletoria de filialidad sino también una vivencia de filialidad por contraste. Si todos los hombres dependiesen de una vivencia natural o de vivencias supletorias, muchos serían hoy incapaces de desarrollar una receptividad para los valores religiosos.

Observemos la vivencia de contraste en la vida práctica.

Tomemos el caso de una persona cuyo padre biológico fue un padre desnaturalizado y cuya madre fue una madre desnaturalizada y que tampoco encontró, en el plano natural, padres sustitutos que le permitieran tener una verdadera vivencia de padre y de madre. No obstante es posible que esa persona pueda alcanzar una sana vivencia de padre o madre en el plano sobrenatural. La razón para ello es la percepción de los contrastes. La Sagrada Escritura puede llevar a un conocimiento de contrastes y luego también a una vivencia de contraste.

El entendimiento aprehende e integra los rasgos de la imagen de Dios y de la Santísima Virgen tal como aparecen en la Sagrada Escritura, consiguiendo así esbozar una gran visión de conjunto de lo que es una imagen de padre y de madre marcada por lo divino. Esta visión de conjunto, elaborada a nivel intelectual, puede ayudar a tener una vivencia filial, paternal y maternal en el plano sobrenatural, a la persona que en su infancia tuvo una precaria vivencia de filialidad en la casa paterna. El conocimiento obtenido mediante el entendimiento redunda pues en una vivencia de contraste. Y esto ocurre así precisamente porque el mundo sobrenatural es también una realidad. El ser hijo en y a través de Cristo es también una realidad que obedece a leyes propias y posibilidades particulares de desarrollo.

La naturaleza de la mujer, más receptiva e inclinada a la esfera de la afectividad, puede lograr vivencias de contraste gracias a la presencia de modelos ejemplares. Por ejemplo, cuando entre sus amistades puede observar una sana vida familiar y la vivencia de corazón que tienen los niños de sus padres. Esto puede llevarla a tener una vivencia por contraste, vale decir, a través de una vivencia opuesta en otros, su propio ser puede recuperar aquello de lo cual ha carecido a nivel vivencial en sus años de infancia.

Una cuarta forma de cura radical es la vivencia complementaria

Supongamos el caso de que no hayamos tenido nunca una vivencia filial que haya calado profundamente en el subconsciente porque jamás experimentamos una verdadera paternidad o maternidad en el plano natural. Ahora bien, si en el futuro yo logro brindar amor paternal o maternal a hijos propios o espirituales, puede ser que, justamente a través de estos hijos, logre experimentar vitalmente lo que es la filialidad.

En el fondo, tendré dos vivencias: por una parte se despertará en mí una paternidad o maternidad creadora que calará hasta lo profundo de mi subconsciente y, por otra, tendré la vivencia de la filialidad en el otro. De ese modo se despertará existencialmente el instinto filial en mí mismo y podré transferirlo al Dios eterno. Si antes era niño sólo en el campo de las ideas, gracias a esa vivencia complementaria comenzará a fluir ahora en mí una filialidad instintiva. Y por ese camino es posible que una persona adulta tenga una profunda vivencia supletoria de auténtica filialidad. (...)

Les pido, por favor, que no tomen a mal que les exponga estos temas desde un punto de vista tan fuertemente psicológico. Pero estamos hablando en realidad de los fundamentos psicológicos de la capacidad de vivencia religiosa. Al mismo tiempo, tengan presente que también la gracia actúa en el sentido mencionado. Y cuando la naturaleza y la gracia resuenen al unísono y en armonía, entonces la cura radical habrá alcanzado el efecto esperado.

En innumerables casos no se podrá aplicar estas cuatro variantes de la cura radical. Habrá que recurrir entonces a una cura normal, como lo es la educación mariana. Una devoción mariana profunda es un camino perfectamente viable para devolver al hombre de hoy su capacidad de vivencia religiosa.

Al reflexionar sobre la efectividad y la manera de actuar de la devoción mariana, quizás pueda surgir en nuestra alma el siguiente interrogante: "Si mi propia alma o la de aquellos que me fueron confiados está tan enferma, ¿cómo podrá estar en condiciones de cultivar un tierno amor a la Santísima Virgen?" Pues bien, es cierto; nos enfrentamos a una dificultad importante. Si el alma del hombre contemporáneo está tan enferma, ¿cómo hará para acoger en sí la semilla del amor a María Santísima?

La respuesta es la siguiente: Si todavía existe una posibilidad de despertar en el hombre su receptividad para lo religioso, será a través de lo mariano. Y la razón psicológica más profunda de este fenómeno es que normalmente la vivencia más honda que experimenta el niño es la de su madre. Pero en caso de que tampoco en la persona haya una experiencia temprana de este tipo, nos preguntaremos desesperadamente cómo ayudar al hombre de hoy. Sin embargo, insisto, si aun resta una posibilidad de despertar la capacidad de vivencia religiosa, entonces esa posibilidad estará en el cultivo del amor a María Santísima.

5. El mundo entero es Occidente
Jornada pedagógica de 1951

Desde el comienzo resultó claro que luchar contra una mentalidad era una tarea demasiado grande, casi imposible de llevar a cabo. Por eso el P. Kentenich buscó aliados en Sudamérica, en los pueblos latinos. Ya anteriormente había señalado que era necesaria una internacionalización de la Obra (en el campo de concentración de Dachau había fundado la internacional schoenstatiana).

Ofrecemos a continuación un texto de la Jornada Pedagógica de 1951 en el cual se enfoca este tema: Todo el mundo se ha convertido en Occidente.

En la actualidad necesitamos un movimiento de renovación, más aún, muchos movimientos de renovación y de diversos carismas. Sabemos que Dios es el gran educador de los pueblos, y que a la hora de generar movimientos de renovación de mayores proporciones, él se vale de pueblos primitivos, de naciones más jóvenes. Así nos lo enseña prolijamente la historia. Pensemos, por ejemplo, en aquella época cuando cayó el imperio romano. Los pueblos germánicos fueron los que hicieron suya la herencia romana.

De manera similar, el tiempo en que vivimos está enfermo. ¿De dónde le vendrán hoy los aires de renovación? ¿Qué pueblos querría Dios utilizar hoy para implementar la ansiada renovación? ¿Quizás los eslavos, los orientales, el chino, el japonés? ¿Quién podrá decirlo? Sea como fuere, en nuestros días hay que reunir todo aquello que de alguna manera pueda contribuir a la renovación. No sólo somos responsables de Oriente; no sólo tenemos la misión de conducir a esos pueblos "al redil de Cristo". Hoy se hace necesario trazar una línea transversal a lo largo de todas las naciones del orbe. Por eso todos los movimientos de renovación que poseen realmente una amplia estructura, incluido el Movimiento de Schoenstatt, se están esforzando por lograr una cierta internacionalización.

Repasemos un poco la historia de la evangelización en las últimas centurias. Hay pueblos que evangelizaron a fuego y espada, por ejemplo, los españoles y portugueses. En nuestro país san Bonifacio evangelizó de manera pacífica; construyó templos y los constituyó en centros de formación de la comunidad de fieles. Nosotros, los schoenstatianos, procuramos crear ejes similares para establecer el Movimiento en cada una de las zonas donde se haga presente y para que en los santuarios encuentren el correspondiente centro. De esa manera se lleva a cabo la dimensión social de un Movimiento y de una pedagogía queridos por Dios.

IV

El P. Kentenich se refiere de modo explícito a la Misión del 31 de Mayo (Textos 1952)

En 1951 el P. Kentenich fue desterrado y enviado al exilio en Milwaukee. No resultó fácil obtener la visa para ingresar a los Estados Unidos. Rumbo al exilio se le permite pasar por Brasil, Argentina y Chile, a fin de cumplir con compromisos adquiridos anteriormente. Finalmente puede volar desde Santiago de Chile, a los Estados Unidos el 20 de junio de 1952.

Es junto al santuario Cenáculo de Bellavista cuando él comienza a referirse expresamente a la Misión del 31 de Mayo que él había proclamado en su plática del 31 de Mayo de 1949.

Durante este tiempo, escribió cartas y dio varias pláticas y prédicas a los Padres palotinos y al Movimiento de Schoenstatt. En ellas, varias veces se refirió explícitamente al 31 de Mayo de 1949.

1. Plática del 23 de mayo de 1952

Aquella tarde del 23 de mayo de 1952, con motivo de la fiesta de María, Reina de los Apóstoles, patrona de los Padres palotinos, las Hermanas de María invitaron a los Padres a una celebración. Ésta tuvo lugar en la que era la sala del Movimiento en Bellavista.

En charlas anteriores para la Familia schoenstatiana chilena, el P. Kentenich había explicado la historia de Schoenstatt como un triunfo de una fe mutua y heroica y de una inconmovible y mutua fidelidad en la alianza. Partiendo de esto, en la celebración, las Hermanas subrayaron cómo el mutuo intercambio de fe y fidelidad no recorría solamente la historia del Schoenstatt original, sino que también ya era visible en el joven Schoenstatt chileno.

En este contexto, por primera vez se mostró la importancia del 31 de Mayo de 1949 y la necesidad de nuestra incorporación y voluntad de asemejamiento a lo realizado ese día por el padre fundador ese día.

Las Hermanas presentaron una pequeña obra de teatro donde se mencionaba lo que había acontecido en el santuario de Bellavista el 31 de Mayo dos años antes.

El P. Kentenich percibió este hecho como un signo de la Providencia. Al final de la celebración se refirió a esta toma de conciencia del envío que él había realizado en 1949. Posteriormente, tanto en conversaciones personales, como a los padres y a los laicos (expresamente a los jóvenes), reiteradas veces manifestó la importancia de la misión.

Schoenstatt, obra de Dios

En la pequeña celebración, han tocado un par de ideas... Acaso debo recordarles que siempre es así; que cuando recorremos la historia de Schoenstatt, nos sentimos sumergidos en una atmósfera sobrenatural, nos sentimos sumergidos en lo divino. Si dejamos pasar toda la historia de Schoenstatt frente a nuestros ojos espirituales, cada vez más sentimos que Schoenstatt es una obra de Dios, que Schoenstatt descansa en la mano de Dios y que Schoenstatt es conducido por la mano de Dios.

¡Schoenstatt descansa en la mano de Dios! Y nuestra tarea de instrumento consiste tan sólo en ir palpando con fuerza y sensibilidad los planes de Dios y en entregarnos con evidente abandono a él, también cuando lleve a la oscuridad y aunque descienda al abismo; y no sólo "también cuando...", sino justamente entonces.

Preclara misión mariana

Si retrocedemos en la historia, no nos resulta difícil creer que Dios nos ha confiado a la Santísima Virgen. Aquí en Schoenstatt, Dios quiere erigir a la Santísima Virgen un monumento claramente visible de su poder, sabiduría y bondad, para mostrar al mundo y a la Iglesia lo que ella puede hacer y cómo se verán al arribar a la otra orilla.

Pero el pensamiento que esta tarde quisiera destacar especialmente, me lo han recordado al final de la obra presentada. Es muy cierto: la lucha es una lucha gigantesca. Me alegro por nuestros padres que ustedes hayan mencionado la plática (del 31 de Mayo de 1949).

Confianza en la victoria

Ustedes perciben que todo ese acto no se inició a ciegas sino con plena conciencia de la situación. ¿Entienden lo que esto significa ahora? Estamos en medio de la lucha. Y si ahora podemos considerar que la Santísima Virgen ha conducido tan brillantemente a la Obra de Schoenstatt hasta este momento, podemos estar ciertos que la lucha tendrá un final victorioso.

Chile, punto de partida de la lucha

Es significativo que no sólo el primer escrito haya partido desde aquí. Quizás ustedes todavía se recuerden: hace justamente un año llegó un telegrama (del P. General Turowski) en el cual se me decía que debía volar inmediatamente a Alemania, porque la lucha se encontraba en un punto álgido. También es significativo que la lucha haya comenzado siempre desde aquí. Para mí también es una gran alegría que Chile, de algún modo, intervenga en la lucha.

Bendición de unidad

Pienso especialmente en la unidad entre ustedes. Ya entonces, hace tres años, destaqué cuán hermosa y profunda era la unidad de las Hermanas y de los Padres. Pienso que esta unidad, año a año, se ha hecho más profunda, mayor y más interior. ¡Cuánta bendición ha significado hasta el momento esta férrea unidad! Lo que ha surgido no lo hubieran logrado las Hermanas solas ni tampoco los Padres solos. También les agradezco de corazón que, a través de su fe y de su fidelidad, estén moviendo a la Santísima Virgen para que ayude a realizar los planes de Dios tal como fueron diseñados desde la eternidad.

Principal medio de lucha: Glorificación de la Santísima Virgen

Creo que la entrega del telegrama mencionado fue en el día de mi santo. Estaba totalmente consciente de qué se trataba. ¿Y saben ustedes lo que hice durante todo el año? Mantuve siempre una calma absoluta. El medio que apliqué fluyó siempre de un gran espíritu de fe que me decía: No tengo otra cosa que hacer que glorificar a la Santísima Virgen. Todo es *su* obra. No tengo más que hacer que glorificarla y entonces ella se glorificará en Schoenstatt y por medio de Schoenstatt. Recuerdo mi última frase, al partir al exilio[20]. Terminé la plática con la frase: *Mater ter admirabilis, clarifica te!* La Santísima Virgen debe glorificarse y debe glorificarnos. ¡Nosotros sólo debemos glorificarla a ella! ¿Y cómo la glorificamos? ¡Fidelidad por fidelidad, amor por amor!

2. Plática en Pentecostés
1 de junio de 1952

En Pentecostés de 1952, el P. Kentenich predicó en el Santuario Cenáculo de Bellavista, para la Familia schoenstatiana de Santiago. Aunque hace solo mención al 31 de Mayo de 1949, sus pensamientos son muy claros y valiosos. Manifiestan cuánto se apoyaba el P. Kentenich en las gracias del Cenáculo para la realización de la Misión encomendada por la divina Providencia: se trata, en lo más profundo, de una corriente de gracias.

Se refiere al espíritu de Pentecostés que debe animarnos. En su plática lo describe con tres palabras en latín: totalitarismus, radicalismius e idealismus. Es claro que no se refiere al totalitarismo de las dictaduras, sino a la entrega total e incondicional a Dios. En ese tiempo se usaba a menudo la consigna "Totum pro toto" (el todo por el todo).

---

20 Palabras de despedida en el Santuario original, el 22 de octubre de 1951, después de la santa misa.

Pentecostés es nuestra fiesta

Aunque no lo supiéramos, el adorno del altar nos haría notar que para la Iglesia, para nuestra Familia, irrumpe un gran día de fiesta. Todo está en rojo: las flores, los ornamentos. ¿Qué nos hacen notar? Hoy se celebra Pentecostés. Pentecostés es nuestra fiesta. Pentecostés es la fiesta de almas jóvenes y de comunidades jóvenes, la fiesta de la Iglesia joven, nuestra fiesta. ¿Tenemos aún almas jóvenes? ¿Somos una comunidad nueva? La Santísima Virgen quiere atraer a sí corazones juveniles. Jóvenes de edad: existimos hace algo así como tres años. Pero jóvenes también como comunidad de alegría y entusiasmo interior.

Qué es el espíritu de Pentecostés

El espíritu de Pentecostés es el espíritu de entrega total, es el espíritu de radicalismo, es el espíritu de idealismo.

Esto significa de nuevo dos cosas:

1. Pentecostés regala este triple espíritu.

2. Pentecostés despierta este espíritu.

Con esto tienen el parentesco de elección con la fiesta de hoy. Justamente ésta es la actitud fundamental de nuestra alma. Por eso, Veni! Veni! ¡Ven, Espíritu Santo! ¡Ven, Espíritu de integridad, Espíritu de radicalismo; ven, Espíritu de idealismo!

Espíritu de entrega total

Pentecostés despierta este triple espíritu. Para demostrarlo, sólo necesito mirar en la vida de los apóstoles. ¿Qué fue lo que dio tal fortaleza a los apóstoles? ¿Cómo aparecían los apóstoles antes de la venida del Espíritu Santo? ¿Cómo nos veíamos nosotros sin nuestra relación al Cenáculo? ¿Y ahora? ¿Cómo se veían antes los apóstoles? Pedro temblaba ante una criada (Mc 14, 66-72 y par.) Era el espíritu de la mediocridad. ¿Cómo se comportaron Pedro y los apóstoles, cuando Jesús les dijo que debían seguir su camino a la cruz? ¡No, no puede ser! (Mc 8, 31-33). Varones débiles, varones cobardes, varones frágiles tal como lo hemos sido también nosotros, muchas veces hasta ahora. ¡Y qué ha hecho el Espíritu Santo de estos varones!

Espíritu de radicalismo

Espíritu de Pentecostés. ¡Espíritu de radicalismo! Antes de eso: sufrimientos, ¡no, por favor! Y cuán felices estaban después porque eran maltratados (Hech 5, 41). Antes de eso, porque no fueron honrados por aquellos a quienes les habían predicado, piden al Señor que haga llover sobre aquéllos azufre y fuego (Lc 9, 54). Y después, cómo se alegran de poder participar en el sufrimiento del Señor.

Con el espíritu de radicalismo, también se les regaló el espíritu del idealismo y el espíritu de entrega total.

Espíritu de idealismo

¡Espíritu de idealismo! Si anteriormente estaban atados a lo terreno, luego de que el Espíritu Santo los quiso utilizar como instrumentos, partieron y no se buscaron más a sí mismos. Sólo conocían una pregunta: ¿Qué quiere el Espíritu de Dios de nosotros?

¡Qué gran ideal nos ha regalado el Espíritu de Dios mediante la Santísima Virgen! Creemos que la Santísima Virgen, desde aquí y a través nuestro, quiere salvar al pueblo chileno nuevamente y conducirlo a las alturas. Los ideales son hermosos pintados en el cielo, pero qué difícil es tratar de realizarlos.

Allí vemos a algunos de nuestras filas que han sido llamados a Alemania por la Santísima Virgen[21]. Este es el gran pensamiento que fue anunciado desde aquí hace tres años (el 31 de Mayo de 1949): que la Santísima Virgen, desde aquí, quiere encender el idealismo, quiere retornar el idealismo hacia Occidente. Hemos sido enviados para salvar también al Occidente del bolchevismo. ¿Cómo lo haremos? Permaneciendo férreamente unidos; pero también llevando torrentes de gracias a Occidente; poniendo en la balanza nuestro sano modo de ser latino y aprovechándolo para la sanación de la enfermiza manera de ser germana.

¡Espíritu de idealismo! Ésta es la obra maestra, la gracia de transformación que también esperamos para nosotros. No tenemos ningún motivo para sentirnos inferiores como latinos, como chilenos. Está bien que aclaremos que debemos nuestra cultura a Occidente. Pero tenemos una tarea: ayudar a sanar el alma enferma de Occidente. El Espíritu Santo debe volver a encendernos la luz. Que él también nos dé la fuerza que haga realidad el ideal en la medida de lo posible.

¿Y por qué medio fue invocado con tanta abundancia el Espíritu Santo? La Sagrada Escritura responde: Mediante la Santísima Virgen que unía sus manos en oración junto con la Iglesia naciente (Hech 1, 14).

¿Y acaso no sabemos que justamente el Santuario chileno es por excelencia un Cenáculo? La Provincia de nuestras Hermanas

---

21 Se trata de los primeros jóvenes de la Familia schoenstattiana chilena que se decidieron por el sacerdocio y que partieron a estudiar a Alemania.

Marianas es una Provincia Cenáculo, del Espíritu Santo. En nuestro santuario nos reencontramos con todos los lugares preferidos de la Santísima Virgen. Para nosotros el Santuario también quiere ser nuestro Nazaret, nuestro Gólgota, pero, de manera especial, nuestro Cenáculo.

¿Qué imploró la Santísima Virgen en el Cenáculo para los apóstoles, mediante sus anhelos? Este triple espíritu: de entrega total, de radicalismo, de idealismo.

> "Allí para la Iglesia, imploraste al Espíritu Santo
> quien la liberó de las miserias de la mediocridad".
> (HP 212)

Aquí tienen compendiada la gran tarea que la Iglesia naciente debe al Cenáculo y a la Reina del Cenáculo. Y si ahora nosotros estamos convencidos de que la Santísima Virgen sigue actuando de manera similar que en la tierra santa (de Schoenstatt), verdaderamente tendremos motivo para implorar a la Santísima Virgen: Junta tus manos en oración, y también nosotros nos transformaremos en nuevas creaturas, una *nova creatura*.

Anhelo por el espíritu de fe

Debemos despertar en nosotros el anhelo por este triple espíritu. Y si ahora debo y puedo entrar en detalles y experimento el efecto de vuestra juventud sobre mí, tendría que concentrar el anhelo en un punto: en el espíritu de totalitarismo, de radicalismo, y de idealismo referente al espíritu de fe. El entendimiento, el corazón y la voluntad deben ser transformados.

La inteligencia iluminada por la fe

El cambio del entendimiento se alcanza sumergiéndolo profundamente en la luz de la fe. La estrofa que detalla lo que el

Espíritu Santo debe obrar en el nuevo Cenáculo, destaca gracias de transformación en la triple dirección:

> También así quieres actuar en nuestro Santuario
> fortaleciendo la fe
> de nuestros débiles ojos,
> para que contemplemos la vida
> con la mirada de Dios
> y caminemos siempre bajo la luz del cielo. (HP 213)

¿Qué significa ver la vida con la mirada de Dios? Dominar la vida, caminar durante el día con la luz del cielo. Y este ojo agudo de la fe lo necesitamos sobre todo en el sentido de la fe en la Providencia, pues la fe en la Providencia nos ha convencido que el Padre Dios ha delineado un plan y en él ha pensado una tarea para Schoenstatt. La fe en la Providencia nos ha convencido que el cielo ha sellado una alianza de amor con Schoenstatt. Sin la luz de la fe no comprendemos lo que es el Santuario ni la misión de Schoenstatt ni tampoco nuestra misión.

Tal vez repliquen ustedes: Pero si nosotros creemos, si no, no estaríamos aquí. Creemos en la alianza de amor que la Santísima Virgen ha sellado con Schoenstatt. Creemos en la grandeza de la misión de la Santísima Virgen desde aquí. Creemos en nuestra misión, en la misión de Chile. Y, sin embargo, ¡Señor, ayuda a mi poca fe! (Mc 9, 23).

Bienaventurada tú, que has creído

Se canta de la Santísima Virgen la alabanza: Bienaventurada tú, porque has creído, pues se realizará lo que te ha dicho el Señor (Lc 1,45). Creo que estas palabras debiéramos escribirlas también sobre el altar o en la puerta de nuestro Santuario: Bienaventurado Schoenstatt, porque has creído, porque has contemplado con tu fuerte fe en la Providencia la misión de la Madre y Reina tres veces Admirable, pues todo lo que te ha sido infundido por el Espíritu Santo se realizará.

Bienaventurado, pues, quien camina enteramente en la luz de la fe. Y ésta es la bienaventuranza que el Espíritu Santo nos quisiera regalar hoy en este pequeño Santuario. ¡Quién sabe cuántas luchas enfrentará Schoenstatt! Para sobrepasar estas luchas sólo necesitamos una cosa: ¡Fe en la Providencia!

3. Plática del 1 de junio de 1952

En Pentecostés, el 1 de junio de 1952, el grupo "Sicut Ventus" (Como el Viento) de la juventud masculina sellaba su alianza en el Santuario Cenáculo. El tema de la plática fue el siguiente:

Nos consagramos a la Madre y Reina tres veces Admirable de Schoenstatt, aquí en su Santuario; en la fiesta de Pentecostés, bajo el lema "Veniat ventus".

María debe restablecer el orden en nosotros y en el mundo. Con ello el P. Kentenich hace referencia al "desorden" que genera la destrucción del organismo natural y sobrenatural de vinculaciones y al "orden" querido por Dios (la paz de la armonía de los vínculos humanos y divinos).

Llama entonces a los jóvenes a encarnar un espíritu de magnanimidad, propio de Pentecostés y los llama a hacerse responsables de la Misión del 31 de Mayo, utilizando esta expresión por primera vez públicamente en círculos laicales. Les dice: "¡Qué importante ha llegado a ser nuestra alianza, no solamente para nuestra vida sino para amplios, amplísimos círculos!". Y agrega más adelante: "Somos una comunidad de

Pentecostés, una comunidad del Espíritu Santo, por ello Sicut Ventus. Voces de alianza son voces de profeta". "Lo que surgió hace tres años, afirma luego, se torna ahora cada vez más realidad. Algunos partieron hacia Alemania[22]. Deben llevar consigo esta misión y acometer contra el pensar germano. Yo no sé si ustedes eran conscientes de ello cuando comenzaron a venir hasta aquí.

La Santísima Virgen lleva el orden correcto

(...) Nos consagramos en el Santuario a la Madre tres veces Admirable de Schoenstatt. ¿Qué significa esto? Serenidad de alma, grandeza de alma, paz del alma, pues la Santísima Virgen nos introduce en el orden correcto.

Ella se preocupa del desarrollo del organismo de vinculaciones

¿Qué es lo que hacemos? ¿Qué es la paz? Pax, serenidad. Serenidad como aquello que fluye de la incorporación al orden correcto[23]. La Santísima Virgen cuida de que en su corazón reencontremos el corazón de Dios.

Incorporación al orden querido por Dios: si nos regalamos a nuestra Señora de Schoenstatt, nos hemos regalado también al lugar en el cual ella actúa. ¿Está nuestro destino atado al lugar? Conocemos un organismo de vinculaciones: vinculación hacia arriba y hacia abajo.

---

22 Hace referencia a los primeros que ingresaban al noviciado, movidos por su entrega a Schoenstatt.

23 Así interpreta el P. Kentenich un texto de San Agustín, *De civitate Dei*, XIX, 13, 1 (PL 41, 640): *Pax..., tranquillitas ordinis.*

Sellamos también una alianza entre nosotros. Recibimos, pues, un hogar en el corazón de la Santísima Virgen, en el corazón de Dios, y un hogar en este lugar, así como también en nuestros corazones, que abrimos los unos a los otros (...)

Ella quiere restablecer el orden en los corazones y en el mundo

Así como la Virgen de Schoenstatt restaura en nuestros corazones el orden, así quiere ella restaurarlo en el mundo entero. ¿Quién ha de restaurar el orden, entonces? La Santísima Virgen, tal como ella actúa desde este lugar. Para ello, sin embargo, es necesario que antes tengamos en nosotros el organismo natural y sobrenatural de vinculaciones.

Si nosotros mismos estamos en orden, podremos restaurar también el orden en el mundo. Yo parto siempre del ideal de que ustedes actuarán pronto como líderes en su patria, por lo cual Schoenstatt no deberá ser tan sólo un bello idilio de juventud.

En las nuevas playas debemos construir a la Santísima Virgen un mundo nuevo. Schoenstatt no debe ser algo idílico; debe ser recia fortaleza, preparación para una gran tarea posterior. La Santísima Virgen quiere utilizarnos para renovar Chile, sí, y el mundo entero. Por esa razón es tan necesario que veamos todo: la gran tarea que tenemos que cumplir hoy en el mundo.

Retengámoslo: si la alianza nos regala la paz del alma, es decir, el cobijamiento en un organismo natural y sobrenatural de vinculaciones, de tal manera que nos devuelve con ello el orden querido por Dios, con todo ello se relaciona, entonces al mismo tiempo la tarea de que el mundo sea puesto nuevamente en orden, de que el mundo se oriente de nuevo más fuertemente según las ideas de Dios. Todo esto es lo que resuena con las palabras: "tranquilidad del alma", "paz del alma".

Pentecostés regala grandeza de alma

Pero no solamente hemos sellado la alianza aquí en el santuario, sino también en el día de Pentecostés. Ahora bien, ¿qué nos regala la fiesta de Pentecostés? ¡Grandeza de alma! Y si pienso en el símbolo que Dios Padre nos ha regalado, debo preguntarme, ¿qué significa "como la tempestad", "como el viento" - *"sicut ventus"*? Así como el viento sopla sobre los campos, así hemos de pasar nosotros como viento a través del mundo.

La fiesta de Pentecostés debe otorgarnos grandeza de alma. Ahora bien, ¿qué significa celo del alma, paz del alma o serenidad del alma, grandeza del alma? (...)

Acuérdense de José Engling, de su anhelo de realizar grandes cosas. El impulso hacia la grandeza se hizo aún más grande en él. Un alma que ha permanecido pura no puede sentirse a gusto sin grandes ideales. Y todo lo grande desencadena en el alma un fuerte impulso. Las fuerzas creadoras deben despertarse en nosotros. Debemos realizar y crear algo y creo poder afirmar que las tres expresiones poseen un contenido que abre los oídos de nuestra alma. Por ello, ¡qué importante ha llegado a ser nuestra alianza, no solamente para nuestra vida sino para amplios, amplísimos círculos!

Si contemplamos una vez más el segundo de los bienes —la grandeza de alma— queremos recordar que cualquier consagración otorga la grandeza de alma, pero que el día de Pentecostés dirige especialmente nuestra atención hacia esa grandeza.

¿No es acaso Pentecostés la fiesta de la Santísima Virgen?

Primer Pentecostés en la Iglesia joven, la fiesta de la Santísima Virgen.

Segundo Pentecostés. Este es el primer Pentecostés que hemos celebrado juntos aquí. El año 1949 tiene una gran significación en la historia de nuestra Familia. (...)

El primer Pentecostés: fiesta de la magnanimidad

Interpretemos en primer lugar la primera fiesta de Pentecostés. Es una fiesta de la magnanimidad. Tenemos ante nosotros el águila que se dirige hacia el sol, dejando por debajo de ella todo lo que revolotea aquí en la tierra.

Ahora bien, ¿qué significa esto? Piensen ustedes cómo se comportaban los apóstoles antes de la fiesta de Pentecostés y cuánto fue a lo que más tarde se atrevieron. ¿Dónde estaban y cómo eran anteriormente? Tenían una gran cantidad de fallas que no querían dejar: eran envidiosos, celosos; los dominaba un espíritu de esclavitud del propio yo. ¿Y después de la fiesta de Pentecostés? Ellos salen y no preguntan ya por el propio yo. ¡Qué dichosos se sentían después cuando eran maltratados, cuando podían participar en la pasión y muerte del Salvador! (cfr. Hech 5,41). Las almas magnánimas viven totalmente en otro mundo. Tocan el suelo tan solo con los pies (...)

Pentecostés, la fiesta de la magnanimidad, la fiesta de la entrega total. Esto es lo que la alianza quiere regalar, en gran abundancia, no sólo a nuestra generación, sino a todas las generaciones venideras. Por ello, una vez más podemos congratularnos por este momento crucial en nuestra vida.

El año litúrgico celebra Pentecostés sólo una vez en el año. Nosotros, los schoenstatianos, experimentamos Pentecostés tantas veces cuantas visitamos este Santuario. No sé si somos conscientes de que nuestro Santuario es un Cenáculo de manera peculiar. (...) Aquí actúa la Santísima Virgen en cuanto ejerce para nosotros una especial intermediación del Espíritu Santo, del Espíritu de la totalidad, de la grandeza de alma, de la magnanimidad.

¿Qué se desprende de lo anterior? Hablando humanamente, debemos afirmar que, comparando con otros países, deberíamos dejarlos atrás en cierto sentido, ya que el Espíritu Santo nos regala la plenitud. Por eso deberíamos acudir a nuestro Santuario con más fervor, aún más frecuentemente de lo que lo hemos hecho hasta ahora.

La Alianza con la Santísima Virgen nos otorga la certeza de que ella nos regala la gracia de la alianza en cada visita. ¿Qué nos regala la alianza? No solamente paz del corazón, sino también grandeza de corazón; un gran corazón, totalmente entregado a los intereses del Dios grande y eterno.

¿Recuerdan aún con qué palabras inicié la plática de su alianza? Hablé de que las voces de alianza son voces de profeta. Somos una comunidad de Pentecostés, una comunidad del Espíritu Santo, por ello *Sicut Ventus*. Voces de alianza son voces de profeta. Esto significa dos cosas.

La Santísima Virgen nos quiere conducir, desde aquí, a la alianza con el Espíritu Santo

La Santísima Virgen quiere conducirnos desde aquí hacia una Alianza con el Espíritu Santo, no en forma adicional sino de manera muy especial. La Alianza con la Santísima Virgen se amplía en una Alianza con el Hijo, con el Padre y el Espíritu Santo.

La Alianza de Amor con la Santísima Virgen debe extenderse de manera especial hacia una Alianza con el Espíritu Santo (...)

Pero con ello se deposita al mismo tiempo una gran misión sobre nuestros hombros. Hemos de cuidar de que las otras provincias o países no se detengan en la alianza de amor con el Señor o con el Padre, sino que avancen hasta la alianza de amor con el Espíritu Santo.

Hemos traído así a nuestro pequeño Santuario toda la gran realidad sobrenatural. ¡Esto es algo tan grande, portentoso! De hombres pequeños surge algo grandioso. Y crecerán en amplitud y grandeza. Pero si todos se han consagrado ya al Espíritu Santo debemos preocuparnos de sellar especialmente la alianza de amor con el Espíritu Santo. Y debemos procurar que todos, hombres y mujeres, se preparen progresivamente para ello.

Espíritu Santo, vínculo de unidad

Permítanme que exprese algo que en realidad no corresponde en este contexto. Es una relación inmensamente bella la que los une a nuestras Hermanas. Ustedes tienen a veces temor de que esa relación pueda perderse. También las Hermanas están apegadas a ustedes y, sin embargo, hay en ello tanta fineza. A menudo hago una broma, pero saben que ustedes no deben hacerla. Pero ustedes pueden decir: éstas son nuestras Hermanas. Esa relación inmensamente hermosa, esa benevolencia recíproca y, con todo, ese conservar permanentemente la delicadeza, todo eso es algo maravilloso. El Espíritu Santo es también el lazo de unidad. Y yo mismo pido al Espíritu Santo que él nos conserve esta relación inmensamente hermosa. En la mayoría de los casos se trata de gracias iniciales que luego se pierden cuando todo se torna muy oficial. (...)

Segundo Pentecostés: 31 de Mayo de 1949, comienzo de una gran lucha

La fiesta de Pentecostés de 1949 se ha convertido para nuestra Familia en una fiesta de la magnanimidad y de la entrega total. El 20 de Mayo, antes de la primera fiesta de Pentecostés que nuestra Familia celebrara aquí, este Santuario fue consagrado como Cenáculo. El 31 de Mayo deposité solemnemente un escrito sobre el altar. Era el comienzo de una gran lucha contra la mentalidad europea, tal como se la encuentra, sobre todo en Alemania, aún en círculos eclesiásticos.

La Santísima Virgen, Reina en esta lucha

El 5 de Junio coronamos a la Santísima Virgen como la Reina en esa lucha. Ella debía guiarnos en esa lucha contra toda la mentalidad de Europa. ¿Es esto magnanimidad? ¿Es locura o soberbia? Tenemos la confianza de que la Santísima Virgen guía y conduce desde aquí esa lucha.

Participación en la Misión

Lo que surgió hace tres años se torna ahora cada vez más realidad. Algunos partieron hacia Alemania. Deben llevar consigo esta misión y acometer contra el pensar germano. Yo no sé si ustedes eran conscientes de ello cuando comenzaron a venir hasta aquí.

En esto consiste la misión: No sólo que Chile se consagre a la Santísima Virgen, que otros se consagren al Espíritu Santo. No. ¡Ustedes también tienen la tarea de que cambie el modo de pensar! ¡Vigilen y despiértense mutuamente! Tarde o temprano también ustedes se verán involucrados en la lucha.

Tenemos ahora grandes metas ante nosotros. No deben dejar a sus jefes solos en la lucha. También ustedes deben luchar, cada uno en su lugar, y esto, en primer término, permaneciendo ustedes mismos radicalmente sanos. Europa nos ha formado, y nosotros queremos ayudar ahora, desde aquí, a formar a Europa. En verdad: *magnanimitas!* (...)

Cuando san Ignacio enviaba a sus hijos, solía decirles: "Debéis poner el mundo en llamas". Así debe ser también nuestra tarea.

Esta semana puedo partir hacia Norteamérica. Allí no encontraré un Santuario. Por esa razón me gustaría que me ayudaran. En el Cenáculo no había tan sólo mujeres, también había varones. Por eso deben ser un solo corazón y una sola alma.

La Santísima Virgen tiene la tarea de restaurar un orden destruido. Ella no debe tan solo proteger un orden vigente, sino restaurarlo. Y nosotros somos instrumentos de la Santísima Virgen para esa tarea.

4. Plática de introducción al retiro a Padres Palotinos chilenos
10 de Junio de 1952

La Región palotina de Chile (la comunidad palotina estaba dividida en provincias y regiones) se había consagrado oficialmente a la Madre tres veces Admirable. Durante sus visitas nuestro Padre trató de introducir hondamente a la Región palotina chilena en las corrientes de ideas y de vida schoenstatianas, así como también de señalar y aclarar la problemática que había surgido en torno a la visitación.

Los padres ya estaban en conocimiento de la plática dada por el padre fundador el 31 de Mayo de 1949. Por eso podían entender lo que les decía al hablarles de una "misión regional" (la misión que debían asumir como Región): "podemos hablar, afirma, de una misión regional para toda la Sociedad y para Occidente".

Es claro que los padres aun no podían captar todo lo que ello entrañaba, por eso el padre fundador les explica: "Lo que se piensa y afirma con ello es de tan vasto alcance que es mejor retener todavía un poco el propio juicio al respecto y esperar hasta que Dios hable más claramente a través de las circunstancias".

Cuando se fundó la Comunidad de los Padres de Schoenstatt, la provincia de Pentecostés asume oficialmente esta "misión regional".

Fe creciente en el misterio mariano de Schoenstatt

Algo ha cambiado aquí en la Región desde la última renovación espiritual. El movimiento de ideas se ha tornado un vigoroso movimiento de vida y de tareas. Nos hemos convencido del contenido y del significado que posee, aquello que anteriormente habíamos denominado "girar en torno al misterio de Schoenstatt", no sólo para nosotros sino también para toda la Sociedad palotina en la situación actual. De aquello ha surgido ahora un movimiento de vida. Esto significa que hemos profundizado en nosotros mismos la fe en el misterio mariano de Schoenstatt, que hemos procurado referir a ese misterio todo lo que aquí ha surgido. De ese modo, la comunidad de vida se ha tornado una comunidad de tareas.

Motivos para este crecimiento

Tres podrían ser los motivos.

Primer motivo: lo que estaba actuando en lo profundo de nosotros tiende ahora a salir también al exterior. De la abundancia del corazón habla la boca. Si estamos convencidos del significado de la presente situación, del significado del misterio de Schoenstatt, del misterio mariano, de la solución de la multiforme problemática, y si creemos en esto, entonces la victoria está cerca.

En el desarrollo natural y autónomo de las ideas y de la vida se encierra, por supuesto, una cierta tarea para nosotros.

Segundo motivo: como siguiente motivo puede considerarse en algo la conciencia que está surgiendo y germinando acerca de una especie de misión regional.

Es peculiar cómo a partir de tres puntos en nuestra Región, se ha despertado de pronto algo que alcanza mucho más allá del círculo de nuestra propia Región.

Las tres fuentes persiguen el mismo fin. Yo no sé en qué medida ustedes mismos ven detrás de estos hechos una suerte de plan divino. Si ustedes pueden estar de acuerdo con lo que hemos escuchado hace poco[24]–lo que se relaciona con el 20 de Mayo, el 31 de Mayo y el 5 de Junio de 1949–, tenemos entonces, así lo creo, una línea, podemos hablar de una misión regional para toda la Sociedad y para Occidente.

Ir descubriendo los planes de Dios con fe providencialista

Lo que se piensa y afirma con ello es de tan vasto alcance que es mejor retener todavía un poco el propio juicio al respecto, y esperar hasta que Dios hable más claramente a través de las circunstancias. No obstante, una suposición en ese sentido es justificable. Lo que yo creí haber reconocido aquella vez, cuando durante la noche colocamos sobre el altar el escrito dirigido a los obispos, lo que dije en esa oportunidad y, más

---

24 En la celebración, el 23 de Mayo de 1952.

aún, lo que fue explicado extensamente más tarde, con ocasión de la coronación, parece haber sido, ya entonces, una captación de los planes divinos. Me parece que el hecho de que las cosas se hayan desarrollado autónomamente de esta manera es una confirmación. La presunción no es incorrecta. Si es así, todos aquellos que aceptan el reto en este sentido pueden afirmar que todo lo que se ha dado en ellos corresponde a un plan divino.

Una triple misión

Si podemos hacer un breve resumen, aquí se trataría de una triple misión:

a) Es algo evidente. En cada provincia tenemos la tarea de preparar a la Santísima Virgen el camino para que ella, sin más, renueve interiormente, transforme, reeduque interiormente al pueblo, a la nación, a las generaciones.

b) Más allá de ello, una expansión del radio de acción hacia la Sociedad Palotina en su conjunto, es decir, cuidar de que nuestro misterio mariano de Schoenstatt sea tomado por toda la Región. Acabo de leer rápidamente la carta que recibió el Padre X. Se trata de una intervención en la lucha que se libra en el interior de la Sociedad Palotina, de la cuestión acerca de la medida en que cada una de las provincias y regiones puede pronunciar un sí de corazón a nuestra misión.

c) En aquel entonces, la tarea principal era ésta: la salvación de Occidente. Ese era mi objetivo central. Tal vez no percibamos todavía correctamente toda su trascendencia. Si consideramos lo que en aquel entonces sucedió, si lo que emprendimos continúa aún animándonos interiormente e inspirando nuestro actuar, no estamos aún ni con mucho al final de la tarea: y hemos tomado también sobre nuestros hombros como Región una misión que no es tan fácil, que no puede realizarse de un día a otro.

Tal vez sepan ustedes a través del Padre X, en qué forma los jesuitas fueron atacados en su tiempo. Uno de sus miembros más eruditos se sintió impulsado a redactar un escrito apologético con el fin de defender a la Sociedad. Yo considero que aquí hay algo así como una constante, según la cual con el tiempo se despiertan de entre las propias filas hombres que poseen espíritu y corazón para defender a nuestra joven Sociedad en todas las direcciones, que se arriesgan, con las armas del espíritu y del corazón, en una dirección semejante.

Ustedes saben qué sucede actualmente con el mensaje de Fátima en el ámbito católico. Ustedes consideran obvio que ese mensaje haya sido anunciado y controvertido en 1917. ¡Cuántos defensores del mensaje de Fátima despertaron! Si nosotros tenemos una misión original, una misión autónoma, ¿no deben despertarse también defensores de la misma, en la medida en que giremos cohesionadamente en torno a ella? Todo lo que hoy surge y trasciende las dimensiones acostumbradas tiene que ser llevado tarde o temprano a discusión.

Estamos en un camino "normal"

El tiempo de disolución interior hace comprensible una manera de actuar de ese tenor. Nos encontramos en un camino normal. Piensen en Santa Teresita. Yo viví en aquel tiempo personalmente, la enorme cantidad de escritos que se generaron en contra de la modalidad de santa Teresita. Muchos perdieron la confianza en ella. Pero también se despertaron defensores, no sólo en el círculo de la sede romana sino también en muchas órdenes religiosas y en círculos científicos. Por eso no debemos admirarnos cuando se conmueven los espíritus. Es imposible que no se dé una conmoción de ese tipo.

Nos hemos transformado, pues, en una comunidad de tareas, la cual —así me parece— ha crecido en parte a partir de la comunidad de vida y en parte como respuesta a una misión regional que se va tornando más clara. Quizás esto último se encuentre en nuestra alma con mucho más fuerza de lo que sospechamos. (...)

Tercer motivo: la unidad entre nosotros. La unidad es, ella misma, un efecto sicológico. Detrás de todas estas misiones, tareas que recibimos, se encuentra el Espíritu Santo. Y un sí a tales impulsos interiores provenientes de Dios implica implorar gracia tras gracia para la cabeza: para la persona y para la comunidad correspondiente. Desde hace un mes se ha despertado algo en la Región. Algo así como un torrente de gracias surca la Región. ¿Podré hablar de un terremoto de gracias, de un torrente de ideas y de vida que crece lentamente? De todos modos podemos alegrarnos de corazón: alegrarnos por lo que ha surgido y por lo que todavía nos espera. Queremos introducirnos ahora aún más profundamente en el torrente, en el torrente de gracias, de ideas y de vida. (...)

5. Palabras de despedida de Bellavista
20 de junio de 1952

Por la mañana de ese día, el P. Kentenich celebró su última misa en el Santuario Cenáculo antes de su partida desde Chile, ese mismo día, rumbo a Milwaukee. Estuvieron presentes jóvenes, Padres y Hermanas. Se puede percibir claramente cómo nuestro Padre trata de que se tome conciencia del envío misionero. Sus palabras son como un testamento suyo para el nuevo Schoenstatt.

El Santuario, nuestro vínculo

(...) Por lo general siempre me las arreglo rápidamente con lo que trae la vida. Pero esta vez me cuesta irme de aquí porque el vínculo que nos une se ha hecho muy profundo e íntimo. Es el Santuario, al cual estamos vinculados, el que nos une entre nosotros. Ambas cosas, y esto último el doble y el triple, pues donde voy no hay santuario, son la razón profunda de por qué me resulta tan difícil la despedida.

El 31 de Mayo de 1949, una incógnita

Si puedo pronunciar unas palabras que les revelen en algo lo que pienso, éstas son: 31 de Mayo de l949. Seguramente es para ustedes aún una incógnita, pero más tarde lo comprenderán mejor, se les aclarará.

Un cierto reinicio

¿Saben lo que significa para mí el 31 de Mayo en la historia? Es un cierto reinicio del Movimiento en el extranjero. Estamos en vías de llegar a ser adultos y autónomos; ser autónomos también ante el Padre y la Madre. Hemos recibido una tarea nueva y original para bien de toda la Familia.

Plan de Dios

Es algo conmovedor y hermoso que aquello que yo reconocí en 1949, se haya demostrado más tarde como un plan de Dios, a semejanza de lo que sucedió en 1914. Ya han pasado tres años. ¿Estaba en el plan (de Dios) lo que se dijo en 1949? Me parece que sí y Dios también cuidará que constantemente acudan nuevos hombres y mujeres que hagan suya la Misión del 31 de Mayo.

Ahora, al partir, sé que el programa del 31 de Mayo está en buenas manos; que desde aquí ustedes pueden seguir adelante sin mí; que también tenemos una misión para Europa, pero no de un modo general. Lo que se realizó el 31 de Mayo de 1949 fue un nuevo acto de envío. Esto es lo más profundo, lo que nos une a las Hermanas y a nosotros (la Juventud). Para ello les deseo abundantes bendiciones, que les sean derramadas abundantemente.

Corresponsables

No es casualidad que se encuentre aquí el nuevo grupo[25]. Parece ser la primera vez que hablé ante este grupo (sobre el 31 de Mayo). Por eso también deben asumir la responsabilidad por el 31 de Mayo en forma especial. El grupo tiene ahora el deber de orientarse al respecto y después pedir a la Santísima Virgen que se realice la Misión. Y luego, ¡a luchar medio a medio en la batalla! ¡O con la bandera o sobre la bandera! *Ave Imperatrix morituri te salutant!*", ¡Salve, emperatriz, los que van a morir te saludan!

---

25 El grupo *Sicut Ventus*, que se había consagrado en Pentecostés.

V.

Recepción de la Misión del 31 de Mayo e impulsos del P. Kentenich a asumir la Misión

El paso del P. Kentenich por Bellavista dejó hondas huellas en el Schoenstatt naciente. El año 1952 fue decisivo su contacto con la juventud que recién comenzaba a tomar conciencia de la Misión recibida. Más tarde, cuando surgieron los problemas de la interpretación del contenido de la Misión, nuestro Padre señala como criterios de conocimiento la interpretación auténtica de la plática del 31 de Mayo de 1949 y la historia de su recepción.

La Carta a Monseñor Schmitz constituye una fuente de primera importancia en relación a la historia de la Misión del 31 de Mayo, junto con una carta al P. Carlos Sehr del 16 de diciembre de 1953. Copiamos ambos documentos en el capítulo siguiente.

1. Acto de fidelidad al P. Kentenich
Santuario de Bellavista, al atardecer del 1 de junio de 1952
Solemnidad de Pentecostés

A continuación entregamos algunos documentos de valor histórico. Por cierto, son sólo una parte de la historia. Otras comunidades podrán posteriormente agregar otros testimonios.

Los grupos de los Caballeros del Fuego y del Sicut Ventus, estaban al tanto de la difícil situación en que se encontraba el padre fundador, quien iba camino al exilio, en Estados Unidos.

Decidieron, entonces, realizar un "acto de fidelidad" al Padre. Es interesante leer este texto que muestra la acción de la gracia que permitía a esa juventud realizar este acto. Tuvo lugar en el santuario; el P. Kentenich estaba arrodillado ante el altar, rodeado de los miembros de ambos grupos. Cuando concluyó dicho acto, se puso de pie y dio la mano a cada uno de ellos.[26]

Madre y Reina tres veces Admirable de Schoenstatt, Señora de Bellavista, en una hora solemne y decisiva, hemos sellado contigo una alianza de amor y te entregamos para siempre nuestras jóvenes vidas.

T: Sí, te lo entregamos todo, lo que éramos, lo que habíamos sido y lo que seríamos, lo que teníamos y tendríamos y también lo que aspiramos.

R: Y tú te nos diste por entero; te nos diste con tu corazón, con tus virtudes y también con tu misión.

---

26 Ver Anexo I

T: Con tu misión de Corredentora de los hombres, de Protectora y de Engendradora de Cristo.

R: Creemos que has elegido especialmente a nuestra Familia de Schoenstatt para seguir cumpliendo con tu misión a través de las edades.

T: Creemos que escogiste la Capillita de Schoenstatt como trono de gracias, como tu Cenáculo, donde, como Reina, repartirías las gracias de Pentecostés y formarías apóstoles y los enviarías al mundo como fuegos incendiarios y como huracán, para destruir las fuerzas de Satanás y alumbrar a todos con nueva luz.

R: Grande es la misión; dura la batalla del fuego contra las tinieblas; del huracán contra los baluartes del mal. Pero tú, al darnos esta misión, nos diste también tu bendición.

M: Misión sobrenatural la nuestra; misión extraordinaria y carismática en su contenido; nuestro Movimiento es el instrumento escogido en manos de la Virgen, para pelear las batallas del Señor y construir la gran catedral de los tiempos venideros.

R: Pero, junto con la misión carismática, nos diste tu bendición carismática, y nos la diste a través de nuestro fundador.

T: Creemos que Schoenstatt es obra de Dios, y por eso aceptamos la inspiración carismática del fundador.

R: Negarla después de haber estudiado nuestra historia, después de leer las palabras que se dijeron en 1914, y que se han venido diciendo y verificando hasta ahora, sería pecar contra la luz, sería revelarse contra la acción libre del Espíritu Santo Vivificador.

T: Por eso, porque creemos en la misión carismática de nuestra Familia, creemos que fue Dios quien la inspiró con especial predilección a su Fundador.

R: Él, en la fuerza y en la luz de los dones del Espíritu Santo, nos ha venido manifestando los designios de Dios sobre nosotros y sobre el mundo. Él nos mostró a Schoenstatt y en Schoenstatt encontramos la seguridad y nuestra misión.

T: ¡Qué pobre sería nuestra vida sin Schoenstatt, qué estrechos nuestros horizontes! Y, en el fundador, vemos el símbolo viviente de Schoenstatt, en él se reúne el carisma de la misión y el de la inspiración.

R: Pues bien, si el Padre es el símbolo de Schoenstatt, formemos en torno a él la cadena de fidelidad.

T: Fidelidad a la Reina, fidelidad a la alianza de amor, fidelidad a la misión y a los que la comparten.

R: Fidelidad inquebrantable, cadena acerada de amor, de veneración, de luchas.

T: El honor del Padre es nuestro honor, su cruz es nuestra cruz, quien quiera herirlo, nos ha de herir primero a nosotros.

R: A él como a Schoenstatt, quedamos unidos en la buena y en la mala ventura.

M: Promesa de fidelidad a él es promesa de fidelidad a la Familia, al terruño de Bellavista, a la Reina del Cenáculo.

T: Y la fidelidad será inquebrantable y será sencilla y será filial.

R: Madre, obedeceremos a tu representante con prontitud, con exactitud, con espíritu sobrenatural.

T: Que a dondequiera que vaya, sepa que tiene una juventud altiva como los Andes, con la cual puede contar en cada momento.

M: Y consérvanoslo, Reina, y líbralo de los ataques de Satanás.

R: Que el Arcángel Custodio de la Capillita, san Miguel, lo proteja con su escudo, y con su espada le ayude a ganar las batallas del Señor.

T: Y nosotros formamos una muralla de acero con nuestros corazones; y en sus días oscuros iluminamos su camino con nuestra lealtad.

R: Por él, Madre y Reina, danos tu bendición.

2. Saludo a la juventud de Bellavista
Carta del P. Kentenich
del 27 de abril de 1953

Un miembro de la juventud enviaba crónicas donde se relataba lo que estaba ocurriendo en torno al santuario de Bellavista. El P. Kentenich acusa recibo de una de ellas.

A menudo se usa el término latino "frater". Así se denominaba en ese tiempo a quienes habían ingresado al noviciado y eran seminaristas de los padres palotinos.

Carisime:

Fue buena idea el que X lo haya dejado a usted como cronista. Parece que es la persona adecuada para esto. Dos veces ya usted me informó sobre la situación en Chile. ¡Muchas gracias! También yo tengo la convicción de que nuestros chilenos no sólo tienen una misión especial para su propio país sino también para el Occidente. Cierto es que todo depende de si nuestros schoenstatianos realicen el símbolo que fr. Francisco quiso señalar con ocasión de la despedida. Me lo puedo imaginar muy bien cómo él tenía la imagen de la Madre tres veces Admirable en la mano y la mostraba a sus compañeros, mientras ya el tren se ponía en marcha. Esta profunda fidelidad a la Mater no debe sólo unir íntimamente a nuestros fratres lejanos sino también a los schoenstatianos que se quedaron. Mientras nosotros quedamos fieles a la MTA, ella también nos guardará la fidelidad y realizará todo lo que prometió con ocasión de la inauguración del pequeño Santuario.

Mucho me alegro que también nuestras jóvenes comiencen a hacer competencia a nuestros universitarios. Si es cierto que algunas de ellas piensan tomar el hábito mariano para consagrarse enteramente al servicio de la Madre de Dios, entonces debemos esperar una bendición muy grande del Movimiento en Chile. Y si como tercer eslabón se constituyen los Hermanos Marianos, que ya trabajan en Brasil -que ya construyeron una casa nueva y que ya son solicitados de Argentina- entonces quedará completo el círculo y toda la Obra puede mirar llena de alegría y de confianza a un futuro radiante.

¡Permanezcan firmes en su propósito de querer mostrar por los hechos que pueden permanecer fieles a la Madre tres veces Admirable y a su Obra sin la dirección directa del P. Ernesto, tal como si él estuviese junto a ustedes! Esto será para él la mayor satisfacción y el mejor regalo en retribución que le pueden hacer. Esto demuestra también al público que se les debe tomar en serio y que no deben sonreírse de ustedes como si fueran unos románticos o idealistas. Su inteligencia clara y su corazón amante obtendrán por doquier triunfos completos bajo el amparo de la Madre de Dios.

Con cordial saludo de fidelidad y bendición sacerdotal para toda la Familia schoenstatiana en Chile, su affmo.

P. Kentenich

3. Carta de los grupos Caballeros del Fuego y Sicut Ventus al P. Kentenich 6 de mayo de 1953.

Querido Padre Kentenich:

Cuando los hijos comienzan a vislumbrar nuevos horizontes y grandes anhelos brotan de sus corazones, su primer impulso es participárselos a sus padres, especialmente cuando ellos han sido quienes contribuyeron a creárselos. De este mismo modo nosotros hemos sentido la necesidad de llegar hasta usted, padre, con todas estas grandes ilusiones, santos anhelos y nuevos planes, porque lo sabemos muy cerca con su cariño y el de nuestra Madre tres veces Admirable, que imperceptiblemente ha colocado todo esto en nuestros corazones.

Nuestro Chile parece ha continuado siendo lugar predilecto de sus gracias porque, tal como lo dijera usted cuando bendijo nuestro Santuario, torrentes de gracias se han manifestado en nuestra juventud como torrentes de agua cayeron aquel día. Y así, poco a poco, hemos sentido más de cerca el peso y la responsabilidad de nuestra misión. Comprendemos que ella necesita de almas dispuestas a entregarse por entero, de instrumentos aptos en sus manos. Las circunstancias que se han ido presentando a nuestro Movimiento nos están mostrando que Schoenstatt sólo podrá seguir adelante si encuentra un grupo de jóvenes dispuestos a dar hasta sus vidas si es necesario por el ideal, y así formar un núcleo fuerte que constituya la base de nuestro Movimiento.

Estos son nuestros propósitos actuales. Si queremos construir un mundo, y no lo lograremos con un minimalismo cómodo, con una visión fragmentada del ideal, queremos entonces enfrentar el Schoenstatt integral, su mensaje verdadero que lleva la dureza y la grandeza del sacrificio, de la sangre y de las Cruces Negras.

Al finalizar el retiro de 1953, hemos firmado, con mucha audacia tal vez, un documento que mandamos a nuestro Santuario original con el P. Ernesto, en el cual pedíamos a María que si en sus planes de amor estuviese contemplado, eligiera de nuestro curso las primeras cruces negras de Chile. Sabemos sí que antes debemos vivir heroicamente, morir místicamente, pues ningún valor tendría que nuestras vidas terminaran sin haber encarnado el tipo de hombre nuevo y sin haber vivido hasta sus últimas consecuencias los principios de Schoenstatt.

Padre, esto es lo que está vibrando en nuestros corazones y para sentirnos más bendecidos por Dios es que queremos también vuestra bendición, porque la grandeza del ideal nos hace sentir más el peso de nuestra misión y de nuestra debilidad humana, pero esto queremos vencerlo cobijándonos como niños en el manto de la Madre, de esta Madre que, como latinos, nada nos cuesta sentirla presente y a quien toda nuestra tradición histórica está ligada.

Así queremos responder a la Misión que aquel 31 de Mayo de 1949 nos indicara para Chile. No transformar sólo a Santiago y a Chile en la ciudad y pueblo de María, sino que trascienda nuestro espíritu a todo el mundo y las gracias vuelvan a Europa para fortalecer su alma enferma. Mas todo esto será posible con una heroica generosidad de nuestros corazones, entregarlo todo para recibirlo todo de María. Ya ocho jóvenes de nuestros grupos han partido para Alemania como una respuesta a la generosidad de la Madre tres veces Admirable, 6 de los Caballeros del Fuego y 2 del Sicut Ventus. Ambos grupos, fuego y viento, están unidos en el misterio pentecostal de nuestra Capillita. Y como fuego y viento queremos avanzar con un espíritu de radicalismo destruyendo todo lo que en nosotros y en el mundo haya de malo, para construir el nuevo Reino mariano. Estamos dispuestos a mantener la fidelidad a Schoenstatt cueste lo que cueste, pase lo que pase, y luchar para que su espíritu se transmita a las generaciones futuras...

Hemos sabido que tal vez nuestro querido P. Ernesto deba quedarse en Europa a cumplir su misión, a pesar de que pedimos a María su regreso pues creemos que para el desarrollo del Movimiento en Chile, su presencia es necesaria. Estamos dispuestos a aceptar sus planes sean cuales sean y con mucha razón nos mantendremos fieles pues sabemos que ella ha de seguir su marcha triunfal a pesar nuestro y que sólo pide instrumentos que precisamente por su pequeñez se muestren aptos en sus manos. Esa buena voluntad quiere ser nuestro presente, únicamente le pedimos nos dé la fidelidad a la gracia para afrontar las circunstancias que Dios quiere ofrecernos en los años venideros.

En este espíritu queremos también a través de estas líneas, renovar el acto que le hiciéramos en la Capillita a usted como Padre fundador y a su persona. Esto fortalecerá nuestros propósitos ya que será el vínculo que proteja nuestra fidelidad a la Santísima Virgen y a su causa.

Recordado Padre, siempre está usted en nuestro recuerdo y oraciones. No olvidamos el capital de gracias que nos pidiera con su sombrero al partir hacia Estados Unidos y nos esforzaremos por llenarlo muy pronto.

Unidos en el amor a la Madre, quedaremos siempre fieles.

"Nuestra vida ha de exigir nuestra muerte"

Caballeros del Fuego y Sicut Ventus

4. Carta saludo a la juventud
14 de Mayo de 1953

Mi querida juventud schoenstatiana de Chile:

Las fiestas que se aproximan despiertan en mí recuerdos del 31 de Mayo del año pasado y del 31 Mayo de 1949. Seguramente les pasa a ustedes lo mismo. Esto tanto más cuanto más "huérfanos" se sienten este año, ya que el P. Ernesto tuvo que dejarlos...

Con inmensa gratitud debemos echar una mirada retrospectiva a los años pasados... La Madre tres veces Admirable ha mostrado por hechos que ella se ha establecido en el Santuario, que ella, como la gran Educadora del pueblo y de los pueblos, quiere poner a los pies de Cristo y del Dios Uno y Trino, al noble pueblo chileno, que ella, por intermedio de sus fieles vasallos quiere hacer llegar hasta Europa su acción, como fue predicho el 31 de Mayo de 1949.

Prueba evidente de la fuerza transformadora de su poder de educadora son ustedes mismos. A pesar de los peligros de un tiempo que se orienta hacia este mundo y que busca la comodidad y el placer, ustedes han logrado encarnar el ideal del nuevo hombre schoenstatiano y de la nueva comunidad en toda su pureza y, sin hacer compromisos cobardes, ustedes han logrado contagiar a los más nobles de su nación, que parece que uno se cree trasladado a los primeros tiempos del cristianismo. La antigua expresión: *"Ave Imperatrix moritur te salutant" (Salve,*

Emperatriz, los que van a morir te saludan!) para ustedes no es una frase hueca… Ustedes han reforzado las filas de los candidatos al sacerdocio y también las de los seglares que se sienten responsables por la recristianización de su hermosa patria.

Un pequeño círculo de futuros Hermanos de María espera el momento en que la Madre de Dios quiera usarlo, mientras que los elegidos, que han encontrado el camino a Europa, valientemente dan allá testimonio de la misión de la Madre tres veces Admirable para el mundo entero.. Por todas estas maravillas queremos dar gracias en la fiesta de Pentecostés y entregarnos nuevamente como cera blanda a la Madre de Dios, a fin de que ella nos pueda formar más perfectamente aún según la imagen de su Hijo y que nos use como instrumentos para la renovación del mundo…

En este sentido, les deseo a todos en nuestro Cenáculo la plenitud del Espíritu Santo. Cariñosos saludos de Schoenstatt para todos.

P. José Kentenich

5. De una carta del P. Kentenich al P. Ernesto Durán
26 de noviembre de 1953

Por favor usted vea todo en relación al 31 de Mayo de 1949. Lo que le he dicho sobre ello está en los planes de Dios y se realiza con incontenible dinámica. Los fratres están en un momento importante en la historia de la Sociedad y del Movimiento. Lo felicito a usted y a ellos. Probablemente todavía no es bueno hacerles llegar un saludo de mi parte. Yo me siento interiormente unido a ellos como a mi más fiel guardia. Quiera la Madre tres veces Admirable ayudarles para que puedan dominar la vida cotidiana y colaborar en forma decisiva a la encarnación de nuestro estilo de vida y a su asimilación en la Sociedad. Ellos ciertamente han encontrado en el P. Ziegler el mejor maestro de novicios en la situación actual. Él es respetuoso, prudente e integral de pies a cabeza. Les felicito por ello. Yo no habría enviado a Alemania el precioso regalo de sus prometedoras vocaciones. Donde están actualmente, han encontrado el mejor lugar[27]; la Santísima Virgen siempre hace bien sus cosas. Ella se glorificará en y a través de Schoenstatt. Ella lo hace en forma brillante. Mientras más cercano parece el derrumbe, más cercana es la glorificación. Al que duda le sucederá como a Moisés, no logrará alcanzar la tierra prometida.

6. Cartas del P. Kentenich al P. Carlos Sehr

En las cartas que copiamos a continuación, se puede apreciar con claridad cuán viva estaba en nuestro padre y fundador la conciencia de la Misión de 31 de Mayo y su interés porque también otros la asumieran.

Además, se destaca en estas cartas el interés del P. Kentenich de que se formara un bloque latinoamericano, como una "acies bene ordinata", objetivo que está en sintonía con su voluntad, ya a partir de Dachau, por la "Internacional schoenstatiana". Él veía la importancia de unir a los palotinos schoenstatianos y para ello estimaba que la Región MTA de Chile debía jugarse por ello, ya que en ese momento era la más capacitada para hacerlo.

---

27 Se refiere a Suiza, Friburgo.

Igualmente se puede apreciar en estas cartas el constante interés de nuestro padre por dar a conocer Schoenstatt a la jerarquía.

Una carta de especial importancia, dirigida por nuestro padre al P. Carlos Sehr, la incluimos en el Capítulo III.

Carta del 12 de mayo de 1954

Lo que dije el 31 de Mayo de 1949 sobre la misión de Chile para Europa, parece ser más y más realidad. Con las grandes metas crece el hombre. Quiera este adagio realizarse también en Chile.

Carta del 12 de junio de 1954

No olvide el 31 de Mayo de 1949. Le alegrará saber que se ha grabado esa fecha en la campana del Santuario del Monte Sión. Precisamente porque se la considera de extraordinaria importancia para toda la Familia. En efecto, la Región de ustedes representa por el momento una especie de caso ideal que en ese grado no se encuentra en ninguna otra parte. Reformulando un conocido dicho, podríamos decir: "*Chile docet*", en lugar de "*Germania docet*"[28]. Si interpreta correctamente el plan de Dios, advertirá que la misión de ustedes es dar ejemplo a toda la comunidad palotina y a todo el Movimiento de lo que es una *acies bene ordinata*.[29]

Carta del 21 de junio de 1954

Para no hablar en un plano demasiado abstracto, tomo como punto de partida la idea de tener un Instituto de Teología

---

28 "Alemania enseña".

29 "Ejército bien ordenado": "*Terribilis ut castrorum acies ordinata*" (Cant 6, 10).

en común. Aquí se dividen las opiniones. Tengo entendido que en el Consejo no han tratado aún este tema abierta y sinceramente… Los principios que habría que analizar son de validez universal…Por eso, si el diálogo aún no ha arrojado suficientemente luz sobre el tema, es recomendable volver a repasar esos principios todo lo que sea necesario.

Me permito escribir con absoluta franqueza sobre estas cosas porque estoy convencido de la misión de Chile para el ámbito cultural latino y aún más allá de él. Si no logramos conformar una *acies bene ordinata* en nuestra propia región y con las provincias y regiones vecinas, no lograremos avanzar más allá de los primeros comienzos, ni esperemos que la Santísima Virgen realice grandes cosas a través de nosotros. Si usted ha abrazado por completo el 31 de Mayo de 1949, estará convencido entonces de que su radio de acción y su responsabilidad no acaba en las fronteras de Chile. "El hombre crece por sus grandes metas". Asumir esta actitud significaría para usted personalmente no sólo ejercitarse en una autodisciplina enérgica y varonil, y empeñarse por una sabia estrategia, sino también abrirles a todas las regiones y provincias de Sudamérica la perspectiva de un futuro de fecundidad. Porque recién cuando en Sudamérica estemos unidos así, podremos albergar la esperanza de ser escuchados en Roma y constituir un valioso contrapeso respecto a la influencia germánica.

No pretendo que acepte al pie de la letra mis propuestas relativas al Instituto de Teología. Me doy por satisfecho con que se genere un debate sobre el tema y se consolide la unión entre las distintas regiones y provincias.

Carta del 29 de junio de 1954

Habría que mantener contacto con el Nuncio más de lo que se ha venido haciendo hasta ahora, ¿no le parece? Los pueblos latinos dan extraordinaria importancia a ese contacto. Cuando existe una relación de confianza, los problemas se solucionan con mayor facilidad y de modo más duradero de lo que se haría por medio de un procedimiento meramente jurídico. Reflexione sobre la situación por la que estamos atravesando actualmente y la relevancia que adquiere el parecer del Nuncio no sólo en su país sino también en Roma. Por eso vale la pena hacer ciertos sacrificios para cultivar tales relaciones. Tenga presente a la vez la Misión del 31 de Mayo, así logrará una visión cabal de la coyuntura y no le resultará difícil vivir, esforzarse y actuar en los grandes ámbitos en los cuales Dios ha puesto su vida y su gobierno.

Carta del 10 de noviembre de 1954

Pues bien, ¿qué hacer entonces? Hay que poner el principal acento en un contacto fluido con el Nuncio de Chile, ponerlo al tanto de todas las cuestiones, desde el punto de vista de una y otra parte. Y hacerlo con sumo cuidado y amplitud hasta que esté informado perfectamente de todo. No darle tregua, vale decir, aprovechar toda oportunidad que se presente para explicarle una u otra cosa…

Por razones tácticas hay que tener siempre en mente los siguientes puntos, para señalarlos en la ocasión oportuna: la diferencia entre Schoenstatt como *ens in se* y *ens in aliis*[30]; la consigna de superar el pensar mecanicista que ha enfermado el mundo de la cultura germánica minando su resistencia ante la mentalidad bolchevique, y que actualmente cunde por el mundo de

---

30 Ente (o ser) en sí mismo – ente (o ser) en otros.

la cultura latina; nuestra misión decididamente mariana y el ideal del hombre nuevo en la comunidad nueva.

Carta del 8 de diciembre de 1954

La cálida corriente que ha irrumpido en Chile quiera transmitirse a Argentina, en toda su autenticidad. Esto puede suceder sólo a través del contacto con portadores vivos.[31]

Carta del 28 de diciembre de 1954

Hagamos todo lo posible para conformar un frente estrechamente unido. Se trata de constituir un bloque centrado en el 31 de Mayo de 1949, en el cual todos, sin excepción, ocupen un lugar determinado que ningún otro pueda ocupar.

Carta del 12 de enero de 1955

Sería prudente que usted se reuniese ahora con el P. Ernesto y el P. Benito, e invitase también al P. Máximo para trazar entre todos un plan de guerra… El plan estratégico debería fundarse en la idea de la independencia y soberanía del sector latino de Schoenstatt, conservando en su punto central el 31 de Mayo de 1949. Ahora se trata de atraer gradualmente hacia nuestra área de intereses a los Nuncios de Sudamérica y al Episcopado sudamericano. Por lo visto el Nuncio de Chile está de nuestra parte. Él tiene ciertamente la capacidad y el sentido necesario para comprendernos, y quizás influencia al menos sobre el Nuncio de Argentina y de Uruguay.

---

31 Esta carta fue escrita con ocasión de un encuentro de los padres palotinos schoenstatianos en Argentina. P. Carlos dudaba de la conveniencia de que él fuera. El P. Kentenich lo anima a ir.

Que el ideal de un bloque sudamericano sea la estrella que lo guíe por en medio de toda oscuridad, como aquella otra que alumbrara en su camino a los Reyes Magos. Lo que el Provincial, el P. Eigenmann, le escribiera sobre el futuro de los seminaristas chilenos en Suiza y su opinión sobre su futuro destino en España, coincide con dicho plan. Porque cuanto más ahonden los chilenos en la cultura española, cuanto más se compenetren con el pasado de ese pueblo de relevancia histórica y con su misión secular, tanto más desplegarán su actividad en el sentido del ideal descubierto. Algo similar vale para su participación en la Semana de Formación en Argentina. "El hombre crece por sus grandes metas". Si usted logra unir las cosas de la vida cotidiana con su gran meta, aumentarán las energías, la iniciativa, el espíritu de sacrificio y la seguridad en la acción. Cuanto más esté usted colmado y cautivado por ese ideal, con tanto mayor fruto podrá influir también sobre la Jornada.

Y en esa misma dirección apunta el hecho de que el P. Máximo esté con usted, de que usted ahora lo comprenda mejor y valore más. Me alegro y lo felicito por la hermosa relación que tienen…

Lo alegrará escuchar una y otra vez que sus seminaristas cumplen su Misión del 31 de Mayo de 1949 dondequiera que estén. Tengo ante mí la carta de un seminarista que ha hecho su noviciado en Olpe junto con sus chilenos, y reconoce con gratitud cuánto les debe. Antes de su ingreso había estado en la Juventud Masculina. Así escribe:

Sin embargo yo vivía a mi manera, una manera no muy marcada por Schoenstatt. Sobre todo no había comprendido la originalidad de Schoenstatt, y menos aún su tremenda envergadura. Entre tanto estuve en la Federación. Allí participé con bastante aplicación, sabía al menos tanto como los demás y no llamé la atención por falta de compromiso con la actividad. Visto desde hoy, sólo lo puedo explicar como un curioso "método de conservación"; porque si me hubiera apartado como todos los que una vez abandonaron la corriente de vida, no sería hoy palotino, no sería el que soy. Cuando entraba en una atmósfera schoenstattiana, enseguida yo me "soltaba" y resurgía en mí todo lo schoenstattiano. Fuera de esos casos, no se percibía mucho de schoenstattiano en mí. En muchas cosas yo no vivía ejemplarmente como schoenstattiano. Cuando ingresé al noviciado, muy pronto tomé conciencia de que había algo que no estaba en orden. Fueron entonces los chilenos quienes me ayudaron a "soltarme" y me sacaron adelante... Y después sobre todo los textos del PK, que por primera vez pude leer aquí. Así comprendí cabalmente la esencia y el "misterio" de Schoenstatt... Entre tanto se produjeron algunas confrontaciones con el P. Arendt y el P. Schulte. Esas disensiones me abrieron los ojos sobre la escisión existente en el seno de la comunidad palotina. Pero cuando en el segundo año se fueron los chilenos, a pesar de mi firme decisión y de mi claridad relativamente grande, volví de alguna manera a esa curiosa actitud de "conservación". Todavía hoy no lo entiendo, pero fue realmente así. No es que yo no viviese como schoenstattiano; lo que ocurría es que no podía dar cauce a todo lo que había en mí. Es difícil explicarlo con palabras; quizás usted comprenda lo que intento decir. Pongo toda mi esperanza aquí, en el Instituto de Teología, porque supe de la existencia del "Círculo de la Victoria". Y di entonces el último paso; aquí tomé las últimas y definitivas decisiones; aquí ingresé de lleno -finalmente- al mundo de Schoenstatt.

Carta del 24 de enero de 1955

Si usted repasa lo que le escribí últimamente sobre su participación en la Semana de Formación y recuerda las razones que le expuse, le resultará evidente, sin más ni más, que comparto su punto de vista. Pero precisamente me interesaba motivarlo a usted a dejar que la corriente schoenstattiana integral de su región fluya a la región argentina.

Carta del 6 de mayo de 1955

No sólo el P. Ernesto sino también el P. Benito, más aún, todos los dirigentes chilenos comparten la responsabilidad por el 31 de Mayo de 1949. Por eso atribuirle a uno u otro una misión carismática no se ajusta a la realidad objetiva. Poco prudente y recomendable es también resaltar los contrastes entre los estilos de cada nacionalidad, especialmente cuando se lo hace con apasionamiento. Además de ser una falta contra la justicia y la caridad, va muy en desmedro del respeto debido a la originalidad ajena.

Carta del 23 de mayo de 1955

Entre tanto habrá recibido "ideas y consejos". Al repasarlos advertirá cuán importante es para mí hacer aclaraciones para informar sobre nosotros no sólo al Episcopado chileno sino ante todo al Nuncio, a fin de volver a golpear a través de éste – si está en el plan [de Dios] – las puertas del Santo Oficio. De ahí que no sean en vano los esfuerzos que se realizan por un trabajo bien hecho. Será de gran bendición para toda la Familia y para la Iglesia. Y además está totalmente en la línea del 31 de Mayo de 1949.

Carta del 14 de diciembre de 1955

Así pues estudié a fondo las cuestiones pendientes, *sine ira et studio*,[32] y volqué mis reflexiones en apuntes para la crónica,

---

32 "Sin odio y sin parcialidad". (Tácito, *Anales*, 1.1.4: lema del juzgador imparcial y equilibrado)

destinados al archivo. Dado que me está prohibido dar a conocer a otros esos apuntes, no puedo ponerlos a disposición. Pero si usted los leyese, se asombraría y se alegraría al ver en qué medida me pongo del lado del P. Ernesto. De nadie en el mundo podría él esperar un mayor acto de confianza que el consignado en dichos apuntes. Cuando los escribía, me imaginaba sentado con mis fieles seguidores en torno de una mesa, procurando trazar líneas en medio de la maraña de cuestiones. Los hombres tienen que ser capaces de soportar cosas como éstas, de lo contrario no estarán en condiciones de servir juntos a una gran misión. Así pues con toda razón el P. Ernesto puede quedarse tranquilo y seguir dedicándose de lleno a la tarea de su vida.

7. Fragmentos de cartas del P. Kentenich al P. August Ziegler

El P. August Ziegler, miembro de la Provincia suiza de los palotinos, recibió el encargo de ser el maestro de novicios de los chilenos, a quienes acompañó durante el tiempo de su noviciado y luego durante todos los años de su formación en la universidad de Friburgo. Era una de las personas de mayor confianza y cercanía con el padre fundador.

Carta del 18 de enero de 1955

Los seminaristas chilenos deberían de haber alcanzado ya la madurez necesaria para comprender mucho más profundamente todo lo que yo dijera por entonces, y asimilarlo de modo duradero. Que elaboren con independencia los pensamientos centrales, haciéndolos el norte de su vida futura. Cuanto más claramente pongan proa a ese punto central, tanto más fácil les resultará estrechar filas y multiplicar sus fuerzas.

Carta en la fiesta de la Candelaria, 2 de febrero de 1955

Si usted hace suya, en toda su anchura y profundidad, esa fe sobrenatural en la misión, no le resultará difícil abordar junto con los suyos (los seminaristas) los graves problemas de la actualidad y encontrarles una solución.

Pienso, por ejemplo, en el dualismo entre más acá y más allá, entre tiempo y eternidad, entre cuerpo y alma, entre naturaleza y gracia, entre inmanencia divina y trascendencia divina, entre individuo y comunidad, entre hombre y trabajo, entre mundo e Iglesia.

Lamento no poder exponer ahora contenidos y valores de estos conceptos que enumero someramente.

Usted advierte que aquí se trata de una concepción universal de la vida, para el corazón de futuros dirigentes que se hallan actualmente en su período de formación con mira a la tarea que han de cumplir en su vida. Se trata de la superación del pensamiento y voluntad mecanicistas, tanto en el plano teórico como en el práctico.

Las semillas que se hunden en los corazones de los jóvenes germinan más tarde. Justamente la mentalidad latina es muy receptiva para este monumental complejo de ideas; pero esto necesita también que su sensibilidad filial tenga siempre una regulación metafísica.

Carta del 2 Marzo de 1955

Dígales a estos últimos (los seminaristas) que me darán la mayor alegría si se esfuerzan por continuar su noble empeño y permanecen fieles a la gran misión que tienen con el 31 de Mayo de 1949.

VI.
Dos textos fundamentales que aclaran el contenido de la Misión del 31 de Mayo (1952 y 1953)

Monseñor Schmitz era el superior general de los sacerdotes diocesanos de Schoenstatt. Era uno de aquellos de la "antigua guardia" que se distinguió por su fidelidad al P. Kentenich antes, durante y después de las controversias en torno a la visitación apostólica.

Durante su estadía en Chile, en 1952, se discutía sobre la organización de Schoenstatt y la redacción de estatutos al respecto. En ese contexto el P. Kentenich descorre el velo que cubría la, hasta ese momento, misteriosa fecha del 31 de Mayo.[33]

Esta explicación de la misión es de gran relevancia para el Schoenstatt internacional, ya que no se trataba de algo privativo del Schoenstatt chileno, sino, al contrario, del tercer hito de la historia de Schoenstatt, que concierne a toda la Obra.

---

33 *Este texto se encuentra en el libro "El Secreto de la Vitalidad de Schoenstatt", primer tomo, publicado por Editorial Patris.*

Solo un grupo relativamente reducido de schoenstatianos pudo conocer y estudiar la exposición del P. Kentenich sobre el tema, esto debido a la difícil situación por la que atravesaba Schoenstatt al estar el P. Kentenich bajo el Santo Oficio en el exilio. No se debe olvidar que la causa del exilio justamente residía en el paso que dio el P. Kentenich 31 de Mayo de 1949 en el santuario de Bellavista. Por esto no resultaba fácil tratar esta temática.

Llama la atención que después de su regreso de Milwaukee nuestro Padre vuelve una y otra vez a citar este texto, recomendando que se lea y estudie.

1. Carta a Mons. Josef Schmitz
Mayo 1952

Schoenstatt, una esfera enigmática

El resultado de toda la investigación culmina en la constatación: *Schoenstatt es una esfera enigmática en las manos de Dios, planificada desde la eternidad, revelada a sus instrumentos en forma paulatina en el tiempo, según la ley de la puerta abierta y entregada a ellos para su realización.*

Al hablar de una esfera en las manos de Dios, entendemos *obra de Dios según los planes de Dios.* Y para no dejar dudas sobre tal interpretación, se añade sentenciosamente: *esfera en las manos de Dios, diseñada desde la eternidad y revelada en el tiempo en forma paulatina según la ley de la puerta abierta.*

La magnitud humana consistió en la genialidad de la ingenuidad que buscó siempre y solamente la idea y el deseo de Dios y estuvo pronta a realizarlos, aun cuando fuera un camino de espinas o un viaje a la muerte. En otro lugar hemos dado las pruebas de esta afirmación. Aquí nos basta señalar en especial dos acontecimientos: el *20 de Enero de 1942 y el 31 de Mayo de 1949* (...)

El 31 de Mayo de 1949, hasta ahora una gran incógnita

El 31 de Mayo ha permanecido, hasta ahora, como una incógnita para la Familia. Las luchas actuales me inducen a descorrer un poco el velo, para poder observar más de cerca el misterio de este enigmático día. Lo hago pensando en el Círculo Fiel[34]. Quiere ser un acto de gratitud hacia ellos por su perseverancia hasta ahora, alimentada por la fe. Pero también lo hago para calmar a quienes sufren por la confrontación que he provocado con el Episcopado alemán y a quienes temen que se trate de un paso insuficientemente meditado que no midió su extraordinaria repercusión para toda la Familia. Lo mejor es que brevemente deje hablar a los hechos por sí mismos.

Bendición del Santuario de Bellavista

El 20 de Mayo de 1949, me encontraba en Santiago de Chile para bendecir el santuario que aún no estaba completamente terminado[35]. La situación era tal que un chileno, como muestra

---

34 *El Círculo Fiel* agrupaba a los sacerdotes que desde el inicio de la visitación apostólica se identificaron estrechamente con la persona y la misión del P. Kentenich. En enero de 1952, antes de su viaje a Sudamérica, el P. Kentenich había encomendado al P. Menningen -su colaborador más cercano- la tarea de aunar a los miembros de la provincia palotina de Limburgo (Alemania) que le eran fieles. A partir de allí se fue conformando el *Treue Kreis*.

35 El P. Kentenich había llegado a Chile el 17 de mayo, procedente de Argentina, y se encontraba en la Casa provincial de las Hermanas, en la calle Manuel Montt.

de su máxima admiración y aprecio, me dijo en broma estas significativas palabras: "¡Usted tiene planes de loco, pero al mismo tiempo confianza de santo!". Los planes eran de "loco", es decir, inesperadamente grandes y universales en relación a lo que existía en ese momento. Se trataba de tres planes. Entretanto, ya han forjado un trecho de historia.

Eso vale en principio para el primer proyecto. Las Hermanas casi han terminado de construir el santuario y sin dinero[36]. Su fe sencilla en la divina Providencia les hizo pensar: "Construiremos el santuario aunque seamos más pobres que ratones de sacristía. Entonces la Virgen, que es extraordinariamente rica, nos construirá un colegio". En la Sagrada Escritura se dice: "Si tenéis fe como un grano de mostaza, diréis a este monte: '¡Desplázate de aquí allá!', y se desplazará y nada os será imposible" (Mt 17,20). ¡Dicho y hecho! Construyeron el santuario en poco tiempo e inmediatamente después -contra todo lo que se podía esperar- edificaron el colegio. Luego se fue adquiriendo un terreno tras otro. Así, los Padres y las Hermanas poseemos suficiente espacio a los pies de los Andes, para la futura central del Movimiento. Las cosas sucedieron de tal forma como si un plan anual, cuidadosamente meditado y diseñado, se hubiese realizado a la hora, al minuto y al segundo. De esta manera, la confianza heroica ha logrado la primera victoria. Entretanto, el "método" ha hecho escuela en toda la Familia.

---

36 Las Hermanas de María llegaron a Chile en 1936 e instalaron su Casa provincial en Temuco. En su primera visita (1947), el P. Kentenich pensó que era más conveniente que la trasladaran a Santiago y ellas así lo hicieron en 1948, ubicándose en la casa de la calle Manuel Montt. En junio de 1949, se radicaron definitivamente en Bellavista. Bellavista queda a unos 12 kms del centro de Santiago, en la comuna de La Florida.

El 20 de Mayo, día de la bendición del santuario, uno de los participantes, un sacerdote alemán, decidió legar a las Hermanas sus bienes, una herencia nada despreciable. Él había realizado sus estudios secundarios en Schoenstatt y, posteriormente, había llegado a Chile. Al ver el nuevo santuario, se renovaron en él antiguos recuerdos que encendieron su amor y entusiasmo juveniles por la obra de nuestra Madre y Reina tres veces Admirable de Schoenstatt. Su propósito se convirtió rápidamente en realidad. Las Hermanas recibieron la herencia el 20 de Mayo de 1952.

La segunda victoria tampoco se hizo esperar mucho tiempo. Aún no se ha consumado, pero tampoco es bueno que se logre rápidamente, pues podría frustrarse. Se trata de la misión del insignificante y hasta ese momento inconcluso santuario, para el pueblo y la patria chilena . Los hechos exteriores realmente no contribuían a creer en semejante misión. Más bien hablaban en su contra: sólo parecía tratarse de un acontecimiento cotidiano e insignificante, incapaz de dejar una huella importante, que ni siquiera había sido objeto de alguna atención especial. El minúsculo santuario estaba allí, a pleno campo, en medio de una planicie, al pie de los Andes nevados y parecía una casita de muñecas.[37]

20 de Mayo: Meditación de la mañana

Después de una noche extraordinariamente lluviosa, el 20 de Mayo iniciamos la meditación de la mañana refiriéndonos a esta situación. La naturaleza se había mostrado tan tormentosa que puso seriamente en duda la posibilidad de realizar la celebración:

---

37 Sigue el texto de la meditación matinal antes de la consagración del santuario y de la prédica de consagración, el 20 de Mayo de 1949, que aquí se omiten.

Esta mañana no necesitamos buscar un tema -decía en la plática-. Estamos acostumbrados a interpretar cada acontecimiento a la luz de la fe práctica en la divina Providencia y a encontrar, creyentes, a Dios en su cumbre, entregándonos a él de todo corazón.

Podríamos hablar de un diluvio

Esta mañana, la elección del tema no resulta difícil. El acontecimiento que a todos nos llama poderosamente la atención es: lluvia, lluvia y más lluvia. Según las categorías de acá, ésta es tan fuerte que podríamos hablar de un diluvio. Anoche casi fuimos todos arrastrados por la lluvia. A mí, por poco me sucede lo mismo. Y todavía no quiere dejar de llover.

¿Debemos arriesgarnos a ir al santuario con este tiempo? ¿Cómo será la situación en nuestro terreno a campo abierto? No existen calles ni tampoco caminos. Todo el terreno está empapado. Por todos lados hay charcos y barro, barro y más barro. Aún más, la capillita no está terminada. En el techo hay un gran agujero. ¿Cómo estará el interior? ¡Y éste debe ser el gran acontecimiento del 20 de Mayo! ¡Queríamos volar como las águilas hacia el sol! ¿Y dónde está el sol? No se lo ve por ninguna parte; parece como si se hubiera ocultado. ¡Pero... está ahí! Está arriba, en el cielo de nuestros ideales. También hoy ilumina de modo especial nuestra actual situación.

¿Saben qué pensaba ayer por la tarde cuando estábamos en la iglesia parroquial para trasladar el cuadro y nos vimos obligados a realizar la celebración en la misma iglesia debido a la lluvia? Mi primer pensamiento fue: *Deo gratias! Magnificat*! Las cortinas de agua deben ser para nosotros una protección ante la publicidad, una especie de camuflaje. Aún no debemos darnos a conocer en círculos más amplios. El peligro de que apaguen nuestra recién nacida llamita de vida sería demasiado grande.

La lluvia en Dachau

Inconscientemente pienso en Dachau y en la *Tercera Acta de Fundación*[38]. En aquel entonces, la lluvia también fue una eficaz protección para nosotros. Las nubes se arremolinaban y la tormenta arreciaba aullando entre los árboles. Estaba oscuro. Nadie se atrevía a salir a la calle del campo de concentración. Sólo nosotros, los conjurados de la Madre y Reina tres veces Admirable de Schoenstatt, teníamos el valor de estar afuera. Ni siquiera la policía nos molestó durante nuestra emotiva consagración de *Inscriptio*, ni en la trascendental fundación de la Internacional Schoenstatiana.

¡Aquella vez y hoy! Sin querer la comparación me viene a la memoria. Esta es la primera interpretación de las intenciones divinas que la lluvia nos ha sugerido. ¿Habré acertado?

Se necesita una fe gigantesca para creerlo

En la lluvia torrencial también se puede ver un símbolo de las luchas y dificultades que tendremos en el futuro. Esto se me ocurrió ayer por la tarde, cuando contemplaba ese lugar deslucido[39], el minúsculo santuario perdido en medio del campo

---

38 Ver: *Documentos de Schoenstatt*, pp.121-139.

39 El día anterior se había planificado llevar el cuadro de la MTA en una procesión desde la iglesia parroquial al santuario, pero no fue posible a causa de la lluvia y el barro. Sin embargo, el P. Kentenich, de todos modos, predicó en la iglesia.

y el puñado de personas y su organización. Había niños y un par de mujeres; también participaban un par de sacerdotes y de jóvenes. Pero hombres, personalidades vigorosas, ¡no se los veía! ¡Y nosotros creemos que desde aquí contribuiremos a la renovación de nuestra patria! ¡En verdad, para llegar a creerlo se necesita una fe gigantesca!

Junto a esto, vino a mi mente una imagen de los primeros cristianos y la forma en que san Pablo la interpretó. En cierta oportunidad, el apóstol de los gentiles observaba y examinaba a su audiencia. Rápidamente la caracterizó: entre los presentes no veía ni a muchos sabios ni a ricos, ni a gente ilustre. Y a pesar de eso, ¡qué no surgió del cristianismo naciente! ¡Emprendió su marcha triunfal por el mundo!

Suplir con la fe lo que falta en aptitud

San Pablo también nos proporciona el motivo para un hecho tan maravilloso: Dios destruyó lo que aparentaba ser algo ante el mundo y usó como instrumento lo que era pequeño y despreciable, para así mostrarse más y mejor como el Soberano del mundo (Ver Cor 1, 27-29). Por supuesto que los elegidos, los instrumentos escogidos, deben suplir, mediante una fe heroica, lo que les falta en aptitud y capacidad personal.

Si la primera interpretación de la inclemencia del tiempo hoy nos mueve a entonar el *"Magnificat"* y el *"Deo gratias"*, entonces la segunda interpretación nos exhorta a pronunciar un valiente "Credo".

La impotencia que sentimos ante los torrentes de agua es la misma que experimentamos ante las grandes tareas que nos esperan.

Nuestra grandeza consiste en creer y confiar, contra toda esperanza, y así continuar nuestro camino.

Enormes bendiciones

¿Puedo intentar una tercera interpretación? La lluvia también puede significar bendiciones. Me han dicho que aquí en Chile la gente se alegra cuando llueve. Las reservas de agua se renuevan y así se dispone para varios meses de la cantidad de agua necesaria. Si esta interpretación es correcta, entonces las bendiciones que esperamos recibir deberían ser inmensamente grandes. Casi tendríamos que decir: "¡Señor!, ¡detén tus bendiciones!". Quizás debiéramos temer que los torrentes de agua arrasen nuestra casa.

Con esto he indicado, brevemente, cómo interpreto yo la situación. En todo caso, una cosa es segura: el Padre Dios así lo ha dispuesto y por eso está bien que así sea. Estamos con ambos pies en la tierra de la fe práctica en la divina Providencia. Nadie nos puede quitar la alegría de cumplir el deseo y la voluntad de Dios. Y mucho menos aun cuando él nos exige grandes sacrificios.

Dios pone dificultades

Dios pone con frecuencia este tipo de exigencias en el camino. Por eso estamos alegres y, sobre todo, lo está nuestra generación más joven. Cuando llegaron acá desde la patria, sintieron: "¡Aquí todo depende de cada uno!". Por eso nunca se dejaron mimar. Más bien se decían: "¡Preocúpate de estar en tu puesto y procura hacer algo que valga la pena!". Eso era lo correcto. Si a uno lo tiran al agua, aprende a nadar mucho mejor. Así y sólo así se forjan grandes personalidades. Sin dificultades, sin sacrificios, sin lucha, nunca surgirá de nosotros algo grande y acabado.

¡Después de algunos años veremos qué interpretación se impone! ¿Me podré considerar, también esta vez, entre los "profetas"? Cuando hace 20 años fueron enviadas nuestras primeras Hermanas, les dije: Si permanecemos firmes durante 10 años en el extranjero, seremos aprobados por la Iglesia, aunque se deba remover todo el derecho canónico. Entretanto, ustedes saben que esto ha sucedido[40].

Por supuesto, el demonio también está interesado en nosotros. Sin embargo, seguimos nuestro camino aunque llueva a cántaros, ¡aunque un diluvio se nos venga encima! No nos dejaremos confundir. Nosotros iremos a nuestro santuario para realizar allí nuestra celebración.

Uno de nuestros padres de Temuco decía: "Pero, ¿qué se podrá realizar con una capillita tan pequeña?". Podemos captar la punzante duda que encierra esta pregunta. ¿Qué contestaremos?

Se suele decir: Cuando se envía una Hermana al desierto sólo con un paraguas, no tardan en aparecer grandes edificios a su alrededor. Pero esta vez no vemos a una pequeña Hermanita en una región árida. Se trata nada menos que de la excelsa, la poderosa, la sabia y bondadosa Madre y Reina tres veces Admirable de Schoenstatt que quiere establecer aquí su morada. ¿Cómo

---

40 Se refiere a la Constitución Apostólica *Provida Mater*, del 2 de febrero de 1947, por la cual la Comunidad de las Hermanas de María pudo ser aprobada canónicamente como Instituto Secular. La aprobación se concedió el 20 de Mayo de 1948.

lo hará? A esa pregunta sólo hay una respuesta posible: *"Mater perfectam habebit curam!"*. ¡La Madre cuidará perfectamente![41]

Bendición del Santuario de Bellavista

La bendición del santuario se realizó antes de la misa solemne, en las condiciones más precarias. La plática se refirió al arco iris que repentinamente apareció el día anterior en el cielo y que, como signo de alianza, nos proporcionó el tema: la alianza de amor de Dios con su creatura en toda la historia de la redención, en la historia de Schoenstatt y de Chile. La introducción destacó lo siguiente:

> Rara vez habrá estado unida a tantas dificultades como ahora la bendición de un santuario de la Madre tres veces Admirable. Si es verdad el antiguo refrán: "La medida de las dificultades es la medida de las gracias", entonces podemos contar con un extraordinario caudal de gracias. Si nosotros, chilenos, nos hemos sobrepuesto a las inclemencias de este temporal, ya no hay nada que nos pueda amedrentar.
>
> ¿Cuáles son las gracias que esperamos recibir? El arco iris que ayer pareció tocar repentinamente la cúspide de nuestro santuario, la imagen de la Madre tres veces Admirable, nos indica la dirección: las murallas de nuestro pequeño santuario se abren o ensanchan de

---

41 Esta frase procede, en su versión original, de San Vicente Pallotti: *Mater habebit curam!* (Ver: J. Frank, "Vinzenz Pallotti", I. Bd. Friedberg 1952, p. 336). El P. Kentenich la usó constantemente a partir de la primera guerra mundial, agregándole, a raíz de la corriente de Inscriptio, "Mater *perfectam* habebit curam" y, en Milwaukee, aceptando una proposición proveniente de los seminaristas en Friburgo, agregó *"et victoriam"*. La última formulación, por eso, reza así: *"Mater perfectam habebit curam et victoriam"* (*La Mater cuidará perfectamente y obtendrá la victoria*).

pronto y toda la historia de la redención aparece ante nuestros ojos. En su centro vemos la alianza de amor entre el Dios eterno y su frágil creatura. Ya nos lo había enseñado el catecismo: el arco iris es el signo de la alianza entre Dios y Noé (Ver Gén 9, 12-17).

Dios pone una condición a la Alianza

Al inicio de la historia del mundo, Dios selló una alianza similar con Adán y Eva. Se trataba de una alianza bilateral que no sólo concernía a uno de los contrayentes, sino a ambos al mismo tiempo y del mismo modo. En Adán y Eva, Dios prometió, a su pueblo y a todo el mundo, la bienaventuranza eterna si ellos cumplían la condición que él les imponía. ¿Qué exige el Señor del cielo y de la tierra? No se contenta con el cumplimiento de la ley natural, sino que también establece una condición en el plano de la ley positiva: 'De cualquier árbol del jardín puedes comer, mas del árbol de la ciencia del bien y del mal, no comerás' (Gén 2, 16). Con ello tocamos la gran ley que recorre permanentemente la historia de la alianza: Cuando Dios quiere sellar una alianza con la creatura, siempre pide un sacrificio y este sacrificio pasa a ser símbolo de la entrega total de la creatura al Creador.

Sabemos con qué rapidez Adán y Eva quebrantaron esta alianza. Dios, en cambio, permanece eternamente fiel a la alianza. Habiéndose apartado y alejado la humanidad cada vez más de él, se acuerda de aquella alianza y elige a Noé para renovarla con él y con sus descendientes. Esta renovación no se hizo sin una seria exigencia al espíritu de sacrificio del contrayente humano.

Después se indicaba en la plática que Noé, a semejanza de Adán, también quebrantó la alianza, porque no cumplió la condición establecida. La historia de la alianza continúa con Abraham y Moisés como figuras centrales, destacándose la misma ley: Dios no sella una alianza sin exigir a la vez, como expresión de la entrega total del contrayente humano, un sacrificio correspondiente.

La segunda parte de la plática gira en torno a la historia de la alianza de Schoenstatt, comenzando en 1914, pasando por 1944 hasta 1949. Se habla de los contrayentes de la alianza y de los deberes de la alianza, de la entrega total bajo la forma del Poder en Blanco y de la *Inscriptio*[42]. Describe la forma en que ambas partes han cumplido sus deberes y destaca los efectos palpables de la mutua fidelidad a la alianza.

La tercera parte se refiere a la toma de posesión del santuario por parte de nuestra Madre tres veces Admirable:

> Y ahora ha llegado el gran momento en el cual la Santísima Virgen quiere sellar la misma alianza en este insignificante lugar... Ella ha elegido tierra chilena para iniciar desde aquí una marcha victoriosa, de modo semejante a como lo hiciera desde el Schoenstatt original. Ciertamente exige para ello que se cumplan las mismas condiciones. De este modo quiere llegar a ser la gran educadora del pueblo chileno. La meta que ella persigue la ven ustedes arriba en el cerro: el símbolo

---

42 El Poder en Blanco y la Inscriptio indican dos grados de crecimiento interior en la espiritualidad y ascética schoenstatianas. El Poder en Blanco expresa una disposición y apertura total al querer divino. Por la entrega según la Inscriptio, no sólo se acepta aquello que Dios ha dispuesto para nosotros, incluso la cruz, sino que, por amor, ésta es pedida en tanto en cuanto esté contemplada en el plan divino.

que caracteriza a Santiago, que domina toda la ciudad desde la cumbre del cerro, la estatua de la Inmaculada.

Y aquí abajo en el valle, está el taller de formación donde la gran Educadora del pueblo y de los pueblos quiere formar fieles imágenes de la Inmaculada, donde lo divino irrumpe en lo humano, lo sobrenatural en lo natural; donde la Llena de gracias ejerce su poder sobre el corazón de su Hijo y quiere realizar milagros de transformación interior, de cobijamiento y fecundidad para el pueblo y la patria. Si Bellavista está llamada a ser una imitación y repetición lo más perfecta posible del Schoenstatt original, entonces el santuario requiere como complemento una casa de retiros y una casa de adoración.

Tres años después, desde la bendición del Santuario

Desde entonces han transcurrido tres años. La historia del Schoenstatt chileno se ha enriquecido, la Santísima Virgen ha actuado en ella de modo tan preclaro que el Movimiento, que entretanto ha surgido y que crece constantemente, es capaz de mantenerse básicamente por sí mismo. Cuántas veces se ha dicho durante mis visitas: "Ya no necesitamos al Schoenstatt original para demostrar el carácter sobrenatural de la obra. Aquí lo palpamos diariamente, lo tocamos prácticamente con las manos. Antes de que tuviéramos el santuario, estábamos totalmente desvalidos frente a la tarea de proclamar Schoenstatt. Pese a la mejor voluntad no lográbamos ningún avance".

A contar del 20 de Mayo de 1949, todo ha cambiado. La Santísima Virgen ha tomado las riendas en sus manos. Está surgiendo un nuevo Schoenstatt, una tierra maravillosa, una pradera asoleada,

donde reina nuestra Madre tres veces Admirable
en la porción de sus hijos escogidos,
donde retribuye fielmente los dones de amor
manifestando su gloria
y regalando una fecundidad ilimitada.
¡Es mi terruño, es mi tierra de Schoenstatt![43]

Tenemos un movimiento de universitarios más grande, más sólido y más vigoroso que en el Schoenstatt original, de donde surgen vocaciones sacerdotales y de dirigentes laicos para el país y la Iglesia en forma tal como nunca lo hubiéramos esperado.

Un joven universitario, que ayer vino por primera vez, respondió así a la pregunta sobre qué era lo que le gustaba y atraía de este lugar: "La profunda y edificante comunidad de los compañeros de estudio, como no la he encontrado en ninguna otra parte y esa peculiar atmósfera sobrenatural que se respira en todo el lugar".

Recuerden además el testimonio del secretario del Sr. Nuncio, el 22 de Mayo: "Hasta hace poco ustedes no tenían ninguna importancia aquí, pero ahora se están convirtiendo en una gran potencia en Chile". En la misma oportunidad, el Nuncio mismo declaró: "Me encuentro aquí con un verdadero complot. He venido a visitar el colegio de las Hermanas[44]. ¿Y qué es lo que encuentro? Una especie de "Gran Teatro del Mundo" como el de la Universidad Católica. No le falta nada: están las Hermanas, los universitarios, los Padres e incluso, en el trasfondo, una gran escenografía: la cordillera". Para comprender sus palabras,

---

43 P. Kentenich, *Hacia el Padre*, n.600.

44 El Sr. Nuncio, Mons. Zanín, visitó Bellavista el 22 de mayo de 1952, acompañado de su secretario Mons. Bruniera.

ha de tenerse en cuenta que ese "Gran Teatro del Mundo" es una asociación libre de universitarios que montan obras de teatro clásico y tiene una excelente fama en todo el país.

Durante mi primera visita a Chile[45] se me objetaba: "No podemos salir adelante, porque no tenemos lumbreras geniales entre nosotros, capaces de competir con los grandes de otras órdenes. Mientras no los envíen desde Alemania, nos estamos esforzando en vano. Esto no tiene sentido. No avanzamos ni un paso". Hoy se piensa y se actúa de otra forma; hoy se posee el convencimiento de que la Santísima Virgen no ha escogido a sabios como instrumentos, sino a sacerdotes y laicos con actitud sobrenatural, que no proclaman otra cosa que los elementos constitutivos originales y básicos de la Familia que expuse anteriormente: la alianza de amor de Schoenstatt, el lugar de Schoenstatt y el tesoro de Schoenstatt. Los portadores del Movimiento aquí en Chile lo hacen genuinamente, sin recortes; lo hacen constantemente, sin interrupción; lo hacen con un éxito creciente.

Por el momento, lo organizativo es tal como fue inicialmente en el Schoenstatt original, es decir, algo totalmente secundario. Todavía ni existe. Así la corriente de vida resulta más fuerte, más atractiva y evidente. Tampoco se contentan con trabajar sólo "en el espíritu de Schoenstatt", como tampoco en un comienzo se contentaron con ello en Alemania[46]. *En todo caso,*

---

45 El P. Kentenich visitó Chile por primera vez entre el 23 de junio y el 8 de agosto de 1947.

46 Se refiere a una tendencia a trabajar sólo "en el sentido de Schoenstatt", es decir, aplicando sus ideas y pedagogía en general, sin mencionar ni trabajar los elementos específicos de su espiritualidad. Esto en desmedro de un trabajo al mismo tiempo "para Schoenstatt", que contempla, de modo explícito, las

son válidas las consignas: Aut Caesar aut nihil, ¡O Cesar o nada!
(o todo o nada)[47]; *Sint ut sunt aut non sint,* Sean como son, o
que no sean[48].

Sin quererlo, pensamos nuevamente en la sentencia de Salustio:
Omne regnum iisdem mediis continetur quibus conditum est, todo
reino se mantiene con los mismos medios con los que fue fundado. O en el primer principio fundamental que hemos propuesto
anteriormente: "¡Une forma y espíritu de tal modo que el espíritu
y la vida siempre se mantengan como el poder dominante!"[49]

Si tenemos una organización minuciosamente planificada y
aplicada hasta en los últimos detalles, pero se nos priva de las
fuerzas que han mostrado ser vitales, es decir, si se nos arranca
de la corriente de gracias y de vida, entonces se hace realidad el
ejemplo que puso una persona muy capaz respecto a un proyecto
insatisfactorio de constituciones. Lo hizo con espíritu cons-
tructivo, con sentido de responsabilidad. Dijo: "Si se compara
a Schoenstatt con un huevo de gallina, el proyecto presentado
equivale a que al huevo se le saque la yema y luego se llene la
cáscara de agua y se tape el agujero. Se pone después el huevo
debajo de la gallina y se le dice: 'Y bien, querida gallina, ¡ahora, sé
buena e incuba el huevo!' ". El ejemplo no requiere comentarios.
Lo podemos comprender sin mayores explicaciones.

---

fuentes propias de su vitalidad interna y su crecimiento como Familia dentro
del organismo total de la Iglesia.

47 Lema de César Borgia.

48 El Padre General de los jesuitas, Lorenzo Ricci, habría dicho esta frase al Papa
Clemente XIV en 1773, cuando éste pretendía cambiar la Compañía. La frase
proviene probablemente del Papa Clemente XIII cuando el embajador francés,
en 1761, exigió un cambio sustancial en las constituciones de la Compañía.

49 Ver *Das Lebensgeheimnis Schönstatts,* I Teil, p. 79 y ss.

La forma como se ha desarrollado aquí el Movimiento durante los últimos tres años, me recuerda los mejores tiempos del Schoenstatt originario. Algo semejante se puede decir de Brasil. Allá se destaca más el movimiento popular; ya se puede equiparar con el movimiento de peregrinos alemán y con los retiros que allí se dan. Comparándolo con Chile, en Brasil se constata una doble ventaja: lo que ahora se intenta en Chile, casas de formación y de retiro y pequeñas 'ermitas' erigidas en las diversas parroquias, ya se ha realizado allá con gran éxito. Ambos países, sin embargo, coinciden en un aspecto: al comienzo, en Brasil también existió la angustiosa preocupación de no contar con personalidades capaces, por eso, se pensaba, no podríamos arriesgar nada. Pero en cuanto cobró vida el convencimiento creyente de que Schoenstatt es una obra marcadamente divina, de que en los santuarios filiales brota la corriente de gracias de 1914, y de que, desde allí, la Santísima Virgen ha tomado en su manos el trabajo de educación de los dirigentes y de que se tiene sólo una tarea: la de anunciar y vivir Schoenstatt genuinamente, desde ese momento ha surgido y sigue creciendo un mundo nuevo que nos permite albergar grandes esperanzas.

Entonces, repitámoslo aquí nuevamente: ¡La organización no es lo primario ni lo más profundo! *Lo principal es y será la vida que se alimenta y se nutre en nuestros Santuarios y que siempre revierte a ellos*; la vida que une a los portadores del Movimiento, unos a otros, y que los vincula con el lugar de gracias y los ideales. Sólo así Schoenstatt llega a ser verdaderamente un hogar para toda la Familia.

Con esto tocamos nuevamente la cuestión central de la lucha actual. Visto desde fuera, no se encuentra en primer plano, pero no podemos dejarnos engañar. Aun cuando se la siga esquivando, mañana o pasado mañana saldrá a la luz y también a la publicidad. Entonces tendremos que estar en nuestros puestos; no podemos estar interiormente quebrantados, sino más bien interiormente fortalecidos y exteriormente pertrechados. Digámoslo otra vez: "¡Lo que habéis heredado de vuestros padres, conquistadlo para poseerlo!". "¡Levántense y despiértense unos a otros!" "¡Dejen lo periférico, vayan a lo medular!" (...)

A quien compara en Chile el año 1952 con 1949, ya no le parece tan utópica la idea de que el santuario en Santiago, Bellavista, alguna vez llegue a cobrar realmente una gran importancia en la historia de Chile.

El acontecimiento del día 31 de Mayo de 1949

Al 20 de Mayo le siguió el 31 de Mayo, fecha con la que iniciamos este relato y de la que queremos descorrer un poco el velo. Esa fecha nos reunió nuevamente para una celebración en el aún inconcluso santuario. Nos reunimos para realizar un acto solemne. Todos estábamos conscientes de que se trataba de un acto que rara vez se realiza, como cuando se está ante un acontecimiento especialmente importante, porque comienza una lucha a muerte o cuando una batalla en pleno desarrollo alcanza su clímax y todo insta a una decisión.

Me había reunido con un pequeño círculo de personas más cercanas, para entregar a nuestra querida Madre la primera parte de mi "Respuesta"[50]. Usted conoce el documento; como Superior General pudo revisarlo en aquel entonces. El traba-

---

50 Se refiere al documento enviado por él al obispo de Tréveris y, por su intermedio, a los obispos alemanes.

jo debía permanecer sobre el altar durante la noche. Quería pedir a la Madre y Reina tres veces Admirable de Schoenstatt que se mostrara realmente tres veces admirable y no negara su bendición especial y su abundante ayuda en la dura lucha que comenzaba, para la cual me había preparado durante decenios y que, después de largas reflexiones, de mucha oración y sacrificio, me sentía obligado a emprender.

Le pedí a ella que no sólo hiciera brotar desde aquí una corriente de gracias semejante a la del Santuario original, sino también una contracorriente orientada a superar una determinada forma de espiritualidad existente en la tierra del Santuario original. Me refiero a ese bacilo nocivo que, debido a la gran influencia que ejerce Occidente y, por otra parte, a la enorme facilidad con que el alma moderna se deja influir, se alista, con gran estrépito, para contagiar el mundo, causando daño por todas partes.

Plática del 31 de Mayo de 1949

La plática pronunciada en esa ocasión aún permite percibir y revivir el recogimiento que embargaba el corazón de los presentes y colmaba todo el ambiente.

20 y 31 de Mayo están relacionados

Esta es la historia del 31 de Mayo en conexión con el día 20 del mismo mes. Ambos días están históricamente relacionados, razón por la que he querido unirlos en esta exposición. El día 20 es la premisa y la preparación necesarias para el día 31, ya que sin la bendición del Santuario de Bellavista no hubiera sido posible la celebración siguiente, con su profundo contenido.

El 31 de Mayo, ¿es un plan divino?

Tras esta explicación y aclaración surge nuevamente, en este contexto, la pregunta central formulada anteriormente. ¿Corresponde el acontecimiento anterior a un plan divino? ¿Abrió Dios realmente la puerta indicada o fue tal vez una temeridad humana que la forzó? ¿En último término, no se habrá disfrazado y llevado a cabo sólo quimeras enfermizas, confundiéndolas trágicamente con intenciones divinas? ¿No se tendrá que desmoronar, tarde o temprano, todo el edificio, por más sólidamente construido que nos parezca en su exterior? O, dicho de otro modo, ¿al menos, no se tendrá que hablar de una lamentable mal interpretación, de un desacierto con graves consecuencias? Nuevamente, ¿no habrá, detrás de todo esto, presunción, orgullo y desviadas ansias de valer? ¿No tendría que hablarse incluso de delirios de grandeza? Es fácil hacer la comparación con los "dioses por un día" que surgen hoy como un meteorito en el firmamento, para precipitarse mañana en el abismo. Basta recordar, por ejemplo, a Hitler y sus similares.

No reprocho a nadie esta forma de pensar, sus crecientes dudas y suposiciones, como tampoco habría censurado a quienes hubiesen reaccionado y hablado en forma semejante después de la primera Acta de Fundación en 1914. El espacio de tiempo transcurrido entre 1949 y hoy es demasiado breve como para que nos den una respuesta convincente basada en la evolución histórica de los acontecimientos. Por eso, aún debemos esperar el veredicto final de la historia.

En todo caso, algunos ya dirán ahora lo siguiente: Todo lo que ha surgido en Schoenstatt, ha surgido según la misma "ley de la puerta abierta". Y luego se ha mostrado en lo esencial como plan de Dios, aun cuando hubiera sido rechazado, censurado y condenado durante largos años. Además, tenemos suficientes motivos para creer que una vez más hemos usado con acierto nuestro bien probado "olfato sobrenatural"[51], al menos mientras no se demuestre lo contrario. La reacción que en estos momentos se produce en las altas esferas eclesiásticas, no constituye un argumento contundente o definitivo en contra. Esta reacción -según se demuestra en la historia de otros movimientos semejantes- también podría tomarse como argumento a favor de la trascendencia del acto. Podría tener como objetivo, de acuerdo al plan de Dios, llamar la atención sobre Schoenstatt en círculos más amplios, hasta llegar hasta las más altas esferas. Allí actuaría aclarando y explicando y acortaría el largo camino que nos separa de nuestra meta, evitando nuevas catástrofes.

Sentido de la prueba

El P. Wimmer[52] opinaba que Schoenstatt debiera ser primero crucificado por los portadores humanos de la autoridad eclesiástica, tal como primero lo fue por el poder político. Y recién entonces, podría iniciar su curso de bendiciones a gran escala, sirviendo al mundo y a la Iglesia tal como está escrito en el plan divino desde toda la eternidad. ¿Quién se arriesga, con seguridad absoluta, a opinar lo contrario? El Padre General[53] está convencido de que en poquísimo tiempo hemos avanzado veinte años por la visitación. Esta apreciación me parece un cálculo demasiado bajo: yo quisiera multiplicar veinte por cinco. Claro que no lo digo pensando, en primer lugar, en la

---

51 El P. Kentenich designa con esta expresión la capacidad de descubrir la voluntad de Dios en las circunstancias según la fe práctica en la divina Providencia. Esta nos provee de un cierto sentido o "instinto sobrenatural" que nos permite detectar el plan de Dios.

52 El P. Wimmer era un sacerdote palotino que vivía en Schoenstatt.

53 Se refiere al P. Turowski, Superior General de los Padres Palotinos en ese momento.

red organizativa, aunque tampoco quisiera minimizar la importancia del avance que esperamos lograr en ese sentido.(…)

Esperanza en una doble dirección

Espero mayores bendiciones en una doble dirección. Ante todo pienso en la unidad entre la Sociedad de los Palotinos y el Movimiento, en el "carácter elíptico" de ambos, en cuanto giran en torno a Schoenstatt y a Pallotti[54]. Pallotti ya es reconocido por ambos como un polo central. Pero esto no sucede aún respecto a Schoenstatt o, dicho más exactamente, respecto a nuestro santuario.

1. Unidad internacional de la Familia

En 1939, se encontraban amenazados los muros externos del santuario. En un abrir y cerrar de ojos se constituyó en torno a él una muralla de "guardianes" dispuestos a defenderlo a toda costa[55]. Hoy pretenden arrancar el santuario de nuestros corazones, lo que es aún más peligroso y de consecuencias más graves. Quieren debilitarnos como en otro tiempo hicieron

---

54 El P. Kentenich siempre buscó la unidad de Schoenstatt con la Sociedad del Apostolado Católico (Palotinos); sólo desistió de ello cuando se cerraron todas las puertas en ese sentido. En 1965 se fundó la Comunidad de los Padres de Schoenstatt, que asume el carácter de "parte motriz y central" del Movimiento. Schoenstatt reconoce siempre en San Vicente Pallotti un polo central, desde que el P. Kentenich asumió como finalidad propia de Schoenstatt su idea de la "Confederación Apostólica Universal". Por eso el P. Kentenich reza en el *Hacia el Padre:* "Danos fe en Schoenstatt y en Pallotti y que este signo de unidad nadie nos lo arrebate" (n.519).

55 El curso "Indivisa" de las Hermanas rodeó el santuario original en la noche del 31 de Mayo de 1939, para expresar simbólicamente su entrega total a Dios por la obra de Schoenstatt y su fe en que la Santísima Virgen había elegido en él su trono de gracias.

con Sansón, cuando le cortaron los cabellos mientras dormía (Ver 1R 16,19). Quieren robarnos la fuente de nuestra fuerza y vitalidad y que de la noche a la mañana perdamos la garantía de nuestra orientación enteramente sobrenatural.

Los mismos guardianes del santuario de entonces también hoy están en sus lugares, dispuestos a defender el santuario con cuerpo y alma, con la ayuda de la *Inscriptio y del Acto de José Engling*[56]. Pero su número no es suficiente. La Santísima Virgen nos quiere ver a todos, sin excepción, unidos en un frente común. En aquel entonces, quedó excluido en parte el extranjero; pero hoy está convocado y, al menos desde Sur y Norte América, responde ocupando con alegría su puesto. No debe faltar ningún miembro ni aquí ni allá, para que la cadena se cierre y nadie pueda romperla.

Unidad Pallotti-Schoenstatt

Esto vale especialmente para los Institutos y las Federaciones y, en primer lugar, para los palotinos. Si siguen esta inequívoca invitación y el desafío que supone, cerrarán sus filas, soldándose en un bloque infranqueable. Les resultará fácil encontrar la relación adecuada con los Institutos y las Federaciones. Se realizará entonces el sentido de la canonización de Pallotti: la Sociedad de los palotinos y el Movimiento ocuparán el lugar querido por Dios dentro del organismo de la Iglesia[57]. Si los palotinos entienden el llamado de Dios y le responden

---

56 Durante la primera guerra mundial, José Engling ofreció su vida a la Santísima Virgen, por la fecundidad del Movimiento. De ahí que en Schoenstatt se tomara su nombre para designar esta entrega.

57 Comparar este texto con el de la charla que el P. Kentenich diera en Roma, el 23 de enero de 1950.

adecuadamente, podrán comenzar con grandes expectativas el segundo siglo de su historia. La fundación de la Sociedad del Apostolado Católico ya está concluida. Ahora puede continuar su camino, con pasos de gigante... sí, siempre que...

Según todas las apariencias, los palotinos se están preparando, tanto en el extranjero como en Alemania, para cumplir esta condición. ¡Ojalá este proceso alcance una rápida culminación! ¡Ojalá el Santuario en todos los lugares donde haya palotinos, albergue la presencia de Pallotti formando con él una santa biunidad. ¡Bendito sería entonces este acto que ya se ha mostrado tan fecundo! No sé si hubiésemos podido encontrar un medio mejor para alcanzar esta meta tan ardientemente anhelada.

2. Superación de la mentalidad mecanicista

¿No debemos esperar aún otra bendición? Pienso en el lamentable bacilo, al que ya nos hemos referido, en la mentalidad mecanicista e idealista. Hoy se puede considerar mi concepción como una idea fija, la que se puede minimizar y ridiculizar. Pero una vez que esta corriente de excitación pase y que los sentimientos heridos ya no hagan tanta violencia en el entendimiento y la voluntad, entonces se podrá reflexionar con tranquilidad, captando al menos el alcance del problema dispuesto a enfrentarlo, sin formular injustas acusaciones de herejía en ningún sentido. En todo caso, queda un largo camino por recorrer hasta alcanzar una total clarificación. Lleva su tiempo lograr que mensajes de este tipo sean correctamente comprendidos y encuentren respuesta en su momento. El desarrollo del espíritu en todo el mundo contribuirá a acelerar este proceso. Tarde o temprano, el fracaso de numerosas tentativas que buscan abrir espiritualmente al hombre moderno a Dios, terminará siendo nuestro mejor abogado.

Consecuencias del pensar mecanicista

Incluso ahora puede afirmarse -sin caer en exageración, en la injusticia o falta de rectitud en el juicio- que se han mostrado como erróneos todos los experimentos realizados en el sentido del movimiento ecuménico, orientados a adaptarse a las formas de pensar mecanicista e idealista. Por el contrario, se descubre más y más que muchas personas síquicamente enfermas –que se cuentan hoy por legiones– cambian el confesionario por la sala del siquiatra, porque los sacerdotes ya no comprendemos sus problemas, ni las conexiones del mundo interior, especialmente las que se relacionan con la vida espiritual subconsciente y preconsciente. Dicho más exactamente, porque los sacerdotes ya no sabemos pensar en forma sana y orgánica.

Tarea de nuestro Seminario Mayor

Ojalá llegue pronto el momento en que nuestro Seminario se ponga al servicio de la tarea aquí descrita[58]. En la Edad Media universidades enteras emplearon sus fuerzas para lograr metas y tareas intelectuales ampliamente reconocidas y legitimaron así su misión para ese tiempo, uniendo sanamente la investigación científica con la vida. ¿Por qué no podría suceder lo mismo con nosotros? Nada lograría estrechar más los lazos entre nuestro cuerpo docente y despertarlo y disponerlo para una auténtica ciencia y para su servicio a la vida (...).

---

58 Se refiere al Seminario Mayor de los palotinos en el lugar de Schoenstatt.

La Santísima Virgen y nuestro esfuerzo científico

Una ciencia depurada exige un duro trabajo[59]. Por eso ella no puede esperar éxito ni reconocimiento, de un día para otro. Todo lo que tiene que ver con Dios y con el alma crece mejor bajo la cruz, junto a la Madre Dolorosa. Si esta (la ciencia) interpreta acertadamente las palabras del Señor, *"Ecce Mater tua"*, "He ahí a tu Madre", (Jn 19,27) y sigue el ejemplo de San Juan, de quien se dice: *"Et accepit eam discipulus ex Espíritu Santo in sua"*, "Y desde ese momento el discípulo la recibió en su casa", (Jn 19, 27) podrá esperar copiosas bendiciones de la cruz y de María: bendiciones para sí misma, para quien la sustenta, y bendiciones para el mundo y la Iglesia. Esto vale especialmente para nosotros, que tenemos una misión marcadamente mariana –recibida de Schoenstatt y de Pallotti– y que consideramos como nuestra tarea el servir al Movimiento justamente en esa dirección. En su tiempo, una responsabilidad así pudo haber motivado al Seminario Mayor a elegir la escena de la Anunciación como su ideal[60]. Ellos se prendaron de la actitud filial de la Santísima Virgen en su respuesta: *Fiat*, "Hágase en mí". Ellos saben también que esta actitud, considerada desde una perspectiva sicológica global, presupone una forma de pensar netamente orgánica. Pero saben también que ni el Seminario ni el Movimiento podrán responder satisfactoriamente a la misión mariana que ambos poseen, si en amplios círculos no se llega a superar el pensar mecanicista e idealista. De este modo, todo esfuerzo científico serio que haga en este sentido, constituirá un

---

59 El P. Kentenich usa aquí un juego de palabras en alemán: *Saubere Wissenschaft ist ein saure Arbeit.*

60 Ver: H.M.Köster, *Anuntiatio Mariae, Gedanken um ein Bild, eine Gemeinschaft und eine Zukunft,* Limburg, 1947. (Anunciación de María, pensamientos en torno a una imagen, una comunidad y un futuro).

acto de profundo e íntimo amor a la Virgen María y una eficaz respuesta a la consagración hecha anteriormente a la Madre y Reina tres veces Admirable de Schoenstatt.

Usted puede percibir con qué alegre optimismo juzgo la situación. ¿No me estaré engañando? ¿No podría ser otra la realidad? Puede ser que usted tenga razón. Cada uno es libre y puede decidir como mejor le parezca. "Quien tiene que elegir, tiene que sufrir"[61]. En todo caso, debería quedar claro lo siguiente: la confrontación no surgió "a la ligera", tal como se supone y se propaga por aquí y por allá. Si la breve exposición hecha anteriormente no fuese una prueba suficiente de lo que afirmo, que se analice la historia previa y posterior al acto.

La historia previa al 31 de Mayo de 1949

Si se considera la historia previa al 31 de Mayo, en definitiva podemos constatar que abarca la historia ideológica de la Familia desde sus inicios. En consecuencia, es una historia muy amplia y rica en tensiones. Para nuestro fin baste recordar dos fechas: los años 1935 y 1948.

En 1935 tuvo lugar el primer y más grande enfrentamiento con Tréveris. Quien examine el ensayo que redacté en aquel entonces, por lo expuesto hasta ahora, no se sorprenderá que atribuya las diferencias de opinión al choque entre la mentalidad mecanicista y la orgánica[62].

---

61 Dicho alemán: *Wer die Wahl hat, hat die Qual.*

62 Ver, *Texte zum Verständnis Schönstatts,* Patris Verlag, 1974.

En 1948 envié a Tréveris mi *Informe de África* que incluía los más íntimos detalles[63]. Quise ilustrar con un ejemplo clásico la fecundidad y el alcance del pensar y vivir sintéticos y orgánicos. No quiero recordar aparte las numerosas cartas privadas que precedieron a la "Respuesta" oficial y científica. Sin embargo, junto con esta, deberían ser consideradas como una unidad moral.

De todo esto podrá deducirse cuán serio es para mí el asunto aquí en discusión y por cuántos años me ha ocupado, pues considero que toca la interrogante vital y existencial de Occidente.

La historia posterior al 31 de Mayo de 1949 - Coronación

De la historia posterior al acto del 31 de Mayo, quiero señalar tres fechas. En Pentecostés, el *5 de Junio de 1949*, es decir, apenas unos días después del solemne acto del 31 de Mayo, coronamos a la Santísima Virgen en el santuario filial de Chile. Lo hicimos, y no en último término, para poner simbólicamente bajo su amparo la difícil lucha que nos esperaba en el ámbito público eclesial.

Este tipo de coronaciones siempre equivalen para nosotros a una renovación de nuestra alianza de amor original. Por la coronación nos reconocemos totalmente dependientes de la Santísima Virgen, nuestra aliada. Tal como lo expresa la oración de consagración, le entregamos a ella la última responsabilidad, e impulsados por la conciencia de ser instrumentos y misioneros, continuamos nuestro camino con valentía, y llenos de paz y seguros de la victoria. Así lo hicimos en tiempos de la

---

63 El P. Kentenich viajó a África en diciembre de 1947. Como era su costumbre, en cada uno de sus viajes escribía una crónica o informe.

persecución nazi[64] y salimos bien del paso. Así lo hemos hecho también desde el 31 de Mayo y el 5 de Junio de 1949. Con esto el *"Mater perfectam habebit curam"*[65] adquiere cada vez un nuevo contenido y un mayor significado.

Arma principal en la lucha - Glorificación de la Santísima Virgen

Nuestra arma principal consiste en destacar, en cualquier circunstancia, la persona de la Santísima Virgen, en toda su luminosidad, para manifestar así sus magnificencias al mundo. Lo hacemos para inducirla, en el sentido de la consagración o coronación, a que se muestre y se glorifique ella misma, visible a lo lejos- en la Familia de Schoenstatt que es signo de su poder, su bondad y su sabiduría especiales. De ahí que nuestra oración predilecta sea: ¡Clarifícate! ¡Clarifícate! Si se nos roba el honor[66], le damos a *ella* el honor, convencidos de que ella tomará en sus manos la tarea de salvar nuestro propio honor. Así se realizan

---

64 Se refiere a la coronación de la Santísima Virgen, realizada en el santuario original, el 10 de diciembre de 1939, durante el régimen nazi.

65 Ver nota n. 8.

66 La persona del P. Kentenich, en el contexto de la visitación apostólica, no quedó libre de calumnias, como sucedió tantas veces con otros portadores de una misión especial a lo largo de la historia de la Iglesia. Su actitud personal frente a esta situación la testificó él mismo en una carta fechada el 18 de noviembre de 1951: "Quien tiene una misión fuera de lo común, debe estar dispuesto a soportar pruebas igualmente fuera de lo común. El mundo y la Iglesia tienen derecho a exigirlas y también a imponerlas. No deben indignarnos los medios que se usen para ello, incluso cuando se es privado del honor, privado del derecho o desterrado".

las palabras de Pallotti: "Ella es la gran Misionera -nosotros podríamos agregar: nuestra gran Defensora-, ella hará milagros"[67].

Con esto le revelo el secreto de mi propia imperturbable tranquilidad y seguridad. Desde que la lucha alcanzó su punto culminante, hará unos quince meses, no hago otra cosa que proclamar en todas partes, en charlas o en la dirección espiritual, las alabanzas a nuestra Madre y Reina tres veces Admirable de Schoenstatt. Es y será su asunto luchar y vencer por su causa. ¡Hasta este momento no nos ha decepcionado ni lo hará tampoco en el futuro! ¿Comprende usted mejor ahora, desde esta perspectiva, mi preocupación ante la temida expulsión de la Santísima Virgen de nuestro santuario original y de nuestros corazones?

A *mediados de marzo de 1951*, el P. General me envió un telegrama por el cual me pedía ir a Schoenstatt, pues allí ya se encontraba el visitador apostólico. Envió el telegrama a Chile creyendo que yo estaba allí. Pero, entretanto, yo ya había llegado a Buenos Aires y el Superior regional de Chile[68] me remitió el telegrama a Argentina. Mi respuesta, el 21 de marzo de 1951, fue la siguiente:

Carta al Padre Regional Carlos Sehr, 21 de marzo de 1951

Explicación de las controversias

Muchas gracias por el telegrama que me envió. No obstante, recién puedo partir el 19 de abril. En esa fecha habré concluido

---

67 "¡Oh, cuántos milagros hará nuestra querida Señora! ¡He ahí a la Gran Misionera!". San Vicente Pallotti solía decir estas palabras cuando eran enviados nuevos misioneros. Ver: J. Frank, *Vinzenz Pallotti, 2 Bd, Friedberg* 1862, p.493.

68 Se refiere al P. Carlos Sehr.

la tarea que me ha sido encomendada. Usted ya supondrá de qué se trata el problema en Alemania. La confrontación con el Episcopado alemán ha alcanzado su punto culminante. Ahora tiene que suceder lo que he perseguido desde hace años. Debe resolverse la lucha por la superación del humanismo idealista o separatista, que ha alcanzado grandes proporciones en círculos eclesiales dirigentes. De otro modo, Schoenstatt no podrá cumplir su misión en Alemania. Durante el terciado, a menudo llamé la atención sobre las relaciones internas de esta problemática[69]. Por más que ésta sea una lucha de vida o muerte, usted no debe preocuparse. Ya conoce nuestra "fórmula mágica": *Mater perfectam habebit curam!*

Si por su parte quiere contribuir para que alcancemos un final feliz, preocúpese de que las semillas sembradas durante el terciado broten y den fruto abundante.

Con alegría y gratitud recuerdo las seis semanas pasadas. Están entre las más hermosas y fecundas de mi vida. Ojala que la fiesta de Pascua sea portadora de abundantes gracias de resurrección para toda la Región, siendo así continuación y culminación de nuestro terciado. Le agradezco cordialmente todos sus abnegados esfuerzos. Puede estar seguro de que a través de ellos ha contribuido esencialmente a asegurar los resultados.

Mucho depende ahora de que cada uno en su puesto vea claramente cuál es su tarea y busque cumplirla. Si para usted es posible, le pido que recuerde esto en la ocasión apropiada. No necesito recalcar que me interesa muchísimo la construcción

---

69 Se refiere al terciado de los Padres Palotinos de Argentina, Brasil y Chile, llevado a cabo en Bellavista, entre el 2 de febrero y el 1º de marzo de 1951. El P. Kentenich dirigió este terciado como delegado nombrado por el Generalato de los Palotinos.

del santuario en Temuco. Y ya que comparte la misma opinión, usted se preocupará, al menos mediante buenos consejos y dando ánimo, de que la construcción se lleve pronto a cabo.

Ayer, día 20, hemos dado los pasos más importantes para conseguir el terreno que está en perspectiva[70]. Esperamos finiquitar la operación en los próximos días, de tal modo que también aquí puedo considerar por finalizada mi tarea. A partir del 1 de abril estaré en Santa María, en una jornada que me pidieron para el clero diocesano[71].

A usted y a toda la Región, vayan mis mejores deseos y mis saludos para Pascua de Resurrección"[72](...)

El 6 de abril de 1951, escribí un breve trabajo para una instancia eclesiástica.

La decisión del 31 de Mayo fue tomada no por superficialidad

Los textos que aquí se dan a conocer deben bastar para permitir una visión suficiente de los hechos históricos, de modo de poder formarse un juicio personal al respecto. La selección de los textos estuvo determinada por el objetivo que nos habíamos propuesto. Debía probarse, en base a documentos, que no fue la imprudencia sino la "ley de la puerta abierta" y el seguimiento filial del querer y de la voluntad de Dios lo que inspiró la importante decisión en cuestión, así como la forma de actuar. Igualmente, quisimos probar que todo el conjunto de preguntas

---

70 Florencio Varela (Argentina), terreno donde el P. Kentenich bendeciría el santuario el 10 de enero de 1952.

71 Santa María, Río Grande do Sul, en Brasil.

72 Carta fechada el 21 de marzo de 1951.

fue integrado en la alianza de amor con nuestra Madre y Reina tres veces Admirable de Schoenstatt, y así fue elevada a un nivel superior desde el cual se le consideró y resolvió.

En confianza, en alianza de amor

A quien acepta estas pruebas no le resultará difícil repetir con plena confianza apelando a la alianza de amor: *"Mater perfectam habebit curam!"*. O bien podrá cantar con profundo convencimiento, teniendo en cuenta la coronación realizada el 5 de Junio de 1949:

> Vencemos, porque morimos.
> Vencemos, porque estamos siempre en pie.
> Tu reino y tu corona jamás perecerán.
> Por eso te cantamos:
> ¡Salve, amada Reina de Schoenstatt!
> Tu reino marchará glorioso
> a través de los tiempos"[73].

Por docilidad respecto a la ley de la puerta abierta

Otros dirán: "Todo esto está muy bien: Puede ser que se haya acertado en la evaluación de la situación, pero… ¡el método, el método! ¿Se puede tratar de este modo con las autoridades eclesiásticas? '*Quod licet Jovi, non licet bovi*'[74]. Lo que san Pablo se permitió con san Pedro no puede ser repetido sin más por cualquier persona". (Ver Gál 2, 11-14)

A esto podemos responder de muchas maneras: desde el punto de vista de los principios o a nivel práctico y metodológico.

---

73 Himno schoenstatiano alemán: *Du Herrin aller Himmel!,* primera estrofa.

74 "Lo que le está permitido a Júpiter, no está permitido a cualquier buey". Dicho romano.

Renuncio a hacerlo por ahora hasta que la distancia de los acontecimientos no sea mayor. Hasta que eso suceda, creo que sólo debo replicar lo siguiente: la "ley de la puerta abierta" nos ha señalado éste y ningún otro camino, "ningún otro camino conduce hacia Küssnacht"[75]. La naturaleza humana hubiera preferido otro camino.

Por obediencia al deseo y a la voluntad de Dios

Pero cuando Dios habla, cuando habla claro, cuando habla exigiendo, la creatura debe callar. "¿Quién fue *su* consejero?" (Rom 11,34). Sólo él tiene la última palabra. Toda resistencia es y será una traición a la misión, traición que se vengará amargamente. De ahí que san Agustín afirme: *"Timeo Dominum praetereuntem…"*. Temo al Señor que, después de haber golpeado muchas veces en vano a la puerta de mi corazón, deje de pedir que se le permita entrar. Entonces, ya no vale ninguna disculpa, ninguna referencia a una lengua torpe… o a las fatales consecuencias que podrían seguirse para sí o para otros. *Ibis nobis!* ¡Debes ir! ¡Irás! (Jer 1,7). Esta es la poderosa palabra del Señor y con ella queda de lado toda réplica. Por eso, yo fui, y volvería a ir una segunda, una tercera y una cuarta vez del mismo modo, aun cuando al hacerlo las consecuencias fuesen todavía más dolorosas.

Quien cae de la mano de Dios a la mano de Dios, está siempre seguro, está siempre en el mejor camino, incluso cuando en esa mano hay espinas y cardos o cuando Dios nos sostiene sobre abismos insondables. Pero aquél que cae de la mano de Dios a la mano del hombre, aunque sea en la de uno mismo, siempre estará mal aconsejado, mal conducido y mal sostenido.

---

75 Cita de F. Schiller, *"Wilhelm Tell"*, Monólogo de Tell, 4,2.

Urgencia de la situación:
María requiere nuestra ayuda

Durante años y decenios se ha probado otros caminos, pero ninguno de ellos condujo a la meta. Las circunstancias se han atrasado y endurecido tanto con el paso de la historia, el camino está tan obstruido, que cualquier otro intento también está destinado al fracaso. Al mismo tiempo, el enemigo mortal del cristianismo se encuentra a las puertas de Alemania, dispuesto a asaltar en cualquier momento. La Madre y Reina tres veces Admirable de Schoenstatt, en su desvalimiento, nos pide ayuda; sin esa ayuda ella no puede y no quiere visitar ni conducir al redil al pueblo alemán de un modo suficientemente eficaz. ¿Quién tiene, entonces, el valor de rehusarse a colaborar con ella? Por lo demás, lo mejor será esperar tranquilamente el veredicto de la historia.

Por el momento no podemos hacer otra cosa que avanzar, a través de la oscuridad, hacia la luz, hacia el sol. No debemos quedarnos a medio camino para que nos pase -hablando simbólicamente- lo que a la mujer de Lot. (Ver Gén 19,26)

Un arriesgado espíritu de fe.
Mirando hacia las nuevas playas

Evidentemente, no es cosa para todo el mundo el andar escalando las más altas cumbres, caminando por estrechos y peligrosos senderos, mientras que, a derecha e izquierda, atraen y amenazan profundidades insondables y oscuros abismos. Por eso, al comienzo del camino se encuentra un doble aviso. El primero es una exhortación: "¡Sólo si crees!" (Ap 8,37). El otro es una advertencia: "¡Prohibida la entrada!" (Hebr 3, 19; 4,6).

Quien no tenga la fe de un grano de mostaza (ver Mt 17,19), quien no posea una "fe de calabaza"[76], no debe arriesgarse a subir por un camino tan escarpado y lleno de peligros, ya que corre el riesgo de marearse y caer de improviso en el vacío. Mejor sería que esperase a las puertas de la tierra prometida que mana leche y miel, hasta que los expedicionarios vuelvan trayendo buenas noticias (ver Jos 2, 22-34), o que esperase a que la enviada paloma de la paz y de la victoria encuentre terreno firme para el arca zarandeada y bamboleada por las olas. (Gén 8, 10-12)

Preocupación por la Iglesia de las nuevas playas

Por tercera y última vez pide la palabra un incrédulo temeroso. Opina que tal vez, a causa de la propia Familia, hemos olvidado a la Iglesia de Dios que tiene asuntos más importantes que ocuparse solícitamente de nosotros. La respuesta está ya dada para aquel que mira más profundamente. Si intervenimos a favor de nuestra Familia, si la defendemos y queremos despejar su camino hacia el futuro, lo hacemos únicamente por cumplir la misión que la Familia tiene en la Iglesia y para la Iglesia, ante todo para la "Iglesia venidera", para la Iglesia "de las nuevas playas".

Misión internacional de Schoenstatt

Para finalizar, permítanme añadir todavía un pensamiento. El presente material invita de por sí a una profunda reflexión filosófica. Ciertamente no está completo, pero aún así promete

---

76 Ver: Angelus Silesius, *"Cherubinischer Wandersmann"*, 1 Buch, n. 221: "La fe del tamaño de un grano de mostaza corre la montaña hasta el mar: ¡pensad de qué sería capaz si fuese del tamaño de una calabaza!"

un abundante botín. Nos contentaremos aquí sólo con la exposición de un punto.

Cambio en la estructura vital interna de Schoenstatt

Anteriormente hablábamos de una contracorriente que debe retornar desde el Santuario filial de Chile al Santuario original, llevando abundantes bendiciones al pueblo y a la patria alemanes. La expresión anuncia un importante cambio en la estructura vital interior, un cambio en la circulación de la sangre, una inversión del juego de fuerzas dentro de la Familia de Schoenstatt.

El "extranjero" no es más un mero receptor

El acontecimiento al que aludimos significa *para el extranjero*, un final y un comienzo: final de un tutelaje unilateral y el inicio de una mayor autonomía, sin perjudicar por ello el carácter de ser miembros de una misma Familia. El final de los años de la infancia y de la adolescencia y el comienzo de la edad adulta. El final del mero acoger y recibir y el comienzo de un dar y regalar desinteresado y abundante. Las palabras que un apasionado joven chileno escribiera a su patria, el 5 de mayo de 1952, poco después de su toma de hábito (en Alemania), tipifican esta nueva situación:

> "Me siento perfectamente bien con mi nuevo hábito. Soy un hombre nuevo, que por fin está integrado en la vida comunitaria y tiene la posibilidad de recibir y dar. Mi ambiente es tal, que me permite *dar más que recibir*".

Papel del Schoenstatt original hasta ese entonces

Hasta ahora era simplemente Schoenstatt en Alemania, el Schoenstatt original, la madre que alimentaba y regalaba a todos sus hijos, tanto en la patria como en el extranjero. Toda la vida, todas las ideas partían de allá. Y esto no se refiere sólo a la abundante corriente de gracias que surge desde el santuario, sino también a su sello y repercusiones propias. Así sucedió con nuestros padres palotinos, en tanto cuanto permanecieron schoenstatianos. Así sucedió también con el resto de los grupos y comunidades en el extranjero, especialmente con nuestras Hermanas. Ellas navegaban, año tras año, no sólo en la corriente de gracias sino también en la corriente de ideas y de vida que procedía de la patria originaria, tal como allí era proclamada y determinada. Sin duda esto fue positivo en un comienzo. Un niño se guía, durante largos años, por su padre y su madre, sin ser consciente de su propia originalidad. El despertar de la pubertad trae consigo el despertar de una sana independencia, ciertamente unida muchas veces a tormentas y agitación. No resulta difícil aplicar esta imagen al caso que nos ocupa.

Tendencia a la expansión mundial

Desde el comienzo llevábamos en la sangre la tendencia a expandirnos internacionalmente. *El Informe de Norteamérica,* escrito en 1948, analiza históricamente esta tendencia y describe su desarrollo. Se podría leer el texto pertinente que se encuentra en la introducción del informe. Permítanme insertar aquí una frase de dicho escrito, que nos sirva de punto de partida para recordar algunos hechos que son necesarios para comprender mejor la nueva situación en que nos encontramos[77].

> Allí donde Dios da una señal, la miopía humana tiene que ceder el paso; la debilidad y el desvalimiento humanos no tienen ningún derecho de apelación. Sólo vale la actitud y las palabras de san Pablo: *Non possum non praedicare!*[78]. Aplicado a nuestra situación significa: Sobre mí pesa un santo apremio; no puedo hacer otra cosa, tengo que anunciar el mensaje de Schoenstatt por todas partes. Tengo que echar en cada sitio las redes de Schoenstatt, incluso allí donde las dificultades parecen insuperables. El brazo de Dios es más fuerte que todo el poder que se le oponga. Desde enero de 1942, Dios quiere glorificar a la Virgen María, desde Schoenstatt, de modo que se manifieste visiblemente para muchos. Evidentemente, ella debe iniciar su marcha triunfal por todo el mundo. Cuanto más grandes sean las dificultades y más débiles los instrumentos, tanto más evidente será que la victoria es *obra suya*. Este es el sentido de la petición:

> Manifiesta tu poder
> en la negra noche de tormenta;
> conozca el mundo tu acción
> y te contemple admirado,
> te nombre con amor y se confiese reino tuyo.

> Schoenstatt porte valerosamente

---

77 Cita el informe que escribiera desde Chile en septiembre de 1948. Este informe publicado parcialmente en *Der neue Mensch*, H. Schlosser, Schönstatt Verlag, 1971, pp. 168-207, trata sobre su estadía en Norteamérica entre el 5 de Junio y el 6 de septiembre de 1948.

78 Ver nota 2.

hasta muy lejos tu bandera
y someta victorioso a todos los enemigos;
continúe siendo tu lugar predilecto,
baluarte del espíritu apostólico,
jefe que conduce a la lucha santa,
manantial de santidad en la vida diaria;
fuego del fuego de Cristo,
que llameante esparce centellas luminosas,
hasta que el mundo, como un mar de llamas,
se encienda para gloria de la Santísima Trinidad.[79]

Semillas de la Internacional en Dachau

"Debo anunciar el mensaje de Schoenstatt por todas partes". Esto es evidente para todos aquellos cuyo corazón está pleno de Schoenstatt. Así lo fue para nosotros en Dachau. Allí intentamos ir a alta mar y arrojar la red. A causa de las circunstancias favorables, consideramos como tarea nuestra anidar a Schoenstatt en las naciones representadas allí (...)

La primera oración[80] habla de "diversas lenguas extranjeras". Se refiere claramente a la Internacional schoenstatiana. La segunda oración habla del "reino de Schoenstatt". De acuerdo al contexto, se trata principalmente del reino de Schoenstatt en Dachau. De hecho no faltó un trabajo serio en ese sentido en el campo de concentración. Esto lo muestra la *Oración del Círculo Internacional*, en el *Hacia el Padre*:

Bajo el impulso del Espíritu Santo
nos pusiste hace años como meta

---

79 De la oración *Mantén en alto el cetro, tomada del Hacia el Padre*, 497-500.

80 El P. Kentenich cita dos oraciones del tiempo de Dachau y continúa haciendo referencia a ellas

proclamarte
Reina del universo.
A ti, que en tus brazos
llevas la Vida.

Por entonces éramos sólo un pequeño círculo.
Más tarde, para honra tuya,
de año en año,
nos extendimos *hacia otras nobles naciones,*
que conviven aquí
estrechamente con nosotros.[81]

El éxito exterior, en relación a formar la Internacional Schoenstatiana, no fue grande. En la oración se indica una doble causa: la falta de compromiso personal y las dificultades que acarreaban las circunstancias:

Con tu maternal benevolencia,
perdona lo que hemos pecado por omisión,
que no crecimos en magnitud
ni en profundidad
y no abrimos más ampliamente
las puertas de Schoenstatt.

Por eso el *orbe*
no ha alcanzado suficiente madurez
para desterrar la dura maldición
del pecado de Adán,
y para elevarte con solicitud al trono
y poner el cetro en tus manos.[82]

---

81 *Hacia el Padre*, n.542-543. En la estrofa 542, en el texto original, en lugar de *Reina del Universo, decía Reina del campo de concentración.*

82 *Hacia el Padre*, 544-545. En la estrofa 545, del texto original, en lugar de *Reina del Universo,* decía *Reina del campo de concentración.*

Al parecer, de inmediato brotaron sólo unas pocas de las semillas que fueron sembradas en aquel entonces. Tal vez florecerán y madurarán más tarde. En todo caso, el trabajo tuvo una ventaja: la idea de la Internacional se afianzó en nosotros mismos de modo que no la abandonamos más. En primer lugar, nos impulsó a la fundación de los Hermanos de María y de la Obra de las Familias[83]. A pesar de que los primeros portadores fallaron, permaneció la idea y más tarde fue retomada y realizada por otros. Luego, en forma vicaria coronamos a la Madre tres veces Admirable y Reina de Schoenstatt como Reina de todas las naciones que se encontraban representadas en el campo de concentración:

> Para ello acepta
> nuestro sencillo homenaje
> y considera nuestra disponibilidad para el combate.
> Te entregamos
> *a los pueblos aquí presentes,*
> que con nosotros comparten la suerte del destierro.
>
> Sé para ellos Madre y Reina;
> que vuelvan a su patria transformados
> en sólidos garantes
> de la paz entre los pueblos
> y de la unión
> en la Ciudad de Dios aquí en la tierra.
>
> El amor y la fidelidad
> que te han negado
> al huir de la cruz de Cristo,
> queremos suplirlos
> por el esfuerzo
> de vivir únicamente para ti y tu Obra.

---

83 Ambos institutos fundados el 6 de junio de 1942.

Reina sobre nosotros
según el querer de Dios;
transfórmanos en sal
y en levadura del mundo;
haz que seamos un alma y un corazón,
así como el Señor lo implorara en la tierra.

A pesar de todas las particularidades,
formemos una sólida unidad;
como reino ideal nos consagremos al Padre
y, aunque el odio
enferme a las masas de los pueblos,
rompamos todas las barreras nacionales.

Acrecienta nuestra pequeña grey
y dale profundidad;
úsanos siempre como instrumento tuyo
para cumplir la gran misión
que para nosotros imploraste
por voluntad del Padre.[84]

De *entre todas las naciones* que aquí padecen,
escoge para ti a los mejores
que extiendan tu Reino;
tómalos como instrumentos en tus manos
para volver hacia el Señor
el destino de los pueblos.

En todas partes haz fecunda
la semilla de Schoenstatt
para gloria tuya,
y para honor y alabanza de la Santísima Trinidad.

Acepta que te proclamemos

---

84 *Hacia el Padre,* 546-551.

Reina del Universo;
enciéndenos en un ardiente amor por ti;
haz que inflamemos *al mundo entero* en tu servicio,
para que *todos los pueblos*
encuentren el camino seguro hacia la Patria.

Tu santo corazón es para el mundo
el refugio de paz,
el signo de elección
y la puerta del cielo.[85]

Esta última estrofa la reprodujimos y la dimos a todos los interesados como oración para prepararse a la sencilla coronación que se realizó el 8 de diciembre de 1944.

Coronación de la MTA como Reina del mundo

La corresponsabilidad por la *misión internacional* de la Madre y Reina tres veces Admirable de Schoenstatt, nos motivó en 1946 a volver a coronarla *como Reina del Mundo*, tal como lo hicimos en Dachau, convirtiendo así a la Internacional schoenstattiana en meta predilecta para toda la Familia y en objeto del más delicado cuidado de parte de ambos contrayentes de la alianza[86]. Al hacerlo, teníamos el convencimiento de que se repetiría la historia de la coronación de 1939, donde proclamamos a la Santísima Virgen Reina de nuestra Familia, coronación que

---

85 *Hacia el Padre*, 540-541. En la estrofa 541, del texto original, en lugar de *Reina del Universo, decía Reina del campo de concentración.*

86 Esta coronación se realizó el 18 de octubre de 1946, al término de la *Semana de Coronación,* en Schoenstatt.

nos dio la certeza interior de la victoria en medio de todas las luchas durante el sistema que reinaba.[87]

Viajes internacionales

La misma responsabilidad me ha impulsado, año a año, desde 1947, a viajar por mar y tierra. En todas partes donde fue posible, se erigieron santuarios filiales. Ellos debían llegar a ser puntos de apoyo para el reino de la Madre tres veces Admirable, desde donde ella, como *Reina del mundo*, podría lanzar sus redes y llevar a cabo su misión de educadora.

Como se muestra en el relato precedente, el trabajo fue copiosamente bendecido. Idea motriz y fuerza propulsora fueron no sólo el proyecto del reino universal schoenstatiano sino también el ideal del acercamiento y unidad de los pueblos, en base al cuidadoso desarrollo de la propia originalidad y de la mutua complementación orientada al bien del todo. Tal como se dice en la *Oración del Círculo Internacional*, "todos deberían formar una sólida unidad, a pesar de todas las particularidades, y como reino ideal, consagrarse al Padre".[88]

A causa de las dificultades en y por Alemania, que corre peligro de convertirse en tierra de misiones[89] y por su misión mundial frente al colectivismo, era necesario que, primero, países del extranjero se compenetrasen del espíritu de Schoenstatt, para transportarlo allí, con motivo de la ocupación de los territorios

---

87 Coronación realizada el 10 de diciembre de 1939, por parte de las Hermanas de María.

88 Ver: *Hacia el Padre*, n. 550.

89 Ver J. Kentenich, *Oktoberbrief 1949 an die Schönstattfamilie*, Vallendar 1970, S.69. Existe traducida como manuscrito en castellano bajo el título de *Carta de Octubre de 1949*.

patrios. De esta manera, ayudarían a vencer la mentalidad mecanicista e idealista y prepararían así la marcha triunfal de la Santísima Virgen. Mas detalles al respecto puede verse en el *Informe de Norteamérica*.

La meta que nos propusimos la tuvimos siempre clara ante nuestros ojos; sin embargo, su realización, como en todas las cosas relacionadas con la vida, avanzaba lentamente.

Creciente independencia y originalidad autóctona del nuevo Schoenstatt

Primero se trató de hacer más independientes espiritualmente a las provincias de las Hermanas de la Casa Madre y del Schoenstatt original, para que pudiesen pisar con firmeza en terreno propio. Así surgió en todas partes un "nuevo Schoenstatt" con un santuario central y una casa provincial. No existe ningún otro acontecimiento, fuera del 20 de Enero de 1942, que haya determinado tanto la historia de la Familia como la idea y la construcción de los santuarios filiales. En todo caso, esto sucedió solamente donde, por motivos sicológicos comprensibles, los santuarios filiales se construyeron exactamente de acuerdo al santuario original y las Hermanas se agrupaban en torno a ellos como sus permanentes guardianes. En el mismo sentido, y con prudencia, se fomentaron entre las Hermanas, las corrientes de vida originales y las costumbres concordes con la mentalidad propia de cada pueblo.

Lo mismo se trató de hacer en relación a los Padres. El éxito se hará notar pronto, tanto en las Hermanas, que momentáneamente no pueden esperar muchas iniciativas de la Casa Madre, como en los Padres que participarán en el próximo capítulo provincial en Limburgo, y en el capítulo general en Roma. Las regiones sudamericanas que tomarán parte en el capítulo regional traerán proposiciones propias que deberán confrontarse con el modo de ver las cosas de la provincia madre[90]. El capítulo general podrá contar -en lo que se refiere a Schoenstatt- con miembros más formados y experimentados que hasta el momento; podrá contar con participantes capaces de tomar una posición autónoma respecto a todas las cuestiones debatidas y de sustentar sus propios intereses vigorosa y adecuadamente.[91]

Donde el Movimiento ha superado la primera etapa de su desarrollo, se ha despojado del ropaje esclavizante de la imitación de lo alemán y ha buscado un rostro propio de acuerdo a su idiosincrasia. Se ha mantenido, sin embargo, absolutamente fiel a Schoenstatt y a Pallotti como centros inamovibles de la elipse, haciendo realidad, de este modo, la oración:

> Danos fe en Schoenstatt y en Pallotti
> y que este signo de unidad nadie nos lo arrebate".[92]

Entretanto, la autonomía espiritual así promovida ha crecido tanto en todos los lugares que los Padres y las Hermanas pueden ahora alimentarse suficientemente de su propia historia. Conforman una cierta polaridad entre sí y en relación al Schoenstatt original. De la relación de una "unidad de orden" han pasado al estado de una "unidad de tensión creadora" que los capacita y dispone para entrar en una noble emulación con el Schoenstatt

---

90 Se refiere a la provincia de Limburgo, Alemania, de donde provenía la gran mayoría de los palotinos en Sudamérica.

91 El P. Kentenich tenía grandes esperanzas que los padres palotinos schoenstatianos que representaban las regiones sudamericanas, en el capítulo provincial de Limburgo y en el capítulo general en Roma, se propusieran y defendieran en ellos la posición y los intereses de Schoenstatt.

92 *Hacia el Padre*, n.519.

original. Lo mismo vale también, hasta cierto punto, para los laicos, al menos en Chile y en Brasil.

A veces pareciera que nuestros schoenstatianos latinos tuviesen grandes posibilidades de sobrepasar a Alemania. No cabe duda de que el alma latina se siente rápidamente en casa dentro de la espiritualidad schoenstatiana. Están interiormente hechas la una para la otra, ambas sintonizan perfectamente.

Hace poco, me decía un padre: "En los últimos años he experimentado aquí en Brasil, tan fuerte y palpablemente la intervención de Dios en la comunidad[93] y en el Movimiento, que podemos afirmar: Si Schoenstatt –ya sólo como se ha realizado entre nosotros– no es una obra de Dios, entonces, simplemente quiere decir que no existe una Providencia divina y que no hay ninguna irrupción de Dios en la historia". Otros países se expresan de modo semejante.

A pesar de la igualdad estructural básica, tanto espiritual, organizativa como de método, Schoenstatt poco a poco va adquiriendo, en todos los países, un rostro de acuerdo al propio pueblo. Esto garantiza la autenticidad y consistencia de la vida que ha surgido. Si continúa el desarrollo con el ritmo actual, pronto estaremos ante nuevos problemas. Todos ellos giran en torno a la relación ya mencionada entre el Schoenstatt original y el nuevo Schoenstatt en las naciones mismas y entre ellas. Con ello, la dirección del Movimiento se vuelve más difícil, pero más fecunda; se vuelve más rica en tensiones, pero también se hace más creadora (...)

Usted comprende el principio que me guía en la elección y traducción del texto.

---

93 De los palotinos

¡Piense en el 31 de Mayo y en el 5 de Junio de 1949! No olvide lo que entienden ambas fechas por "contracorriente". Ambas aducen, como fundamento de la rectitud de la interpretación del deseo divino, la "ley de la puerta abierta". Ambas aseguran la protección y bendición divinas por medio de la solemne entrega de la "Respuesta" a la Madre tres veces Admirable y por la coronación realizada en ese mismo sentido.

Permítanme aducir todavía otro fundamento capaz de fortalecer nuestra confianza: se encuentra indicado en la carta. (...) Este fundamento hace comprensible por qué debía comenzar desde aquí la importante confrontación: es la mentalidad orgánica tan natural y vigorosamente arraigada (en el pueblo latino). Para vencer la enfermedad (del mecanicismo) no basta sólo oración y sacrificio, no basta sólo la confianza en la bondad y en el poder de nuestra Madre tres veces Admirable; no basta sólo la confrontación ideológica; debe agregarse a esto el desposorio creador entre la genuina manera de ser latina y la germana. Debe aplicarse, al mismo tiempo, los métodos de curación conocidos: la alopatía y la homeopatía. Sólo entonces podrá ser superada la enfermedad. La homeopatía consiste en una benevolente crítica y esclarecimiento científico. La alopatía consiste en la unión de las dos maneras de ser opuestas. Si ambas se unen en torno a una misma acción, si luchan *viribus unitis*[94] por una misma meta, si lo hacen siguiendo a la Madre tres veces Admirable, saldremos favorecidos: nosotros, Alemania, y las naciones que cooperan con su óbolo a la solución de la problemática común.

Digo que los problemas son comunes, pues el nocivo bacilo está tratando de penetrar en territorio latino para causar allí estragos. A saber, el alma latina dispone de una mayor capacidad

---

94 Con fuerzas mancomunadas.

de resistencia y construcción. Sin embargo, debe contar con un mayor debilitamiento de la sustancia de fe sobrenatural, con todas las consecuencias que de allí se desprenden para el pensar y la vida cristianos (...)

Con esto, el 31 de Mayo de 1949 ha sido delineado suficientemente en cuanto a su carácter propio, a la repercusión que ha tenido hasta el momento y a su proyección hacia el futuro. Quien lo comprenda, quien lo interprete a la luz de la fe, debería sentirse movido a arrodillarse y rezar el *Himno del Instrumento:*

> Madre tres veces Admirable,
> consérvanos siempre como instrumento tuyo;
> haz que con amor, hoy y todos los días,
> nos pongamos a tu servicio.
> Según los deseos de Dios, usa de nosotros
> enteramente para tu Reino de Schoenstatt.
>
> Toma el corazón y la voluntad:
> te pertenecen por completo;
> ciegamente quieren doblegarse
> a tus indicaciones y a tu palabra.
> Ser total posesión tuya
> es, para el instrumento, su honra y su gloria.
>
> Está pronto a servir sin reservas
> a tu Obra de Schoenstatt.
> Mándanos sufrimientos, guíanos a la lucha,
> danos ganar la victoria plena.
> Contra las argucias y la saña del Demonio
> danos luz, templa nuestro espíritu.
>
> Aseméjanos a ti y enséñanos
> a caminar por la vida tal como tú lo hiciste:
> fuerte y digna, sencilla y bondadosa,
> repartiendo amor, paz y alegría.

En nosotros recorre nuestro tiempo
preparándolo para Cristo Jesús.

Aunque nos amenacen el mundo y el Demonio,
o tempestades se ciernan sobre nosotros,
tú vences todos los peligros
y nos concedes tu inmenso poder.
Tu corazón, puerta del cielo,
es siempre nuestro seguro amparo.

Nunca pereceremos
si somos fiel instrumento tuyo;
nos ayudas en todo instante
para que demos abundantes frutos.
Con alegría caminemos de tu mano
hacia el eterno Schoenstatt.[95]

2. Carta al P. Carlos Sehr
16 de diciembre de 1953

El P. Carlos Sehr llegó a Chile con la primera generación de seminaristas alemanes provenientes de la provincia palotina de Limburgo, que se ordenaron posteriormente en el seminario pontificio de Santiago. Se desempeñó durante largo tiempo como ecónomo y superior de la Región chilena. Contó con la plena confianza del P. Kentenich, comprometiéndose profundamente con su persona y su misión. Estuvo constantemente junto a él durante sus visitas a Chile entre los años 1947 y 1952. Fue igualmente clave para el desarrollo de los padres palotinos en la Región chilena, que, como se dijo anteriormente, se consagró oficialmente a la Madre y Reina de Schoenstatt. Apoyó en todo al naciente Movimiento, preocupándose también que las vocaciones sacerdotales pudieran

---

95 *Hacia el Padre*, 606-611.

recibir una formación adecuada, primeramente en Europa y luego en Chile y Brasil.

Cuando el padre fundador regresó del exilio, lo llamó para que se integrara como ecónomo de la recién fundada comunidad de los Padres de Schoenstatt.

La carta que adjuntamos posee un extraordinario valor e importancia. En ella se muestra el P. Kentenich como un estratega, que observa la realidad "geo-política" del momento histórico y sitúa en ella el papel de los pueblos latinos en la Obra de Schoenstatt. Aludiendo, además, al juego entre masa y élite en el desarrollo de la Obra de Schoenstatt.

Llama a formar un "bloque latinoamericano" en virtud de la misión que nuestros pueblos recibieron por el 31 de Mayo. Su intención era unir a todos los palotinos integrales que habían asumido Schoenstatt, de forma que éstos a su vez ganaran para Schoenstatt a sus Regiones. .

Invita a mirar el horizonte con amplitud y clara estrategia, a fin de asegurar el triunfo de María.

(Personalmente) me interesa ayudarle a dirigir su mirada más allá de los límites de su propia Región, de modo que abarque el conjunto de los territorios sudamericanos.

Como usted bien lo sabe, desde hace años ya, me estoy ocupando de la unificación espiritual de estos territorios para que formen un solo y gran bloque. En parte para que las fuerzas así reunidas lleguen a ser más fecundas por el juego de tensiones y distensiones recíprocas. En parte también, para ganar más influencia ante el Consejo General en Roma respecto a los intereses sudamericanos. En parte también, para equilibrar con un sano contrapeso la hegemonía europea, ante todo la germana, que existe dentro de la Sociedad. En parte también para crear una entrada más fácil y segura a la posición integral de Schoenstatt.

Con esto ya estoy tocando cuatro razones que hablan en favor de la mencionada unión de fuerzas. El número de razones se podría aumentar con facilidad. Para usted personalmente dos de estas razones deberían ser de especial importancia.

Me refiero, en primer lugar, al 31 de Mayo de 1949 y a la misión original de su Región vinculada a esta fecha. Usted debería ayudar para que las Provincias y Regiones vecinas puedan tomar parte en ella en orden a su realización más completa y más fácil.

Usted sabe a lo que me refiero. Al respecto, me extendí ampliamente en un estudio hecho hace ya algún tiempo. Se trata de promover conscientemente una contracorriente desde vuestro santuario hacia Europa, sobre todo hacia Alemania, para vencer allí la espiritualidad mecanicista dominante que, con sus devastadoras zonas de peligro. cada vez abarca más y más aspectos de la vida

Ubique estos pensamientos que aquí tocamos someramente en un contexto más amplio. Ponga su mirada sobre el tablero de ajedrez político. En éste luchan principalmente dos bloques culturales por la supremacía: el bloque anglo-americano, fundamentalmente representado por Estados Unidos: y el bloque eslavo, cuyo exponente principal es Rusia.

El bloque cultural latino, que una vez dominó el mundo, actualmente está prácticamente excluido. Es cierto que por aquí y por allá surgen corrientes que intentan encontrar alguna forma de validez en el mundo de hoy o que, al menos, entran en una relación de tensión con la espiritualidad americano-eslava en orden a la restauración del orden mundial destruido.

Hasta ahora no podemos contar con la influencia eslava en nuestro reino de Schoenstatt. Tenemos hasta el momento muy poca entrada en este círculo. Todo esto hace que la forma de pensar germana sea prácticamente la única fuerte e imperante. Conocemos su fuerza, pero también conocemos sus lados débiles. Por tanto, en bien de esta lucha espiritual contemporánea, por instaurar un nuevo orden mundial, y siguiendo la ley de la puerta abierta, ¿qué camino más accesible y cercano habrá entonces que dirigirnos en primer lugar hacia la manera de ser latina, tal como se expresa en los pueblos españoles y portugueses, y confrontarnos con ella?

Este esfuerzo me parece especialmente recomendable, pues de este modo lograríamos integrar en nuestro reino de Schoenstatt dos culturas y modos de ser espirituales diferentes, pero que se podría complementar de manera excelente y para ventaja de ambos. Finalmente –y en bien de la superación del gran peligro mundial que es la mentalidad bolchevista–, desde esta perspectiva no perdemos de vista nuestra misión mariana, la cual, en Europa y especialmente en Alemania, malamente podremos realizar si no se supera en lo más profundo la mentalidad mecanicista que ya ha alcanzado grandes círculos.

En el ámbito germano, el trabajo directo en relación a este objetivo difícilmente puede alcanzar su meta, porque los focos de resistencia se han densificado y multiplicado vigorosamente. Una sana estrategia mundial debiera procurar, al mismo tiempo, la incorporación de una mentalidad configurada de otra manera desde su origen, tal como la latina, a quien le es connatural la forma de pensamiento orgánico.

Tales reflexiones inspiraron en gran medida mis viajes mundiales en el tiempo después del regreso de Dachau. Nuestra misión mariana nunca me ha dejado tranquilo y me ha dado la fuerza y el coraje para recorrer todo el mundo buscando aliados para la plena realización de esta misión.

Este es también el telón de fondo de la historia del 31 de Mayo de 1949. La disputa que se desató con la diócesis de Tréveris fue solo la ocasión externa para manifestar mis planes secretos de entonces. El que usted haya enviado a los fratres (seminaristas) chilenos al noviciado de Alemania, y que ellos, en el contacto con la mentalidad mecanicista alemana hayan tomado conciencia de su modo de ser y misión originales, está plenamente en la línea del 31 de Mayo; por tanto, puede considerarse como una conducción con gracias especiales desde lo alto.

En resumen: hasta ahora usted ha colaborado de manera excelente en la realización de un plan universal que me ha preocupado día y noche, desde hace años. Es de su interés, entonces, que usted procure atraer a los demás territorios sudamericanos hacia este mismo círculo de intereses. Y ello se lograría más fácil y rápidamente creando este bloque unitario mediante la mancomunión arriba mencionada.

La misión de Chile en la realización de este plan aparece muy fuerte en primer plano por un segundo motivo. A ustedes les ha resultado el arraigo de Schoenstatt en una élite intelectual con altas aspiraciones. En esto se diferencian ustedes de las otras Provincias y Regiones sudamericanas.

En los lugares donde Schoenstatt ha brotado, se ha tratado esencialmente de una movilización religiosa de masas, y en una medida mínima en círculos sin mayor importancia. Esto no debe ser menospreciado; pero tampoco debemos ignorar que estas masas religiosas de sello latino son muy volubles en sus decisiones. Así como hoy pueden acoger e identificarse con Schoenstatt, mañana o pasado mañana pueden hacerse receptivas también a otras corrientes religiosas si éstas logran atraerlas de manera eficaz. Por lo mismo, no les es muy difícil quemar de un día para otro los "dioses" que hasta ayer habían adorado.

En otras palabras, un movimiento religioso de masas sin una élite selecta, a la larga no es capaz de realizar la misión de Schoenstatt en toda su amplitud. Si resultase el anhelado acercamiento espiritual de los territorios mencionados, entonces sería más fácil poder transmitir discretamente la corriente de la élite intelectual chilena hacia Brasil, Argentina o hacia Paraguay. Si esos territorios permanecen separados y no se apoyan mutuamente por medio de la correspondiente vinculación entre ellos y con ustedes, entonces no debiera esperarse que en éstos surja fácilmente un movimiento autónomo de élite.

Por estas dos razones se requiere de manera especial su colaboración en la realización de este frente de unidad. No es necesario destacar que al impulsarlo, asume usted también una parte de la responsabilidad por el bien de la Sociedad.

Usted se preguntará por qué yo le escribo todo esto ahora. Se debe, antes que nada, a dos motivos. Usted sabe que el P. Menningen tiene intención de viajar a Brasil a mediados del próximo año. Según las circunstancias, sus planes podrían ampliarse. Como nuestra vida es corta y la Sociedad y el Movimiento están en todas partes en sus inicios, y no nos sobran dirigentes, debiéramos hacer todo lo posible para que el viaje del P. Menningen sea lo más fecundo posible. La forma más fácil y efectiva para lograrlo sería presentar un plan común que le incluya en sus actividades.

El segundo motivo radica en la situación actual de la Familia. El edificio que fue remecido como consecuencia del Capítulo General, así como de su historia previa y posterior, necesita ser reconstruido en todas partes y desde sus bases. Esto vale también para los lugares donde estaba terminado, o donde había sólo algunos pisos de la Obra, o aún estaban en construcción.

El estupor general ya aludido anteriormente, no es precisamente un buen aliado para dicho trabajo de reconstrucción. Nos hace incapaces de proyectar grandes planes, de mirar llenos de confianza al futuro y de ponernos a trabajar valerosamente. Por un buen tiempo, difícilmente podemos esperar que una iniciativa en este sentido provenga de la dirección oficial de la Sociedad. Probablemente, ésta considera que su tarea principal es apaciguar los ánimos y equilibrar contrastes. El cardenal Newman, por el contrario, haría valer lo siguiente:

> Tienes que aceptar el todo o rechazar el todo. Seleccionar debilita y la separación mutila. Es una locura no querer aceptar una parte que pertenece esencialmente al todo tanto como las demás.

Nosotros, en nuestro lenguaje actualmente vigente, decimos: luchamos por una actitud integral en todas partes, sea que se trate de la Sociedad o del Movimiento. Si no queremos que un estado de parálisis o de inflexibilidad abrumadora se nos convierta en amenaza, o incluso nos lleve al ocaso, tenemos que intentar todas las iniciativas personales posibles para realizar generosa y enérgicamente los planes de Dios. La unificación mencionada está al servicio de esta finalidad (...)

VII.

Escritos aclaratorios sobre la Misión durante el exilio en Milwaukee (1952 y 1965)

1. La crisis juvenil
Documento de 1955

En su plática del 31 de Mayo de 1949, el P. Kentenich había señalado que las raíces de su diagnóstico sobre el pensar mecanicista y el pensar orgánico se podían rastrear incluso en su propia historia personal. La crisis juvenil que sufrió, y que comenzó con su ingreso al noviciado, le hizo experimentar en carne propia lo que él más tarde llamaría "mentalidad mecanicista". Y el camino que encontró para salir de ella se convertiría en la clave de su doctrina sobre el pensar orgánico.

El texto principal en el cual nos ofrece una información más completa sobre este punto data del año 1955. Lo adjuntamos a continuación.

Se destacan en este texto los siguientes puntos:

• El P. Kentenich descubre su "misión de vida" a partir de su propia historia: la divina Providencia permitió que

experimentara "aquello que conmueve a Occidente en lo más profundo" para llevarlo a descubrir su tarea.

• El núcleo de la "crisis de juventud" reside en la separación que se da en él entre lo sobrenatural y lo natural. Su sobrenaturalismo lo desconecta de la realidad concreta (escepticismo, idealismo) y de las personas (individualismo).

• Esta crisis compromete toda su vivencia del mundo de la fe ("crisis de fe").

• La sanación de la crisis proviene de su amor personal y profundo a María y de su actividad como educador.

• A partir de esta experiencia, el P. Kentenich asume con extraordinaria consecuencia su misión de vida: la superación del pensar y vivir mecanicistas y la lucha por la unión de lo natural y lo sobrenatural, por la "doctrina del organismo", misión que está íntimamente unida a la Santísima Virgen quien encarna ese "desposorio" de naturaleza y gracia y nos regala vivirlo por el amor a ella.

El texto completo se encuentra en "Zum Goldenen Priesterjubiläum" (En ocasión de las bodas de oro sacerdotales).

Dos son los puntos que en este estudio se busca dejar bien en claro: Por una parte, la absoluta soledad interior y su consiguiente total carencia de vinculaciones humanas y terrenas; y, por otra, la correspondiente interpretación de ambas. Sin duda existen muchas personas cuyos años de juventud están marcados por una experiencia similar. Pero al hacer un estudio adecuado de este caso comparándolo con otros, se puede constatar que en el primero la crisis adquirió dimensiones extraordinarias en cuanto a su grado, amplitud y duración.

Más tarde habría de resultar sencillo comprender el sentido que tuvo tal crisis. Sí, era necesario que, por aquellos años, el alma permaneciese libre de influencias ajenas, especialmente de tipo personal, para seguir siempre abierto, con todas las fibras, a la acción de la verdadera Maestra de mi vida, para que ella trabajase en mí con toda su fuerza modeladora y sabiduría pedagógica. (...)

A la luz de lo meditado debería resultar comprensible que mis años de juventud hayan estado marcados por un distanciamiento extraordinario de las cosas terrenales o temporales y que toda mi persona se haya orientado con mucha fuerza hacia otro mundo, hacia el mundo trascendente, anhelando con todas las fibras, arraigarse allí. Por lo tanto, no es extraño que los conflictos juveniles, cuyos comienzos coinciden con matemática exactitud con mi ingreso al noviciado, -pues antes no los hubo- hayan sido exclusivamente de tipo espiritual.

Si tuviera que buscar el común denominador de esta crisis, debería decir lo siguiente: Ese desasimiento de mi espíritu y de mi alma de lo terrenal, de lo genuinamente humano, de lo que es parte de este mundo, fue en verdad lo que me llevó a sentirme atormentado y zarandeado en mi fuero interno por un exagerado escepticismo, un idealismo extremo, un individualismo corrosivo y un sobrenaturalismo unilateral.

Yo solía designar esta crisis juvenil como "crisis de fe". Pero hay que tomar esta formulación sólo en un sentido amplio y general. Desde el punto de vista formal se trata sencillamente de una caída en el escepticismo y en los otros "ismos" que éstos traen aparejados consigo, en especial el idealismo y el individualismo.

De este modo, la cuestión fundamental de aquellos años era simplemente si existe la verdad. Ahora bien, si la hay... ¿cómo conocerla? Indirectamente, por este camino, todo el universo de la fe se vio comprometido. Lo que estaba en juego no era tanto una serie de puntos específicos sobre la fe, sino todo el complejo edificio de la doctrina.

En ese escepticismo subyacía un amor extraordinariamente fuerte por la verdad. Ese fanatismo por la verdad se fue convirtiendo en la energía motriz que determinaba cada una de mis acciones. Así, por ejemplo, no era extraño que, en mi trato con los profesores, y en aras de esa búsqueda afanosa de la verdad, sobrepasase los límites que imponía la cortesía.

Dicho con otros términos, como prototipo de hombre moderno, yo pude apurar hasta el fondo el cáliz de la crisis espiritual que sufre ese hombre de nuestro tiempo. Crisis que surge como consecuencia de una mentalidad mecanicista que separa la idea de la vida (idealismo), el yo personal del tú (individualismo) y lo sobrenatural del orden natural (sobrenaturalismo). Durante estos años, mi alma se mantuvo en equilibrio por un profundo y personal amor a la Santísima Virgen.

Las experiencias vivenciales que tuve por aquellos años me llevaron más tarde a decir de María Santísima: "Ella es por excelencia el punto de intersección entre el más acá y el más allá, entre naturaleza y gracia... Ella es la balanza del mundo, es decir, quien mantiene en equilibrio el mundo en virtud de su ser y de su misión".

Al finalizar los estudios, mi alma se sumergió con fuerza en la vida concreta debido a las nuevas tareas de profesor y educador que me habían sido confiadas.

Al psicólogo le resultará evidente que la orientación extraordinariamente fuerte de mi persona hacia lo trascendente comenzase a hallar un punto de equilibrio por el contacto con la vida concreta en sus diversas manifestaciones. Y el hecho de que, gracias a la unión entre idea y vida, o por una manera orgánica de pensar y vivir, no sólo se haya logrado una completa sanación psíquico-espiritual sino que la auténtica misión de mi vida –la superación del pensar y vivir mecanicistas– haya recibido un sello extraordinariamente vigoroso.

Si a esto se añade la relación interna existente con el amor a la Santísima Virgen, entonces mi lucha por la idea del organismo queda puesta bajo la luz correcta.

Luego de haber dado amplio cauce a la tendencia metafísica de mi alma en los años de adolescencia, gracias al contacto con la vida se fue desarrollando en mí la capacidad psicológica de captar mejor a los demás y de abordar la realidad interviniendo en ella con eficacia creativa.

La actividad propiamente creadora que fui desplegando más y más con el correr de los años, consiste en la vinculación orgánica entre el orden natural y el orden sobrenatural tanto en sí mismos como en su mutua interrelación. (...)

Por último vale la pena recordar con cuánta bondad la divina Providencia siguió trazando el camino de mi vida. Los superiores tenían la intención de enviarme a la universidad una vez que hubiese terminado mis estudios de teología. Sin embargo, y a la luz de lo expuesto anteriormente, resulta evidente que llevar a cabo un plan de esa índole hubiese sido un error. Porque lo que logró solucionar todos mis problemas y marcar el rumbo de la misión de mi vida no fue la dedicación a la ciencia abstracta sino el contacto con la vida; dicho con mayor exactitud, la unión del más acá y más allá, del ideal y la realidad. Y así, muy pronto, fue madurando en mí un lúcido verismus (en contraposición al escepticismo), un amplio realismo (en contraposición al idealismo) y un firme solidarismo (en contraposición al individualismo). En suma, una manera orgánica de pensar y de vivir.

2. El 31 de Mayo de 1949 como misión especial en el contexto de la misión integral de la Familia de Schoenstatt
Texto de Crónicas 1955-1958

Durante 1955 y 1960 se desencadenó una fuerte controversia sobre el contenido de la Misión del 31 de Mayo en Bellavista. A las diferencias de carácter entre los educadores y las diversas acentuaciones en su trabajo con la juventud, se agregó el difícil proceso de inculturación de un Schoenstatt marcado por el sello alemán y un Schoenstatt marcado por el sello latino. Más allá de esto debe tenerse presente la situación general por la que pasaba la Familia de Schoenstatt a causa del exilio del P. Kentenich en Milwaukee, y, por otra parte, la división al interior de la comunidad de los palotinos entre los "integrales" (se refiere a los que seguían al fundador) y los "liberales" (se refiere a quienes se apartaron de él). Todas estas tensiones desembocaron en una fuerte lucha fraterna, en la cual, sin duda, se pudo percibir la acción del demonio, empeñada en destruir y neutralizar una obra de Dios que había surgido poderosamente. La lucha, más que centrarse en aspectos de carácter personal, se focalizó en la interpretación de la misión. Uno de los puntos más controvertidos se refería al hecho de que se hablaba de una "misión especial" del san-

tuario de Bellavista, lo cual entraría en competencia con la misión única, válida para toda la Familia de Schoenstatt.

El texto que sigue a continuación es parte de las Crónicas que escribía el P. Kentenich en 1955 y se centra en el tema en torno al hecho de atribuir al santuario de Bellavista una misión especial.

Santuario filial y santuario original

Mi inquietud, en esta oportunidad, es subrayar con más fuerza la conexión entre el Santuario original y el santuario filial, destacando claramente en pocas palabras las relaciones recíprocas entre ellos (...)

Me limito a resumir las relaciones entre ambos en un enunciado inequívoco, extrayendo de él algunas consecuencias para la vida práctica (...)

El enunciado es muy simple. Se infiere, sin muchas deducciones filosóficas doctas, en forma inmediata a partir de la posición de ambos santuarios en el orden objetivo. Nosotros no podemos hacer otra cosa que orientarnos, una y otra vez, por la ley fundamental *ordo essendi est ordo agendi*. Ya el término "santuario filial" expresa claramente su significado y de manera por todos comprensible. De todas formas, indica con suficiente nitidez la dirección en la que se debe realizar la búsqueda para obtener claridad.

Yo formulo el asunto de este modo: el carácter de santuario de nuestros santuarios filiales está determinado formalmente por el carácter de santuario del Santuario original. Este carácter no se apoya, pues, en un título nuevo y de validez propia. Su derecho de existencia, formalmente como santuario, se sostiene o cae con el derecho de existencia del Santuario original.

Dicho con imágenes, se puede comparar todo el proceso vital con una fuente de la que surge un torrente que fluye por el mundo entero, sembrando bendición en todas partes; pero que, al mismo tiempo, recoge en su seno y lleva consigo nuevos arroyos y ríos, para regresar finalmente de nuevo a la fuente.

La fuente es nuestro Santuario original. El torrente de gracias y de vida que brota de ella fluye como subterráneamente a través del mundo y alrededor de él. Allí donde surge un santuario filial, el torrente irrumpe con fuerza elemental, para derramar desde allí sus aguas portadoras de salvación y bendición en el más vasto entorno, pero recogiendo, al mismo tiempo, nuevos arroyos y ríos, tal como le llegan a través de las alianzas de amor allí selladas. Arroyos y ríos que él toma consigo para conducirlos finalmente de nuevo al Santuario original. El ejemplo cojea, indudablemente, pero permite comprender en cierto modo lo que se piensa.

A partir del proceso de vida así delineado se puede extraer múltiples consecuencias. Destacamos aquí tan solo dos. (...)

Primera consecuencia: aquello que Dios ha unido en forma tan inequívocamente clara y sobremanera entrañable no debe separarlo el hombre. Por ello, ante todo la interrelación indicada entre el Santuario original y el santuario filial, debe sostenerse en principio muy cuidadosa y exactamente, y debe vivirse en forma ortodoxa. (...)

La segunda consecuencia resulta de la primera y la complementa. Esta sólida unidad con el santuario original y la vinculación imprescindiblemente asegurada con él, no deben ignorar las circunstancias originales de la época y del país. Así se entiende que, hasta ahora, dicha vinculación no nos haya impedido hablar acerca del acta de fundación de un santuario filial o de su misión especial.

Misión especial de los santuarios filiales

Pertenece casi a la orden del día el que, a la alocución tenida con ocasión de la bendición de un nuevo santuario nacional, allí donde ella se refiere a lo esencial, se la denomine su *Acta de Fundación.* Sin embargo, esto significa solamente que el *Acta de Fundación* del santuario original es transferida a partir de ese momento en forma expresa y formal –aunque sea de acuerdo al sentido– al santuario filial. Como siempre pues, sucede aquí, en la práctica, que se toma auténticamente en serio la idea de santuario filial, es decir, que se reconoce plenamente su esencial dependencia respecto del santuario original, trátese de su carácter sobrenatural o de su misión original y universal. No importa que se utilicen otras palabras o se muestren nuevas interconexiones. Esto es una concesión obvia a la originalidad de cada uno de los países y pueblos y de los instrumentos que la Santísima Virgen utiliza momentáneamente para su obra. Lo principal es y sigue siendo que los procesos de vida más centrales sean vistos en forma correcta, reproducidos en forma comprensible y traducidos o reeditados en forma creyente y piadosa.

Por otra parte, nada se puede argumentar en contra y, por el contrario, se puede considerar como muy aconsejable que, donde la ley de la puerta abierta lo indique con claridad, se asocie con el santuario nacional una tarea especial. Se ha de tener en cuenta, por otra parte, que no se trata de una separación o escisión respecto de la misión de la Familia en su conjunto, ni mucho menos de una contradicción frente a ella, sino de una participación en las tareas que se le ha confiado al Movimiento entero en virtud del *Acta de Fundación*, tareas que ahora, de acuerdo a la ley de la división de tareas y con el objeto de una realización más intensa, son repartidas de manera particular a los distintos países.

De lo anterior se sigue que una tal misión especial no debe ser considerada como un territorio reservado exclusivo. Es decir, que el país del cual se trata no está dispensado, en razón de la tarea especializada, de asumir y realizar las demás tareas, propias de la Familia en su conjunto –presuponiendo, por supuesto– que las fuerzas alcancen y las circunstancias lo hagan posible.

No obstante, la atención principal debe dirigirse en cada caso a la misión especial. Además, no está en absoluto vedado a otros países el esforzarse, en lo posible y de acuerdo a su idiosincrasia, por la misma inquietud.

3. En qué consiste la misión especial del Santuario filial de Bellavista

El P. Kentenich destaca los dos aspectos centrales que abarca la Misión del 31 de Mayo y señala que no se trata de algo secundario, sino de una Misión que toca la misión esencial de Schoenstatt, que es primariamente una misión en el orden pedagógico.

Como ejemplo nos ha de servir nuevamente Chile. Allí se habla en forma acentuada –y más fuertemente que en otros países–– acerca de un acta de fundación propia y de una misión especial en relación con el 31 de Mayo de 1949.

Tres son las preguntas que cabe formularse y responder:

- Primera pregunta: ¿En qué consiste la misión especial?
- Segunda pregunta: ¿Cómo surgió?
- Tercera pregunta: ¿Qué significa esta misión en detalle?

La respuesta ha de ser breve y concisa. Por motivos fácilmente comprensibles se dará más peso a la tercera pregunta.

3.1. El contenido de la Misión del 31 de Mayo de 1949

¿En qué reside la misión especial? Esta es la primera pregunta. Los párrafos de lecturas provenientes de Chile, que fueron citados hasta el momento en estas anotaciones, no permiten en sí duda alguna al respecto. Tan solo hay que observar más atentamente y penetrar hasta los últimos principios.

Resumiendo:

> Se puede afirmar que Schoenstatt en Chile tiene la misión especial de ayudar a superar la mentalidad mecanicista a través de contribuciones al Capital de Gracias de la Madre y Reina tres veces Admirable de Schoenstatt, y a través del cuidadoso cultivo del organismo en el ser, en el vivir y en el actuar.

Se trata, pues, no sólo de un interés de tipo teológico, sino también, y de modo eminente, de una preocupación específicamente psicológico-pedagógica, puesta, obviamente, y como sucede con todo en Schoenstatt, en el marco de un orden sobrenatural de salvación y redención claramente reconocido.

Con esto no se está yendo por una vía lateral u opuesta sino, antes bien, se acierta en el centro del corazón de la inquietud capital de la Familia entera.

Esto es evidente para cualquiera que conozca Schoenstatt y, especialmente, para quienes hayan tenido oportunidad de mirar más profundamente tras los bastidores de la visitación apostólica. Al fin y al cabo, la visitación gira en torno al concepto del organismo, al cual nos referimos aquí. Por su causa emprendí toda la confrontación.

Por desgracia debemos conceder que este tema, a pesar de los más cuidadosos esfuerzos y de repetidas iniciativas de mi parte, no ha llegado a ser considerado ni mucho menos asumido, en su carácter propio y su misión, en su magnitud y sus límites.

Por lo visto no ha llegado aún el tiempo propicio para la amplia y profunda problemática de la que aquí hablamos. Primero deberá tornarse aún más grande –sobre todo en Occidente– el desvalimiento ante los cambios revolucionarios en todos los ámbitos del pensamiento y de la vida; recién entonces se podría esperar que círculos más amplios se acuerden nuevamente de esta importantísima preocupación.

Todas las expresiones de vida que fueron cuestionadas provienen de la idea de organismo. Lamentablemente, hay que agregar: cuestionadas por no ser correctamente comprendidas; e incorrectamente comprendidas por no haber sido comprendidas desde su raíz, que es el concepto del organismo en su totalidad.

3.2. Cómo surgió la Misión

Al explayarse sobre este punto, el P. Kentenich señala dos fuentes de conocimiento: las voces del tiempo y las voces del alma

a. Primera fuente de conocimiento de la Misión: la fe en la divina Providencia a través de la ley de la puerta abierta.

La puerta que abría la divina Providencia se manifestaba principalmente a través de los signos o voces del tiempo. Al referirse a esto, el P. Kentenich destaca el carácter profético de la Misión y el rechazo experimentado: Misión de profeta implica suerte de profeta. En la oscuridad prevalece en él la conciencia de victoriosidad, pues cree firmemente que lo que ha emprendido es voluntad de Dios.

Con lo anterior ha quedado suficientemente insinuado, para los entendidos, cómo se llegó a dicha misión especial. A ello apunta la segunda pregunta. En forma breve y concisa se puede responder a ella de la siguiente manera: la ley de la puerta abierta, a través de las voces del tiempo y del alma, ha dado la señal divina para ello de manera inequívoca.

En primera instancia, todos nosotros consideramos esta respuesta como evidente. Estamos, por cierto, tan fuertemente acostumbrados a la ley de la puerta abierta, ella se ha tornado en tal medida la regla de nuestro pensamiento y nuestra voluntad, que ante todo problema planteamos instintivamente la pregunta: ¿qué dice esta ley al respecto? En este caso, como decía, la ley habla muy claramente a través de las voces del tiempo y del alma. Lo expresado se entiende con facilidad.

Dios habla a través del tiempo, es decir, a través de las circunstancias ya indicadas. Recordemos que en el tiempo de la bendición del santuario de Schoenstatt en Bellavista, yo había escrito a Trier la primera respuesta oficial al informe oficial del Visitador episcopal. El 31 de Mayo la deposité sobre el altar del santuario de Bellavista.

En aquella ocasión pronuncié la alocución que describe más exactamente la misión especial. Sólo un pequeño círculo de nuestras Hermanas de María estaba presente aquel día. La idea directriz que recorre como un hilo conductor la "Respuesta" (la *Epistola Perlonga*), y que ésta pondera como clave para la solución de todas las preguntas que se plantean en esta época, es la idea de organismo.

Por ella, y solamente por ella, –por supuesto, en el contexto de todos los problemas que con ella se relacionan– he asumido el riesgo grande, audaz, casi temerario por cierto, del enfrentamiento objetivo y científico con la autoridad eclesiástica.

Por ella he echado al mismo tiempo una carga sobre la Familia toda, llevándola hasta el filo de la navaja, es decir hasta el peligro inmediato de una disolución oficial. No en vano solemos comparar y nombrar en forma simultánea –en lo tocante a valentía, audacia y significado– al 31 de Mayo de 1949 y al 20 de Enero de 1942...

• Intención central de la respuesta

Nuestro Padre se detiene a analizar cómo él ha interpretado lo que Dios le manifestaba respecto al desarrollo cultural en Occidente.

La "Respuesta" culmina, como se sabe, en la demostración científica de dos verdades centrales.

En primer lugar: sin emprender la lucha por el tema del organismo, ni la piedad mariana ni Schoenstatt pueden realizar en forma plena y eficaz su especial misión histórica que busca la superación del peligro mundial del colectivismo.

En segundo lugar: sin la marcha triunfal de la idea del organismo, ante todo en Occidente, no se podrá superar victoriosamente ni neutralizar la mentalidad mecanicista en su acelerado avance, como iniciadora de la mentalidad colectivista.

Se presupone aquí que este contexto es conocido. Por esa razón no nos extendemos en consideraciones al respecto. Solo destacamos una cosa:

El desarrollo de la situación mundial desde el 31 de Mayo de 1949 señala con extremada y gran insistencia hacia ambas verdades.

El bacilo de la mentalidad colectivista avanza a través de miles y millones de canales hacia Occidente, incluso hacia el interior de todo el mundo, todavía en alguna medida "libre" del bacilo. Esto sucede, en especial recientemente, desde que se proclama el temible y camuflado peligro bajo la consigna de la "coexistencia"[96]. Las cosas han evolucionado, pues, exactamente como yo las había previsto y preanunciado a través de claras advertencias y exhortaciones.

• Palabra de profeta, suerte de profeta

Tomar en serio esta voz de Dios en el tiempo llevó a que el P. Kentenich asumiera una pesada tarea profética sobre sus hombros. Ahora bien, a la misión de profeta va unida la suerte de profeta.

No ha sido pequeño, sin embargo, el precio de semejante "palabra de profeta": es un destino de profeta para una comunidad grande e integrada por muchos miembros. Según parece, el precio no ha sido pagado aún en su totalidad.

Con todo, me atrevo, desde ya, a hacer esta seria acusación ante el foro de la historia: Afirmar por qué la inmunización –sobre

---

96 Se trata de la coexistencia entre el pensar marxista o colectivista que viene de la Europa oriental y el mundo "libre" de la Europa occidental.

todo de Occidente– contra el peligro del contagio colectivista, inmunización tan ardientemente procurada y tan cuidadosamente preparada con mucha antelación por nosotros, no ha tenido suficiente éxito hasta ahora.

Esto, a pesar de todos los heroicos sacrificios; y, por otra parte, porque para amplios círculos se la ha hecho, en muchos aspectos, imposible o por lo menos sobrehumanamente difícil.

Por todo esto respondan ante Dios aquellos que llevan la culpa. "También él era una voz que clama en el desierto". Esta es la frase que el obispo Keppler hizo colocar en la lápida de Julius Langbehn[97]. También nosotros creemos poder ser una voz de ese tipo: todos nosotros, quienes podemos contarnos entre los integrales y ofrecer por ello los más duros sacrificios.

• Una fe victoriosa de profeta

Lo emprendido por el fundador, su profecía, no ha encontrado eco. Sin embargo, afirma, ya llegará el día en que sí lo encuentre. Se trata de una lucha a largo plazo. El P. Kentenich cree en la misión, también cuando el panorama es obscuro y humanamente no es alentador. Él cree que es Dios quien, por su divina Providencia, le ha encomendado la tarea: ya vendrá el tiempo en que se escuche su voz. A veces los profetas durante su vida no ven el fruto de su profecía. Pero, si esa profecía viene de Dios, entonces algún día será escuchada.

Hoy, es cierto, no se nos presta atención. Tampoco sucederá mañana ni pasado mañana, al menos no en la forma que

---

97 Cfr. Nissen, B.M., *Der Rembrandtdeutsche, Julius Langbehn,* Freiburg 1926, p. 347.

corresponde. Vendrá, no obstante, el tiempo en que ya no se podrá dejar de oírnos.

Ese tiempo no debería estar demasiado lejos. Entonces cosecharemos los frutos de ardientes luchas y de durísimos sacrificios. "*I recognize no lost cause*", para mí no hay ninguna causa perdida. Con esas palabras se despedía hace poco James Giles –conocido por su gran círculo de lectores y oyentes en los Estados Unidos–, al dejar su apostolado de la prensa. También nosotros hacemos nuestras esas palabras. No damos por perdida nuestra causa. Ni siquiera cuando no brille, humanamente hablando, ni la más pequeña estrella en la oscura noche de tormenta.

Alguien me escribía hace poco lo siguiente:

> Tal como están las cosas ahora no puedo imaginarme cómo alguna vez usted pueda ser rehabilitado. Todos los medios humanos fallan. Tan fuerte e impenetrable es nuestro denso frente opositor. Al fin sucederá que Alemania deba sucumbir ante el colectivismo y que, entonces, en el último minuto, se acuerden de usted y lo hagan regresar, para que usted y sus fieles integrales procuren salvar lo que aún se pueda salvar. Esperemos que entonces no sea demasiado tarde.

¿Por qué callo? La respuesta es conocida: porque espero hasta que Dios hable. Hasta que hable clara y perceptiblemente a través del desarrollo en el ámbito alemán y en el ámbito de la historia de nuestra Familia. La corriente que sustenta y mantiene en movimiento al frente opositor conduce al abismo.

Cuando se haya alcanzado el punto más oscuro, puede ser que se haga memoria del otro torrente, al que se quería reprimir y hacer que se rezumara y secara, pero que, por eso mismo, recordó su fuente originaria y refluyó hacia ella, y que ahora se ha hecho tan caudaloso que puede soportar las más pesadas naves y fecundar ampliamente el terreno de la manera más amplia...

No, no damos por perdida nuestra causa... Por el contrario. Llegará el tiempo en que todos entonen cánticos de triunfo... Creemos inconmoviblemente en ello porque estamos al servicio de la MTA y no queremos otra cosa más que realizar su obra. En cualquier circunstancia mantendremos en alto su bandera, aunque debamos desangrarnos.

• **Esperar a las puertas de Roma**

"Hay –nos enseña una vez más Giles– algo así como un triunfo en el fracaso. Sin embargo, antes de dar por perdida una causa esperemos mejor uno, dos o diez años... Los hombres recobran el juicio cuando se les da tiempo..."

Años hace ya que nos encontramos esperando con nuestro mensaje de lo alto ante las puertas de Roma. Inútilmente hemos pedido poder ingresar: fuimos descartados y rechazados. Podemos esperar pacientemente aún más tiempo. Podemos hacerlo años enteros. Podemos hacerlo cuanto agrade a Dios... Pero alguna vez se abrirán las puertas cerradas. La palabra omnipotente de Dios las forzará victoriosamente en el momento preciso, para glorificarse, para glorificar a la MTA, a su obra y a sus instrumentos.

El conocido escritor francés Georges Bernanos poseía una pluma hábil y valiente. Por eso, no raras veces chocaba con la autoridad eclesiástica. Lo querían poner en el *Index*, pero Pío XI lo protegió, fundamentando su defensa de la siguiente manera: "La Iglesia necesita siempre de profetas".

Esto mismo tiene vigencia aún hoy. Los profetas de todos los tiempos y zonas deben contar, por cierto, con que durante su vida no sean escuchados ni respetados, sino despreciados y proscritos. Misión de profeta y suerte de profeta tienen simplemente un destino común. Este es un hecho supratemporal constatado por la experiencia. Se repetirá hasta el fin de los días...

• El riesgo de decir toda la verdad

Bernanos afirmó cierta vez con respecto a su propia vida: "He pagado caro, más caro de lo que se cree, el derecho de escribir... Lo que espero es que los jóvenes cristianos (de Francia) hagan entre sí, de una vez para siempre, la promesa de no mentir jamás, tampoco incluso —y especialmente tampoco— ante el enemigo; de no hacerlo bajo ninguna excusa, y mucho menos bajo la excusa de conservar un prestigio que justamente queda comprometido tan sólo por la mentira.

Pues hasta esto hemos llegado. Ya no basta con decir: un cristiano. Hay que decir: un cristiano que no miente, tampoco con su silencio; que dice toda la verdad, no la verdad mutilada."

También nosotros nos hemos esforzado constantemente en decir toda la verdad. Hemos puesto en juego para ello nuestra honra, nuestro buen nombre. Hemos visto una misión en el dar en todas partes testimonio de la verdad. Lo hemos hecho con franqueza, en seria responsabilidad por la misión de la Santísima Virgen en el Reino de Dios aquí en la tierra. Lo hemos hecho con claridad, lo hemos hecho en todo tiempo. Esperábamos de ese modo poder contribuir un poco al programa de gobierno de Pío XII, es decir, a la expansión y profundización del reino de la verdad, de la justicia y del amor. Por ello el 20 de Enero de 1942, por ello también el 31 de Mayo de 1949.

Nos mantenemos inconmoviblemente fieles al mensaje que nos confían ambas fechas. Con inquebrantable fidelidad luchamos por el concepto del organismo en la doctrina y en la vida, o por el triunfo de la mentalidad orgánica como medio de salvación de las terribles crisis vitales del tiempo actual. Así lo requiere Dios de nosotros a través de las voces del tiempo: *vox temporis, vox Dei.* Así lo exige él de nosotros a través de nuestra misión mariana... Por ese camino dio él a los *chilenos* su misión especial.

b. La segunda fuente de conocimiento de la misión del 31 de Mayo se halla en el alma del pueblo

Sabemos ya lo que significa para el P. Kentenich el alma latina y el aporte que ésta está llamada a prestar a la gran misión que él anuncia. Él ve en el ámbito latino otra voz de Dios que le mueve a proclamar el envío misionero que hace desde el santuario de Bellavista.

La segunda fuente de conocimiento del plan divino, para esta meta especial de los chilenos, fue el alma del pueblo en medio del cual la Madre tres veces Admirable se había establecido a partir de ese momento como comprobada educadora de líderes y del pueblo. En Chile viven pueblos latinos, caracterizados por el modo de pensar constructivo-orgánico. ¿No era más obvio, en ese caso, dada nuestra actitud ante la ley de la puerta abierta, que viésemos también allí una señal divina y nos esmerásemos en responderla sin demora? Ambas fuentes de conocimiento de la voluntad divina o del plan divino, el tiempo y el alma, determinaron con suficiente claridad la misión especial de Chile en el marco de la misión integral de la Familia.

4. Explicación en detalle del contenido de la Misión del 31 de Mayo

Habiendo delineado con claridad el sentido de la misión especial del santuario de Bellavista, que toca derechamente a su propia misión de vida y a la misión de la Familia, el P. Kentenich se explaya al respecto con más detalle. Afirma que este contenido se comprende en aquello que dice la plática del 31 de Mayo y en la tradición viva de la Familia. Teniendo este trasfondo se muestra dos elementos constitutivos o esenciales de la misión.

Debido a las controversias producidas por la interpretación diversa de la Misión del 31 de Mayo en Bellavista, aclara que la misión no tiene que ver primariamente con una complementación del alma latina y la germana, lo cual, ciertamente debe darse, pero que él no se jugó por ello al dar el paso del 31 de Mayo.[98]

Lo que estaba en juego se situaba directa y primariamente en lo que denomina la "doctrina del organismo respecto al objeto", es decir, respecto a los vínculos de amor en el orden natural y sobrenatural: a todo el tema de los intermediarios.

La doctrina del organismo "respecto al sujeto", es decir, la armonía entre las fuerzas afectivas, instintivas, espirituales

---

98 Para comprender el contexto del texto del padre fundador que citamos a continuación, es preciso tener en cuenta lo que era cuestión de la controversia en la Familia de Schoenstatt en Chile. Adjuntamos en un anexo dos escritos. Una carta del P. Benito Schneider a quien era en ese momento jefe de la generación y un texto que remitieron los seminaristas de Friburgo al P. Kentenich explicando cómo entendían ellos la misión.

y sobrenaturales, en el sujeto, en la propia persona, no era materia de la Misión proclamada.

Esta concisa presentación histórica (expuesta en los textos anteriores) debiera constituir una base útil para la respuesta de la tercera pregunta, la más importante. Ella reza: ¿qué significa en sus pormenores esta Misión especial?

4.1. Elementos constitutivos de la Misión especial

La respuesta ha de obtenerse y darse a partir de la interpretación auténtica de la conocida plática del 31 de Mayo de 1949 y de la tradición viva de la Familia de Schoenstatt en Chile.

Ambas fuentes, estudiadas con mayor exactitud, señalan hacia dos elementos constitutivos: primero, las contribuciones al Capital de Gracias de la MTA, que deberían ser conscientemente ofrecidas, en virtud de la alianza de amor con ella, con la intención de mover a la Santísima Virgen a tomar, ella misma, en sus sabias, bondadosas y poderosas manos de Educadora, la lucha que yo emprendí el 31 de Mayo de 1949 y, con ello, la superación de la mentalidad mecanicista.

Y, en segundo lugar, el cultivo cuidadoso y personal, como también la más amplia irradiación en el ser y en la vida y la defensa verbal adecuada, de la propia mentalidad constructivo-orgánica, que debe encontrarse en plena posesión y proyectarse en obras.

Primer elemento constitutivo: los aportes al Capital de Gracias

El historiógrafo podrá alguna vez constatar y transmitir al mundo futuro, con gran satisfacción y admiración, qué tan alto grado de idealismo y de radicalismo religioso ha despertado permanentemente esta meta concreta en todos los círculos. Cuanto con mayor fuerza rompían las olas, tormentosamente agitadas contra la alta montaña del 31 de Mayo de 1949, en forma tanto más valiente, más activa y más sacrificada fue transmitida, de boca en boca, la consigna: lo ofrecemos todo, hasta lo último, por el triunfo del 31 de Mayo.

No se debe menospreciar el apoyo que la Santísima Virgen recibió a través de ello para la solución de las preguntas más graves de la época, pero que redundó y redunda también en bien nuestro y de la obra. El que está con ambos pies en el terreno de la realidad sobrenatural sabe qué significan tal actitud y tales actos de sacrificio para la salvación y santificación del mundo desde Schoenstatt. No raras veces el desprendimiento, la donación y el traspaso de amor alcanzaron grados muy heroicos con el fin de fortalecer las exigencias de amor en el sentido del 31 de Mayo.

En síntesis: la alianza de amor con la MTA fue tomada muy en serio en todos sus segmentos, en sus ramificaciones y enraizamientos, y orientada sin vacilaciones hacia el objetivo, reconocido con claridad y enérgicamente ambicionado. Toda la Familia de Schoenstatt chilena vivía, tejía y obraba permanentemente en la atmósfera de altura del *Poder en Blanco,* de la *Inscriptio* y de la *Consagración de José Engling.*

Lo hacía, valga subrayarlo una vez más, en consciente vinculación con el 31 de Mayo de 1949; es decir, quería ejercer a través de ello como una suave violencia sobre la Santísima Virgen, para que ella, a través de la superación de la mentalidad mecanicista, se glorificara ostensiblemente a sí misma, e hiciera lo propio, y del mismo modo, con su obra de Schoenstatt y con sus instrumentos, en y por Schoenstatt.

La gran cadena montañosa, de la que ya hemos hablado tan frecuentemente, ha recibido así, por parte de nuestros chilenos, un refuerzo digno de mención. Su empuje podría incrementarse considerablemente, según creo, si se pudiese buscar más conscientemente y cultivar con cuidado la relación con el 20 de Enero de 1942. Nuestros chilenos se introducirían, de este modo, en contextos más amplios; extraerían impulsos más ricos en el sentido de la alianza de amor perfecta no sólo con la MTA, sino también con la cabeza supratemporal de la Familia y de los miembros de la Familia entre sí; girarían, por último, junto a los demás integrales –con el *Círculo de la fidelidad,* con el *Ver Sacrum,* con el *Anillo de la victoria* y con la *Guardia suiza*– más conscientemente en torno al eje común de la historia más reciente de Schoenstatt, formando así un frente más amplio, compacto e inexpugnable... *Sapienti sat.*[99]

Segundo elemento constitutivo: la mentalidad constructivo-orgánica

El ya mencionado segundo elemento parece ser más difícil de comprender. (...) Como ya fuera expuesto, se trata del cultivo, la irradiación y el anuncio de la mentalidad constructivo-orgánica, tal como ésta, según se ha afirmado, caracteriza originariamente a los pueblos latinos.

Preguntas parciales

Es aquí, en el modo de ser latino, donde debemos iniciar la consideración del tema, si es que pretendemos alcanzar claridad acerca de los problemas en litigio. En un lento escalonamiento intentamos plantear tres preguntas parciales:

---

99 Esto le baste al que sabe

- ¿Qué se entiende por mentalidad orgánica?

- ¿Cómo es el alma típicamente latina?

- ¿Cómo ha visto el proceso del 31 de Mayo, la conexión interna entre el alma latina y la mentalidad orgánica, y de qué manera la comprende como una misión?

¿Qué se entiende por manera orgánica de pensar?

La primera pregunta parcial nos anima a investigar con mayor exactitud el pensar orgánico.

Este puede contemplarse desde dos puntos de vista: desde el punto de vista del objeto de pensamiento (*ratione obiecti*), o desde el punto de vista del sujeto de pensamiento o exponente de pensamiento (*ratione subiecti*).

Como los opuestos comúnmente se exponen y se iluminan unos a otros, será conveniente que hablemos, en primer lugar, acerca de lo contrario: del pensar mecanicista. Después será fácil hacer comprensibles, en oposición a él, las características de la mentalidad constructivo-orgánica.

Modo de pensar mecanicista

El modo de pensar mecanicista separa en el objeto, cuando se trata del objeto de pensamiento exterior a la persona, la Causa Primera de la causa segunda. Separa la idea de la vida y prefiere por ello las abstracciones ajenas a la vida. Atomiza la vida y abre de esa manera el camino para un múltiple impersonalismo: libre para la despersonalización de Dios, para la despersonalización del hombre, y —como natural consecuencia— también, y no en último término, para la despersonalización del propio individuo. Finalmente, este modo de pensar arranca de su unidad a las ideas; no es capaz ni está dispuesto a verlas, ni anunciarlas ni realizarlas en su interconexión interna.

Cuando se trata del sujeto del pensamiento, el modo de pensar mecanicista separa improcedentemente en el sujeto, es decir, en la propia persona, la cabeza y el corazón, las capacidades anímicas interiores sin más. No reconoce ninguna unidad de tensión, ni mucho menos una unidad de ordenamiento entre ellas. Por esa razón, una sana armonía en el modo de pensar y de vivir –hasta donde esta armonía es posible, absolutamente hablando, en el estado de pecado original y con la ayuda de la gracia– le es completamente ajena.

Sin embargo, como el propio yo no es tan sólo sujeto, sino también objeto del conocimiento, esta aberrante manera de pensar, que suele dirigirse como tal generalmente a objetos exteriores a la persona, puede, según el caso, incrementarse enormemente, tan pronto como el propio yo entra en el ámbito objetivo del pensamiento, y puede conducir así a una forma de vida extremadamente insana, desintegrada y desintegradora.

Modo de pensar orgánico

Si se quiere describir ahora más exactamente cómo es, por el contrario, la manera orgánica de pensar y de vivir, solo se precisa suprimir en todas partes el guión de separación, reemplazándolo por un guión de unión (...) Es ocioso traer a colación ejemplos prácticos al respecto. Tanto he dicho y escrito sobre estas cosas con el correr de los años, que me limito a hacer la referencia. Para el conocedor debería quedar dada con esto la aclaración y respuesta a la primera pregunta parcial.

¿Cómo es el alma típicamente latina?

De aquí parte la segunda pregunta. Esta se preocupa, desde el punto de vista señalado, de captar y comprender con mayor exactitud la estructura típicamente propia del alma latina.

Se trata, pues, de una tipificación, por lo cual tienen vigencia aquí todas las reglas de un método semejante. En todo el diagnóstico se debe contar estrictamente, entonces, con un cierto tono sobre-acentuado, carácter que no se verifica en esta forma plena casi nunca en la realidad, o que lo hace sólo muy raras veces.

Todas las tipificaciones deben comprenderse de este modo, sea cual fuere su especie. Si se quiere leerlas e interpretarlas correctamente, habrá que decirse siempre en la lectura: En esta dirección va la estructura, en esta dirección va el desarrollo. Las tipificaciones parten siempre de la ley de los casos preclaros. No es de esperar, pues, que se encuentren encarnadas, ni siquiera aproximadamente en esa forma, en la masa del pueblo. Pero, también en las capas dirigentes a las que falte una formación y educación cuidadosa debe contarse muy a menudo con una primitivización de las más nobles aptitudes.

Modo de pensar latino en razón del objeto

Presupuesto todo esto, hago la siguiente afirmación: el alma latina tiene una marcada aptitud para una manera de pensar constructivo-orgánica *ratione obiecti*, es decir, tiene original-mente la capacidad de aprehender mentalmente y de expresar verbalmente, con cierta facilidad y como algo evidente, la relación entre Causa Primera y causa segunda, entre idea y vida, entre las distintas manifestaciones vitales y las distintas ideas. Esto no significa, por supuesto, que esa aptitud no conozca distintos grados, o bien, que ella pueda, sin formación ni educación, desarrollarse sin más en plenitud. De lo anterior se desprende por sí solo cómo encuadra en ese marco la masa del pueblo latino como tal.

Modo de pensar latino en razón del sujeto

Distinto es el caso cuando se trata de una caracterización más exacta de la manera orgánica de pensar *ratione subiecti*, es decir, donde no se trata de objetos exteriores a la persona, sino del sujeto mismo de pensamiento. Aquí debe distinguirse una vez más: si se toma el yo al mismo tiempo como objeto de pensamiento, el alma latina logra con mayor facilidad, similar al caso de los objetos de pensamiento exteriores a la persona, ver y reconocer correctamente conexiones internas.

Si el yo es visto, sin embargo, formalmente como exponente o como sujeto de pensamiento, tiene entonces, en su origen, prácticamente una gran inclinación a dar primacía en gran medida al corazón por sobre la cabeza y a lo instintivo por sobre la voluntad formada y entrenada. Esto bastará para dar respuesta a la segunda pregunta parcial.

4.2. Interpretación auténtica de la plática del 31 de Mayo de 1949

> El 31 de Mayo de 1949, explica el P. Kentenich, se refiere primariamente al modo de pensar orgánico en relación al objeto.

Con lo anterior se ha dado ya en lo esencial la respuesta a la tercera pregunta parcial. La plática del 31 de Mayo parte, como primer requisito, en primer plano, explícita y primariamente —en la acumulación de expresiones se percibe el hecho de que se trata aquí de algo esencial– de la aptitud natural del alma latina para la captación constructivo-orgánica de objetos exteriores a la persona (*ratione obiecti*).

La plática no hace en principio referencia alguna al propio yo como objeto y como sujeto de pensamiento. Esos asuntos no están puestos a discusión en modo alguno, ni en la conciencia vigilante del disertante ni en el enfrentamiento con Trier.

Para una comprobación más exacta hágase la comparación tomando la "Respuesta", o bien revísese el hilo conductor que esbocé más arriba y profundícese en los pocos párrafos de muestra del "Manual", que están a disposición.

En ningún lugar se habla en ellos acerca de la relación entre cabeza y corazón, o acerca de la estructura y la tarea de las distintas potencias del alma.

En todas partes se trata muy clara y exclusivamente tan solo de la aplicación de la idea de organismo a determinados objetos de pensamiento, los que hoy en Occidente son a menudo violentamente arrancados de su unidad y separados en forma mecanicista.

Se entiende así, tal como se ha demostrado en otro lugar, por qué se habla aquí (en la *Epistola Perlonga*) extensamente del renacimiento de la obediencia y de la humildad, del renacimiento del espíritu de filialidad y de paternidad, del renacimiento de la pureza y de la conciencia de los sexos. De todo esto, sin embargo, se habla siempre y en forma totalmente consciente en el contexto de la "comunión de tres" (del estar uno en, con y para el otro, de la unión de amor con el padre fundador, con los hermanos y con Dios) inmanente y trascendente (una unión que se da en el plano natural y sobrenatural), tomados estos vínculos en sí mismos y en su interacción recíproca. De ahí sigue que podamos llamar a esas resumidas consideraciones un compendio de la doctrina del organismo.

Me permito agregar aquí que el compendio se limita expresamente a considerar esos objetos mencionados en el contexto enunciado y con la deseada acentuación. Ni una palabra dice el compendio acerca de la relación orgánica de las capacidades humanas entre sí. Estos asuntos se encuentran en otras páginas de la literatura de nuestra Familia. En esas páginas se los trata extensamente, y no tienen, en principio, nada que ver, en forma inmediata y primaria, con el 31 de Mayo.

Secundariamente se refiere al pensar orgánico en razón del sujeto

La Misión del 31 de Mayo no trata específicamente del organismo en relación al sujeto. Se trata aquí de aclarar que el tema, respecto a la armonía en la persona entre "cabeza y corazón" o entre voluntad y afectividad, y de la complementación entre lo que está más acentuado en la modalidad germana o latina, siendo de suyo importante desde el punto de vista de la autoeducación, no estuvo para nada presente ni el documento enviado como respuesta al obispo de Trier ni en la plática dada el 31 de Mayo.

No obstante, no es que estos asuntos sean secundarios para nuestros chilenos. No es éste el caso. No puede ser así para un Movimiento pronunciadamente de educadores y de educación entre latinos que luchan por el ideal del hombre nuevo en la nueva comunidad.

Todos los hijos de Schoenstatt están altamente interesados en ello —deben estarlo— y, por lo tanto, también nuestros chilenos.

Ellos comparten, por cierto, con todos los schoenstatianos, la misma tarea, tienen que resolver también, tal como se ha indicado, problemas muy especiales en razón de su estructura.

Pero no se trata aquí primariamente de eso. Se trata solamente de destacar su misión específica en el contexto del 31 de Mayo.

Repito una vez más: primariamente vista, esta tiene un aspecto muy diferente. Ella lucha por la idea de organismo en su primera acepción. Secundariamente –valga destacarlo: sólo secundariamente– podrán y deberán esforzarse nuestros chilenos también por la relación orgánica entre todas las potencias anímicas en su propia vida y en su lucha espiritual.

Secundario es esto no sólo en razón de la equiparación con la misión general de la Familia, sino también en razón de las relaciones internas entre los dos tipos de organismo presentados. Estos no se encuentran yuxtapuestos, independientes uno del otro. Se determinan mutuamente, se influyen mutuamente, se exigen y promueven mutuamente. No en vano hablamos de una perspectiva de interés personal, o de una receptividad personal, individual, para los valores. A lo que aquí se hace referencia, la escolástica lo expresa con la clásica frase "*quidquid recipitur ad modum recipientis recipitur*", "lo que se recibe, se recibe según la forma del receptor".

Cuanto más sana es el alma, cuanto más armónicamente se haya desarrollado las distintas capacidades, tanto más plenamente puede abrirse ella a los objetos de pensamiento, con tanta mayor ductilidad puede absorberlos en sí misma y ser plasmada y formada por ellos.

Por otra parte, sin embargo, no debe ignorarse que la propia persona no es tan solo sujeto de pensamiento, sino también al mismo tiempo objeto de pensamiento, y que, por ello, se encuentra sometida a las mismas constantes que los objetos exteriores a la persona. Con todo derecho se puede decir, por eso, en cierto sentido, que ambos tipos de organismo son uno para el otro condición y coronación.

Después de lo dicho, se puede resumir constatando lo siguiente:

> La Misión del 31 de Mayo se refiere primariamente al organismo del primer nivel, del nivel superior y, secundariamente, al organismo del segundo nivel, del nivel inferior.

Si tuviera ahora a nuestros chilenos ante mí, o si me estuviera permitido escribirles cuál es mi pensamiento, les repetiría un lema de la primera época de nuestra familia:

¡Adelante! ¡Hacia arriba! ¡Jamás retroceder! ¡Adelante, para conquistar en todas partes nuevos territorios para nuestra Familia y para la Misión del 31 de Mayo! ¡Hacia arriba, hacia la cima del monte, que comienza con el 20 de Enero de 1942! ¡Jamás retroceder: ni en el tren de conquista ni en la escalada!

Por ahora debemos considerar la escalada como lo principal. No solamente porque lo indica el período de formación, sino porque todos los demás medios para ganar la batalla no conducen a la meta sin la subida al monte de la *inscriptio*. En ello no hemos de olvidar nunca que el monte de la *inscriptio* es un monte de sacrificio, en cuya cumbre el Crucificado atrae a sus predilectos a la máxima cercanía de su cruz y de su corazón. Así lo han experimentado todos los que han hecho la *inscriptio* y se han esforzado en vivirla seriamente. (...).

5. La cruzada del 31 de Mayo

Mientras escribía el texto anterior, llegó a manos del P. Kentenich un trabajo que provenía de los estudiantes chilenos que estaban en Friburgo, Suiza, realizando sus estudios teológicos. En ese trabajo, escrito por uno de ellos, se expone lo que pensaban sobre la Misión del 31 de Mayo. Nuestro Padre comenta ese trabajo.

5.1. Definición de la Misión del 31 de Mayo de 1949

Demos una vez más la palabra a Humberto Andwanter. Él dice con gran claridad y firmeza:

Para nosotros la Misión del 31 de Mayo consiste en una cruzada por el pensar orgánico y por la restauración de todo el organismo natural y sobrenatural de vinculaciones. Es decir, más concretamente, una cruzada por el Schoenstatt integral, con su marcado carácter sobrenatural como obra de Dios, que presupone un pensar orgánico.

Me permito repetir una vez más las últimas palabras, agregando una pequeña complementación que se encuentra con seguridad en el sentir del autor: que presupone un pensar orgánico y lo espera como fruto y coronación.

Yo me declaro absolutamente de acuerdo con esta formulación. Muy hermosa y plena de sentido es en ella la relación interior que se establece entre el sentido y ser de Schoenstatt y la mentalidad orgánica.

Del mismo modo se destaca acertadamente la misión de Chile:

> Creemos también que nuestro santuario en Bellavista debe desempeñar un rol muy especial, ya que desde allí, el torrente de gracias que ha llegado a nosotros desde el antiguo Schoenstatt en la plenitud de la *Tercera Acta de Fundación*, debe retornar fortalecido al Santuario original... Nuestra Familia de Schoenstatt en Chile se siente especialmente responsable de la Misión del 31 de Mayo. Pero no como única portadora. Por el contrario, queremos ganar a todos los demás para esa misión, y mostrar a todos los integrales que no conocen el 31 de Mayo esa responsabilidad y su respuesta en el sentido del *Acto de José Engling*.

Nada tengo que agregar a estas claras palabras, de sorprendente sencillez. Ellas delatan una comprensión y visión profunda, genial, de Schoenstatt y una valoración completa del 31 de Mayo. Todo intento de iluminarlas más corre peligro de oscurecerlas. Por ello las dejo así, sin comentarios, en esa luminosa brevedad y pujante plenitud.

A lo sumo, me puedo tomar la libertad de repetirlas de acuerdo a su sentido. Digo, entonces: el sentido del 31 de Mayo es una cruzada por el triunfo del pensar orgánico y de la plena restauración de todo el organismo natural y sobrenatural de vinculaciones en la teoría y en la práctica, en todas partes, tanto en el espíritu de Schoenstatt como también para Schoenstatt.

En el espíritu de Schoenstatt, vale decir, sin relación con los tres conocidos puntos de contacto, pero, no obstante, con la mirada dirigida hacia ellos.

Para Schoenstatt, es decir: en la más viva relación con esos puntos de contacto. O bien, más concretamente: una cruzada por el Schoenstatt integral con su marcado carácter sobrenatural como obra de Dios, que presupone un pensar orgánico y lo espera como fruto y coronación. (....)

Si la cruzada, en el sentido del 31 de Mayo, asume mayores dimensiones, y si crece, al mismo tiempo, el número y la capacidad de los caballeros cruzados, los bastiones, edificados por el actual grupo de autoridades, caerán tarde o temprano. Al fin y al cabo, siempre triunfa el plan divino y, junto a él, en el plano humano, la idea más grande, la fe más grande, la fuerza más grande de amor y de sacrificio y el estar más fuertemente poseído por la misión. Quiera llegar pronto el momento que congregue a todos los integrales, los forme y los guíe a la batalla de los espíritus, bajo el lema común de la cruzada por la restauración de todo el organismo de vinculaciones naturales y sobrenaturales en el sentido del 31 Mayo.

El pensamiento del organismo es el punto arquimédico

No debe olvidarse que, según nuestra comprensión, se trata aquí del punto arquimédico desde el cual el mundo actual, con sus multifacéticas y desorientadoras crisis vitales, puede y debe ser levantado de sus goznes.

Debe recordarse, además, que nosotros hemos colocado la idea del organismo, en su universalidad y en su misión para el tiempo actual, en una misma línea con las seculares concepciones de un San Agustín y de un Santo Tomás para la antigüedad del cristianismo y para el medioevo.

Celebramos la idea del organismo como la fórmula salvadora a la cual pueden reducirse todos los esfuerzos útiles de reforma. El futuro próximo indicará si acaso nos hemos equivocado en eso, cayendo víctimas de un fantasma de la imaginación y del corazón.

Las circunstancias se agolpan de tal modo, que debe esperarse que, muy pronto, aparezcan con más fuerza señales divinas. De todos modos, creemos tener, por de pronto, la obligación de intentarlo todo para anunciar la mencionada cruzada y para traducirla en hechos.

Cuán a menudo hemos dicho antes que Schoenstatt se encuentra ante muros infranqueables en la continuidad de su desarrollo, si el impedimento del pensar mecanicista no es removido en todas partes. Se podrá anunciar al mundo verdades mariológicas, se podrá pasar al anuncio de dogmas marianos, se podrá exigir su reconocimiento por parte de los creyentes. Todo esto es muy valioso y debe recibírselo con gratitud. Pero mientras el corazón no haya sido ganado para ello, el interior del ser humano se encontrará dividido. Y, a la larga, el corazón sólo puede ser transformado si la cruzada del pensar orgánico es anunciada con éxito. (...)

5.2. *Un hombre de negocios se expresa sobre el futuro del viejo mundo*

En lo que sigue, se reproduce las apreciaciones de un comerciante mayorista quien, ante el avance cada vez más poderoso del bolchevismo, se hace serios cuestionamientos sobre el futuro del mundo.

Ya hemos señalado anteriormente que es preciso aclarar el uso del P. Kentenich del término "bolchevismo". En la cita que sigue a continuación este término se refiere en primer lugar al marxismo y su avance, que se extendía por Europa y el mundo entero. En el mismo texto se percibe que el espíritu que está tras el bolchevismo, trasciende a la esfera política y económica. Hoy hablamos de un "marxismo (o bolchevismo) cultural". Ese espíritu es al cual el P. Kentenich ha declarado la guerra. Y ese espíritu, sea en Oriente u Occidente, en Europa o en Norteamérica, en Sudamérica o en África, en su esencia es el mismo. Es el colectivismo que hoy nos invade, la masificación de la humanidad –de la aldea global– y de una cultura que ha cortado el cordón umbilical con el Dios vivo.

El P. Kentenich llama nuevamente a unir fuerzas, a construir el arca, en el sentido de la Internacional schoenstatiana o del "bloque latinoamericano" que mencionaba en la carta al P. Carlos Sehr, citada anteriormente.

¿Quién asume la responsabilidad, ante Dios y ante la historia, por el hecho de habérsenos colocado en los últimos años ataduras indestructibles, impidiéndosenos, de ese modo, anunciar nuestra cruzada que estaba orientada conscientemente en contra de todos esos procesos de vida y había comenzado ya a movilizar a amplios, amplísimos círculos? La pregunta se hace tanto más acuciante, cuanto con mayor fuerza el bolchevismo se apresta a conquistar el mundo.

Un comerciante mayorista exponía en estos días muy francamente su comprensión acerca de estas cosas. Él afirmaba:

Yo soy un comerciante y, por lo tanto, veo siempre todo en forma realista y bajo la perspectiva comercial. Cuando un comerciante se declara en quiebra, sondea primero qué hay de material valioso en el activo de la quiebra, de manera de rescatarlo para una nueva época. También la cultura europea occidental se ha declarado en quiebra. El bolchevismo está a las puertas. El inundará y destrozará Europa y, tal vez, el mundo entero. Esto puede suceder ya el año próximo, o puede demorarse aún diez años. En el acontecer mundial es preciso prestar siempre atención a las pequeñas cosas. No son tan sólo las grandes acciones las que hacen historia. No raras veces son también aparentes pequeñeces las que definen el curso de la misma. Me permito traer a colación un ejemplo al respecto: en Ginebra, Kruschov y Bulganin vieron muchas cosas que los impresionaron mucho e hicieron vacilar fuertemente la convicción que tenían acerca de su poder. Tras la culminación de la conferencia volaron de regreso a Moscú. En el aeropuerto de Berlín Este, donde el avión hizo escala, Grotewohl y Pieck habían organizado una concentración masiva de los trabajadores de la zona, quienes aclamaban a los líderes rusos. Los dos jefes no sabían, por cierto, que había pistolas detrás de los trabajadores. Ellos oían tan sólo las voces entusiastas. A través de esta maniobra, la convicción de poder que los hacía tan intransigentes, pero que había comenzado a vacilar, fue fortalecida nuevamente. Fue aquí en Berlín, pues, donde el bolchevismo fue fortalecido, no en Ginebra. El mundo entero aguarda con angustia al bolchevismo que inundará Occidente. Pronto acontecerá que los asiáticos tomen a doncellas alemanas por esposa. Sin embargo, difícilmente podrán ellos aportarnos una cultura particular. Será como en aquel tiempo, cuando los persas irrumpieron en Grecia y llevaron la cultura griega consigo a Persia. Europa occidental no tiene ya fuerza moral como para oponerse al bolchevismo o al americanismo. Se ahoga en sus múltiples vicios. Por eso no puede vencer al materialismo, sea que provenga de Oriente o de Occidente. El bolchevismo levantará el brazo para dar poderosos golpes, pero más tarde, así es de esperar, Europa occidental se recuperará nuevamente y llevará su cultura al mundo nuevo. (...)

Hasta aquí el contenido de la conversación. No entro a considerar detalles. He citado el texto tan sólo para llamar la atención sobre dos puntos que se han hecho carne en nosotros, schoenstatianos. Se trata, en primer lugar, de la victoriosidad del bolchevismo de la cual hemos hablado ya tan a menudo y en contra del cual creemos haber recibido de parte de Dios una misión determinada. También nosotros conocemos el refugio que busca el comerciante mayorista. No en vano hablamos desde hace mucho tiempo de nuestra Familia como un arca, o como un archipiélago volante. Nuestro punto de partida para ello es la idea de que difícilmente haya un lugar firme en el mundo que esté al resguardo del ataque. Por eso no nos concentramos tampoco a un país determinado. Más bien quisiéramos que se tracen líneas transversales a través de todos los países, quisiéramos ayudar a construir un arca que, sacudida de un lado para otro por el diluvio, esté sin embargo inmunizada contra el peligro de contagio y tenga la tarea de rescatar e inmunizar a todos los náufragos. O bien, hablamos de archipiélagos volantes, que no están vinculados en toda circunstancia a un país determinado. Sin una marcada misión divina y sin irrupciones de gracias más profundas, el arca y el archipiélago no pueden realizar la difícil tarea. Pero también los pasajeros y habitantes tienen el deber de ocuparse, de moverse y de esforzarse seriamente por encarnar el ideal del hombre nuevo en la nueva comunidad en el sentido de la ribera de los tiempos más nuevos. En esa dirección va desde hace décadas nuestra convicción creyente y nuestros pertrechos intelectuales y espirituales.

No es que nos consideremos los únicos en tener una misión tal. Hasta nos alegramos si también otras comunidades son llamadas por Dios a compartirla con nosotros. Por eso mismo en modo alguno miramos con envidia hacia barcas y barcos ajenos. No obstante, nadie puede tomar a mal que persistamos al mismo tiempo inconmoviblemente en nuestra misión. Ya a menudo he hecho referencia a *Mondragone* en este contexto. (...)[100]

De nuestra parte deseamos a todos los círculos llamados por Dios abundante bendición, pero solicitamos también para nuestra Familia el derecho a existir, trabajar y vivir.

Sabemos cuál es, en la perspectiva indicada, la importancia de la cruzada para la restauración del orden natural y sobrenatural de vida. Se ha de ser consciente, además, de que todas las objeciones de la visitación provienen en mayor o menor medida del desconocimiento o de no considerar ese organismo de vinculaciones. Téngase en cuenta que todos los problemas de la psicología profunda encuentran allí una orientación segura para la vida psíquica tanto sana como enferma... Frase tras frase, está repleto de contenido. Lo que cada frase afirma y lo que todas ellas en su totalidad expresan, parece ser, en primera instancia, una ilusión única, grande e imposible. El futuro decidirá al respecto.

El P. Kentenich resume su opinión.

De todas maneras, de lo dicho se sigue que la importancia del 31 de Mayo ha permanecido hasta ahora realmente como una incógnita para muchos círculos en la Familia, pero que finalmente parece haberle llegado su tiempo. ¡Bienvenidos, pues, todos aquellos que quieren participar en la cruzada común!

---

100 "Mondragone" era el centro del Movimiento *Por un Mundo Mejor*, del Padre Lombardi.

6. El riesgo del 31 de Mayo
Apuntes de Crónica de 1957

En diversos círculos se había afirmado que algo había sucedido con el P. Kentenich durante el período de Dachau, que mostraba un desequilibrio y fijación en relación a la fe en la divina Providencia. En este texto el P. Kentenich se refiere al respecto, mostrando cómo él siempre se ha guiado por la búsqueda de la voluntad divina y de sus planes a través de la fe práctica, estrechamente unida a la alianza de amor con María. Explica que siempre debió correr considerables riesgos, los cuales hasta Dachau mostraban un carácter menos notorio en el ámbito público, pero que después de Dachau, con todo lo que implicó el paso del 31 de Mayo y la visitación apostólica adquirieron otra dimensión.

Una vez más queda claro que la Misión del 31 de Mayo debe siempre entenderse a la luz de la fe en la Providencia divina. El P. Kentenich se lamenta, una vez más, de que aún no se haya logrado que la jerarquía se ocupe de conocer Schoenstatt más profundamente.

Ley de la puerta abierta y de la resultante creadora

Nuestra Alianza de Amor, tal como se ha desarrollado históricamente, está íntimamente relacionada en todos sus grados y estadios con la fe en la Divina Providencia. Como ley de la puerta abierta, nos indica no solamente el plan divino que se ha hecho realidad en la Alianza de Amor, sino que nos señala también el camino hacia el desarrollo de esa Alianza, tal como Dios lo quiere. Como ley de la resultante creadora, legítima como marcados con el sello divino el reconocimiento del plan divino y respectivamente la decisión tomada para su realización.

De ese modo siempre se relacionan entre sí en la historia de la Familia las tres estrellas: la Alianza de Amor, la ley de la puerta abierta y la resultante creadora. No raras veces compiten entre sí. Ellas nos han movido a relacionar la obra gigante de Vicente Pallotti con nuestra meta original, indicándonos de ese modo el camino que va subiendo hacia alturas de vértigo.

Altas instancias eclesiásticas han concedido que me es propio un sentido especial para esa doble constante en el acontecer salvífico y secular. Ellas afirman que antes de Dachau todo estaba en orden, tanto en mi vida espiritual personal como también en la vida íntegra de la Familia en cuanto es la imagen fiel de aquella. Después de Dachau esta situación habría variado, dicen, de manera semejante a como ha ocurrido con muchos otros que han estado largo tiempo encerrados tras los alambrados. Así toda la estructura de mi alma habría sufrido por lo menos un cierto daño, el que se habría reflejado negativamente en mi fe en la divina Providencia. La prueba de lo anterior sería la inclinación a excesos como, por ejemplo, la afirmación de que sólo Schoenstatt tiene la tarea de vencer al bolchevismo en el tiempo actual.

Al entendido le resultará sumamente fácil remitir tales afirmaciones al reino de las fábulas sobre Schoenstatt. (...)

Punto de convergencia y culminación de nuestros esfuerzos: el 31 de Mayo de 1949

Difícilmente hay en la historia de nuestra Familia, junto a nuestra posición frente a la Alianza de Amor, algo tan absolutamente claro como nuestra misión respecto al espíritu colectivista del tiempo actual. No pocas veces la hemos podido proclamar, en la figura del hombre nuevo en la nueva comunidad con carácter apostólico universal, simplemente como la meta innata de nuestra Familia de Schoenstatt. Y desde los años treinta no nos hemos cansado de anunciar en innumerables cursos la superación del espíritu colectivista del tiempo actual a través de nuestra doctrina del organismo y de nuestra pedagogía de las vinculaciones. Todo lo sucedido en esta dirección ha llegado a un punto de concentración y a su culminación en el 31 de Mayo de 1949. No es este el lugar para entrar nuevamente a considerarlo en forma explícita. Pero constantemente se ha sostenido la misma línea: la ley de la puerta abierta ha indicado el camino, y la ley de la resultante creadora ha marcado ese camino con un sello divino.

Antes de Dachau: crecientes riesgos

Así fue antes de Dachau, así fue también después. Si el sentido para la percepción sobrenatural no tenía antes ninguna desviación hacia lo enfermizo o excéntrico, tampoco lo tuvo después. No es difícil aportar las pruebas al respecto. El actuar de ese sentido fue siempre y en todo tiempo un riesgo.

Difícil es discernir en qué situación ha alcanzado la cumbre de la audacia. Así fue en 1914, al constatar el plan divino de la Alianza de Amor y al contraerla. Así fue en 1916, al asumir las metas de Pallotti en la más estrecha y vital relación con la Alianza. Así fue en 1919, al renunciar yo a un puesto seguro y reconocido, emprendiendo al mismo tiempo una obra que, humanamente, debería haber sido caracterizada como una ridícula idea loca, sobre todo si se tiene en cuenta el puñado de colaboradores jóvenes e inmaduros con que contaba, la mortal enfermedad de mi cuerpo y la poca reputación de la Sociedad a la que pertenecía.

Reitero: no sé en qué oportunidad fue mayor el riesgo. Se me hace como si, otra vez, humanamente, con cada escalón, se hubiese tornado cada vez mayor y más temerario. Solamente hay que poner siempre frente a frente y comparar la insignificancia de los instrumentos y medios utilizados con la meta inmensamente elevada. Nuestros actos de arrojo atrajeron continuamente círculos cada vez mayores, despertando en todas las direcciones y venciendo al mismo tiempo una creciente oposición: primero en la Sociedad de los palotinos, luego en el ámbito oficial eclesiástico alemán. Más tarde se produjeron choques con la autoridad estatal. Los enfrentamientos de los que se trata no fueron en verdad de poca monta. Sólo se precisa consultar a los implicados, así como examinar la documentación escrita. El hecho de que estos enfrentamientos no hayan tenido en todos lados un final tan catastrófico, se puede deber a que los mismos se dieron siempre solo de a uno, y a que se referían siempre a ámbitos parciales que aparecían prudentemente más o menos en forma sucesiva.

Después de Dachau: salto al ámbito público

Esto cambió esencialmente después de Dachau. Las barreras de una probada y prudente reserva y de un cuidadoso tanteo de la situación, observadas hasta el momento, fueron echadas a un lado y cayeron rápidamente. ¿Cómo se llegó a ello?

La historia de la Familia durante los años de la revolución,[101] historia tan rica en tensiones, elocuente y prometedora, fue para mí un sello renovado, profundizado e inequívoco sobre el carácter divino de la obra y sobre su misión para el mundo.

---

101 Así designa el P. Kentenich al tiempo del régimen nacional socialista.

Yo interpreté esa historia como una señal, que me obligaba a abrirle camino en la opinión pública de Alemania, con franqueza y audacia, a una obra ya suficientemente acreditada. Esto sucedió a de la publicación de *Hacia el Padre*.

Consideré un deber para mí llevar la Obra a través de tierras y mares en permanentes viajes internacionales, y preparar, mediante el 31 de Mayo de 1949, la marcha hacia Roma. Todo esto sucedió de forma tan rápida, repentina y exhaustiva, que Schoenstatt se vio envuelto súbitamente, en vastos círculos, en un fuego de barrera sumamente peligroso y de consecuencias incalculables.

La doble visitación añadió luego lo suyo. Los hechos históricos que hemos descrito, los formulamos con la conocida frase: Sin Enero de 1942 no habría Mayo de 1949, y sin Mayo de 1949 no habríamos llegado a la actual situación.

¿Y no sería razonable si alguien pensara que después de Dachau el olfato sobrenatural se hubiese ido un poco a los extremos? Yo por mi parte hallaría más razonable si todo lo que en la historia de Schoenstatt se atribuye a este olfato sobrenatural fuera valorado como algo extremo. Para un pensar puramente natural, parecerá sin duda extremo todo lo que surgió en Schoenstatt desde 1914 y que es atribuible a dicho sentido para lo divino, ya se trate de la asombrosa audacia del plan o de la confiada y vigorosa osadía de su realización.

Realmente no sé dónde se encuentra la valentía mayor, la audacia más heroica: si antes de Dachau o después de Dachau. Téngase en cuenta que 1942 no podía invocar bases tan sólidas como 1949 y el tiempo subsiguiente. La diferencia entre el tiempo anterior y el posterior a Dachau es meramente externa. Antes, la evolución se dio en forma más lenta y silenciosa; ella estaba preparada para un ámbito relativamente estrecho. Después se registra un portentoso despertar y prorrumpir en el más amplio ámbito público. Esto no se produjo en forma casual, sino a propósito y de acuerdo a una gran planificación.

El espíritu que se halla detrás de una y otra situación ha sido, no obstante, siempre el mismo: se trata del espíritu de la fe heroica en la Providencia divina, el cual no solo ha señalizado hacia la Alianza de Amor, sino que ha hundido en ella sus raíces y ha llegado a ser fecundo a través de esa unión tan inseparable. Es el mismo espíritu el que también hoy todavía anima a los círculos integrales de Schoenstatt. Es el espíritu que ha puesto en sus manos la clave para entender las crisis fundamentales de la Familia y las conmociones en la vida personal. Es el espíritu quien les permite realizar hazañas de una audacia de primer rango, las cuales pueden ser consideradas como impactos certeros o brillantes logros de fidelidad a la mencionada doble actitud.

Urgencia de estudiar Schoenstatt

Es muy lamentable que círculos de la Jerarquía no se puedan tomar el tiempo para mirar tras los bastidores, para tener así acceso a las misteriosas profundidades de un mundo maravilloso. Mientras perdure esta situación nunca les será posible desentrañar el "misterio" de Schoenstatt. La mirada queda atrapada exclusivamente en la forma exterior de la organización y mide su utilidad. No penetra más profundamente en el cálido corazón de la Familia. Se dice que en Schoenstatt hay algo que no se puede captar. Pero se olvida que ese algo intangible es nuestra Alianza de Amor y nuestra fe en la Providencia divina, unidas en una unidad inseparable. Se pasa por alto que todo lo que se ha dado en Schoenstatt brota de esas dos vertientes y se alimenta constantemente de ellas.

Los enfrentamientos que tuve en Roma giraban en torno a la superación del pensar mecanicista y a la cultura occidental. Si esa mentalidad no es vencida en su raíz, la Santísima Virgen no puede realizar eficazmente su tarea en el tiempo actual.

Por eso, para nosotros, los schoenstatianos, la estrategia está indicada desde hace ya muchísimo tiempo. Si pretendemos, en virtud de su misión, conducirla con éxito al campo de batalla y arrastrar su carro de triunfo por entre las filas de sus opositores, por de pronto no nos queda otra cosa más que intentarlo todo para superar esa mentalidad a través del pensar, amar y actuar orgánicos.

Muy lejos estamos en esto de presumir que somos los elegidos únicos y exclusivos para tal gigantesca tarea. Por el contrario: nos alegramos si muchos grupos comparten a nuestro lado y con nosotros la misma misión. No obstante, cuanto más se prolonga el combate, tanto más claramente se hace visible que nuestro diagnóstico y pronóstico del tiempo han dado plenamente en el blanco.

Con respecto a la Alianza de Amor hemos dicho y escrito mucho y variado a lo largo de los años. Lamentablemente, lo dicho y escrito no ha encontrado hasta ahora el camino hacia la mente y el corazón de aquellos a quienes interesa en la situación actual.

Un destino semejante amenaza a nuestra marcada fe en la divina Providencia. Ya se sabe cuánto hemos esperado y esperamos aún hoy que el Santo Padre que gobierna actualmente (Pío XII) la reconozca oficialmente en y con Schoenstatt y le asegure así, junto a las apariciones que son fuente extraordinaria de conocimiento del plan divino, un puesto de igual jerarquía en la vida cristiana actual para resolver y para dominar los enigmas del gobierno divino del mundo.

No es difícil reconocer la importancia que tendría una acción tal.

7. La conducción divina a través de la historia
Crónicas (1957)

El P. Kentenich muestra cómo el Dios providente ha ido conduciendo el desarrollo de Schoenstatt a lo largo del tiempo. Las dificultades que se fueron dando en su camino, le llevaron a asumir y profundizar de modo único la vida de la alianza de amor y los pasos que debía darse. Hace en este sentido un breve recorrido por la historia de la Familia.

Regreso a nuestras reflexiones históricas.

En segundo lugar merece nuestra atención el hecho de que ese *contractus bilateralis* se convirtió en el primer blanco de ataque por parte del lado eclesiástico en contra de Schoenstatt. Sucedió en los años 30 desde Trier. En aquel tiempo se afirmaba desde allá que un contrato de esa naturaleza contradice la esencia del cristianismo, no puede relacionarse con la tradición de la Iglesia y es, por tanto, inadmisible[102]. Se había pasado por alto que se trata aquí, como en las Congregaciones Marianas, no de un

---

102 Cfr. *Bajo la Protección de María,* p. 244, editado por Hermanas de María, Argentina,1989.

contractus bilateralis onerosus, es decir, de un contrato jurídico en el sentido estricto, sino de un *contractus bilateralis gratuitus*, o bien, de una alianza de amor, la cual se funda totalmente en la esencia del cristianismo y ha hallado una plasmación concreta en la Congregación Mariana. Una vez que el error fue reconocido, ya no fuimos importunados nuevamente.

7.1. Confederación Apostólica Universal (1916)

En forma semejante a lo sucedido en 1915 en el enfrentamiento con el P. General Gissler, el ataque al corazón de la Familia o a su fundamento y su fuente de vida tuvo como efecto el que la Alianza de Amor fuera colocada, a partir de ese momento, tan fuertemente en la conciencia reflexiva y vigilante de la Familia. En aquel tiempo sucedió principalmente a través de nuestra joven generación de sacerdotes, que, desde ese momento hasta hoy, ha surgido un verdadero movimiento de consagración o de alianza.

Ello afirmó y perfeccionó a la Obra en todo sentido en lo tocante a la organización y a la vida. Este movimiento no ha alcanzado aún su culminación. Todas las corrientes espirituales están concentradas desde aquel momento por la atracción gravitacional de esa Alianza de Amor. La toma de conciencia reflexiva acerca de ella como consecuencia de los ataques de Trier aconteció en el momento justo. Una vez que el fundamento de la Familia había sido revisado nuevamente a fondo y colocado de nuevo en forma sólida y más profunda, podía estallar la tormenta de la revolución nacional-socialista y de la segunda guerra mundial, soplando sobre nosotros y estremeciendo y sacudiendo con furia el edificio familiar. El fundamento fue y siguió siendo en todo momento capaz de resistir tormentas. Cuanto más arreciaban las tormentas, tanto más se hundían profunda e inseparablemente en el suelo rocoso –para utilizar otra imagen– las raíces centrales de nuestro árbol de familia.

7.2. El 20 de Enero de 1942 (Inscriptio y Poder en Blanco)

Con ello se había ganado la primera y significativa batalla con la autoridad eclesiástica. No sólo Trier había participado en el ataque. En el marco de fondo se encontraba el que era a la sazón obispo de Limburgo[103]. Valdría en sí la pena describir detalladamente ese primer enfrentamiento y ocuparse sobre todo del marco de fondo. En efecto, queremos reavivar recuerdos históricos y facilitar la tarea a futuros historiógrafos. Con todo, será provechoso hacer un final abreviado, para no tener que ocuparnos demasiado largamente con la respuesta a la colección de documentos históricos.

Pero una cosa ha de acentuarse una vez más: toda la historia subsiguiente se basa en el fundamento colocado y afirmado nuevamente de ese modo. Sin el citado ataque –así debemos decirlo, de acuerdo a estimación humana–, no habría *Poder en Blanco*, ni *Inscriptio*, ni *Consagración de José Engling*. Todos estos no son sino distintos grados de la misma y única Alianza de Amor. Ciertamente, la sabiduría y el amor de Dios podrían habernos conducido por otros caminos y habernos puesto otros medios a disposición. Escapa a nuestro conocimiento en qué podrían haber consistido. Nosotros nos damos por satisfechos

---

103 Antonius Hilfrich.

con constatar cómo la eterna sabiduría nos ha pertrechado para las difíciles luchas del tiempo posterior.

Incontables veces se repite este proceso en la historia de nuestra Familia: Dios trata a su hijo de la providencia y de la caridad, a su hijo de la fortaleza y de la cruz, continuamente de acuerdo al mismo método. El utiliza de alguna manera en todo las mismas reglas. Nos prepara siempre con inmenso cuidado para metas misteriosas. Lo hace habitualmente a través de duros ataques previos, o bien a través de otras dificultades de cualquier índole. De esa manera, y como lo constata la *Segunda Acta de Fundación*, él nos "llama la atención respecto de cosas que él quiere especialmente que acentuemos y hagamos efectivas". Así él corrige juicios erróneos de nuestra parte. Así nos preserva de recorridos y resoluciones erróneas. Así opone él su propio plan a la planificación humana y sabe realizar en forma pura lo que sus sabios planes han pensado desde la eternidad.

7.3. *El 31 de Mayo de 1949*

Repetimos una vez más: sin el enfrentamiento con el P. General Gissler, la Confederación Apostólica Universal planeada por Pallotti no habría sido incorporada en nuestra Alianza de Amor. Continuando: sin las objeciones de parte de Trier, no habría *Poder en Blanco* ni *Inscriptio*. Sin *Inscriptio*, o sin el 20 de Enero de 1942 y su consecuencia no habría un 31 de Mayo de 1949. Continuando: sin 1949 no habría... -¿y qué seguirá ahora?...

De acuerdo a las leyes de conducción aplicadas por Dios hasta el momento, debe tratarse de algo inusitadamente grande. Primero fue un superior general, luego un obispo el que Dios nos envió como indicador y preparador de camino. Hoy es la más alta congregación romana (el Santo Oficio) la que él utiliza como instrumento para llevarnos a la vía correcta y para prepararnos mentalmente y educarnos prácticamente para nuestra misión del futuro.

Quien profundiza con fe en la lectura de toda nuestra historia de Familia no tendrá dificultades en confesar que esta historia es una escuela de primer orden de la Providencia y de la caridad, de la fortaleza y de la cruz. Desde ese cuádruple punto de vista, ella puede y debe ser considerada al mismo tiempo como dos cosas: como una probada escuela elemental y como una casa de estudios superiores que edifica, levanta y despierta el espíritu. Tanto en uno como en otro caso se puede aprender en ella una sabiduría de vida sin parangón, y se puede madurar hacia una rara maestría en la lectura y la vida. Quien acuda a ella exitosamente podrá rezar en toda circunstancia y sin dificultad con el Padre Eberschweiler[104]: "¡Oh, qué consolador es, Padre óptimo, que tú hayas confeccionado ya hace tiempo y exactísimamente mi calendario para el año próximo...!Así, me abandono totalmente a tu bondadosa Providencia y tengo sólo una preocupación: reconocer y realizar tu voluntad paterna."

8. Fuente de conocimiento para el 31 de Mayo: La fe sencilla en la Providencia divina
Apuntes de Crónicas (1957)

La Misión del 31 de Mayo tiene un marcado carácter profético. Al respecto, el P. Kentenich distingue claramente un profetismo en sentido estricto (por ejemplo, el de los profetas en el Antiguo Testamento) y un profetismo en sentido lato. Si se

---

104 P. Wilhelm Eberschweiler S.J. (1837-1921).

habla de él como profeta, es en este último sentido. Su profecía tiene como fuente la fe práctica en la divina Providencia.

De modo semejante a como sucede con los profetas en sentido estricto, también él como profeta ha corrido una suerte semejante. Su profecía ha sido desconocida y rechazada. Afirma, en esta línea, con confianza basada en la fe práctica: "Es hasta riesgoso ocuparse de algún modo públicamente del 31 de Mayo de 1949. No habrá de faltar mucho para que caigan los velos; entonces los hechos hablarán un lenguaje férreo e imposible de desoír. Quiera Dios que entonces no sea demasiado tarde".

"Profetismo" en sentido schoenstatiano

Téngase en cuenta, sin embargo, que se trata aquí siempre de un profetismo en el sentido lato de la palabra, es decir, de un tipo de profetismo que se caracteriza por estar interiormente captado por Dios y por el hombre, por el tiempo y por la misión, y que ha roto con un estilo de vida y de trabajo burgués y aburguesadamente satisfecho u orientado tan sólo hacia las formas y las obligaciones.

En este contexto es siempre y especialmente significativa la fuerte irrupción de Dios en la vida mortal del ser humano a través de la ley de la puerta abierta, así como la captación interior y la inquebrantable e imperturbable coherencia, con la cual se procura hacer valer a Dios, su palabra y sus deseos, sin preocuparse por la propia honra y el bienestar, para encarrilar así a la época y a los hombres en el sentido de las riberas de los novísimos tiempos, con el fin de realizar los misteriosos planes de Dios.

No se puede negar que todas estas destacadas características se encuentran también en el profeta en el sentido propio de la palabra, profeta a través de cuya boca Dios "profetiza" verdaderamente, como a través de su portavoz preferido, queriendo destruir y aniquilar en su entorno todo lo mediocre y descompuesto como con un martillo, colocándolo con irresistible valentía frente a decisiones magnánimas.

No obstante esto, la diferencia consiste en el hecho de que los planos en los cuales ambos se mueven y actúan tienen distinta ubicación. De ello se sigue que también los efectos, a pesar de las múltiples semejanzas, son totalmente distintos en grado y en género.

Ambos tienen en común el hecho de que habitualmente no son comprendidos por su época, siendo por ello rechazados, cuando no clavados en la cruz. Sobre ambos pesa la onerosa mano de Dios, de la cual no pueden escapar. En ambos casos se trata –como afirma Susman en *Interpretación de las figuras bíblicas* ("*Deutung biblischer Gestalten*")– "de arrancar al hombre de la forma de existencia mítico-mágica, de la lucha que innumerables poderes ciegos entablan por el alma humana: es la terrible lucha contra el mito y la magia, que toda profecía tiene para obligar al alma a volver a sí misma, a la unidad y a la integridad, a la responsabilidad ante el Uno".[105]

Ambos han de contar con que primero deben ser ultimados detrás del templo y del altar (Mt 23,35 par.), antes de haber encontrado reconocimiento y escucha. Con todo, los dos están separados por un tabique que sólo Dios puede retirar. En un

---

105 Susman, *Margarete, Deutung biblischer Gestalten (Interpretación de las figuras bíblicas)*, Stuttgart/Konstanz, 1955.

caso, el profeta obra bajo el influjo del don de profecía y vaticinio, en el otro a través de un alto grado de fe en la Providencia.

Me permito, quiero y debo subrayar, en este marco, que Schoenstatt conmigo no quiso ser nunca otra cosa que un hijo de la Providencia per *eminentiam*... Nunca se sintió a gusto en otro papel ni se dio de otra manera. Nunca hemos pensado en un profetismo en el sentido propio de la palabra, ni mucho menos hemos extendido sacrílegamente la mano hacia esa condición.

"Manto de profeta"

Es verdad que el 19 de enero de 1942 –inmediatamente antes del 20 de Enero, fecha de tan honda incidencia– escribí al P. Menningen desde la cárcel: "En espíritu te he arrojado entretanto 'mi manto de profeta' sobre los hombros. Llévalo con dignidad. Yo llevo provisoriamente otro manto. Lo hago con gusto, en la convicción de poder, de este modo, servir mejor a la Obra." No se debe pasar por alto, que "mi manto de profeta" está entre comillas y debe ser interpretado, por lo tanto, en sentido lato.

Repito: nunca hemos querido ser otra cosa que hijo de la Providencia. Así fue desde el comienzo, así fue siempre. Para subrayar especialmente uno u otro caso, digo: así fue también el 31 de Mayo de 1949, cuando emprendimos el arriesgado avance hacia círculos eclesiásticos oficiales en contra de la mentalidad mecanicista como la raíz última de las graves enfermedades de la época y ofrecimos como medicina la nueva toma de conciencia de la mentalidad orgánica.

Así fue en 1951, cuando con fe en la Providencia entregué en Roma, en manos del Santo Oficio, la preocupación y la responsabilidad por mi diagnóstico y pronóstico de la época. Cuanto más justificaban mi visión de los tiempos las crecientes circunstancias de la época –no sé si esta visión se encontraba en aquel momento tan clara en alguna otra cabeza u otro corazón como lo estaba en el mío–, con tanta mayor confianza agradecía yo, en consecuencia, el alivio que de esa manera me era dado a través del Santo Oficio. Las generaciones del mañana podrán juzgar la rectitud de mis concepciones.

Optimismo a causa de la fe en la Providencia

Kierkegaard se compara en una oportunidad con el ave llamada "profeta de la lluvia". Dice Kierkegaard: "Hay un ave que se llama 'profeta de la lluvia', y yo soy así. Cuando comienza a cernirse una tormenta sobre una generación, se manifiestan individualidades tales como la mía".

Si se quiere comprender mi diagnóstico o pronóstico de la época como una profecía –por cierto solo en sentido lato–, entonces su autor merece ser caracterizado, sin embargo, no como un profeta de la lluvia, sino como un profeta de bendición. Él no es ningún pesimista, sino un realista, y, por su fe en la Providencia, es un optimista imposible de corregir y convertir. Por eso las perspectivas (que muestra) a través de la oscuridad de la época son siempre tan extraordinariamente luminosas. Se presupone, sin embargo, que el pronóstico y los caminos que se ha indicado hacia allá se tomen en serio. Lamentablemente, no ha sido este el caso hasta el momento.

Por el contrario, es hasta riesgoso ocuparse de algún modo públicamente del 31 de Mayo de 1949. No habrá de faltar mucho para que caigan los velos; entonces los hechos hablarán un lenguaje férreo e imposible de desoír. Quiera Dios que entonces no sea demasiado tarde.

Una vez más: queremos entrar en la historia simplemente como un hijo de la Providencia.

9. La nueva imagen de padre
Crónicas (1957)

El 31 (de Mayo de 1949) quería en primer lugar ayudar a remover el mayor impedimento para la tarea de la MTA en el ámbito alemán: la mentalidad mecanicista. Es decir: según nuestra comprensión, no eran ni son tanto reservas de orden dogmático sino, más bien complejos de orden psicológico los que, teniendo su raíz en la mentalidad mecanicista, impedían e impiden a círculos católicos dirigentes en el ámbito cultural germano el otorgar a la Santísima Virgen el puesto que le es propio en la vida del individuo y de la nación, para pacificación de los pueblos y para restauración del orden social cristiano. Por eso de parte nuestra – en nuestra postura sobria y objetiva– el esfuerzo por derribar primero esta muralla, para poder luego llevar sin impedimentos el carro de la Santísima Virgen al campo de batalla del tiempo actual.

El marco de fondo y la ocasión de la visitación trajeron consigo, sin embargo, que el al mismo tiempo, valientemente, rompiéramos lanzas por la imagen del padre vista y realizada orgánicamente. En forma semejante a la materna, esta imagen se encuentra, en razón de las tendencias espirituales separatistas reinantes y dominantes del espíritu de nuestro tiempo, en peligro de sufrir una deformación, de perderse, abriendo así el camino para el destronamiento de Dios Padre, a quien el

Salvador del mundo anunció de manera extraordinariamente entrañable a través de su vida y su doctrina.

Las luchas posteriores a la visitación fueron llevando incesantemente ese punto de vista de nuevo al primer plano, independientemente del hecho de que la MTA desde su Santuario conducía a su séquito más y más, con el Señor, en el Espíritu Santo, hacia el Padre Dios.

10. Psicología de las causas segundas
Milwaukee, 2 de Febrero de 1965

Desde 1924 encontramos en el P. Kentenich referencias a la doctrina escolástica de las causas segundas. Con el transcurso del tiempo, este tema se convertirá en un lugar común. La tesis podría formularse así: En un primer momento, san Agustín habría elaborado una teología en la que se acentuó a Dios como Causa Primera. Luego santo Tomás de Aquino, con un enfoque filosófico, se habría referido a las creaturas como causas segundas, consideradas a su vez en su particular autonomía, y de esa manera habría marcado el perfil espiritual de Occidente.

Basándose en estos doctores de la Iglesia, el P. Kentenich propone para el tiempo actual la meta de alcanzar una correcta vinculación con las creaturas, es decir, superar el mecanicismo que separa Dios y mundo, lo natural de lo sobrenatural, la acción del hombre y la acción de Dios.

El P. Kentenich expone las pautas para ello a modo de una "psicología de las causas segundas" aplicada en la vida espiritual y la pedagogía y pastoral de la Iglesia.

De esta manera presenta la Misión del 31 de Mayo, llamada a luchar por una correcta concepción y vivencia de las causas segundas.

El siguiente texto fue tomado de una conversación que tuvo lugar el 2 de febrero de 1965 en Milwaukee. Se trataba de esclarecer los términos "asemejamiento" e "incorporación" que se usaban en relación al padre fundador. Asemejarnos a él, haciendo nuestra su lucha, sus ideas, su proyecto; e incorporarnos a él como nuestro padre y fundador, quien era y es el depositario del carisma que el Dios vivo le regala para la vida de la Iglesia y su misión en nuestra cultura.

Asemejamiento e incorporación

(...) Las cosas adquieren un rostro diferente si utiliza usted, también aquí, las dos expresiones "asemejamiento e incorporación". Como generalmente, vale la pena aplicar la línea conceptual en todas partes, después que estos temas cobraron actualidad a partir del 20 de Enero de 1942, ya que lo que fue el 20 de Enero de 1942, lo que trajo consigo, es tan solo una confirmación reflexiva de lo que ya estaba actuando desde siempre. En ese momento sólo se expresó lo que nunca antes se había formulado de esa forma: que la cabeza está ahí como exponente de toda la familia.

La cabeza de la Familia

Lo que anteriormente era considerado como obvio se había tornado, pues, en virtud de las circunstancias, muy concreto en aquel momento (1942). Creo que, en sí, todas las grandes etapas de la historia de la familia se podrían ver nuevamente desde el punto de vista del asemejamiento y la incorporación. (…)

Fundar Schoenstatt de nuevo

Tal vez ustedes deben pensar alguna vez en forma autónoma qué es lo que significa el 31 de Mayo, desde el punto de vista del asemejamiento y desde el punto de vista de la incorporación.

De suyo cada generación debería fundar nuevamente Schoenstatt. ¡Cada generación! Esto vale para cada generación sacerdotal, para cada generación de Hermanas, para cada generación del Instituto Nuestra Señora de Schoenstatt. ¡Es tan importante! Pues si no se funda de nuevo, pasado mañana será una mera copia y no vida que haya surgido. (...)

La sicología de las causas segundas

Ustedes deben intentar ver también el 31 de Mayo desde este punto de vista. Esto es lo esencial. Y, precisamente, hacer la relación con los contactos vitales de Schoenstatt. Naturalmente la Virgen María ocuparía el primer plano. Pero con ello, cuando decimos "Santísima Virgen", se entiende siempre también el santuario. Y luego, en segundo término, el principio paterno. Estos son los dos temas en torno a los cuales se dio la lucha (iniciada el 31 de Mayo). La idea central fue siempre que la psicología de las causas segundas es la solución de las gigantescas dificultades de nuestro tiempo.

Misión de la Santísima Virgen

Ustedes deberían reflexionar ahora sobre el material de aquellos tiempos, y entonces entenderían mejor todo esto. (…) Mi pensamiento se dirigía fuertemente en esta dirección: si la Santísima Virgen tiene una misión, si nosotros tenemos la misión de ayudar en la realización de su misión en el tiempo actual, y si Alemania posee un don y una gracia (que debe ser utilizada) particularmente en este sentido, esto significa, entonces, lo siguiente: si la Santísima Virgen no es aceptada en Alemania, en consecuencia, ella no podrá realizar su misión desde Alemania. ¿Y dónde radica la razón por la cual ella no es reconocida? Ustedes conocen ciertamente el razonamiento: allí se topa con un muro.

Este muro no es, a mi entender —la historia podrá demostrar más adelante si esto es correcto o erróneo, pero yo lo sostengo siempre igual—, lo dogmático-bíblico, sino lo psicológico. Por eso desde allá, desde Alemania —lo hemos dicho en forma positiva (no exclusiva)— la lucha por el pensar y el amar orgánicos.

El principio paterno

En segundo lugar estaba el principio paterno, en el cual se ilustra todo el ejemplo. (...)

Por eso aquí, en relación a estos dos puntos de disputa, en los cuales se centraba la discusión en aquel momento, se había considerado en forma muy clara y en toda su amplitud todos los principios de la psicología de las causas segundas.

Esto (la psicología de las causas segundas) no es sino otra expresión para el pensar orgánico: el pensar orgánico en su aplicación —y ahora podríamos decirlo propiamente— en su aplicación a los tres contactos vitales.

¿Qué nos ha aportado el 20 de Enero de 1942? Los tres contactos vitales de Schoenstatt. ¿Y, luego, el 31 de Mayo? La psicología que subyace en relación a los contactos vitales. Esto se lo expondré nuevamente más tarde.

Tomar en serio el 31 de Mayo así como el 20 de Enero

Ahora deben investigar ustedes, al menos, qué quiere decir asemejamiento y qué quiere decir incorporación. Verán ustedes –y esto es siempre lo valioso–- que cuando se discute y se vive en común en un gran universo compartido, siempre aparecen nuevos puntos de vista. (…)

Es cierto: ahora debería haber llegado el momento en que el 31 (de Mayo de 1949) análogamente se tome en forma seria y profunda (como el 20 de Enero de 1942), pues estas son, propiamente, las preguntas centrales del cristianismo actual. Si de alguna manera estas preguntas no son resueltas, no creo que haya algo más que conduzca a un buen fin.

> *A la pregunta de uno de los participantes: "¿Cómo podría realizarse una incorporación en al 31 de Mayo?", el P. Kentenich respondió lo siguiente:*

Asemejamiento

En eso deben hacer ustedes mismos la prueba. Yo les puedo responder desde ya lo siguiente. Es así: asemejamiento implica que ustedes toman también (el tema de la psicología de las causas segundas) como objeto de lucha.

Incorporación al *pater familias*

E incorporación. Es así: el *pater familias* ofrece en sí, en virtud de su posición, un ejemplo clásico del significado de las causas segundas, y nosotros, a través de la incorporación a él, a través de nuestro reconocimiento frente a él, por el hecho de reconocerlo, reconocemos al mismo tiempo todos los principios que lo anteceden.

Historia de Dios

Lo mejor será que ustedes mismos reflexionen de nuevo sobre el tema por su propia cuenta. Más tarde constatarán a menudo qué enorme es la riqueza de nuestra historia. ¡Cuántas tesis doctorales se podría escribir sobre ella! Y esta historia es tan rica en contenidos porque nunca fue hecha a propósito. ¡Hay en ella un respeto tan profundo ante aquello que el Señor dice a través de las circunstancias! Yo jamás habría dado el paso del 20 de Enero por mí mismo. Hacer algo semejante habría sido sacrílego. Simplemente, el Señor puso allí una cruz en el camino, una cruz junto al camino de la Familia: la historia futura de la Familia deberá pasar siempre a la vera de esa cruz. [106]

Lo mismo vale respecto de todas las otras etapas que se dieron. Por eso, aunque alguien no esté formado pedagógicamente, sepa Dios en qué medida, sin embargo puede orientarse simplemente por la historia y decir: un momento, esto debería ser ahora así o asá, de tal modo que toda la historia futura de nuestra Familia sea en sí un revivir la historia previa. (...)

31 de Mayo: Pensar mecanicista y pensar orgánico

Si se trata ahora del 31 de Mayo, puede verse lo anterior desde el punto de vista del pensar mecanicista y del pensar orgánico. El tema está entonces centrado, reducido a últimos principios. Sin embargo, si se lo amplía en algo, se debería indicar

---

106 *Wegkreuze:* cruz de piedra que se coloca en algunos países en el cruce de dos caminos.

exactamente qué es lo que se entiende. Es decir, la sicología de las causas segundas

Para hacer que esto sea comprensible en cierta medida, pienso que debería ampliar el planteamiento y decir lo siguiente –y lo que digo podrá tomarse, no obstante, como mi comprensión personal del asunto–: Si contemplo retrospectivamente todo lo que ha surgido en Occidente con el correr de los milenios, encuentro esencialmente dos grandes logros –y no me extiendo ahora, sino que lo insinúo tan solo, ya que presupongo que es algo ya conocido–: En primer lugar, se trata del logro de san Agustín y, luego, del logro de santo Tomás.

San Agustín: la Causa Primera

El logro de san Agustín. Él se ocupó principalmente de la Causa Primera. Partiendo del platonismo, de las ideas individuales, les dio el bautismo cristiano y las transfirió al Dios viviente. De ese modo preparó el terreno para la ciencia de la época y para el pensamiento del cristianismo.

Santo Tomás: la Causa Primera y la causa segunda

Más tarde vinieron las grandes dificultades desde la perspectiva de los árabes, que interpretaban a Aristóteles poniendo muy fuertemente en primer plano las causas segundas. En ese momento surgió Santo Tomás. Y su mayor logro parece ser el haber relacionad la Causa Primera con las causas segundas, es decir, lo que nosotros llamamos la filosofía de las causas segundas: *Deus operatur per causas secundas liberas*, Dios obra a través de causas segundas libres. *Operatur per causas secundas liberas*, esto era entonces lo principal. San Agustín orientó hacia el principio último, a Dios, y Santo Tomás incorporó las grandes leyes de Dios en el gobierno del mundo: *Deus operatur per causas secundas liberas.* (…)

(…)

La sicología de las causas segundas

Pero ahora está la tercera tarea, la más importante, según me parece. La denomino por lo pronto psicología de las causas segundas. Hoy somos testigos de un desarrollo cultural dirigido a la destrucción de todas las vinculaciones. Por esa razón se plantea también aquí la pregunta acerca de la psicología de las causas segundas. Es decir: ¿según qué leyes psicológicas debe interpretarse las causas segundas? Para ello hemos hallado la sencilla formulación: ley de transferencia orgánica, ley de traspaso orgánico. (…)

En nuestro propio círculo

Regresamos ahora nuevamente a lo que hemos comentado ya tan frecuentemente (...): ¡Cohesión! Ustedes deben solucionar las cuestiones en primer lugar en nuestro propio círculo. Si no intentamos hacer que el organismo íntegro de vinculaciones viva en nuestro propio círculo, mañana o pasado mañana seremos también arrojados de la montura. Esta sería la primera línea de ideas.

Relación con el 31 de Mayo

Ahora la segunda línea de ideas. ¿Qué relación guarda esto con el 31 de Mayo? Para esto deben partir primero de lo histórico. Lo histórico, es decir, el desarrollo del 31 de Mayo, presupone en primer lugar mi actitud fundamental personal ante lo mariano. Donde se trata de formular lo mariano como exponente de las causas segundas deben ver ustedes con claridad lo que esto significa.

Lo mariano puede ser visto en su valor propio y en su contenido simbólico. Aquí se lo ve primariamente en su contenido simbólico. Es decir: aquello que tiene vigencia fundamental para la psicología de las causas segundas, la tiene *per eminentiam* para la Santísima Virgen.

Visto ahora históricamente, por favor, recuerden cómo se desarrolló esto en mí, partiendo de la convicción personal de que en cierto modo tenemos la tarea de tomar en nuestras manos la misión de la Santísima Virgen, de participar en la misma.

Asumir la misión de la Santísima Virgen

(Esa reflexión) nos indica que la Santísima Virgen no puede realizar su misión si no es reconocida. Y debo pensar que allí reside el impedimento para el reconocimiento (de su posición y tarea en la vida de la Iglesia).

Bueno, se podría mencionar todos los fundamentos teológicos y bíblicos al respecto, pero según entiendo, las causas esenciales para la no aceptación (de su labor como educadora), yacen sobre todo en el ámbito del que hablamos. (…)

La gran pregunta es: ¿dónde reside el gran impedimento que debe ser eliminado? Ustedes conocen ciertamente la respuesta: la no observancia de la psicología de las causas segundas, o bien, el pensar mecanicista.

Si ustedes me permiten, les hago notar nuevamente lo que ya habíamos tocado con anterioridad, y que realmente tiene gran importancia. Si piensan, por ejemplo, en una semilla y en las fuerzas germinales inmanentes que posee: esas fuerzas germinales no dependen tan solo de la inmanencia de la semilla en sí misma, sino también de la receptividad del terreno.

Esto es, por cierto, de una importancia esencial. Por ello, si el suelo del alma no está preparado, si no se ha eliminado las inhibiciones, los muros, entonces, se podrá teorizar, se podrá estudiar cuanto se desee, pero no se llegará a la meta.

Aceptación de lo mariano

Esta era la gran idea, la gran visión de todos modos, desde la perspectiva de la Familia de Schoenstatt: si la Santísima Virgen quiere realizar desde Schoenstatt su misión, entonces nosotros tenemos en primer lugar la tarea de que el espíritu alemán, la actitud del espíritu alemán, sea transformada. Si esto no sucede, chocaremos hasta lastimarnos. Si esto no sucede, podremos trabajar lo que queramos y cómo queramos, pero nos desalentaremos una y otra vez. Por eso, aun cuando se juegue ahora la vida y la muerte, debemos arriesgarnos e intentar superar el pensar mecanicista, o bien, si me permiten la otra expresión, poner en práctica (en el orden pedagógico-pastoral) la psicología de las causas segundas en relación a la Santísima Virgen.

El principio paterno

Más tarde se agregó un segundo problema, que llegaba al conjunto de la situación desde otro costado, pero que, sin embargo, terminaba en lo mismo. Estaba en relación con las Hermanas y se trataba en primera instancia del principio paterno. (…)

En el principio paterno resuenan los mismos principios. Esto es así: de un lado tenemos el principio mariano como exponente de la psicología de las causas segundas, y del otro lado, el principio paterno, ciertamente también como un exponente, y un exponente muy potente, de las causas segundas. (...)

En resumidas cuentas: *¿cuál es el sentido del 31 de Mayo de 1949? El sentido es la superación de un impedimento enormemente grande para la misión de la Santísima Virgen y para la formación del hombre nuevo, para la formación del hombre nuevo simbolizado por el principio paterno y la personalidad paterna. (...)*

Asemejamiento e incorporación al 31 de Mayo

Y ahora, la tercera línea de ideas, ¿qué significa, en este contexto, incorporación, y qué significa asemejamiento?

Asemejamiento, Es algo sencillo: con el 31 de Mayo asumimos la tarea, por una parte, de realizar y afirmar el organismo íntegro de vinculaciones en nuestro propio círculo y, por otra parte, de procurar también representarlo y defenderlo en todas partes donde tengamos la posibilidad de hacerlo. De esto se trata el asemejamiento. Esta era la tarea que yo quería realizar en aquel momento (con el paso del 31 de Mayo 1949).

Si se quiere hablar ahora de una *incorporación*, se trata obviamente tan solo de una incorporación que, análogamente a la incorporación en el 20 de Enero de 1942, tiene significado solamente para nosotros (schoenstatianos), y no para otros; para nosotros que pertenecemos a la Familia. Esto significa, entonces, que nos incorporamos en la medida en que, en toda la lucha, nos sabemos dependientes del *pater familias* en el aspecto de la conducción y de la vida. Esta es la diferencia entre asemejamiento e incorporación. (...)

VIII.

Textos sobre la Misión del 31 de Mayo después del exilio (1965 a 1968)

Durante el tiempo del exilio, desde julio de 1952 a septiembre de 1965, en Milwaukee el P. Kentenich poco habló públicamente de la Misión del 31 de Mayo: las circunstancias no lo permitían, ya que si estaba en Milwaukee se debía expresamente a lo que escribió y envió como respuesta.

Solo lo hizo en los apuntes y crónicas que enviaba a un muy reducido número de personas, para que sus reflexiones se conservaran para la historia futura y en algún momento, después de su liberación, pudieran ser conocidas y estudiadas.

En algunas conversaciones, sí aparecía el tema de la Misión y de su contenido. Merece, en este sentido, especial mención sus conversaciones con el diácono Jesús Pagan. Quién posteriormente, después del exilio, transmitió su testimonio en múltiples ocasiones. Estas conversaciones fueron recogidas y publicadas por Editorial Patris en el libro "El Diácono Jesús Pagán2.

Si se considera, sin embargo, todos los textos recopilados en la sección anterior, no cabe la menor duda de que la Misión *del 31 de Mayo permanece enteramente vigente para el P. Kentenich. Es significativo, por ejemplo, lo que él escribe en 1957, cuando expresa lo que les diría a los chilenos si los tuviera en ese momento ante él. Se lo diría a los chilenos, porque se trataba de una situación que se refería directamente a ellos, pero es claro que sus palabras puede y debe hacerlas suyas cualquiera persona que se sienta llamada a asumir y continuar lo que el inició:*

¡Adelante! ¡Hacia arriba! ¡Jamás retroceder! Adelante, para conquistar en todas partes nuevos territorios para nuestra Familia y para la Misión del 31 de Mayo. Hacia arriba, hacia la cima del monte, que comienza con el 20 de Enero de 1942. Jamás retroceder: ni en el tren de conquista ni en la escalada.

Hoy ya no se da, como fue en los decenios pasados, una controversia en la Familia al respecto, pero es cierto que la Misión del 31 de Mayo —como también el segundo fin de Schoenstatt: el rescate de la misión salvífica de Occidente— no está claramente vivo en la conciencia reflexiva en la Familia. ¿Qué nos diría hoy nuestro Padre?

Es interesante percibir cómo se refiere el P. Kentenich a la Misión una vez que dejó el exilio y regresó a Schoenstatt. Nada ha cambiado desde el inició; siempre mantiene su diagnóstico y pronóstico del presente y del futuro; siempre de nuevo llama a realizar la gran misión como una gran corriente de vida, de ideas y de gracias. Por cierto no se trata de proclamar solamente una determinada doctrina, sino de aplicar y cultivar en Schoenstatt y en el seno de la iglesia, una nueva espiritualidad y pedagogía pastoral.

1. Apropiarnos de la herencia del 31 de Mayo de 1949

Conferencia para miembros del Instituto de Nuestra Señora de Schoenstatt. Domingo de Pentecostés en la mañana. 29 de Mayo de 1966

Las dos conferencias que siguen fueron dictadas en "Liebfrauenhoehe" para la región de Stuttgart del Instituto Nuestra Señora de Schoenstatt. Ellas habían asumido oficialmente como propia la Misión del 31 de Mayo, la cual conocieron primeramente a través de la lectura de la "Carta a Monseñor Schmitz". El conocimiento de lo que el P. Kentenich expuso en esa carta, les puso en contacto especialmente con el santuario de Bellavista, lo cual posteriormente les llevó a formular lo que denominaron "Paralelo Bellavista-Stuttgart". Es por eso que el P. Kentenich, a su regreso a Schoenstatt, aborda en forma especial en su círculo, el tema de la Misión del 31 de Mayo.

En estas conferencias cita ampliamente la Carta a Monseñor Schmitz, lo que muestra y confirma lo recién expuesto. A pesar de que el texto ya fue citado, su repetición nos ayudará a profundizarlo, atendiendo además a los comentarios que hace nuestro Padre al leerlo.

Ustedes desean saber algo acerca del 31 de Mayo de 1949. Naturalmente la pregunta es muy justificada, después de todo lo que ustedes mismas han dicho, rezado y anhelado. Mucho se ha especulado sobre si la Misión del 31 de Mayo estaba realmente en el plan de Dios. Eso procuramos demostrarlo más tarde según la ley de la resultante creadora.

Ley de la resultante creadora quiere decir lo siguiente: lo que se ha dado en Schoenstatt no puede atribuirse simplemente a factores humanos. Si a estos no se agrega factores eminentemente *divinos* no se puede explicar la historia de Schoenstatt. Esto significa, pues, que la ley de la resultante creadora nos demuestra que aquí han actuado de manera sobresaliente poderes divinos. Esta ley documenta, al fin y al cabo, que *Schoenstatt es realmente una obra de Dios en el más alto sentido de la palabra.* Tengo que anticipar esto, a fin de que más tarde entiendan ustedes mejor la historia que precede inmediatamente al 31 de Mayo.

Todo lo que luego aconteció en la historia de la Familia -1914, entonces, y, si les parece, también 1920, 1930, 1940- todo aquello que aconteció en la historia de la Familia constituye una y otra vez una nueva demostración de que Schoenstatt es, de manera singular, una obra de Dios. Ciertamente, una obra de Dios que se impone en la lucha contra todos los intentos del demonio; ciertamente, una obra de Dios que quiere contar, sin embargo, de acuerdo a la ley habitual del gobierno divino del mundo, con la *colaboración humana.* Pero el querer humano es al fin y al cabo siempre lo secundario; lo primario es el Dios viviente.

Dachau comprueba el origen divino de Schoenstatt

Ahora viene *Dachau.* Notarán ustedes que lo que afirmo está dicho en forma muy simple y simplificada, a grandes rasgos. Dachau: comprobación de lo afirmado. El efecto de todo aquello que sucedió en Dachau —no solamente en Dachau, sino también, fuera de Dachau, en la Familia entera—, permite aportar una prueba renovada e irrefutable de que es así, de que Schoenstatt es de manera singular una obra del eterno Dios trino, representado, por supuesto, en la Santísima Virgen.

Cambio en la estrategia

Una vez que esa prueba se había mostrado en forma palpable, se dio, al menos para mí, la siguiente consecuencia: ahora se trata de pasar del método utilizado hasta el momento a uno nuevo. Si hasta el momento se había observado una gran reserva, sobre todo ante la autoridad eclesiástica, ahora se dijo: ¡Fuera con esa reserva! Ahora el ámbito público eclesial, la autoridad eclesiástica, debe tomar posición ante Schoenstatt.

Por eso, en razón de la convicción profundizada de que Schoenstatt es, de manera eminente, una obra de Dios, se siguen *dos consecuencias*:

- *Presentar toda la Obra ante la autoridad eclesiástica.*

- *Realizar viajes por el mundo para llevar la misión de Schoenstatt, que ahora parece haber sido demostrada ostensiblemente, también a los confines del mundo.*

Si bien he sido antes muy reservado ante la autoridad eclesiástica, nunca, sin embargo, emprendí personalmente algo sin contar con el beneplácito de la autoridad jurídicamente inmediata. Nunca dicté un curso de ejercicios espirituales, por ejemplo en los seminarios, sin que la autoridad inmediatamente competente hubiese dicho su sí. Lo mismo sucedió en las distintas parroquias.

Pero ahora se trataba de lo siguiente: la Iglesia oficial, la jerarquía, debe tomar posición en forma concreta respecto a Schoenstatt. Por eso, a partir de ese momento, se puso al Episcopado -sobre todo en Alemania- todas las cartas sobre la mesa. El Episcopado debía tomar posición. Mi intención era, luego de la acentuada reserva anterior, estimular a todo el

Episcopado a que asumiera una posición crítica frente al todo. Para designar esta actitud utilicé –por cierto sólo *privatim*– la expresión "provocar".[107]

Obviamente, más tarde se abusó mucho de la expresión, aunque solo significaba que si antes había habido reserva, ahora debía haber plena claridad. Pero no se entendía con ella otra cosa que el hecho de que, si antes había habido reserva, ahora debía haber plena claridad.

Anunciar para el tiempo de hoy la misión de la Santísima Virgen

Muy pronto me resultó claro dónde residía la dificultad para el pensar germano. Esto se explica de la siguiente manera –tengo que traer ahora rápidamente a colación otro concepto–: me importaba en lo esencial *llevar cada vez más a primer plano la misión de la Santísima Virgen* en el tiempo actual, en la Iglesia de hoy, y agotar por esa causa todas mis fuerzas vitales.

¡Una marcada misión mariana! ¿Ven ustedes? Por eso también la Alianza de Amor con la Santísima Virgen. Pero esa Alianza de Amor con la Santísima Virgen significaba lo siguiente –tal como podemos considerar juntos quizá más extensamente en otra oportunidad–: esa Alianza de Amor con una persona del orden inferior debe tener una triple función respecto del orden superior. Debe ser, en primer lugar, *expresión* de la Alianza de Amor con la Santísima Trinidad; luego, *garantía* de esa Alianza

---

107 El vocablo alemán *reizen* significa tanto estimular, cuanto excitar, irritar o provocar. El sentido de su utilización en el contexto indica la producción de un fuerte estímulo para provocar una toma de posición.

de Amor, y *camino o medio*. Pero esta es tan solo una acotación al margen.

Resumiendo, pues, ahora el gran *impedimento*. Permítanme decirlo una vez más: mi inquietud personal fue *siempre* la misión de la Santísima Virgen para el tiempo actual; para el tiempo actual y para el tiempo venidero. A ello se debía un instinto peculiar que se orientaba una y otra vez –como decíamos en aquel tiempo– hacia la ribera de los tiempos más nuevos.

No es que quisiéramos apartarnos con nuestro bote, con nuestro barco, de la ribera de los tiempos antiguos. En efecto, esto habría dejado de ser católico. Siempre relacionamos ambas riberas entre sí: la ribera de los tiempos nuevos y la de los tiempos antiguos. Ustedes podrán inferir, pues, que se comete un gran error cuando se piensa, aquí y allá, que Schoenstatt no tiene nada que decir a la Iglesia actual, a la Iglesia posconciliar. Porque lo que ha surgido en Schoenstatt, digamos, lo que surgió preconciliarmente, anticipó ya esencialmente lo que hace la Iglesia posconciliar. Más aún –y esto se puede comprobar muy bien–: según mi parecer, allí donde el Concilio concluyó, en sí tendría que haber comenzado recién. Esto significa, en la práctica, que nosotros, en nuestra comprensión de las cosas, en nuestro querer, hemos ido mucho, mucho más allá de lo que el Concilio ha puntualizado para la Iglesia del futuro.

Impedimento: el pensar mecanicista

Resumiendo, entonces: ¿de qué se trataba? Siempre se trataba de la misión de la Santísima Virgen. Muy pronto, sin embargo, desde muy temprano, me fue claro que aquí el impedimento principal para el pensar germano no reside, me parece, ni siquiera en las formulaciones bíblicas al respecto, sino en una peculiar estructura mental. Si esa estructura mental no es superada, no se puede esperar que el pensar germano, al menos en los círculos intelectuales, se deje reorientar y sea capaz, esté dispuesto y tenga inclinación a otorgar a la Santísima Virgen el puesto que le corresponde según la intención de Dios, en particular para la nueva plasmación de la Iglesia y la nueva configuración del mundo en la orilla de los tiempos futuros.

Por ello, ustedes lo entienden bien, si queremos *abrir* eficazmente el *camino a la Santísima Virgen*, si queremos ocuparnos eficazmente de que la Santísima Virgen sea reconocida también por el espíritu alemán, entonces debemos intentar acorralar el gran impedimento psicológico, el pensar mecanicista, preocupándonos de que sea vencido.

Características del pensar mecanicista

Naturalmente, debería explicarles ahora larga y ampliamente qué se entiende por pensar mecanicista. Mecanicista significa en sí el *separar en forma mecanicista, abstracta,* cosas que forman una unidad.

El gran impedimento en el protestantismo actual y no raras veces también en círculos católicos, en especial en los círculos intelectuales, a veces en los teológicos, consiste, lo sabemos, en que no se es capaz de imaginar que, por ejemplo, amando a una persona que posee una profunda unión de amor con otra, en ese amor esté asegurado el amor a la otra persona[108]. Por esa razón la gran dificultad: el amor a la Santísima Virgen, un

---

108 Lenguaje hablado difícil de traducir. Se trata de que si existe una "biunidad" de amor, amando a un miembro de esa biunidad, en ese amor esté también asegurado el amor al otro miembro.

impedimento para el amor al Salvador; el amor a la Santísima Virgen, un impedimento –de todas maneras, no un aliciente– para el amor al Padre del cielo o al Espíritu Santo.

Ley de ordenamiento del mundo

A todo esto opuse yo más tarde, la gran ley de ordenamiento del mundo una vez que la ley de gobierno del mundo fue aclarada en cierta medida.

Ley de ordenamiento del mundo. Esta dice así: el *orden inferior,* –es decir, el amor a la Santísima Virgen– es ante el orden superior el amor al Señor, a la Trinidad–, *expresión, protección y camino*.

Podemos continuar. Descendemos a la tierra. Tenemos entonces el orden inferior. Tomen ustedes el amor al padre y a la madre en relación, por ejemplo, a la Madre del cielo, o bien al Padre celestial. La ley tiene validez general. Hoy, sin embargo, casi no se la conoce, y mucho menos se la reconoce. El orden inferior, que hemos tratado brevemente esta mañana, es la entrega a un transparente del Padre celestial –también puede ser un *transparente* de la Madre del cielo–. No hay aquí un aislamiento, un desgarramiento, una separación de personas. Eso lo puedo hacer en forma metódica, intelectual, pero, ¿vitalmente? Escuchen una vez más lo que tanto nos interesa en la actualidad: el amor a un transparente del Padre celestial. Cada padre debería serlo de por sí. También la madre: cada madre, un transparente de la Madre del cielo.

¿Ven, ustedes? La relación recíproca como ley de ordenamiento del mundo debe puntualizarse de la siguiente manera: el orden inferior, es decir, la entrega al padre (terreno) frente a la entrega, por ejemplo, al Padre del cielo; o bien, lo mismo: la entrega al Salvador frente a la entrega, por ejemplo, al Padre del cielo o al Espíritu Santo.

El orden recíproco es siempre: lo inferior y lo superior. ¿Qué es esto? Deben comprobarlo ustedes mismos. Esto es siempre así. Entrega, por ejemplo, al transparente del Padre: para un pensar católico debe ser en sí siempre una expresión del amor al Padre celestial. Yo se lo podría demostrar bien: en una buena familia católica esto es también así. Naturalmente, la relación, en un niño inmaduro, o en un ser humano que no ha alcanzado aún la madurez, es funcional, no reflexiva. Tal cosa no puede exigirse, por cierto. Si un niño, entonces, está apegado a su padre y ha sido educado en forma católica, esto significa que ese apego al padre, o bien el padre en sí mismo, es una expresión del amor al Padre celestial. No es mi intención explicar ahora cómo se da esta relación interior. Ustedes podrán dedicarse brevemente a considerar esta constante.

¿Ven ustedes? Esto es expresión. Y luego, en segundo lugar, protección. El amor a un padre terreno –un amor genuino– es siempre una protección del amor al Padre celestial. La Santísima Virgen, en cuanto pertenece al orden inferior: el amor a la Santísima Virgen debería ser en sí siempre una expresión del amor a Cristo Jesús y un medio de protección. Ustedes deben comprobar ahora si esto es y debe ser normalmente así.

Y luego, también un camino del todo singular. ¿Qué significa esto? El amor a la Santísima Virgen es un camino para llegar al Salvador.

El amor a un transparente de Dios es, por lo tanto, medio, seguro y expresión del amor al Padre celestial. Así debemos comprender también *nuestra relación* recíproca. Aquí tienen ustedes la gran constante. No se trata de idolatría de una persona, sino de la "deificación" de Dios. Esto es tan solo un medio de protección -un seguro- una expresión y un medio.

Falta de contacto y su superación

Si me permiten que les comente cuánto se habla hoy en día en la literatura universal, en toda la literatura —no sólo en la literatura germana, sino también en la latina— acerca de la falta de contacto. ¡Falta de contacto! Se piensa que habría que hacer cualquier cosa al respecto. Sé, por ejemplo, que en Norteamérica, hace un tiempo se reunió un determinado número de padres, de distintas comunidades, para reflexionar acerca de la gran falta de contacto que sufren los sacerdotes. La pregunta era: ¿qué debemos hacer? ¡Debemos reunirnos frecuentemente, beber en común vino y cerveza, y qué se yo cuántas otras cosas!

¿Creen ustedes que de ese modo van a impedir o a mitigar la falta de contacto si no hay una transformación, si finalmente no se produce una *vinculación orgánica de corazones*? Ustedes entienden ahora de qué se trata, ¿verdad? Una vinculación orgánica de corazones, por tanto, una vinculación de las personas de corazón a corazón. Si no es así, verán ustedes, *nunca* encontrarán una vinculación definitiva, de corazón, con el Dios Eterno, el Infinito. En ello reside, ciertamente, la gran tarea que hay que realizar en el tiempo actual.

Tal vez recuerden ustedes lo siguiente: cuando en el Concilio, en las últimas sesiones, se comenzó a subrayar la relación entre Iglesia y mundo —se trata del mismo problema, sólo que deben verlo ahora en este contexto: la relación entre la religión y la creación (nuevamente, lo mismo)–, el Concilio declaró: En efecto, estas cosas las hemos investigado formal y oficialmente demasiado poco, el problema es demasiado novedoso para nosotros.

¡Aquí justamente es donde entramos nosotros! Pero todo por amor a la Santísima Virgen y en interés a la misión de la Santísima Virgen. Esto deben tenerlo presente.

El fundamento de la nueva estrategia es el convencimiento de la divinidad de la obra

Resumiendo: una vez que quedó claro que el gran impedimento para el reconocimiento de la persona de la querida Virgen Santísima y de su misión era el pensar mecanicista —ustedes lo entienden ahora, yo lo digo de este modo tan simple–, se planteó entonces la siguiente dificultad: ¿No es el apego a la Santísima Virgen un impedimento para el apego, por ejemplo, al Salvador, al Padre celestial? Y como esto siempre fue visto como un impedimento, se concluyó, entonces: ¡No tanta devoción mariana! ¡En lo posible fuera con ella![109] Exactamente como postula el protestantismo. Tal vez ustedes puedan entender ahora un poco mejor lo que de ello se sigue: Si nosotros debemos, si Schoenstatt debe asumir, continuar y completar la misión de la Santísima Virgen en la plasmación de Cristo en la Iglesia, en la transformación del rostro de la Iglesia y del mundo, de la Iglesia de la ribera de los nuevos tiempos, entonces queda claro que quienes piensan así se dirán: si ese *muro* no es *demolido*, si el impedimento no es removido, la Santísima Virgen no será reconocida nunca en el ámbito alemán, es de-

---

109 Después del término del Concilio Vaticano II se experimentó en muchos círculos un rechazo a la piedad mariana, porque era necesario ir directamente a lo esencial y central, es decir, a Cristo. La Virgen, se pensaba, es una "nave lateral" de la Iglesia. Además, la piedad mariana, sobre todo la popular, se consideraba enajenante.

cir, en el germano. Y hoy casi se puede afirmar: tampoco en el latino. Nunca se le dará la libertad de cumplir su misión, tal como esa misión ha sido prevista en el plan divino.

De allí se infiere el claro reconocimiento: ¡Avance hacia el ámbito público de la Iglesia! Una vez que Schoenstatt despuntó tan claramente como *una obra divina con una misión divina,* se debe preparar el terreno a través de la *superación del pensar mecanicista.*

Riesgo del 31 de Mayo de 1949

No deben pensar ustedes ahora que he caído en un error en ese sentido. ¡Por el contrario! Cuando inicié tan conscientemente la lucha, tenía presente la peligrosidad de todo el experimento.

Peligrosa fue la decisión de 1942 de *renunciar a medios humanos* para exponerme –humanamente hablando– a la muerte segura. Pero la confianza que estaba detrás de esa decisión era la siguiente: ¡la Alianza de Amor con la Santísima Virgen es también una *realidad!* Si la Santísima Virgen quiere que Schoenstatt continúe existiendo... Pues peligraba prácticamente la obra entera, ya que en ese momento no estaba suficientemente acabada como para que hubiese podido continuar más tarde sola su desarrollo. Se trató de un portentoso y peligroso salto mortal.

Así también fue en esta oportunidad. Yo estaba consciente, por cierto, de lo que significaba, consciente de que atraería sobre mí un rechazo y, en cierto sentido, la aversión del Episcopado alemán, exponiendo con ello prácticamente a toda la Familia al peligro del aniquilamiento, del ocaso. Esto deben tenerlo claro. Ustedes saben: si queremos revolucionar el mundo, formar, plasmar un nuevo mundo, entonces es evidente que cada uno debe poseer una visión tan diáfana, que de ella surja una clara convicción. No es, pues, algo lanzado por torpeza, que trajo más tarde consecuencias peligrosas. Las cosas estaban en sí bien claras.

La "Carta a José"

En la así llamada *Carta a José*, ya que estaba dirigida a Mons. Joseph Schmitz, (…) se dice:

> Al 20 de Mayo –era la bendición del Santuario allá– siguió (el 31) el día del cual partimos en nuestras reflexiones y del cual queríamos quitar un poco el velo.

El 31 de Mayo.

> El día nos reunió en aquel momento para una celebración en el santuario aún inconcluso.

No voy a explicar esto ahora. Pienso que ustedes entienden en general lo que sigue.

> Nos habíamos reunido para realizar un acto solemne. Todos percibíamos que se trataba de un acto que se realiza muy raras veces, como, por ejemplo, cuando se está ante un acontecimiento importante porque se inicia una lucha a muerte, o bien, cuando una batalla ya desencadenada ha alcanzado su culminación y todo lleva a la definición.

> Yo me encontraba con un pequeño círculo de personas de confianza para entregar a la Santísima Virgen la primera parte de mi 'respuesta'.

Esta es la que se dio en llamar, tal como se desarrolló históricamente, *"Epistola perlonga"*. Son dos tomos, y debía ser una carta… ¡Una carta de dos tomos!. Una extensa exposición, una discusión con el Episcopado alemán como respuesta al resultado de la visitación episcopal. Más tarde voy a leer algunos párrafos de la carta. No pueden esperar ustedes que, en tan corto tiempo, exponga todos los temas. Basta que perciban un poco el sabor de la peligrosidad de toda la situación.

> Usted conoce el escrito. Como superior general le estaba permitido en su momento el acceso al mismo.

Más tarde fue prohibido, todo debió ser incinerado. Sin embargo, todavía existe: estaba prohibido para los demás, pero no para mí.

> El trabajo debía quedar durante la noche sobre el altar. El mismo quería pedir a la Madre y Reina tres veces Admirable de Schoenstatt que ella quisiera mostrarse en este caso verdaderamente como tres veces Admirable y no negar su bendición especial y su abundante ayuda en la difícil lucha que se iniciaba, lucha a la que yo me había preparado durante décadas y en la que había considerado un deber mío entrar, después de larga reflexión y mucha oración y sacrificio.

Enfrentamiento con el Episcopado alemán

Esto quiere decir, prácticamente, que yo he iniciado libremente un enfrentamiento consciente con el Episcopado alemán y, propiamente, con toda la jerarquía de la Iglesia.

> Que ella haga brotar de aquí no tan sólo una corriente semejante, sino que haga fluir también una contracorriente de retorno hacia el Santuario original, en contra de una especie determinada de mentalidad occidental.

Se está hablando de Chile.

Se trata de un bacilo que, en virtud de la influencia que proviene de Occidente y de la gran permeabilidad que tiene el alma moderna para las influencias, se apresta ruidosamente a penetrar en todo el mundo para producir desastres.

Ambiente de hogar en el lugar santo

La plática dada en esa oportunidad permite intuir y revivir la solemne atmósfera que inundaba, en aquel momento, los corazones y el ambiente. Vienen ahora un par de párrafos de la plática de aquel día:

Es como si el ambiente de hogar -así empezaba- nos rodeara en estos momentos; como si ángeles estuviesen en medio de nosotros y nos dijesen: "Quítate el calzado, porque el lugar que pisas es tierra santa". Sí, santo es este lugar, y seguirá haciéndose *más y más santo*; tierra santa es ésta, porque la Santísima Virgen ha escogido este terruño; tierra santa, porque en el transcurso de los años, de los decenios y de los siglos, desde este lugar surgirán, crecerán y serán fecundos hombres santos. Este es un lugar santo, finalmente, porque desde aquí se impondrán santas tareas, es decir, tareas que santifican, sobre débiles hombros.

¡Aplicar esto a cada Santuario!

Es un hecho histórico que Schoenstatt ha venido hasta nosotros: el Schoenstatt originario al nuevo Schoenstatt.

Desde hoy en adelante, otro hecho ha de llegar a ser realidad histórica".

Es decir, el antiguo Schoenstatt ha llegado al nuevo Schoenstatt, y desde ahora el nuevo Schoenstatt debe llegar al antiguo Schoenstatt, partiendo de la idea de que allá, en la patria, el bacilo está haciendo estragos. Y el pensar latino ha permanecido naturalmente sano.

No es necesario iniciar reflexión alguna. Tan solo se debe guiar y trasladar desde aquí a Occidente, sobre todo a Alemania, el país de origen de Schoenstatt, lo que todavía hay de pensar orgánico-natural. Por otra parte, esto se ha realizado a lo largo de los años de manera singular. Pero no quiero extenderme ahora en esto, pues de lo contrario tendremos que detenernos por demasiado tiempo.

Corriente de gracias de retorno

Desde hoy en adelante, otro hecho debe llegar a ser realidad histórica. Desde hoy - así me parece - tenemos que cuidar, desde aquí, que el nuevo Schoenstatt encuentre su camino hacia el Schoenstatt de origen. El torrente de gracias que vino desde allá en la plenitud de la *Tercera Acta de Fundación*, y que sigue derramándose, quiere volver a la fuente de origen, llevándole abundante bendición. Este parece ser el profundo sentido de esta celebración. Ella es al mismo tiempo don feliz y agobiante tarea.[110] Nos hemos reunido aquí en esta silenciosa hora vespertina para entregar solemnemente a la Santísima Virgen el trabajo que para ella hemos hecho en común.

Se trata del primer tomo de la *Respuesta*. En aquel tiempo estuve predicando ejercicios espirituales de cuatro semanas para

---

110 El P. Kentenich hace un juego de palabras en alemán: *"beglückende Gaba und bedrückende Aufgabe"*.

sacerdotes, después de los cuales, al atardecer, es decir, por la noche, escribía el trabajo.

Digo que fue un trabajo hecho en común porque, mientras yo escribía día y noche, ustedes imploraban para mí, discreta y silenciosamente, el Espíritu Santo en nuestro Cenáculo. Ustedes no se cansaron de hacer abundantes sacrificios por la misma intención en forma aún más intensa y, sobre todo, se esforzaron por tomar en serio la *Inscriptio* en la vida cotidiana.

Con esta entrega solemne (que hacemos de este trabajo) aceptamos una carga que hombros humanos no pueden llevar por sus propias fuerzas. Pero también esperamos para Occidente, sobre todo para nuestra patria, una gran bendición. Desde allá nos dejamos enviar como instrumentos en las manos de la Madre y Reina tres veces Admirable de Schoenstatt para ayudar a realizar aquí los planes de sabiduría y de amor divinos. Y nosotros tratamos de hacer todo lo que estuvo en nuestras fuerzas. Tratamos de hacer todo lo que pudimos hacer.

¿Será acaso un don que nos hace en pago, un reconocimiento y un honor para nosotros, si creemos que ella, a partir de este día, nos quiere usar, desde aquí, para ganar una influencia más poderosa, que repercuta en la forjación de los destinos de la Iglesia en el espacio cultural de Occidente? Por cierto, cuando escuchamos la palabra "Occidente" pensamos siempre, en primer lugar, en Alemania.

¿Me permiten expresar lo que mueve nuestra alma en estos momentos? ¿Puedo revestir de palabras lo que sienten nuestros corazones? Venimos para regalar y ser regalados. *Queremos intercambiar* con la Santísima Virgen todo nuestro *desvalimiento, nuestra buena voluntad y nuestra fidelidad*. Le regalamos nuestro desvalimiento, y ella nos regala su desvalimiento. Le regalamos nuestra buena voluntad y ella nos regala su buena voluntad. Le regalamos nuestra fidelidad y ella nos regala su fidelidad."

La alianza, el pensamiento central

Esta contraposición nos recuerda espontáneamente que la Alianza es el pensamiento central que nos mueve siempre, que nos impulsa constantemente hacia adelante, y que además nos asegura también una paz inalterable en todas las situaciones. También ahora la Alianza está en el primer plano de nuestros intereses. Ella nos da la respuesta a todas las preguntas que requieren una solución. Los dos aliados, que desde hace tanto tiempo van unidos, se vuelven a encontrar de nuevo en este lugar santo. ¿Y qué es lo que quieren?

La plática interpreta luego en detalle los ofrecimientos y las obligaciones de ambas partes. Subrayo algunas ideas descollantes:

El desvalimiento de uno de los contrayentes se debe sobre todo al apremio interior a causa de las pesadísimas tareas que ahora se le ha vuelto a confiar y que ha vuelto a asumir para Occidente.

En lo dicho escucharán ustedes, lo notarán después aún más, aquella segunda gran meta de Schoenstatt, la misión salvífica de Occidente. No es, entonces, algo meramente casual. Detrás hay siempre una enorme consecuencia con las metas.

Se trata de desenmascarar y sanar en su raíz el último germen de la enfermedad que aqueja al alma occidental: el pensar mecanicista. Tengo suficientes razones para suponer que Dios ha impuesto, en este sentido, una carga pesada sobre los hombros de nuestra Familia. La ley de la puerta abierta me convence de ello. Las luchas personales de mi juventud indican hacia la misma dirección. Me hicieron pasar por las batallas que hoy conmueven a Occidente hasta en sus raíces más profundas. Además de la enfermedad, pude experimentar también en mi propia persona, y muy abundantemente, la medicina...

La misión tan manifiesta de Schoenstatt para el Occidente, especialmente para nuestra patria, frente al colectivismo que avanza poderosamente y que reduce todo a polvo, se encuentra frente a un muro que sólo puede ser vencido en forma más amplia y efectiva si se vence y aleja el mencionado bacilo...

Ustedes, a su manera, pueden llevar conmigo esta carga y compartir las tareas de la Familia.

Sin embargo, tenemos que contar con que este trabajo hiera profundamente nobles corazones allá en la patria; que despierte una gran indignación...

Notarán ustedes cuán lejos ha llegado, por cierto, la indignación, con el propósito de retorcer el cuello a Schoenstatt

... y provoque, en respuesta, fuertes y duros contragolpes. No debemos admirarnos si este trabajo suscita un frente común, poderoso y muy unido de hombres influyentes en contra mía y de la Familia. Humanamente hablando, tenemos que contar, por último, con que nuestro intento fracase completamente. Y, sin embargo, no podemos sentirnos dispensados de correr este riesgo. ¡*Quien tiene una misión ha de cumplirla*, aunque conduzca al abismo más oscuro y más profundo, aunque exija dar un *salto mortal* tras otro. La misión de profeta siempre trae consigo suerte de profeta.

Vemos cómo Occidente camina a la ruina y creemos que estamos llamados desde aquí a realizar un trabajo de rescate, de poner a salvo, de construcción y de perfeccionamiento.

Creemos que es deber nuestro ofrecernos como instrumentos para impulsar una contra-corriente que vuelva a los países de los cuales también nosotros hemos sido abundantemente beneficiados. Por eso es que tenemos el valor de exclamar con Pablo: *'Non possum non predicare!'*, ¡no puedo dejar de predicar! No puedo hacer otra cosa, debo esgrimir la palabra.[111]

Ustedes comprenden cuán grande es esta gigantesca tarea en comparación con nuestro desvalimiento. Nos sentimos como David enfrentándose a Goliat.[112] Pienso en el salto mortal que tuve que arriesgar en 1942 y estoy consciente que esta vez se repite. Si no contásemos con la buena voluntad de la Santísima Virgen, nunca nos atreveríamos a dar este arriesgado paso...

Por otra parte, si ustedes me comprenden bien, podría agregar que no sólo yo, no sólo nosotros, sino también la Santísima Virgen está desvalida ante la situación. Es cierto que ella es la Omnipotencia Suplicante ante el trono de Dios, pero también es cierto que, en los planes del amor divino, ella está supeditada a instrumentos humanos dóciles y de buena voluntad. Si, como dice

---

111 Cfr. Hech 4, 20, donde Pedro y Juan dicen ante el Sanedrín: "No podemos dejar de decir lo que hemos visto y oído". Cfr. también 1 Cor 9, 16.

112 Cfr. Hech 4,20; ver también 1Cor 9,16.

la *Primera Acta de Fundación*, ella ha asumido la tarea de mostrarse en Alemania, desde nuestro Santuario, en forma preclara, como la Vencedora de los errores colectivistas, entonces ella –me expreso a la manera humana– busca *ansiosa* con su mirada instrumentos que le ayuden a realizar esta tarea.

¿Qué nos queda sino ponernos sin reservas a su disposición, en el sentido de nuestra consagración, aceptar sus deseos, nuevamente entregarnos a ella y *dejarle a ella la responsabilidad de su gran Obra*, en la cual nosotros, dependiendo de ella y por interés en su misión, queremos cooperar, sufrir, sacrificarnos y rezar?

Estamos en una hora extraordinariamente decisiva en la historia de la Familia. Si no logramos derribar el mencionado muro, la Santísima Virgen retirará de nuestro terruño su misión para Alemania y emprenderá un intento de rescate desde los santuarios filiales. ¡Ella permanece fiel a la Alianza! Si grupos de nuestra Familia, por cobardía y debilidad, no responden fidelidad con fidelidad, podemos suponer que su misión se traspasa a nosotros.

Dos pensamientos deben conducirnos a la lucha, dos consignas deben brillar como estrellas en nuestra vida. Una es: *Tua res agitur! Clarifícate!* ¡Se trata de tu misión, de tu tarea, ahora; por tanto, glorifícate tú y tu Obra! La segunda consigna dice: *Mater perfectam habebit curam! ¡La Madre cuidará perfectamente!* La Santísima Virgen se glorificará de la manera más perfecta si nosotros nos esforzamos dondequiera que podamos, por tirar de su carro de triunfo. Entonces ella asumirá el cuidado por nosotros y por su Obra de Schoenstatt y la guiará victoriosa a través de las luchas, tal como lo ha venido haciendo durante los pasados años de persecución...

El problema es de tipo pedagógico, no dogmático

Pienso que con esto vislumbrarán al menos cuál es el significado de este enfrentamiento. Enfrentamiento; ahora no hablamos de 1952, sino ya de 1949. Pues esto que tenemos ante nosotros fue escrito en un tiempo en que el enfrentamiento en sí no era reconocido en toda su importancia.

Continuemos. A fines del mes de mayo –31 de Mayo de 1949, pues– escribí la larga exposición para el Episcopado alemán. Ella es tan tremendamente enérgica, ¡casi "sacrílega"! Quiero leerles por lo menos uno que otro párrafo, ya que después les será más fácil captar toda su importancia. Doblemente, puesto que podrán percibir, a partir de la presentación absolutamente franca, cuán -¿debo decir, sacrílego?- era todo el juego; de uno u otro modo, qué peligroso era. El escrito es una respuesta al *Informe de la visitación* del Visitador episcopal de entonces. La *Respuesta* al *Informe* define, pues, su postura ante las diferentes preguntas.

De la "Respuesta" al "*Informe*"

El *Informe* recuerda que el *problema Schoenstatt* puede ser considerado desde los más distintos puntos de vista. Sin embargo, luego se subraya que, finalmente, el problema de Schoenstatt es un problema de orden pedagógico. Por eso, queda así tan solo el aspecto *pedagógico* como materia de discusión. Se trata, más exactamente, de *Schoenstatt como problema pedagógico*. El *Informe* constata lo siguiente:

El problema Schoenstatt no es tanto de índole dogmático-doctrinaria, sino más bien educativo-práctica.

Todas las preguntas que ahora respondemos en un solo paso estaban en discusión en aquel momento. No se comprendía entonces nada de todo eso. Ni tampoco hoy. ¡En muchas, muchas cosas es tan radicalmente nuevo lo que enseñamos, lo que hacemos, cómo nos educamos unos a otros!

Con ello nos movemos por fin en el nivel en el que Schoenstatt ha querido ser juzgado y valorado desde el comienzo. Entramos aquí en el lugar desde cuya perspectiva recién se lo puede entender; vemos *la* dirección en la que apunta su misión en el tiempo actual; nombramos el ámbito desde el cual significa bendición o maldición para la Iglesia...

Nunca hemos querido –cito un párrafo de mi Carta de Octubre de 1948–

Nunca hemos querido ser un movimiento dogmático, filosófico o psicológico, sino solamente oficiales de enlace entre la ciencia y la vida. Nuestra ascética y pedagogía deberían ser dogmática, filosofía y psicología aplicadas.

Desde el principio nos hemos comprendido a nosotros mismos expresa y solamente como un movimiento de educadores y de educación y como un movimiento de apostolado, y en cuanto tal, y solamente en cuanto tal, quisiéramos ser juzgados por la historia.

Al que entiende no le resulta difícil, habiendo leído el *Informe episcopal,* ampliar el tema y ver a *Schoenstatt como símbolo del problema pedagógico de los institutos seculares sin más.*

Se puede apreciar ahora la amplitud de la misión.. En última instancia se trata de la misión salvífica de Occidente, sí, de todo el mundo. Ustedes perciben cuán grande es la dimensión de todo esto.

> Si ellos quieren ser capaces de vivir y ser fecundos necesitan de dos cosas: de un sistema jurídico propio y de un sistema educativo propio. De este último, según las circunstancias, más aún que del primero. En este sentido, creemos tener una tarea y sometemos por eso con gusto nuestro sistema a la discusión pública. Quien tenga una visión de la situación pedagógica del tiempo actual y conozca sus conexiones con la catástrofe de Occidente, quien esté familiarizado con los intentos de salvación de Occidente, ampliará instintivamente el marco y querrá ver a *Schoenstatt como símbolo de la problemática pedagógica de Occidente entero."*

El planteamiento se eleva ahora a una magnitud cada vez mayor.

> Schoenstatt ha recibido de allí sus más fuertes impulsos, sus metas y sus leyes constitutivas, sus pesos y medidas."

Naturalmente, ustedes dirán: nosotros vivimos en un círculo pequeño, y tenemos bastante que hacer para dar alma a ese pequeño círculo. ¡Es verdad! Sin embargo, cuanto más se adentren y crezcan en la misión de la Familia, cuanto más amplíen el marco, tanto más universal será la meta y tanto más fecundas serán ustedes en la tarea de dar alma a su pequeño círculo. Orientarse por las grandes metas que Dios ha planeado para la Familia en su totalidad despierta las mayores fuerzas en cada uno de los que se sienten solidariamente responsable.

"Es un reflejo de sus cuestiones existenciales y vitales, pero también un compendio de sus intentos de solucionarlas."

En Schoenstatt tenemos, pues, en versión pequeña, todas las preguntas que en Occidente se plantean en versión amplia... pero también un compendio de sus intentos de solucionarlas. Su lugar de surgimiento y nacimiento quiere y debe ser también su taller y su lugar de trabajo.

Esto significa, prácticamente, que lo que hacemos, el modo como damos solución a las preguntas vitales, debe tener y tiene también una enorme influencia en toda la lucha y la búsqueda que se da en todo Occidente.

Más aún: quien haya tenido oportunidad de estudiar la situación actual de la Acción Católica en el exterior, quien haya tomado contacto con sus dirigentes, sabrá que la Acción Católica se encuentra *en todas partes en el mundo* -¡ahora, pues, en todo el mundo!- frente a un mismo problema: frente a la pregunta por una educación adecuada a la época. La Acción Católica subsiste o se derrumba dependiendo de la respuesta a esta pregunta. En el extranjero, los frentes se han endurecido en muchos aspectos. Por eso, en todas partes se clama por un marcado movimiento de educadores y educación, tal como el que nosotros quisiéramos representar...

¿Han comprendido ahora toda la magnitud de la problemática? Saben que éste era mi gran objetivo. No me importaba, en ese momento, obtener en la visitación una respuesta afirmativa. Para mí era importante aprovechar la oportunidad como trampolín para entrar en discusión con el Episcopado alemán en pleno, algo muy trascendental, entonces, y, naturalmente, muy arriesgado, temerario.

> El *Informe* acuña la lapidaria frase: "También en el sistema educativo de Schoenstatt los principios fundamentales son esencialmente buenos y por lo tanto inobjetables".

¿Qué se debe responder a esto?

Es así: en la *Respuesta al Informe* no se deja de cuestionar ni una palabra. Cada palabra que aparece en el *Informe* es deshilachada de tal modo que, al final, no queda nada de ella.

> ¿Qué se debe responder a esto? Si se tratara *tan solo de Schoenstatt* y nada más, podríamos quedarnos conformes con esa constatación. Podríamos dejar a otros recorrer sin molestias sus caminos. Solo tendríamos que tomarnos el trabajo de mantener la mirada puesta en ciertas zonas de peligro –con las que todo sistema debe contar prácticamente–, evitándolas en lo posible. Todo estaría entonces en orden. Habríamos salido por fin de todo enredo con otras corrientes espirituales y tendríamos vía libre para un tranquilo desarrollo ulterior. Después de años de las más fuertes luchas, podríamos cerrar las actas...

Hitler escribió su libro titulado *Mi lucha*. Y ustedes ya saben lo que sigue. También aquí se podría escribir un libro sobre *Mi lucha.* Nuestro texto continúa, y lo que sigue es naturalmente una formulación muy dura para un visitador episcopal.

Trascendencia de la discusión

Pero la situación es esencialmente distinta si consideramos a Schoenstatt y las preguntas pedagógicas en torno a Schoenstatt en el marco de los instituta saecularia, en el contexto de las preguntas espirituales que se plantean a Occidente y a su existencia, y a la luz de la situación global del catolicismo en el mundo entero, y si queremos fijar en forma más precisa nuestra posición en la confusión del tiempo actual.

Es decir, ustedes deben tener siempre en cuenta el universalismo.

Realmente las preguntas pedagógicas son hoy más que nunca –sobre todo en el quebrantado Occidente– esencialmente preguntas acerca de la renovación del pueblo y de la reconstrucción que todo el mundo reclama. Así es como la *solidaridad de la perplejidad generalizada*, de la cual hablaba Niemöller en la conferencia de la Iglesia universal en Amsterdam, se hace notar especialmente en el terreno de la pastoral y de la educación.

El *Informe de la visitación* hace una advertencia acerca de esta multiforme perplejidad. Consciente (o inconscientemente,) el *Informe* atribuye las preguntas pedagógicas a conmociones últimas de nuestra cultura, *urge a una investigación más profunda de las leyes más delicadas del ser y de la vida, cuya no observación tiene como secuela la escisión de la personalidad y de la comunidad y acelera el ocaso del Occidente cristiano, pero cuya observación cuidadosa es una fuente abundante de bendición para el mundo y para la Iglesia, para el pueblo y para la patria.*

Sin duda es verdad que, aun con los mejores y más inobjetables principios pedagógicos, no se puede evitar totalmente peligros y desviaciones en la práctica. Es así como el *Informe* atribuye desarrollos erróneos a la 'realización práctica de principios dogmáticos y pedagógico-pastorales en sí mismos inobjetables'. El *Informe* da la impresión, pues, de que en él y en la pedagogía de Schoenstatt regirían las mismas concepciones pedagógicas fundamentales. Sin embargo, no es éste el caso. Por el contrario.

¡Ahora la situación se torna muy provocativa!

Por el contrario. *Existen aquí diferencias, se abren oposiciones, que se comportan recíprocamente como el sí y el no, como vicio y virtud, como ídolo e ideal, como imagen distorsionada e imagen ideal.* –¡Inexorablemente, cada vez más crítico!– Esta constatación no deja descansar al espíritu investigador. El quisiera ver con total claridad las diferencias y oposiciones. Quisiera conocer su raíz y su interconexión con la situación actual del mundo y con el derrumbe de Occidente, quisiera saber acerca de su influencia en la futura educación de los pueblos...

El educador católico no puede darse por satisfecho dejando solamente en manos de Dios el reordenamiento del mundo. El está llamado a ser un colaborador en la misma gran obra. No es ni pesimista ni soñador. Por eso no puede reconciliarse con la concepción que representara Niemöller en la conferencia de la Iglesia universal. Este último declaró en la reunión pública del 26 de agosto de 1948:

Solidaridad en el desconcierto

"No sabemos cómo se ha de superar las dificultades que afrontamos. En efecto, absolutamente hablando, dudamos si éstas puedan ser superadas".

La pregunta es justamente la siguiente: ¿Tales son las características de la época, que el cristianismo no tiene ya más sentido, que está agotado?

Esta duda va aún más allá: Hablamos ya de una era "poscristiana" –de una época, pues, que ya no es más cristiana en absoluto– "en la que nos encontramos, y vemos acercarse el ocaso de la misma Iglesia cristiana... Hoy estamos, como cristiandad, en la solidaridad de la perplejidad con todo el universo de los seres humanos. No somos por cierto quienes podrían insuflar nueva vida a un mundo moribundo... No deberíamos entregarnos más a ilusión alguna".

Se trata de aquello que también el Concilio ha tomado: ¿tiene acaso la Iglesia, todavía hoy, la capacidad de bautizar el mundo actual? ¿O debe decir simplemente: adiós, alguna vez fue así, o hasta nunca más verlo?

"No deberíamos entregarnos a ninguna ilusión... Este nihilismo, cual enfermedad mortal, está ahí y está actuando ahora en forma efectiva, y no tenemos ningún medio para detenerlo, pues no tenemos ninguna posibilidad de poner nuevamente en orden este mundo que se hizo caótico, ni tampoco de restaurar la profanada dignidad humana".

Cooperación luminosa y enérgica para realizar el nuevo orden del mundo

Hasta aquí la cita. Esta es una problemática tremenda. A esa problemática respondo yo ahora:

Frente a esto nos atenemos a la ley formulada por San Agustín: Dios ha creado el mundo sin nosotros, pero no quiere redimirlo sin nosotros Es decir: Dios exige nuestra esclarecida, vigorosa colaboración también para el reordenamiento del mundo actual. De esa *colaboración* se trata en la elaboración del *Informe de la visitación* y en su crítica. Ambas partes, el redactor y los críticos, están sostenidos por la misma responsabilidad, por el mismo amor a la Iglesia. Ambos se esfuerzan por la construcción de Occidente. Por eso es difícil comprender cuán profundas son, a pesar de ello, las oposiciones en las posturas fundamentales... Involuntariamente se plantea la pregunta: ¿Son correctas ambas posiciones? O, ¿dónde está el error? De todas maneras, vale la pena realizar una cuidadosa revisión de los hechos. Está a la vista que, por la oposición en las preguntas fundamentales, también el *juicio acerca de los procesos de vida* debe resultar opuesto.

Es así como las *concepciones, exigencias y consecuencias fundamentales* tocadas por el *Informe* se proyectan sin más como preguntas pedagógicas fundamentales y vitales del tiempo actual, sobre todo de Occidente.

El amor a la verdad, al bienestar o malestar del pueblo y de la patria, exige una apasionada investigación y aclaración de los problemas correspondientes, sin consideración de personas. Si esta investigación ha de conducir a la meta, se debe silenciar todos los ruidos parásitos que estorben en el alma.

En las subsiguientes páginas del *Informe* viene una gran investigación acerca de las concepciones, exigencias y consecuencias fundamentales. Llevaría ahora muy lejos entrar a considerarlas. Basta con que tengan ustedes una idea de lo que se trata. ¡No es, pues, ningún juego! Por ello la lucha debía ser a muerte. Y se trataba de poderes tremendos. No sólo poderes divinos, sino también diabólicos chocaron en este combate. Y finalmente, *¡clarifica te!* Humanamente hablando, habría sido imposible salir con vida, ¿no es así? ¡Pero salimos con vida!

¿Sospecharán, sabrán ustedes ahora en alguna medida lo que significa el 31 de Mayo de 1949? Naturalmente, valdría ahora la pena trazar líneas hacia todo lo que ustedes están a punto de realizar. Pero pospongamos esto para más tarde. Basta con que ustedes hayan *adquirido una noción. Así nos ha ideado el buen Dios, según eso nos hemos pensado nosotros mismos,* y de esa manera hemos intervenido en la historia. Verdad es lo que me dijo, hace algunas semanas, el cardenal Bea: "Jamás habría sido usted comprendido por la Iglesia si no hubiese tenido lugar el Concilio."

Así es que queremos alegrarnos. *Clarificavit se!*

2. Una cruzada por el pensar, amar y vivir orgánicos
29 de Mayo de 1966, Domingo de Pentecostés en la tarde

En esta segunda plática, el P. Kentenich "aterriza" la misión, mostrando su actualidad y puesta en práctica. Toca la crisis de los sexos en relación a la identidad femenina y masculina, en relación al pensar orgánico. En particular detalla cómo el ser femenino encarna y transmite al varón la actitud filial ante Dios, cumpliendo así un papel esencial para la transformación y redención de nuestra cultura. Luego se detiene en la explicación del vivir orgánico, en la importancia de la vivencia del amor en el plano humano, como camino para la vivencia del amor en el orden sobrenatural, destacando lo que son en este sentido los "transparentes" de Dios Padre. Concluye haciendo referencia al vivir orgánico, que impide perderse en meras ilusiones desligadas de la vida concreta.

Ahora desearían ustedes –así me lo dijeron– la continuación de la línea que escuchamos esta mañana en forma tan comprimida, casi como contrapartida, casi como una exposición obvia, pero en breves trazos: 31 de Mayo de 1949. La línea que pudimos trazar es inmensamente grande y abarca en su conjunto todos los problemas del tiempo actual.

Ustedes desearían ver trazada ahora la línea desde allí hasta su tarea. Efectivamente, ustedes han unido Bellavista, el 31 de Mayo de 1949 con su Santuario (en Stuttgart-Freiberg), tomándolo como tarea de vida. ¿En qué consiste, pues, en breve resumen, esa su novedosa misión? La respuesta -que debe ser concisa- puede rezar tan sólo de la siguiente manera:

Queremos poner en escena una cruzada del pensar, amar y vivir orgánicos.

Cruzada por el pensar orgánico

No sé si pueden apropiarse tan rápidamente de todo el contenido de esas pocas palabras, de esa línea central. *Cruzada del pensar orgánico.* ¿Qué quiere decir pensar orgánico?

Se trata de un frente de batalla contra todo pensar mecanicista. ¡Pensar orgánico! Cuando hayan alcanzado más edad –pensamos ahora en la generación joven que tenemos entre nosotros–, cuando hayan alcanzado un poco más de edad y una mejor visión a través de la gran confusión que hay en la Iglesia de hoy, descubrirán que la tragedia consiste en que cada cual arranca las ideas individuales de su contexto total. El hombre de hoy casi no posee ya la antigua maestría para establecer una interrelación interior entre las distintas líneas de pensamiento que estremecen hoy al mundo, que hacen temblar al mundo. Por ello: cruzada del pensar orgánico.

Cruzada del amar orgánico

Pero también cruzada *del amar orgánico*. Nuevamente: ¿qué quiere decir? Amar orgánico; en él, el amar instintivo, el natural y el sobrenatural quieren ser vistos en armonía, en interrelación orgánica. Ahí tienen ustedes una vez más una protesta extraordinariamente fuerte contra tanta mediocridad en el mundo actual.

Si se afirma, una y otra vez, que la nota característica del hombre actual es la *carencia de contactos*, es decir, su incapacidad o debilitada capacidad para amar realmente, y si abrimos el Apocalipsis, allí se presenta como nota característica del tiempo apocalíptico, vale decir, del tiempo del ocaso del mundo, el que *el amor se ha enfriado en todas partes*. (Mt 24,12; cfr 2Tes 2,10; 2Tim 3,1-5). A este amor que se ha enfriado, lo llamamos carencia de contactos.

Característica de nuestro tiempo: la falta de contacto

Algunos concluyen de estas observaciones que nos acercamos al ocaso del mundo. Evidentemente nadie puede afirmarlo. Sólo se puede decir que el tiempo actual, tal como lo conocemos y como lo hemos vivido y experimentado en común, se acerca aparentemente al tiempo apocalíptico. O expresado de otra manera: No queremos decir que el tiempo actual es el tiempo del fin del mundo, pero bien podemos aclarar que el tiempo actual se asemeja al tiempo del fin del mundo como un huevo a otro huevo.

Y si oímos repetidamente: carencia de contactos, y lo comparamos con el Apocalipsis, podemos decir que vivimos en una especie de tiempo apocalíptico. Sospechamos, entonces, cuál es la importancia de la palabra bíblica que dice: es el tiempo en el cual el amor se ha enfriado en todas partes.

Y si nos preguntamos ahora de dónde proviene todo esto, si nos preguntamos cuál es la causa de esa falta de contacto, encontraremos obviamente toda una cantidad de respuestas. Una de las más significativas la tocamos al menos esta mañana, después de la santa Misa. Considero que se podría afirmar –diciendo de otro modo aquello de lo cual hemos tomado conciencia en forma condensada hoy por la mañana– *porque la humanidad actual no quiere ya ser María*, por eso en todas partes se enfría el amor.

Emancipación de la mujer, crisis de los sexos

Hoy hablamos tanto, también lo leemos, a menudo se lo grita desde los tejados: la emancipación de la mujer. Desde hace décadas vive esa emancipación en Europa, en el mundo antiguo, y realiza constantes progresos. La emancipación de la mujer se encuentra hoy ante la triste realidad de ver a ambos sexos en una igualdad cada vez más total. El ideal de la emancipación de la mujer –así parece, al menos– radica en que la mujer se torne varón. Por eso mañana o pasado mañana vendrá probablemente la reacción: mañana o pasado mañana el hombre verá el ideal en tornarse mujer. Obviamente, esto está expresado en forma extremada, resaltado en forma tipificada. Pero, con todo, de esa manera se desbarata el gran orden del ser.

¿Qué debe hacer, pues, el ser humano con la original estructura de su ser? Para decirlo en forma breve y sencilla, —ya que indudablemente, es cierto que un fruto del pensamiento moderno, un fruto también de la emancipación de la mujer, es el que ambos sexos se vean mutuamente de manera más clara; que puedan caracterizarse mejor el uno al otro— debemos afirmar, en efecto, que el varón y la mujer son *iguales en su valor, pero diferentes en su modo de ser.* De este modo encontramos ciertamente el tono correcto.

Misión de la mujer para la cultura, para el varón

Pero ahora la gran misión: si la mujer ya no está consciente o no mantiene ya más la conciencia de su modo propio de ser, se ha eliminado un elemento de la cultura en su conjunto, un elemento que es tan importante, tan esencial para la construcción de la sociedad humana, que no puede prescindir de él.

¿Recuerdan lo que reflexionamos juntos esta mañana? Son dos ideas. La respuesta a un sentimiento que podría haberse despertado en nuestro interior. Si hemos visto elevarse ante nosotros de manera tan excepcionalmente fuerte —por ahora casi exclusivamente— el ideal de filialidad, y si la personalidad toda tiende hacia él, entonces, verán ustedes, es posible que hayan surgido también sentimientos contradictorios. ¿Cuál es la relación fundamental entre nosotros y el Dios viviente? Es una filialidad tremendamente, sí, extraordinariamente fuerte, profunda, delicada, entrañable. (...)

Destaco esto una vez más porque la idea es tan significativa. Pero para llegar a ser mujeres que sean capaces de llevar adelante la vida con fortaleza, no queda otra cosa que esforzarnos en transformarnos permanentemente en las hijas más simples y sencillas ante Dios. Y en esa dirección se ubica la gran misión de la mujer ante la cultura toda, como un todo, también ante la cultura masculina.

Al decir esto me vienen, me vuelan a la cabeza tantas ideas que son en sí actualmente muy importantes para nosotros, aunque nos exigen que les dediquemos un tiempo más prolongado. Si piensan a la Santísima Virgen fuera del orden salvífico (es decir, si no se la ve integrada plenamente en éste), ¿cuál es la consecuencia? ¡No hay cristianismo alguno!

¿No es esto evidente? Si ella no hubiese dado su sí, entonces la Segunda Persona divina no se hubiese hecho hombre. ¿Ven ustedes? Este decir sí —se trata de un sí en espíritu de servicio y de filialidad— es la gran tarea que toda la creación —no solamente la mujer, sino también el varón— tiene ante Dios.

¿Pero quién debe vivir este sí en espíritu de servicio y de filialidad, adelantándose ejemplarmente al varón? Somos nosotras, es la mujer. ¿Ven ustedes? Por eso, si la mujer se resiste a transformarse en María, entonces —sí, entonces, ¿puedo decirlo?— a la larga le será imposible también al varón, en su modalidad, conformarse en María.

Lo eterno en la mujer

Me permito recordar una expresión clásica que tendrá posiblemente para ustedes una extraordinaria importancia. Traigo a la memoria las palabras de Goethe: lo eterno, sí, la mujer eterna, atrae,[113] –eleva, queremos decir en lugar de lo anterior–. Esto es lo eterno en la mujer –hablamos también, en efecto, de la mujer eterna[114]– que impulsa siempre hacia lo alto. ¿Qué es, sin embargo, lo eterno en la mujer? Es esa actitud fundamental, ante el Dios eterno, de *servicialidad inmersa en Dios, simple, fuerte y filial.*

El varón no es redimido sino por la mujer

Permítanme decirles, permítanme advertirles a todos los que conducen nuestra Familia: ustedes no saben qué servicio están prestando a la cultura de hoy, a la cultura en su conjunto; qué servicio están prestando al cristianismo, al catolicismo, si nuestras jefas –en realidad debería decir nuestras madres, ya que nuestras jefas deben ser en todo un reflejo, una imagen de la Madre de Dios—, si nuestras jefas logran, como por arte de magia, hacer surgir de la piedra, del mármol que muchas veces

---

113 Goethe, J. W. von, Fausto, segunda parte de la tragedia, final del quinto acto:

Chorus mysticus.	Coro místico.
Alles Vergängliche	Todo lo que perece
Ist nur ein Gleichnis;	es sólo un símil;
Das Unzulängliche,	lo insuficiente
Hier wird's Ereignis;	aquí acontece;
Das Unbeschreibliche,	lo indescriptible
Hier ist's getan;	aquí se hace;
Das Ewig-Weibliche	lo eterno femenino
Zieht uns hinan.	nos atrae hacia arriba

114 Cfr. v. Le Fort, Gertrud, *Die ewige Frau, Die Frau in der Zeit, Die zeitlose Frau, (La mujer eterna, la mujer en el tiempo, la mujer atemporal)*, Munich 1957. Vemos a la mujer eterna personificada en la Santísima Virgen, que debe configurarse en nuestra actitud fundamental ante Dios.

representamos, pequeñas María a partir de los cientos y miles de miembros de la Familia. Y aunque sólo sea una pequeña porción, ustedes no sospechan cuántas bendiciones atraen entonces desde el cielo para alcanzar la redención de una buena parte del mundo actual, sobre todo del mundo masculino.

Ustedes deberían tomar estas profundas reflexiones como materia de meditación durante un tiempo más largo. Estos temas son hoy tan importantes, cuando todo es un caos, cuando el mundo no quiere ya reconocer absolutamente ningún ideal de mujer. ¡Ni siquiera nuestras líderes católicas, nuestros movimientos femeninos católicos lo quieren! Hoy todo es desenfreno, hoy hay que dejar pasar y correr todo, no hay ningún ideal para la mujer.

María, encarnación del hombre abierto a Dios

Imagínense cómo sería si no tuviesen ustedes ningún ideal claro respecto de lo que aspiran a ser de acuerdo al plan de Dios. ¿Qué sería de su ser en cuanto mujer? ¿Qué es la mujer, entonces? Una naturaleza instintiva, un manojo de instintos. ¿Quién puede hacer algo con eso?

Reflexionen un poco, por favor, acerca de lo que significa el que, esta mañana, hayamos escuchado que la actitud fundamental de la Santísima Virgen, su reacción a todo lo que le fue dado por Dios en su vida, fue siempre tan solo una: *un sí filial y de servicio*. En lugar de lo anterior podemos decir también: ella ha sido, sin más, la persona "hágase-en-mí" *per eminentiam;* ¡no la persona "yo-quiero", sino la persona "¡hágase-en-mí!". En efecto, ella no se conformó solamente con el hágase-en-mí. En el Magnificat profundiza la idea: "Él ha mirado la pequeñez de su sierva" (Lc 1, 48). Ustedes lo perciben: hasta el extremo, una y otra vez la pequeñez ante el Eterno, el Infinito. Sobre la base de esa pequeñez, de la vivencia de la pequeñez, siempre y sólo una respuesta: *fiat*, hágase-en-mí, hágase-en-mí.

Permítanme, por favor, que les diga lo siguiente: también el varón debe aprender a pronunciar ese *fiat* ante Dios; el *volo*, el yo quiero, no es suficiente. El *volo* –el querer autónomo– no corresponde absolutamente a ninguna criatura frente a Dios.

Ser niños ante Dios

Más de una vez he citado a un pedagogo suizo.[115] Me permito citarlo una vez más: "La mayor desdicha para el tiempo actual es la pérdida del sentido filial, porque ello hace imposible que Dios Padre se manifieste como padre ante el mundo". Podemos invertir la expresión, presuponiendo, sin embargo, que reflexionemos en forma autónoma. Digamos, entonces: la mayor dicha para el tiempo actual es el sentido filial reconquistado, pues no sólo hace posible en cierto modo la actividad paterna de Dios, sino que la hace posible en el sentido más eminente.

Yo, personalmente, desde este punto de vista veo el destino íntegro de la humanidad actual de la siguiente manera: ya que la humanidad se pone tan enteramente en lugar de Dios, por ser y querer ser autócrata, porque el hombre actual no quiere ya ser niño ante Dios, entonces Dios Padre tiene, en cierto sentido, que –¿puedo decirlo?– destruir la humanidad actual. Tiene que doblegarla hasta el polvo a fin de que aprenda nuevamente a darse y comportarse como infinitamente pequeña ante el Eterno.

---

115 J. H. Pestalozzi (1746-1827).

Si esto se logra, entonces será evidente que el orden de ser objetivo se realiza subjetivamente; entonces será evidente que el Dios Padre eterno se muestra totalmente como Padre de sus hijos, también como Padre de la humanidad actual.

Una vez más: *non erigitur vir nisi per feminam*. Nos internamos ahora en una mayor profundidad. Creo poder destacar una vez más, pero más profundamente, lo siguiente: el varón no será tampoco redimido sin *el lado femenino de su naturaleza*.

¿Comprenden ustedes lo que esto significa? El lado femenino de la naturaleza masculina es la actitud del "hágase", *fiat*. El lado femenino, también del varón, consiste en que él se sienta y se sepa pequeño y desvalido ante Dios, miserable y digno de misericordia.

Todo lo que habría que decir en este sentido se puede verter, entonces, en la frase "cruzada del pensar orgánico". Veo, pues, las cosas en permanente interrelación. Aplicado, por ejemplo, a la relación entre la Santísima Virgen y Cristo: no están uno contra el otro: los veo en su interior totalmente uno en el otro, junto al otro y para el otro.

Cruzada del amar orgánico

Cruzada del amar orgánico. ¿Qué quiere decir amar orgánico? Quiere decir dos cosas: *me entrego y me desprendo*. Me entrego. ¿A quién? Al Infinito. Me desprendo. ¿De quién? De la adoración del yo, de la fijación al yo, de girar constantemente en torno al yo.

Otra vez: cruzada del amar orgánico. Recién mencioné que hay distintas formas de amor: un amor instintivo, un amor natural y un amor sobrenatural, y los hemos caracterizado en estos días con suficiente precisión.

Tal vez no lo hayamos hecho de manera suficiente, pero sí lo bastante como para que comprendamos en algo lo que nos quiere decir el 31 de Mayo. Aquí se trata, en efecto, de ver *el amor del ser humano en el organismo*. Deben ver el amor, visto orgánicamente, *ratione obiecti y ratione subiecti.* (En razón del objeto y en razón del sujeto).

Amar a Dios a través de transparentes humanos

Esto significa, pues, que el objeto de amor quiere ser visto en la perspectiva del organismo. ¡En el organismo! Por tanto, no hay que subrayar siempre, en forma unilateral, que hemos sido llamados y cualificados por Dios Padre a través del bautismo, de los sacramentos, para unirnos al Dios eterno e infinito con amor sobrenatural.

¡Con amor sobrenatural! Pues bien, –ya lo hemos oído hoy– si el amor a Dios no conoce *vivencias previas en el orden natural,* entonces es extraordinariamente difícil –posible en cierto modo, pero enormemente difícil– tener vivencias sobrenaturales centrales, sin esas vivencias previas. Si se habla, entonces, de una cruzada del amor orgánico, esto significa que amamos, en última instancia, todo lo que para nosotros es digno de ser amado. Cuando se trata de personas, no amamos solamente al Dios viviente, amamos también al ser humano; amamos, sobre todo, y experimentamos a aquellas personas que son para nosotros como un *transparente del Dios eterno.*

¡Amor personal! Si retomamos todo lo que podemos registrar hasta ahora como resultado del desarrollo de aquello que ustedes mismas han escogido: una relación filial para con un padre común, vemos que sólo por la explicación anterior podrán entender también por qué yo he recibido su amor filial de manera tan simple, llana y obvia. Esto se debe sobre todo por la conciencia de que si no se recupera hasta cierto punto, a nivel natural, un auténtico, profundo amor filial, me parece casi imposible que podamos hacer realidad en nuestras vidas el amor sobrenatural a Dios.

¿Comprenden lo que significa ahora el 31 de Mayo? ¿Comprenden lo que quiere decir, en toda la línea –sí, en toda la línea– poner en escena una cruzada, una cruzada del amor orgánico o del amar orgánico? Esto quiere decir, prácticamente, que nos regalamos con llana sencillez a los transparentes de Dios, y lo hacemos porque esa entrega filial a un transparente de Dios Padre es uno de los medios más excelentes y un seguro –¡sí, también un seguro!– para el amor al Padre celestial. ¿Se vuelve esto cada vez más claro?

Y si ustedes observan más profundamente la vida matrimonial en la actualidad, si observan más profundamente la cultura en su conjunto, intuirán cómo hemos acertado aquí, en un punto, al núcleo de la cultura actual y de la problemática actual.

Una de ustedes me relataba hoy qué hermosa imagen paternal tuvieron en su vida, tanto ella como sus numerosos hermanos varones. Ella destacaba, además, cómo todos en la pequeña familia natural –¡no pequeña, sino grande!–, y no solamente ella, la hermana mujer, sino también todos los hermanos varones, se mantuvieron auténticamente cristianos, católicos hasta las raíces de su ser.

Yo veo en ello no sólo un acontecimiento hermoso, sino también la glorificación de un principio: donde el amor inmanente y el trascendente se funden de esa manera como un organismo, pueden ustedes contar con que lo religioso llega hasta las últimas raíces de la vida subconsciente del alma. Donde esto no sucede, por el contrario, pueden ustedes contar en principio —a no ser que la comprobación práctica demuestre lo contrario en un caso particular— con que la vida religiosa se practica en forma puramente superficial, ya que no posee raíces profundas en la vida subconsciente del alma.

Me permito y debo decir una última cosa: hemos hablado de la cruzada del pensar orgánico y del amar orgánico. Ahora hay que agregar, naturalmente, la cruzada del vivir orgánico.

Cruzada del vivir orgánico

¿Qué quiere decir vivir orgánico, *cruzada del vivir orgánico*? Ahora debemos prestar atención, de manera que la imaginación no nos pinte ¡sabe Dios qué imágenes! Elijo una expresión que surgió aproximadamente en los años 14 y subsiguientes, después de la guerra, para que no vivamos permanentemente a partir de mentiras de la imaginación. ¿Qué significa esto? Tenemos, ¡sabe Dios!, qué brillantes imágenes en la fantasía; nos imaginamos ¡sabe Dios! de qué manera nuestra vida futura, pero la vida práctica cotidiana no es tocada en absoluto por esas fantasías. Podemos decir, entonces: *La cruzada del vivir orgánico es la cruzada de la santidad de la vida diaria.*

¿Comprenden ustedes la relación? Cruzada de la santidad de la vida diaria, no el abuso de la fantasía, no la brillante retórica. Dicho al margen: ya casi nadie se deja engañar hoy por eso. Hay una vieja expresión que acuñaron los ingleses: el hombre actual lee gustoso tan solo un Evangelio: no el Evangelio escrito, sino el Evangelio de la vida práctica.

Agreguemos ahora lo que insinué anteriormente acerca del significado del ser marcadamente femenino para la salvación del alma masculina, de la marcada misión femenina en relación con la misión masculina. Aquí toman esto *ad notam* nuevamente, si lo evocan en la memoria, y si agregan lo que hemos dicho aquí sobre la santidad de la vida diaria, por la que se lucha en nuestras propias filas con gran seriedad ética, si agregan lo que hemos dicho acerca de la piedad de alianza con las dos líneas –la línea del sacrificio y la línea del amor– y acerca de la piedad instrumental; si revisan ustedes todo eso una vez más, encontrarán que se trata de la cruzada del vivir orgánico, de la relación orgánica entre ideal y realidad.

Por eso, les pido que entiendan ahora una vez más lo siguiente: el primer imperativo es ¡hija, no olvides a tu padre y a tu madre! ¿Perciben ustedes qué pujante y poderoso es el contenido de ese breve imperativo? No olvidemos, no obstante, lo que esta mañana nos hemos grabado tan profundamente: que el Espíritu Santo quiere regalarnos y nos tiene que regalar todo eso. El Señor mismo dijo acerca del Espíritu Santo: él los introducirá en todo lo que les he dicho (Jn 14, 26). El nos ayudará, entonces, a comprender al Señor. Resumiendo: *él nos va a educar, a través de sus siete dones, para que crezcamos en una extraordinaria intimidad con Cristo y pasión por el Padre.* ¡Hija, no olvides, entonces, a tu padre y a tu madre.

3. La cruz de la unidad y el 31 de Mayo
Alocución del 19 de febrero de 1967

Este texto está tomado de una alocución del P. Kentenich a miembros del Instituto de Nuestra Señora de Schoenstatt, dada el 19 de Febrero de 1967. Las palabras de nuestro Padre son elocuentes: la Cruz de la Unidad es símbolo de la cruzada por el pensar, amar y vivir orgánicos, proclamada el 31 de Mayo de 1949. Él mismo identifica la cruz de la misión que estamos llamados a compartir con él.

La cruz de Bellavista como símbolo de la misión

La cruz que queremos tomar es la de Bellavista. Ella es ante todo la cruz que ha tomado el Padre de la Familia. Ustedes lo han expresado con mucha sencillez y, de ese modo, demostrado que conocen los contextos. ¿Qué cruz era ésta de Bellavista? Una cruz que promueve una "cruzada". ¿Una cruzada que se orienta en qué dirección? ¿Qué es lo que se quiere alcanzar? ¿A qué hay que aspirar?

Se trata de una cruzada por el pensar orgánico, por el amar orgánico y por el vivir orgánico.

Ésa es también la cruz que lleva el Padre, que ustedes quieren co-llevar y ayudar a llevar al Padre de la Familia.

Quizás por ahora seguramente no alcanzan a comprender en toda su plenitud el contenido de esta cruz. Pero al contemplar el trasfondo de la confusión reinante en estos tiempos en el campo de las ideas, comprendemos un poco más lo que significa "cruzada por un pensar orgánico, un amar orgánico y un vivir orgánico". Cada término tiene un peso, un peso extraordinario.

¿Qué significa hoy pensar orgánico? En la actualidad se piensa desgarrando, separando todo. ¿Y amar orgánico? No sólo amar sobrenaturalmente, sino también instintiva y naturalmente. ¿Y vivir orgánico? Que toda la vida sea expresión de la vida íntima de la Santísima Trinidad.

Ustedes lo han expresado diciendo que quieren abrazar la cruz y los sufrimientos que trae consigo la vida cotidiana. Y no cargar con ella a ciegas, sino siempre en unión orgánica, por un lado, con el Señor y, por otro, con el Padre de la Familia.

Y en unión orgánica no sólo con la meta de la maduración y purificación personales, sino también con todas las grandes metas que Dios nos ha entregado y regalado. Ustedes las han enumerado con mucha exactitud y conocimiento. Hay mucha claridad y una consecuente línea de reflexión detrás de todo lo que han dicho. Ustedes piensan en los tres grandes fines, piensan en todas las ramas de la Familia, piensan especialmente en la rama sacerdotal. Y eso reviste hoy gran importancia.

4. Hacia el rescate de Occidente
De Conferencias a los Sacerdotes diocesanos de Schoenstatt en Marienau, Junio de 1966

El término específico "rescate de la misión salvífica de Occidente" fue empleado por el P. Kentenich recién en 1960/61. Sin embargo, los textos presentados hasta aquí habrán aclarado suficientemente que, desde siempre, el P. Kentenich se ha referido a este mismo tema cada vez que expone su diagnóstico respecto al pensar mecanicista. El siguiente fragmento presenta una serie de afirmaciones precisas sobre este tema tan importante.

¿Qué significa en sí misma la misión salvífica de Occidente?

Les ofrezco una respuesta doble. La misión salvífica de Occidente entraña una doble dimensión. Luego que el pueblo de Israel se manifestase indigno de ser portador de la misión salvífica para todo el mundo, Dios depositó esa carga sobre los hombros de Occidente. Nos basta con hacer un examen cuidadoso de cómo Dios fue guiando a San Pablo. ¿Y qué misión era ésta entonces? Si meditamos sobre ella en todos sus aspectos tenemos que decir lo siguiente: Occidente debía difundir su cultura por todo el mundo, pero junto con esa cultura tenía a la vez que introducir el cristianismo en todos los pueblos y naciones existentes.

Creemos y podemos decir abiertamente que Occidente ha cumplido con el primer cometido. Y lo que faltó se está recuperando hoy de un modo brillante. Pero en cuanto hablamos de la propagación del cristianismo, hay que admitir sin rodeos que se han producido lagunas tras lagunas y fracasos tras fracasos. Vale decir que, evidentemente, esta misión salvífica ha quedado trunca en gran parte y se ha favorecido en cambio la difusión de todo otro tipo de culturas.

Volvamos a la pregunta inicial. ¿En qué consiste la misión de Occidente en relación con Oriente? En promover una reorientación específica. Enseguida me ocuparé nuevamente de este aspecto en otro contexto; en un contexto que nos servirá de punto de partida para impulsar una visión totalmente nueva, una concepción enteramente novedosa de la misión de la Iglesia occidental de hoy.

De lo que se trata aquí es, en lo esencial, de destacar y profundizar la reflexión sobre la causa segunda. Y esta inquietud por la causa segunda diferencia nuestra mentalidad occidental de la oriental. En efecto, a lo largo de la historia esta última se ha estancado en la Causa Prmera, en Dios. Y, en gran medida, se mantiene así aún en la actualidad. Su abordaje de lo que es creación lo realiza sólo desde Dios. A nivel de reflexión casi no se tiene en cuenta a la causa segunda.

En cambio Occidente tomó conciencia de este problema. Y lo hizo en primer lugar a través de santo Tomás de Aquino y del averroísmo que los musulmanes introdujeron en Europa y, finalmente, en Alemania. Santo Tomás abordó rápidamente el importante tema de la causa segunda y, a decir verdad, como lo pudimos comentar posteriormente, salvó así al cristianismo occidental.

Entonces fue la relación entre Causa Primera y causa segunda -recuerden que el Concilio quiso ocuparse de ello en la fase final de sus sesiones- lo que dio finalmente un nuevo cariz al problema. Se trata ahora de la relación entre religión y mundo. Por favor, consideren aquí el término "mundo" como la causa segunda en general. Naturalmente se refiere al mundo tal cual aparece hoy a nuestros ojos con su sello moderno, o bien, dicho de una manera más precisa y conocida por ustedes, al mundo profano.

Desde un principio hemos entendido por causa segunda sencillamente a la creación. Sí; ella es por excelencia la causa segunda Naturalmente esto siempre entrañaba igualmente un mundo que tiende por sí mismo a separarse de la Causa Primera. De este modo, y expresado con nuestras propias pala-bras, estamos aludiendo a lo que el Concilio formuló como "religión y mundo". No hace falta que les recuerde que los padres conciliares declararon oficialmente que el Concilio no estaba aún en condiciones de dar una respuesta definitiva a la cuestión. Por lo tanto mantuvo una gran reserva ante ella y sólo dio algunas claras indicaciones que naturalmente revisten gran importancia.

Ahora bien, en el marco del pensar occidental, cuando se habla de causa segunda, es decir, de creación en general, entendemos ante todo que se está hablando de nosotros mismos. ¿Dónde radica ahora la originalidad de la visión occidental de la causa segunda frente a aquella de Oriente? En que en Occidente se ha hecho una reflexión y elaboración exhaustiva del concepto de persona que llevó a reconocerle una cierta autonomía a la causa segunda. Y aplicado a nosotros: El reconocimiento de ese régimen autónomo de la causa segunda va acompañado de una elaboración de la dignidad de tal referida causa segunda; y ello a su vez redunda evidentemente en el reconocimiento del extraordinario valor de una personalidad original.

Comprendan, por favor, cuán fuerte es en esta área la diferencia entre pensar oriental y occidental. Y de este modo tendremos ya un esbozo, una repuesta, si bien simplificada, a la pregunta sobre lo que entendemos por la misión salvífica de Occidente.

En resumen, por una parte, Occidente debería ser el misionero del cristianismo de Oriente; pero por otra, Occidente debería difundir hacia adentro y hacia afuera su concepción de causa segunda y lo que ello implica para el ser humano, como también su visión de las cualidades específicas, de la autonomía y dignidad de la persona humana.

Ahora el gran interrogante: ¿Ha cumplido Occidente también esta segunda tarea? Y la respuesta es: indudablemente que no, al menos no de la manera correcta.

5. El 31 de Mayo: reflexión en el contexto histórico
De una plática de Ejercicios Espirituales para miembros del Instituto Secular Padres de Schoenstatt, 8 de Noviembre de 1966

Del 4 al 8 de noviembre de 1966 el P. Kentenich predicó ejercicios espirituales para los Padres de Schoenstatt en la Casa de las Misiones en el Monte Schoenstatt. En la 12ª prédica trató el tema del tercer hito de la historia de la Familia.

El P. Kentenich explica una vez más el 31 de Mayo, trayendo a la memoria la Carta a Monseñor Schmitz. Se destaca su reiterado llamado a leer y estudiar este texto. Cita también una vez más el inicio de la Epistola Perlonga sobre todo el carisma pedagógico de Schoenstatt. Transcribimos estos pasajes, aunque ya se han reproducido en este libro, en consideración a las acotaciones que va haciendo en ellos nuestro padre y para destacar la importancia que revisten para él.

Los hitos de la historia de nuestra Familia

El espíritu del Concilio quiere ser visto, comprendido y realizado por nosotros como espíritu de Pentecostés. El espíritu de Pentecostés muestra y produce frutos de Pentecostés. Queremos profundizar en nosotros ambas cosas yendo a la escuela de nuestra historia de Familia, ya que la historia de la Familia es, en toda la línea, un único gran triunfo del espíritu de Pentecostés y del fruto de Pentecostés. Se trata, entonces, en primer lugar, de seguir un poco la trayectoria de la raíz de la historia de la Familia en su desarrollo, pero siempre con la misma intención: descubrir la línea divina para hacernos dependientes del mundo del más allá, para arraigarnos en él, para transformarnos en héroes de las tres virtudes teologales. Tienen que estudiar de nuevo, si lo desean, lo que dice la dogmática acerca de las tres virtudes teologales, y hacer luego la comprobación de si todo lo que ella dice no se ha realizado acaso también en la historia de nuestra Familia.

El segundo hito nos advierte acerca de este extraordinariamente fuerte estar-en-la-confianza-divina, que deja muy, muy tras de sí la confianza humana, incluso interrumpiendo conscientemente todos los apoyos humanos, y no por liviandad, sino mejor dicho, dejando que todos los apoyos humanos se destruyan en el encuentro con un poder más alto, dando a esto mismo su sí.

Las tres ideas que queríamos tratar y meditar llevan por título *"ante"*, *"in"* y un *"post"*. Lo que sucedió con anterioridad ("ante") quiere ser bien sopesado. Lo que el proceso encierra en sí mismo *("in")* está bien explicado.

Efecto del tiempo de Dachau: Convicción de que Schoenstatt es una obra de Dios

Ahora bien, el efecto *("post")* fue doble: en primer lugar, una convicción firme, inconmovible acerca del carácter marcadamente divino de la Familia. Esto fue desde el comienzo siempre lo más importante. Desde el comienzo hemos podido decirnos a nosotros mismos –y esto se puede comprobar literalmente– que no esperamos que nadie se nos una y nos regale sus fuerzas vitales para una obra humana, específicamente humana. Con esto se anticipa lo que pensarán las generaciones posteriores, lo que comúnmente pensamos todos nosotros también ahora: si una obra no lleva el sello de un carácter marcadamente divino, debemos confesar todos que hemos perdido toda reverencia ante obras humanas –por más gigantescas que sean–. Por esa razón es tan extraordinariamente importante estar convencido de la misión divina, de la misión marcadamente divina de la Obra, de la cualidad de la obra como obra marcadamente divina. Esto era lo más importante. Ustedes deben comprobar una vez más si esto no está acaso justificado.

Ya un par de veces pude hacer referencia, pude indicar el modo cómo con el tiempo se fueron llenando de contenido aquellas tres expresiones. Escúchenlas nuevamente: 1914, ¡cómo sonaba aquello de la pequeñez de los instrumentos! ¡Cómo sonaba más tarde, después de la primera guerra mundial! ¡Cómo sonaba después de la dominación, de la caída de la dominación del nacionalsocialismo! Pequeñez de los instrumentos, magnitud de las dificultades y grandeza de los éxitos.

Schoenstatt tiene una misión para la Iglesia y para el mundo.

Y a partir de esa convicción, profundizada en forma tan inconmovible, la consecuencia: por ello, ¡a salir de la estrechez! Por eso, en primer lugar, la presentación desinhibidamente abierta al Episcopado alemán, y luego la salida al vasto mundo para esparcir las semillas.

Una vez que es claro que Schoenstatt es una obra de Dios, una misión divina, caen todas las medidas de precaución. Por eso la enorme diferencia en mi actuar personal antes y después. Antes siempre una singular prudencia, nunca dando un paso que, de alguna manera, pudiese infringir situaciones jurídicas, nunca apareciendo en un lugar sin el sí del superior inmediato –sea el director de un seminario o el párroco de una comunidad–. Por eso haciendo siempre un prudente tanteo. Pero ahora, un vuelco total del método observado hasta el momento. Por esa razón, repito, pusimos sin inhibiciones todas las cartas sobre la mesa ante el Episcopado alemán. ¿De qué modo lo hicimos? Por una parte, a través de (la publicación del) *"Hacia el Padre"*, por otra, a través de los cursos abiertos que prediqué en aquel tiempo. Y, en tercer lugar: "Id por todo el mundo" (Mc 16, 15). Se trata ahora, pues, en lo posible, de prepararle a la Santísima Virgen un camino desde Schoenstatt hacia el mundo entero. ¿Y los efectos?

Si pensamos en el Episcopado alemán, antes me permito recordar una vez más cuánto me importaba en aquel momento preparar a la misión mariana el camino en Alemania. Siendo la gran meta en primer lugar denunciar públicamente el pensar mecanicista ante el Episcopado alemán —y lo digo a propósito—: no solamente en el ámbito alemán, sino también ante el gobierno eclesiástico, es decir, ante la conducción de la Iglesia en Alemania- y hacer todo lo que fuese necesario para iniciar la superación de ese pensar mecanicista en los más altos círculos, todo, ¡pero todo!, (se hizo) en interés de la misión de la Santísima Virgen. Se trataba aquí de derribar una muralla, sin cuyo derrumbe era imposible realizar la marcha triunfal de la Santísima Virgen y arrastrar su carro por todo el campo de batalla. Más tarde aportaré las pruebas de que, no obstante, todo esto no sucedió con liviandad sino a partir de una sabia reflexión.

Luego la segunda meta: Id por todo el mundo (Mc 16, 15). El sentirse impulsado hacia otros países, a otros pueblos. El sentirse impulsado a erigir allí, en primer lugar, puntos de apoyo para la Familia, para la historia de la Familia y para el obrar de la Familia: ¡Santuarios, santuarios tras santuarios! Multiplicación de los Santuarios. Naturalmente, también multiplicación de aquellos que estaban vinculados a estos Santuarios, y multiplicación también de los frutos que el buen Dios quería hacer cosechar en el tiempo actual y en futuras generaciones a través del Santuario.

Sentido de la confrontación

Pienso que tendría ahora que permanecer un poco en la primera tarea: enfrentamiento con el Episcopado alemán, enfrentamiento a través del Episcopado alemán con las máximas autoridades de la Iglesia. Si más tarde se piensa que yo habría querido ocultar algo, ustedes perciben que es absolutamente erróneo. Justamente me importaba que la Iglesia supiera todo, que tomara posición ante todo. No solamente no debía ocultarse nada, sino, por el contrario, ¡la Iglesia debía tomar posición ante todo!

Considero que debería hacer presente, en primer lugar, que hay que iluminar un poco todo lo que ahora ha triunfado; lo que se ha tornado realidad en la Iglesia, en la Iglesia en Alemania y, más allá, en la Iglesia en Roma, es decir, en la autoridad máxima de la Iglesia. Si me permiten que les pida, ustedes tienen aquí, si bien recuerdo, la *Carta a José Schmitz*: ¿no querrían tomarla como lectura para la mesa? Entonces puedo ahorrarme hacerlo yo. Es que debo recordarles que yo mismo –con la compañía, principalmente, del P. Menningen– trabajaba en el sentido de que el Episcopado alemán, que se había movilizado fuertemente a través de todas las iniciativas de nuestra parte, enviara a Schoenstatt una comisión de estudio con la intención manifiesta de estudiar a Schoenstatt tal como Schoenstatt se comprende a sí mismo.

En el último momento –yo no estaba allí– se transforma el cumplimiento ya aprobado de nuestro pedido en una visitación oficial. Pienso que ustedes deberían introducirse después extensamente en el asunto, también a través de la lectura –¡ahora se ha escrito ciertamente mucho al respecto!– para que estas cosas penetren más hondamente en ustedes, también como atmósfera general, como visión general.

La Visitación, en lo central, –pienso leérselo más tarde– se desarrolló en forma excelente. Que reclamase aquí o allá el cambio o la diferente acentuación de una cosa u otra es en sí evidente por puro método. De lo contrario, una visitación no tendría sentido si no se cambiara una que otra cosa. Así el obispo me lo escribió también.

Por lo demás, teníamos desde antes una relación de confianza, como también el P. Menningen la tenía con él. Esto explica también la manera en que yo le escribí personalmente, de acuerdo a esa relación. En mis respuestas se encuentra, en primer lugar, todo un ciclo de cartas privadas durante la visitación. Luego vino un informe oficial. Se trata de dos tomos: una carta "lenta" –no–, "breve", pues, por lo visto. ¡Pues bien, gran profusión de material! Más tarde podré leerles algunos párrafos, aunque con la sola intención de que sepan que la gran visión de la cual hoy nos gusta hablar es tan antigua, que queda expresada allí con tan enorme fuerza. Quien lo leyó en aquel momento, tal vez apenas comprendió toda la plenitud de lo que se decía.

Ahora la visitación. Me resisto a ella, con la expresa intención de manifestar que yo no quería la visitación, sino una comisión de estudio. Cuando, en vez de la comisión de estudio, vino la visitación, yo quise tener la oportunidad, a través de ella, de presentar al Episcopado entero cómo veía yo personalmente la situación y la historia futura de la Iglesia. Pues eso es lo que me importaba. No me bastaba, pues, que se dijera: pero sí, está bien así, continúen de ese modo..., por prudencia hay que prestar atención a esto o aquello. Por esa razón tomé el guante que me arrojaron y me ocupé de que se diera un extenso enfrentamiento científico.

Me permito destacar una vez más que esto sucedió después de una reflexión extensa realizada con una gran seriedad, con una seriedad muy grande a través de años. Ahora les ruego una vez más que lean el texto. Se trata aquí de Chile. (...)

De la "Carta a José"

El 31 de Mayo de 1949 ha permanecido, hasta ahora, como una gran incógnita para la Familia. Las luchas actuales me inducen a descorrer un poco el velo, para observar más de cerca el misterio de este enigmático día. Lo hago pensando en el "Treue Kreis"[116], Círculo de la Fidelidad. Quiere ser un acto de gratitud hacia ellos por su perseverancia alimentada por la fe que han mostrado hasta ahora. Pero también lo hago para calmar a quienes sufren por la confrontación que he provocado con el Episcopado alemán y que temen se trate con todo eso de un paso irreflexivo que no haya tenido conciencia de su extraordinaria repercusión para toda la Familia.

En las mismas actas se reiteran siempre de nuevo las mismas preguntas acerca de la ley del discernimiento de los espíritus. Una y otra vez la pregunta: ¿Qué es lo que está actuando aquí? ¿Es el espíritu demoníaco, es el espíritu divino? Se llega siempre ajustadamente hasta el extremo, y se hace a menudo muy difícil distinguir en lo particular.

(...) y que temen se trate de un paso irreflexivo, que no haya tenido conciencia de su extraordinaria repercusión para toda la Familia toda. Lo mejor es que deje hablar brevemente a los hechos por sí mismos.

---

116 *Círculo de la Fidelidad*, formado por sacerdotes fieles a Schoenstatt y al P. Kentenich.

En aquel momento, me encontraba yo en Santiago para bendecir allá el Santuario, que estaba terminado en forma precaria. La situación era tal, que un chileno acuñó bromeando la elocuente frase, expresión de la más alta estima y admiración: 'Usted tiene planes como de locos, pero al mismo tiempo la confianza de los santos'.

Después tienen que leer esto ustedes mismos, por favor. Sería bueno, en general, que se compenetraran del texto completo. En él se explica un poco lo que había sucedido en aquel momento. En la página 75[117] dice luego –si leo ahora yo mismo el texto lo hago tan sólo por la interpretación–:

Al 20 de Mayo siguió el 31 de Mayo, fecha de la que queremos descorrer un poco el velo. Esa fecha nos reunió en aquel entonces para una celebración en el aún inconcluso santuario. Nos encontramos para realizar un acto solemne. Todos sentimos que se trataba de un acto que muy rara vez se realiza, como cuando se está ante un acontecimiento especialmente importante, porque comienza una lucha a muerte, o cuando una batalla en pleno desarrollo alcanza su clímax y todo lleva a una definición..

Yo me había reunido con un pequeño círculo de personas de confianza para entregar a nuestra querida Madre la primera parte de mi "Respuesta" –Esta es la "Respuesta"[118]. Usted conoce el documento. Está escrito a Mons. Schmitz– "Como Superior General, pudo

---

117 En la edición bajo el título *Das Lebensgehemnis Schönstatts,* T I, Vallendar 1971, corresponde a la página 183.

118 Aparentemente, el P. Kentenich muestra a su audiencia, en ese momento, los dos tomos de la *Respuesta.*

revisarlo en su tiempo. El trabajo debía permanecer sobre el altar durante toda la noche. Quería pedir a la Madre y Reina Tres veces Admirable de Schoenstatt que, en este caso, se mostrara realmente tres veces admirable y no negara su bendición especial y su abundante ayuda en la difícil lucha que comenzaba, lucha para la cual me había preparado durante decenios y que, después de largas reflexiones, de mucha oración y sacrificio, me sentía obligado a emprender. Le pedí a ella que no sólo hiciera brotar desde aquí una corriente de gracias semejante a la del Santuario original, sino también una contracorriente orientada a superar una determinada forma de espiritualidad existente en la tierra del Santuario original. Me refiero aquí a un bacilo nocivo que, debido a la influencia que ejerce Occidente y a la enorme facilidad con que el alma moderna se deja influenciar, se apronta ruidosamente a penetrar y contagiar el mundo causando daño por todas partes.

La plática dada en esa oportunidad permite intuir y revivir aún ahora el recogimiento que entonces embargaba el corazón de los presentes y colmaba todo el ambiente.

Ustedes querrán leerlo más tarde. Luego se advierte que ya he concluido la primera parte del trabajo. Luego dice:

Hablo de un trabajo en común: mientras yo escribía día y noche...

Esto es literalmente así. En aquél momento yo había predicado ejercicios espirituales de cuatro semanas para la Comunidad de la Sagrada Familia. Debo reconocer ante ustedes que en esa ocasión, al oír confesiones, tomé por primera vez conciencia, de que se puede utilizar también los votos para plasmar un marcado estilo de vida. ¡Nunca antes lo había encontrado!. ¿Me expreso claramente? El voto como base para un estilo de vida. Pues bien, día a día, predicaba los ejercicios, para luego, de noche, escribir el trabajo. Entonces:

> Mientras yo escribía día y noche, ustedes, en segundo plano, imploraban silenciosamente el Espíritu Santo en nuestro Cenáculo.

Ahora bien, realmente se trata de la provincia del Cenáculo en Chile. Como ustedes saben, allá tenemos las tres provincias: el Padre, el Hijo y el Espíritu Santo. Chile, el Espíritu Santo; Argentina, el Padre; Brasil, el Hijo: la gloria del Tabor.

> Ustedes no se cansaron de hacer abundantes sacrificios por la misma intención y, más que nada, se esforzaron por tomar en serio la Inscriptio en el día de trabajo.

> Con esta entrega solemne, entrega de la primera parte (de la "Respuesta"), aceptamos una carga que hombros humanos no pueden llevar por sí solos. Pero también esperamos para Occidente una gran bendición.

Debo advertir lo siguiente: Todo esto es de ilimitada amplitud en el pensamiento. Más tarde lo percibiremos más cuando les lea una parte, al menos unos párrafos, de la *Epistola perlonga*. Es una amplitud sin fin. No se trata tan sólo de Schoenstatt, por quien creemos tener responsabilidad. Tampoco es sólo el mundo, el mundo transformado o en transformación, propio de los institutos seculares. Esto gira siempre en torno a amplitudes ilimitadas, es Occidente entero, la Iglesia toda. De ella se trata aquí. Naturalmente, se plantea aquí, una y otra vez, la pregunta abierta: ¿no es una locura ver una obra tan pequeña o la obra tan pequeña en ese gran contexto y atribuir a esa obra una misión de semejante amplitud mundial, tal como la Iglesia, por su parte, lo hizo más tarde desde su punto de vista? Ustedes se sorprenderán luego cuando escuchen los textos de aquel momento. Todo es una anticipación de aquello que hoy se dice acerca del Concilio.

Desde allá –desde Occidente– nos dejamos enviar como instrumentos en las manos de la Madre y Reina tres veces Admirable de Schoenstatt para ayudar a realizar acá los planes de sabiduría y de amor divinos. Hemos intentado hacer todo lo que estuvo en nuestras fuerzas.

¿Será acaso un don que nos hace en pago, un reconocimiento y un honor para nosotros, si creemos que ella, a partir de este día, nos quiere usar, desde aquí, para ganar una influencia más poderosa, que repercuta en la forjación de los destinos de la Iglesia en el espacio cultural de Occidente?

La idea era la siguiente: es casi imposible superar el pensar mecanicista occidental –más aún tal como se presenta en Alemania– si no fluye hacia acá una contracorriente de pensar latino. Esta era entonces la intención. Y cómo el Señor fue realizando verdaderamente tales cosas, es algo que todos ustedes deben estudiar detalladamente. Del mismo modo como al estudiar la Sagrada Escritura, ésta nunca se agota, así es también con la "sagrada escritura" de la historia de nuestra Familia. ¿Qué efectos tuvo todo esto más tarde?

De pronto apareció la intención, el plan de enviar a nuestros chilenos a Alemania. ¿Comprenden ustedes la respuesta? El refluir de la corriente del círculo latino al interior del ámbito vital occidental, específicamente, del alemán. Ellos debían tomar allí conocimiento del pensar mecanicista. Allí debían esforzarse en ver y ubicar cada vez con mayor claridad su tarea ante el pensamiento occidental. Y todo lo que se produjo en ese sentido -por ejemplo, cómo nuestros suizos tuvieron la valentía, merecedora de gratitud, de acoger a nuestros chilenos, una vez que la provincia alemana los había rechazado - todo eso debe verse en un gran contexto.

Que es verdad que Dios planea hasta las cosas más pequeñas, lo pueden leer ustedes en forma brillante en nuestra Familia. No obstante, deben considerar siempre —me permito decirlo tal vez así— que nuestra fe en la Providencia pertenece esencialmente a otro tipo de la fe en la Providencia tal como se la cultiva habitualmente. Esta última dice un sí a lo que Dios dispone y envía, y tiene, por lo tanto, una actitud más pasiva. Digo: más pasiva, por cierto, también activa. Nuestra fe en la Providencia es eminentemente creativa, activa; también pasiva -pero, si hay un desplazamiento de acento, éste se orienta a favor de lo creativo-positivo. A través de la fe en la Providencia, hemos dejado siempre que se nos desvele la manifestación del deseo de Dios, hemos conocido metas y no tan sólo la meta de estar en silencio y decir que sí, sino de señalar metas claras, del mismo modo como el Salvador lo hace en la Sagrada Escritura. ¿Cuál es el reproche que él hizo en aquel tiempo a su entorno? Sí, los signos allá arriba, en el cielo, ésos sabéis interpretarlos, podéis saber qué es lo que sucederá mañana; pero ¡los signos en el cielo de los tiempos...! (Cfr. Mt 16, 3 par.)

Nosotros hemos intentado siempre interpretar los signos en el cielo de los tiempos y hacer de ellos la norma para nuestra planificación. La actitud fue siempre extraordinariamente sobrenatural. Que en ello puedan suceder errores es evidente. Pero si era realmente correcto, eso es asunto de la investigación científica. No sería vergüenza alguna si se pudiera señalar ahora toda una cadena de errores. Sin embargo, no creo que pueda ser así. Me permito decirles: ¡ese tanteo, buscando la voluntad divina, fue realizado justamente en forma tan eminentemente cuidadosa y amplia!

Si se considera también una cierta medida de gracia, aunque sea pequeña, pienso que se debería sostener, casi a priori, que habría que demostrar primero lo contrario, que nuestro accionar tendrá que haber sido correcto. Esto también lo expondremos aquí extensamente más tarde, cuando se trate de responder a la pregunta acerca de si no fue acaso terriblemente torpe lo que se emprendió en ese momento o debe emprenderse ahora. ¿No ha sido acaso sacrílego? La respuesta: muchos afirman que hasta ahora él ha estado siempre en lo correcto, hasta donde esto se puede demostrar; por eso se puede considerar a priori que también ahora está en lo correcto. Luego aportó las distintas respuestas. Verán ustedes entonces que todo esto está muy fríamente sopesado.

> Es claro que cuando escuchamos la palabra "Occidente" pensamos siempre, en primer lugar, en Alemania.
>
> Séame permitido expresar lo que mueve nuestras almas en este momento y revestir de palabras lo que sienten nuestros corazones. Venimos para regalar y ser regalados. Queremos intercambiar con la Santísima Virgen todo nuestro desvalimiento, nuestra buena voluntad y nuestra fidelidad. Le regalamos a ella nuestro desvalimiento y ella nos regala su desvalimiento. Le regalamos a ella nuestra buena voluntad y ella nos

regala su buena voluntad. Le regalamos nuestra fidelidad y ella nos regala su fidelidad.

Esta contraposición nos recuerda espontáneamente que el pensamiento central que nos mueve siempre, que nos impulsa constantemente, pero que nos asegura también una paz inalterable en todas las situaciones, es el pensamiento de la Alianza. También ahora él está en el primer plano de nuestro interés. El nos da la respuesta a todas las preguntas que esperan una solución. Los dos contrayentes que, desde hace tanto tiempo, van unidos, se vuelven a enfrentar nuevamente en este lugar santo. ¿Y qué es lo que quieren?

Luego podrán ustedes leerlo. Pero háganlo, por favor.

El desvalimiento de uno de los contrayentes consiste sobre todo en la angustia por la pesadísima tarea que ahora vuelve a asumir para Occidente. ¡Para Occidente todo! Ustedes deben escuchar siempre la amplitud que se esconde detrás de esto. "'Se trata de desenmascarar y sanar radicalmente el germen de la enfermedad que aqueja al alma occidental: el pensar mecanicista. Tengo bastantes razones para suponer que Dios ha impuesto en este sentido una carga pesada a nuestra Familia. La ley de la puerta abierta me persuade de ello. Luchas juveniles personales indican en la misma dirección. Estas hicieron que yo pasara por la misma lucha que sacude al Occidente de hoy hasta en sus raíces más hondas. Además de la enfermedad, experimentar, también en mi propia persona y muy abundantemente, la medicina...

La misión manifiesta de Schoenstatt para Occidente, especialmente para nuestra patria, frente al colectivismo que avanza poderosamente y que reduce todo a polvo, se encuentra frente a un muro que sólo puede ser abierto en una medida más amplia y efectiva si se ha vencido y alejado el mencionado bacilo...

Ustedes recuerdan todavía seguramente con qué frecuencia hemos destacado en todas las conferencias el "tanto lo uno como también lo otro", lo orgánico. ¿Ven ustedes? Esto es en todo nuestro pensar siempre algo central, original.

Ustedes a su manera, pueden ayudarme a llevar la carga y compartir la misión de la Familia. Pero tenemos que contar con que este trabajo hiera nobles corazones allá en la patria, que despierte una violenta indignación y motive muy fuertes contragolpes. No debemos admirarnos si se forma un frente común poderoso y unido de hombres influyentes en contra mía y de la Familia. Humanamente considerado, tenemos que contar por último con que nuestro intento fracase completamente. ¿Lo perciben ustedes? La misma situación que en 1914. No se actuó en forma apasionada ni irreflexiva. Todas las posibilidades, todo lo que era posible lo vimos con claridad, constatando que prácticamente ya no había otra alternativa. Y, sin embargo, no podemos sentirnos dispensados de correr este riesgo. Quien tiene una misión ha de cumplirla, aunque tenga que bajar al abismo más oscuro y profundo, aunque un salto mortal siga a otro. La misión de profeta trae siempre consigo suerte de profeta.

Vemos cómo Occidente camina a la ruina y creemos que estamos llamados desde aquí a realizar un trabajo de rescate, de poner a salvo, de construcción y de perfeccionamiento.

Creemos que tenemos que ofrecernos como instrumentos para impulsar una contracorriente que vuelva a los países de los cuales los pueblos de aquí -se trata, entonces, de los pueblos latinos- recibieron su cultura en aquel tiempo, y de los cuales también nosotros hemos sido abundantemente beneficiados. Por eso es que tenemos el valor de exclamar con Pablo: "¡No puedo dejar de predicar!"

Ustedes comprenden cuán grande es nuestro desvalimiento frente a esta gigantesca tarea. Nos sentimos como David enfrentándose a Goliat. Pienso en el salto mortal que me atreví a dar en 1942 y estoy consciente que esta vez se repite. Si no contáramos con la buena voluntad de la Santísima Virgen, nunca nos atreveríamos a dar este arriesgado paso...

Por otra parte, si ustedes me comprenden bien, creo poder agregar que no sólo yo, no sólo nosotros, sino también la Santísima Virgen está desvalida ante la situación. Es cierto que ella es la Omnipotencia Suplicante ante el trono de Dios, pero también es cierto que, en los planes del amor divino, ella está supeditada a instrumentos humanos dóciles y de buena voluntad. Si es que por el *Primer Documento de Fundación*, ha aceptado la tarea de mostrarse en Alemania, desde nuestro Santuario, en forma preclara como la Vencedora de los errores colectivista, entonces ella –me expreso a la manera humana– ella busca ansiosa con su mirada instrumentos que le ayuden a realizar esa tarea. ¿Qué nos queda, pues, sino ponernos sin reservas a su disposición, en el sentido de nuestra consagración, aceptar sus deseos, nuevamente entregarnos a ella y dejarle a ella la responsabilidad de su gran obra, en la cual nosotros, dependiendo de ella y por interés en su misión, podemos cooperar, sufrir, sacrificarnos y rezar?... La Santísima Virgen está desvalida, ella sola nada puede. Es un honor para nosotros poder ayudarla?

Estamos en una hora decisiva en la historia de nuestra Familia. Si no tenemos la suerte de derribar el mencionado muro, la Santísima Virgen quitará a nuestro terruño su misión para Alemania y emprenderá un intento de salvataje desde los santuarios filiales.

Sin lugar a dudas[119] ella permanece fiel a su Alianza. Si ramas de nuestra Familia, por cobardía y debilidad, no pagan fidelidad con fidelidad, podemos suponer que su misión se traspasa a nosotros.

Dos pensamientos deben conducirnos a la lucha, dos lemas que, como estrellas, deben brillar en nuestra vida. Uno es: *tua res agitur, clarifica te*. Se trata de tu misión, de tu tarea: ¡glorifícate, pues, a ti misma y glorifica a tu obra! El segundo lema es: *Mater perfectam habebit curam!* ¡La Santísima Virgen se glorificará de la manera más perfecta! Si nosotros nos esforzamos dondequiera que sea por tirar de su carro de triunfo, entonces ella cuidará de nosotros y de su Obra de Schoenstatt y la guiará victoriosa a través de todas las luchas, tal como lo ha venido haciendo a través de los años pasados de persecución.

Esta es la historia del 31 de Mayo en conexión con el día 20 del mismo mes. Ambos días están históricamente relacionados y, por eso, he querido unirlos en esta exposición. El día 20 es la preparación, la premisa necesaria para comprender el significado del día 31, ya que sin la bendición del Santuario filial (de Bellavista) no hubiera sido posible la celebración siguiente, con su profundo contenido.

En nuestro contexto, tras esta explicación y aclaración, surge nuevamente la pregunta central formulada anteriormente: ¿Corresponde el acontecimien-

---

119 *Zweifellos*, palabra agregada en este texto.

to anterior a un plan divino? ¿Abrió Dios realmente la puerta indicada, o no la forzó al fin la temeridad humana? ¿No se habrá, en último término, disfrazado y llevado a cabo sólo quimeras enfermizas, confundiéndolas trágicamente con intenciones divinas? ¿No se tendrá que desmoronar, tarde o temprano, todo el edificio, por más sólidamente construido que nos parezca en su exterior? O, dicho de otro modo, ¿no se debe seguir hablando, al menos, de una lamentable mal interpretación, de un desacierto con graves consecuencias? Nuevamente, ¿no habrá, detrás de todo esto, presunción, orgullo y desviadas ansias de valer? ¿No debe hablarse incluso de delirios de grandeza? Es fácil hacer la comparación con los "dioses por un día", que surgen como un meteorito en el firmamento para terminar mañana precipitándose en el abismo. Basta con pensar, por ejemplo, en Hitler y sus semejantes.

No reprocho a nadie esta forma de pensar, sus crecientes dudas y suposiciones, como tampoco hubiera censurado a quienes hubiesen reaccionado y hablado en forma semejante en 1914, después de la Primera Acta de Fundación, en 1939, después de la Segunda, y en 1944, después de la Tercera. El espacio de tiempo transcurrido entre 1949 y hoy es demasiado breve como para poder recibir una respuesta satisfactoria basada en la evolución histórica de los acontecimientos.

Lo que antecede fue escrito en 1950 o 1951[120] Estamos ahora en 1966. ¡El tiempo nos ha dado verdaderamente una respuesta justificadora!

Sin embargo, algunos podrán decir lo siguiente: todo lo que ha surgido en Schoenstatt ha surgido según la

---

120 En 1952.

misma "ley de la puerta abierta". Y luego eso se ha mostrado, más adelante, esencialmente como plan de Dios, incluso cuando fue rechazado, censurado y condenado durante largos años. Por lo tanto, tenemos suficientes motivos para creer que, esta vez, también hemos usado acertadamente nuestro bien probado "olfato sobrenatural"[121], al menos mientras no se demuestre lo contrario. La reacción que se produce en estos momentos, y que ocupa a las más altas esferas eclesiásticas, no es ningún argumento contundente o definitivo en contra. También podría tomarse esta reacción -según se demuestra en la historia de movimientos semejantes- como argumento a favor de la trascendencia del acto. Este podría tener como objetivo, de acuerdo al plan de Dios, llamar la atención sobre Schoenstatt en círculos más amplios, hasta llegar a las más altas esferas. Allí actuaría aclarando y explicando y acortaría el largo camino que nos separa de nuestra meta evitando próximas catástrofes.

El P. Wimmer[122] opinaba lo siguiente: "Schoenstatt debería ser primeramente crucificado por los portadores humanos de la autoridad eclesiástica así como primero lo fue por el poder político. Recién entonces, podría iniciar su curso de bendiciones a gran escala, sirviendo al mundo y a la Iglesia tal y como está escrito en el plan divino.

---

121 El P. Kentenich designa con esta expresión la capacidad de descubrir la voluntad de Dios en las circunstancias según la fe práctica en la divina Providencia. Esta nos provee de un cierto sentido o "instinto sobrenatural" que nos permite detectar el plan de Dios.

122 El P. Wimmer era un padre palotino que vivía en Schoenstatt.

¿Quién se arriesga a opinar, con seguridad absoluta, lo contrario? Continúen ustedes la lectura…

Sólo puedo repetir: yo quería tan sólo demostrar, traer a la conciencia que no fue una terrible superficialidad la que tuvo aquí la última palabra, pero también puedo admitir con gran gratitud lo siguiente: piensen ustedes qué acto heroico fue el que la Familia no me haya dejado solo. ¡Vamos contigo!

Y esto se da por duplicado al tratarse de los secretos de nuestras Hermanas, secretos de los cuales prácticamente nadie estaba enterado. Pues bien, y, a pesar de toda la difamación que fue propagada, se mantuvo inconmovible la afirmación de que detrás de todo se encontraba la sabiduría de Dios...

Tampoco aquí deben perder jamás de vista la ley de la solidaridad indisoluble: conservar siempre una unidad compacta, también en las situaciones más desesperadas. Por supuesto, a nadie tomo a mal que no nos haya acompañado. Pero entonces eso es su asunto. Pero, con todo, habiendo llegado ahora a un cierto punto de culminación de la historia de la Familia, y pudiendo dar una mirada retrospectiva, pienso que tenemos nuevamente una demostración plena de que Dios Padre nos ha regalado de manera singular una seguridad instintiva, un olfato divino que ha sido legitimado por todos los acontecimientos ulteriores. Y ustedes sospecharán ya que todo lo que hemos querido –luego lo comprenderemos aún mejor– ha sido objeto de las reflexiones del Concilio. Esto no deben perderlo nunca de vista.

Para demostrar también ahora un poco lo antedicho, me permitirán que les haga conocer un poco la *Epístola Perlonga*. No necesito agregar muchos datos aclaratorios. Después de que el obispo auxiliar me había comunicado los resultados favorables, se produce de pronto un giro, yo diría, casi de 180 grados. Ahora encuentra un cúmulo de cosas que criticar. Y pienso que abordaba cuestiones que, según mi comprensión, son las más centrales de la Iglesia de hoy, y como el Concilio las planteó muchos años más tarde. Desde allí comprenderán ustedes los hechos.

Si leen ahora el texto se admirarán de la osadía de la exposición, pero también de la claridad y de la inconmovible seguridad que se esconden detrás del mismo. Este era uno de los principales reproches que el obispo de Münster[123] tenía y hacía valer de buen grado. Él no podía aceptar esa seguridad inconmovible en mi exposición. Por supuesto, no se lo tomo a mal. Recuerdo aún que un párrafo de lo que yo había escrito se leyó más tarde en una Conferencia Episcopal. Estaba escrito en forma muy clara, así como yo suelo escribir. Y sucedió que la primera vez que me visitó, el Prelado estaba muy temeroso de que yo le hablara en forma tan clara e inconmovible como escribo. Pero pronto se sorprendió mucho de lo humano que era todo esto. Pues hay dos formas personales que actúan de hecho: una de este modo, la otra de otro modo. Es decir, ahora tienen que escuchar un poquito. Luego lo pueden leer todo. Ahora no tiene objeto hacerlo pues ahí se trata todas las cuestiones centrales acerca de las cuales se discute hoy, y realmente con una seguridad inconmovible.

A modo de introducción se afirma que el *Informe* del obispo nos da derecho a distinguir los más diversos puntos de vista

---

123 Michael Keller (1896-1961), quien fuera, en primer lugar, rector del seminario y miembro de capítulo catedralicio de Osnabruck; fue consagrado obispo de Münster en 1947.

desde los cuales puede verse a Schoenstatt y también todo lo que llegó a conocerse a través de la visitación. Los puntos de vista son el dogmático, el jurídico, el organizativo-pastoral y el pedagógico. Esto no se encuentra en el *Informe*. Yo lo expongo de ese modo en mi *Respuesta* y muestro entonces lo siguiente: dogmáticamente todo es exacto hasta el extremo. Ustedes pueden leer lo que el *Informe* y la visitación expresaron en aquel tiempo. En lo tocante a lo organizativo, yo hago referencia a que el *Informe* no distingue suficientemente entre los Institutos, las Federaciones y la Liga. Por fin, me quedo en el punto de vista pedagógico y de aquí puedo leerles entonces algunas líneas.

Cita de la "Respuesta"

> Queda así tan solo el aspecto *pedagógico* como materia de discusión. Se trata, más exactamente, de *Schoenstatt como problema pedagógico*. El '*Informe*' constata lo siguiente: 'El problema Schoenstatt no es tanto de índole dogmático-doctrinaria, sino más bien educativo-práctica.' Con ello nos movemos -afirmo yo allí- "por fin en el nivel en el que Schoenstatt ha querido ser juzgado y valorado desde el comienzo. Entramos aquí en el lugar desde cuya perspectiva recién se lo puede entender; vemos la dirección en la que apunta su misión en el tiempo actual; nombramos el ámbito desde el cual significa bendición o maldición para la Iglesia..., ¡pero siempre en dimensión universal!.

Luego cito una frase de la Carta de Octubre:

> Nunca hemos querido ser un movimiento dogmático, filosófico o psicológico, sino solamente oficiales de enlace entre la ciencia y la vida. Nuestra ascética y

pedagogía deberían ser dogmática, filosofía y psicología aplicadas. (*Carta de Octubre de 1948*)

Luego continúa el texto:

Desde el principio nos hemos comprendido a nosotros mismos expresa y solamente como un movimiento de educadores y de educación y como un movimiento de apostolado, y en cuanto tal -y solamente en cuanto tal- quisiéramos ser juzgados por la historia.

Al que entiende no le resulta difícil, habiendo leído el *Informe* –*Informe* se refiere al informe del visitador apostólico– ampliar el tema y ver a *Schoenstatt como símbolo del problema pedagógico de los institutos seculares sin más.* - No tan solo de Schoenstatt, por lo tanto, sino de los *instituta saecularia* –. Para ser capaces de vivir y ser fecundos necesitan dos cosas: de un sistema jurídico propio y de un sistema educativo propio. De este último, según las circunstancias, más aún que del primero. En este sentido creemos tener una tarea y sometemos por eso con gusto nuestro sistema a la discusión. pública

Quien tenga una visión de la situación pedagógica del tiempo actual y conozca sus conexiones con la catástrofe de Occidente, –¡presten siempre atención a la amplitud!– quien esté familiarizado con los intentos de salvación de Occidente, ampliará instintivamente el marco y querrá ver a *Schoenstatt como símbolo de la problemática pedagógica de todo Occidente.* Schoenstatt ha recibido de allí sus más fuertes impulsos, sus metas y sus leyes constitutivas, sus pesos y medidas. Es un reflejo de sus cuestiones existenciales y vitales, pero también un compendio de sus intentos de solucionarlas. –Presten siempre atención a la inmensa amplitud que aquí se expresa–. Su lugar de surgimiento y nacimiento quiere y debe ser también su taller y su lugar de trabajo. Se entiende aquí el Santuario. Más aún: quien haya tenido oportunidad de estudiar la situación actual de la Acción Católica en el exterior, quien haya tomado contacto con sus dirigentes, sabrá que la Acción Católica *se encuentra en todo el mundo* frente a un mismo problema: frente a la pregunta por una educación adecuada a la época. La Acción Católica subsiste o se derrumba según sea la respuesta a esta pregunta. En el exterior los frentes se han endurecido en muchos aspectos. Erraron el camino y ya no avanzan. Por eso, en todas partes se clama por un adecuado movimiento de educadores y educación, tal como el que nosotros quisiéramos representar...

El *Informe* acuña entonces la lapidaria frase: "También en el sistema educativo de Schoenstatt los principios fundamentales son esencialmente buenos y por lo tanto inobjetables." –Ahora comienza la batalla. ¡Pero hasta lo último!– "¿Qué se debe responder a esto? –Sería por supuesto demasiado barato decir: gracias, estamos de acuerdo–. ¿Qué se debe responder a esto?

Si se tratara *tan solo de Schoenstatt* y nada más, podríamos quedarnos conformes con esa respuesta. Podríamos dejar a otros recorrer sin molestias sus caminos. Solo tendríamos que tomarnos el trabajo de mantener la mirada puesta en ciertas zonas de peligro –con las que prácticamente todo sistema debe contar–, evitándolas en lo posible. Todo estaría entonces en orden. Habríamos salido por fin de todo enredo con otras corrientes espirituales y tendríamos vía libre para un tranquilo desarrollo ulterior. Después de años de la lucha más violenta, podríamos cerrar las actas..."

Ahora viene una frase doblemente subrayada:

Pero la situación es esencialmente distinta si vemos a Schoenstatt y las preguntas pedagógicas en torno a Schoenstatt en el marco de los instituta saecularia, en el contexto de las preguntas espirituales que se plantean a Occidente en su existencia, y a la luz de la situación global del catolicismo en el mundo entero, y si queremos fijar en forma más precisa nuestra posición en la confusión del tiempo actual.

Realmente las preguntas pedagógicas son hoy más que nunca -sobre todo en el quebrantado Occidente- esencialmente preguntas acerca de la renovación del pueblo y de la reconstrucción que todo el mundo reclama. Así es como la *solidaridad de la perplejidad generalizada,* de la cual hablaba Niemöller en la Conferencia de la Iglesia universal en Amsterdam, se hace notar especialmente en el terreno de la pastoral y de la educación.

El *Informe de la visitación* hace una advertencia acerca de esta multiforme perplejidad. (Consciente o inconscientemente) el *Informe* atribuye las preguntas pedagógicas a conmociones últimas de nuestra cultura, *urge a una investigación más profunda de las leyes más delicadas del ser y de la vida, cuya no observación tiene como secuela la escisión de la personalidad y de la comunidad y acelera el ocaso del Occidente cristiano, pero cuya observación cuidadosa es una fuente abundante de bendición para el mundo y para la Iglesia, para el pueblo y para la patria.*

Sin duda es verdad que, aun con los mejores y más inobjetables principios pedagógicos, no se puede evitar totalmente peligros y desviaciones en la práctica. Es así como el *Informe* atribuye desarrollos erróneos a la 'realización práctica de principios dogmáticos y pedagógico-pastorales en sí mismos inobjetables' (p.1). El *Informe* da la impresión, pues, de que en él y en la pedagogía de Schoenstatt regirían las mismas concepciones pedagógicas fundamentales. Sin embargo, no es este el caso. -Viene ahora una tesis muy importante, grave-: Por el contrario. *Existe aquí diferencias, se abren oposiciones, que se comportan recíprocamente como el sí y el no, como vicio y virtud, como ídolo e ideal, como imagen distorsionada e imagen ideal.* ¿Lo ven ustedes? La lucha se ha iniciado ahora. Y esa lucha se libra por el ser o no ser. ¡Y en forma consciente! Al menos de mi parte.

Esta constatación no deja descansar al espíritu investigador. El quisiera ver con total claridad las diferencias y oposiciones. Quisiera conocer su raíz y su interconexión con la situación actual del mundo y con el derrumbe de Occidente, quisiera saber acerca de su influencia en la futura educación de los pueblos...

El educador católico *no puede darse por satisfecho dejando solamente en manos de Dios el reordenamiento del mundo. Él está llamado a ser un colaborador en la misma gran obra.* No es ni pesimista ni soñador. Por eso no puede reconciliarse con la comprensión que representara Niemöller en la Conferencia de la Iglesia universal. Este último declaró en la reunión pública del 26 de agosto de 1948:

'No sabemos cómo se ha de superar las dificultades que afrontamos. En efecto, dudamos si éstas pueden ser superadas, absolutamente hablando.'

Se trata de la idea de que el cristianismo parece haberse agotado. Son cosas que en aquel tiempo flotaban en el aire, pero no tan claramente como ahora.

Esta duda va aún más allá: hablamos ya de una era "poscristiana –¡Ahí lo tienen ustedes!– en la que nos encontramos, y vemos acercarse el ocaso de la misma Iglesia cristiana... Hoy estamos, como cristiandad, en la solidaridad de la perplejidad con todo el universo de los seres humanos.

Ven, ustedes: a la solidaridad de la perplejidad nosotros oponemos la solidaridad del entrelazamiento de destinos, de la seguridad sobrenatural. "

"No somos por cierto quienes podrían insuflar nueva vida a un mundo moribundo"... ¡Pero nosotros lo somos!, es decir: no nosotros, sino Dios. Y él quiere utilizarnos para ello. Todo impulsa a contemplar el tiempo venidero, el futuro *sæculum.* Esta es la tarea, la idea, el plan, la misión de la Familia, al comienzo contemplada oscuramente, pero en lo sucesivo sostenida siempre en forma clara e inconmovible. No deberíamos entregarnos más a ilusión alguna. Este nihilismo como enfermedad de muerte está ahí y actúa, y no tenemos ningún medio para detenerlo.

¡Pero nosotros tenemos un medio! ¿Cuál es? Es el Espíritu Santo. Es una fuerza creadora. Por esa razón, en el trasfondo, una visión sobria de la realidad, pero en primer plano y por encima de nosotros, el Espíritu

Santo, la potestad y el poder creador. Pues si bien por nosotros mismos no podríamos poner nuevamente en orden este mundo sumido en el caos ni tampoco restaurar la profanada dignidad humana, creemos que si nos entregamos a Dios, dispondremos de medios suficientes para lograrlo.

Frente a esto nos atenemos a la ley formulada por San Agustín: Dios ha creado el mundo sin nosotros, pero no quiere redimirlo sin nosotros. Es decir: Dios exige nuestra esclarecida, vigorosa colaboración también para el reordenamiento del mundo actual. De esa colaboración se trata en la elaboración del *Informe de la visitación* y en su crítica. A ambas partes, al redactor y a los críticos, los guía la misma responsabilidad, el mismo amor a la Iglesia.

Ambos se esfuerzan por la construcción de Occidente. Por eso es difícil comprender cuán fuertes son, a pesar de ello, las oposiciones en las posturas fundamentales... Una de ellas se orienta simplemente por la ribera de los tiempos antiguos. Nosotros nos orientamos por la de los tiempos antiguos, pero también y de manera especial, por la de los nuevos y de los novísimos tiempos.

Ustedes ven: esto es exactamente como si hubiese sido escrito hoy. Espontáneamente se impone la pregunta: ¿Son correctas ambas posiciones? O, ¿dónde está el error? De todas maneras, vale la pena realizar una cuidadosa revisión de los hechos. Está a la vista que por la oposición en las preguntas fundamentales también el *juicio acerca de los procesos de vida debe resultar opuesto.*

Es así como las comprensiones, exigencias y consecuencias fundamentales tocadas por el *Informe* se amplían sin más hacia preguntas pedagógicas fundamentales y vitales del tiempo actual, sobre todo de Occidente."

Como ustedes se dan cuenta, nos encontramos aquí con todas las preguntas que más tarde ha tocado el Concilio, pero que no han hallado una respuesta completa.

El amor a la verdad, al bienestar o malestar del pueblo y de la patria, exige una objetiva investigación y aclaración de los problemas correspondientes, sin consideración de personas. Si esta investigación ha de conducir a la meta, se debe silenciar todos los ruidos parásitos que estorben en el alma.

Solamente he escrito algo acerca de la primera parte, de las concepciones fundamentales. Lo demás viene más tarde. Se expresa ásperamente como resultado, entonces, que se trata de contradicciones absolutamente irreconciliables. Cuando se dice "sí, sí..", pueden continuar... se lo dice así nada más. Pero, en el trasfondo, se halla siempre una concepción totalmente distinta de la nuestra. Eso es lo que después se expone en forma detallada.

31 de Mayo de 1949: Cruzada del pensar, amar y vivir orgánicos

¿De qué se trata, al fin y al cabo? ¿Cuál es el sentido del 31 de Mayo de 1949? Lo resumo brevemente: cruzada de un pensar orgánico, de un amar orgánico y de un vivir orgánico. Y todo ello apuntado hacia la época nueva y aún desconocida que está irrumpiendo.

Obviamente, estas son expresiones que se puede repetir fácilmente. Pero ya solo por el modo como son formuladas notamos que contienen en sí todo un mundo.

¿Qué quiere decir pensar orgánico? Bueno, ya tantas veces hemos hecho referencia a ello. Ustedes pueden imaginarse que es el hilo conductor que se aplica a todo: trátese de la infancia espiritual, de la obediencia, de todos los problemas modernos, todos ellos han sido tomados aquí.

Lo mismo: ¿qué quiere decir amar orgánico? Se trata de un amar no tan solo instintivo y natural, sino también de un amar sobrenatural; y no solamente de una amar sobrenatural, sino también de un amar instintivo-natural.

Es siempre lo mismo: el tiempo actual entraña un absoluto desarraigo de la naturaleza humana. Por lo tanto, lo opuesto, la contrarreforma, debe orientarse en toda la línea hacia una firmeza y densidad de raíces vistas profunda y orgánicamente.

La pregunta básica sigue siendo, por ello, la del pensar orgánico, del amar orgánico y del vivir orgánico. Si no sostenemos esto, *si no medita alguien en forma prolongada estas ideas, clarificándolas en todas los sentidos y transmitiéndolas en forma popular, no logramos entender correctamente ni siquiera lo que hasta el momento hemos recibido propiamente como misión de parte de Dios.*

Ahora no he destacado el núcleo propiamente dicho, pero éste ha estado siempre presente. De todas maneras, ustedes ven que lo que aquí hemos intentado no ha sido lanzado en forma irreflexiva. Se lo ha concebido, pues, como una misión divina que cuenta con el poder y la omnipotencia divinas en medio de toda la impotencia humana, la cual, en una lucha de dimensiones tan gigantescas -¿debo decir ahora dentro de la Iglesia, o debo decir con la Iglesia, o bien con la jerarquía o en el ámbito de la jerarquía hasta alcanzar los círculos más elevados?- (debería fracasar lastimosamente). (Se trata, entonces,) de una batalla que ha sido recibida y emprendida en ese sentido y de esa manera. Y ahora todo suena ya de manera diferente. Se ha llegado a un cierto final.

6. La historia de la Familia de Schoenstatt y el Concilio
De una conferencia dada al Instituto de Sacerdotes Diocesanos de Schoenstatt en Würzburg, 25 de Noviembre de 1966

Nuestro Padre ha hablado sobre el 31 de Mayo al Instituto de Nuestra Señora de Schoenstatt, a los Padres de Schoenstatt y en el texto que ahora citamos a los Sacerdotes Diocesanos de Schoenstatt.

Él dio el paso profético del 31 de Mayo —tercer hito de la historia de Schoenstatt— arriesgándolo todo por esa causa. Llama la atención sobre la concordancia de lo que él pretendía, con el Concilio, mostrando a la vez que el Concilio no terminó por señalar lo más importante: la espiritualidad y pedagogía que se requiere para lograr de verdad la superación en la vida de la relación entre la Causa Primera y la causa segunda, entre Dios y la creatura, entre fe y cultura.

Llama la atención lo que el P. Kentenich visualiza en este sentido para quienes comparten su visión y su tarea: no basta con formar un bloque cohesionado:

¿En qué medida se ha realizado esa misión? Les puedo decir: falta mucho aún. Pienso que lo que pretendemos, lo que debemos, lo que en este momento hemos realizado también, es unirnos nuevamente en forma compacta, aprender nuevamente a entendernos. Pero no debemos pensar que el Padre Dios, una vez que nos había dado una misión, nos la iba a retirar tan pronto.

Y más adelante, señala cuánto nos queda aún por hacer en este sentido:

Si ustedes consideran ahora en qué medida se ha realizado esta misión –la superación del pensar mecanicista– deberán decirse a sí mismos: estamos recién al comienzo. Entonces sabrán que hemos nacido para el combate; sabrán que somos y seguiremos siendo hijos de la guerra.

Cabe preguntarse, cuán presente y cuán consecuentemente hemos continuado luchando por aquello que se propuso el P. Kentenich y si lo que él visualizó sigue igual o más vigente que antes, o bien, si ha perdido su actualidad.

Después de meditar las definiciones del Concilio, nos hemos dedicado a comprender mejor esas definiciones a partir del espíritu del Concilio, dejando que esa comprensión nos impulse a llevarlas a la práctica. El espíritu del Concilio es espíritu de Cenáculo.

Pasamos ahora a ahondar en el espíritu de Cenáculo, acudiendo a la escuela de la historia de nuestra Familia. El espíritu de Cenáculo es el espíritu de una irrupción universal y profunda de lo divino en lo terreno. De ahí dos reflexiones: en primer lugar, regresar a las fuentes de la historia de nuestra Familia; en segundo lugar, avanzar hacia la interpretación del sentido de la historia de la Familia.

Donde se trata del regreso a la fuente, es evidente que solo entra en consideración la Alianza de Amor. Para captar rápidamente la Alianza en su devenir histórico, en su desarrollo histórico, nos hemos dicho: levantaremos algunas piedras millares, algunos hitos. El dato característico de todos los hitos es la irrupción, la eclosión de lo divino. Irrupción desde arriba, surgimiento desde abajo y eclosión desde abajo. De tal manera que la historia de la Familia es propiamente la historia del surgimiento y la eclosión de lo divino en nuestra historia de Familia. Todos los hitos tienen por ello como característica esa determinación. La diferencia reside en las diversas acentuaciones. En el primer hito se encuentra la frase "estar en la luz divina"; en el segundo hito, "estar en la confianza divina".

Queremos detenernos en este lugar por un momento. Se trata del 20 de Enero de 1942 –un corte profundo–. (...) Distingo aquí tres reflexiones: in, ante, post.

> • en: ¿Qué quiere decir esto? ¿Qué encierra en sí el 20 de Enero de 1942? ¿Dónde reside, al fin y al cabo, su nota característica? Luego:
>
> • ante: ¿Qué es lo que aconteció antes?
>
> • post: ¿Qué sucedió después? (...)

Así me encuentro ahora ante la tercera idea, ante el "post". ¿Qué resulta de lo anterior? Obviamente tengo que tender rápidamente un puente hacia el tercer hito. 31 de Mayo de 1949, el *tercer hito*. ¿De qué se trata en él?

Efecto del tiempo de Dachau

Permítanme primero que describa en forma inmediata la reacción, que extraiga la consecuencia de lo antedicho. Ustedes entenderán muy bien que enseguida explique las tres formulaciones que estaban presentes ya al comienzo de la historia de la Familia para cerrar la cadena argumental del milagro moral o de la marca de Schoenstatt con el sello divino a través de los milagros morales: insignificancia de los instrumentos, magnitud de las dificultades y grandeza de los éxitos. Ya en otra oportunidad pude afirmar que Dios Padre parece haber dispuesto los acontecimientos con un celo importante, con un cuidado sin par, de manera que esas expresiones adquirieron siempre nuevos contenidos.

Considero que lo poco que les he podido decir ahora -querrán ustedes relacionarlo con lo que ustedes mismos han degustado, han vivido y saben-, indica muy a las claras cuán cargado de significado está ahora el argumento. El hecho de que Schoenstatt no haya sido víctima de ese poder omnímodo que nos oprimía en aquel tiempo, ya esto de por sí es muy valioso. Pero ¡cómo surgió de las catacumbas![124]

Convicción: Schoenstatt es una obra de Dios

Creo que si me limito ahora tan solo a hacer referencia a dos consecuencias que yo mismo he extraído nos entenderemos rápidamente. Para mí, por tanto, todo lo que aconteció en aquellos años fue una demostración muy clara de aquello que para mí era lo más importante: el carácter divino de la Obra íntegra.

En la medida en que uno mismo ha experimentado estas cosas y no ha sido, por tanto, mero espectador, sino que ha estado continuamente al borde del abismo, en esa medida se ha sentido todo eso, naturalmente, en forma mucho más profunda.

---

124 Se entiende aquí todo el tiempo de Dachau.

Evidentemente, hay que presumir, pues, que todo esto se ha asumido en lo profundo de uno mismo. ¿Ven ustedes? Ese tremendo arrojo que se escondía en aquel acto –me permito decirlo de paso– se continuó y perfeccionó siempre también después, en el tiempo transcurrido en el campo de concentración de Dachau. No había allí ninguna posibilidad de huida. Se trataba de un estar erguido y exponerse siempre a los mayores peligros para la propia vida.

Habría que describir ahora propiamente la línea que se trazó más tarde como continuación de ese acto. Toda ella debe ser contemplada como una unidad. No se trata aquí de la glorificación de un ser humano, todo eso es secundario. Se trata aquí tan sólo de obtener claridad acerca de si el Dios vivo realmente ha probado y confirmado en forma suficiente que: Schoenstatt es mi obra (obra divina) y ha recibido de manera especial un sello de mi omnipotencia y sabiduría divinas.

Schoenstatt tiene una misión
para la Iglesia y para el mundo

Me permito reiterar: si meditan ustedes sobre todos estos argumentos, sobre todas estas esferas de acontecimientos, probablemente considerarán obvio lo que yo vi e hice personalmente en ese entonces. En primer lugar, ahora sé en forma clara y definida que Dios quiere que Schoenstatt inicie una conquista del mundo. Estando esto tan inequívocamente demostrado -que se trata de una marcada obra de Dios- tal como salta a la vista, quienes han saboreado todo esto conmigo tienen entonces la obligación de dar testimonio, la obligación de comprometerse también por Schoenstatt en forma diferente a lo hecho hasta entonces.

Por eso es que se abandonaron, por una parte, todas las reglas de la prudencia que anteriormente se aplicaba al máximo. Ahora se trataba de colocar al Episcopado, en primer lugar en el ámbito alemán, todas las cartas, sin reservas, sobre la mesa. Y si he dicho también –por supuesto, en círculos privados– que quería "provocar" al Episcopado alemán, ello tan solo significaba pedir al Episcopado alemán que ahora estudiara toda la Obra por iniciativa propia, para luego decir sí o no. Todo esto surgió de la convicción acerca de la cual hablamos ayer: reconocimiento de la autoridad de los obispos y del Papa. Naturalmente, al mismo tiempo existía la siguiente intención –dejemos ahora de lado si era consciente o inconsciente: Si no se puede esperar ahora una coincidencia con el Episcopado alemán, iremos, por supuesto, a Roma, a la última instancia (...)

Pueden ustedes considerar como obvio que el alma estaba preparada para estas cosas, y que también estaba consciente de la catástrofe que podía llegar a producirse por todo esto. Pero después de todo lo que había sucedido anteriormente, habiendo alcanzado la libertad interior tales dimensiones, se podrán imaginar ustedes que nunca hubo temores desapercibidos o infundados que constituyeran un impedimento para dar estos pasos. Luego volveré sobre este tema.

Nuevamente, entonces: En primer lugar, la jerarquía eclesiástica debía ser convocada, tenía que pronunciar, como corresponde, un fallo final. Antes se decía siempre lo contrario: ¡Cuidado, cuidado, cuidado! *Nolite me tangere* (¡no me toquéis!). En segundo lugar, se tomó también la valiente decisión de salir al mundo entero. Si Dios se ha testificado de esa manera, si ha impreso el sello de semejante modo sobre la obra, entonces, hablando humanamente, es evidente para mí: ¡Basta de quietud! ¡Ahora, a salir al mundo entero! Por ello los viajes por el mundo.

Estas son, pues, las dos grandes consecuencias. Por supuesto, ustedes podrán imaginarse que esta peligrosa empresa me arrojó no solo a mí, sino a toda la obra a un callejón sin salida de tremendas dimensiones.

Con esto me encuentro ya ante el tercer hito: el 31 de Mayo de 1949, el estar -ahora de nuevo- en la fuerza divina. Ustedes tienen consigo, si no me equivoco, la *Carta a Joseph Schmitz*. Ahora no quiero leer mucho, pero les pido que se tomen el tiempo para leerla, sí, toda, si tienen tiempo, pero si no pueden, entonces a partir de la página 68[125] aproximadamente.

¿Qué es lo que quiero demostrar, o, por lo menos, traer a conciencia? Que yo era consciente de la tremenda peligrosidad del paso. Si pretendo medirlo históricamente, no sé qué fue más peligroso, si lo que está vinculado al 20 de Enero de 1942 o lo que lo está vinculado al 31 de Mayo de 1949. Tómense, pues, ustedes mismos, por favor, el tiempo. Voy a intentar... Dice:

> El 31 de Mayo ha permanecido, hasta ahora, como una incógnita para la Familia. Las luchas actuales me inducen a descorrer un poco el velo, para observar más de cerca el misterio de este enigmático día. En primer lugar, lo hago pensando en el *Treue Kreis*.[126]

---

125 En la edición publicada bajo el título *Das Lebensgeheimnis Schoenstatts*, tomo I (Vallendar, 1971), se trata de la página 169.

126 El *"Treue Kreis"* (Círculo de la Fidelidad") agrupaba a los sacerdotes que desde el inicio de la visitación apostólica se identificaron estrechamente con la persona y misión del P. Kentenich. En enero de 1952, antes de su viaje a Sudamérica, el P. Kentenich había encomendado al P. Menningen -su colaborador más cercano- la tarea de aunar a los miembros de la provincia palotina de Lim-

También tengo que decirles, ya que el tiempo no alcanza para exponerlo extensamente: ahora deben admirar ustedes conmigo la fidelidad del Círculo de la Fidelidad. Este fue en realidad un acto de fuerza de primer rango. Y yo he sido totalmente consciente también –como podrán comprobar luego una vez más–, de que ponía nuevamente a la Familia en peligro de ser arrojada al abismo. Mucho de lo que hice en aquel tiempo no era comprensible en forma reflexiva para todos y, sin embargo, conservaron la fidelidad. Aquí se hace una extensa toma de posición acerca de cómo fue, de por qué causas, (…). Tienen que leerlo ustedes mismos, por favor. Esto es expuesto luego en forma más extensa. Más tarde, entonces, a partir de la página 75[127]:

> Al 20 de Mayo siguió el 31 de Mayo, fecha con la que iniciamos este relato y de la que queremos descorrer un poco el velo. Ese día nos reunimos para una celebración en el aun inconcluso santuario. Nos habíamos encontrado para realizar un acto solemne. Todos sentimos que se trataba de un acto muy especial, como, por ejemplo, cuando se está ante un acontecimiento de gran importancia porque comienza una lucha a muerte.

Aquí tendría que recordar, por lo menos brevemente, la intención de mover al Episcopado alemán a estudiar la Obra íntegra. (Esta inquietud) me llevó más tarde a formular personalmente el pedido de que el Episcopado enviara a Schoenstatt una comisión de estudio. Ustedes observarán cuán consecuente es esto: después de haberme dado cuenta, puse proa hacia allá en

---

burgo (Alemania) que le eran fieles. A partir de entonces se fue conformando el *Círculo de la Fidelidad.*

127 En *"Das Lebengsgeheimnis Schönstatts"*, T. I, pág. 183.

forma consecuente. Y viajé luego, año tras año, un viaje por el mundo tras otro, siempre con el objetivo que nos habíamos propuesto. Y en el último momento –después de que se había aprobado la comisión de estudio– se la transformó en una pequeña comunidad de visitadores. Comienza, pues, la visitación episcopal. A ella siguió luego la papal o apostólica.

Las cosas se presentaban entonces de la siguiente manera: la visitación se desarrolló en forma brillante, como lo verán ustedes luego en los textos. En aquel tiempo, tenía yo una relación de confianza con el Obispo (de Trier). –Más tarde pueden ver cómo se llegó a esa relación–. Yo tenía la intención de aprovechar justamente esa oportunidad, pero de ninguna manera para echar arena a los ojos. A mí me importaba, en cambio, poner al descubierto toda la estructura de la Familia, su originalidad, también la misión divina que se esconde tras ella. Por ello, después de que el Obispo me escribió que quería comunicarme cómo había salido todo, ahora brevemente a través del arzobispo –el obispo de Tréveris[128] era en aquel tiempo arzobispo por razones honoríficas–, para luego referirse a algunos puntos débiles, yo le respondí: "Si ese fuera el caso, yo podría estar conforme. Pero no es eso lo que yo quiero, en absoluto. No quiero un mero reconocimiento de nuestra Familia. Yo quisiera una discusión a fondo acerca de las preguntas centrales de la Iglesia actual".

Si ustedes leen todo eso, encontrarán que siempre se trata de preguntas que luego surgieron en el Concilio.

---

128 Franz Rudolf Bornewasser (1866-1951), en 1921 obispo auxiliar de Colonia, en 1922 obispo de Tréveris, recibió en 1944 el título de "arzobispo".

Lo que en ese momento me importaba, pues, era una muy clara discusión científica. Había que tomar el toro por las astas, para usar una expresión bastante dura. ¿Qué quería decir todo esto, prácticamente? Se trataba de las preguntas más centrales de la Iglesia de hoy. Ustedes deben tenerlo en cuenta, porque entonces comprenderán mucho mejor por qué digo siempre que deben ir a la escuela de la historia de nuestra Familia. Ahí encontramos respuesta a innumerables preguntas.

Continúo, pues, leyendo.

> Era entonces una celebración, un acontecimiento, que se vive raras veces: como cuando se trata de iniciar una lucha a muerte, o bien, cuando una batalla en pleno desarrollo alcanza su clímax y todo insta a una resolución.
>
> Me había reunido con un pequeño círculo de personas más cercanas, para entregar a nuestra querida Madre la primera parte de mi *Respuesta*. –Es la respuesta al *Informe de la visitación*. Naturalmente, llegaron a ser dos gruesos tomos, ¡pero de contenido muy peligroso!– *Usted conoce el escrito*. –aquí se dirige a Mons. Schmitz–. Como Superior General pudo revisarlo en su tiempo. El trabajo debía permanecer sobre el altar durante la noche. Quería pedir a la Madre y Reina tres veces Admirable de Schoenstatt que se mostrara realmente tres veces Admirable en este caso y no negara su bendición especial y su abundante ayuda en la dura lucha que comenzaba, lucha para la cual me había preparado durante decenios y que, después de largas reflexiones, de mucha oración y sacrificio, me sentía obligado a emprender. Le pedí a ella que no sólo hiciera brotar desde aquí una corrien-

te de gracias semejante a la del Santuario original, sino también una contracorriente orientada a superar una determinada forma de espiritualidad existente en la tierra del Santuario original. -Todo esto fue escrito desde Chile-. Aquí me refiero a ese bacilo nocivo que, debido a la gran influencia que ejerce Occidente y a la enorme facilidad con que el alma moderna se deja influir, con gran estrépito se alista para contagiar al mundo causando daño por todas partes.

Misión mariana de la Familia

El contexto deben verlo ustedes de la siguiente manera: yo siempre creí que la Familia tenía una misión marcadamente mariana y, por ello, que nuestra tarea era hacernos cargo también nosotros de la misión de la Santísima Virgen y anunciarla en todas partes. En primer lugar en el ámbito alemán. Pero muy pronto me fue claro que, en el ámbito alemán, eso sería imposible en razón de la influencia protestante. Aquí se había construido una inhibición, un impedimento, una muralla que no se mostraba, no se documentaba siquiera en primer lugar en el campo religioso, sino una muralla que consistía en una original, peculiar mentalidad. Y esa mentalidad es el pensar mecanicista. (De allí) la siguiente convicción: no podemos arrastrar el carro de guerra de la Santísima Virgen a la primera línea del frente si esa muralla no es primeramente derribada, si, por tanto, el pensar mecanicista, la mentalidad mecanicista no es superada.

Ahora deben entender ustedes cómo fue presentado esto por mi parte en la forma más peligrosa. Más tarde podrán leerlo todo. Yo expliqué cómo los más altos círculos eclesiásticos de Alemania están afectados por esta mentalidad mecanicista.

Un ataque, entonces, honestamente debemos decirlo, contra el Episcopado alemán entero. Por esa razón tampoco deben malinterpretar ustedes, si después llegó para mí un doble destierro explícito: proveniente también del Episcopado, no sólo, por tanto, de Roma.

Toda la situación, entonces, llegó hasta el extremo, y esto, si ustedes quieren, por propia culpa, o bien, si ustedes quieren, por mérito propio, según como ustedes lo conciban. No se trató aquí, pues, de un error por inadvertencia, ni, para nada, de un intento de ocultar, de esconder algo -lo que yo podría haber realizado fácilmente- sino que se trató desde el comienzo -deben tomar en serio la expresión- de poner todas las cartas así, bien claras y definidas sobre la mesa. Pienso, no sé si puedo decirlo de este modo, que si la Iglesia hubiese aceptado en aquel momento, tal vez el Concilio habría tomado luego otro rumbo. Si ustedes lo leen después, se maravillarán de lo francamente que está dicho todo y en forma absolutamente clara, diáfana y sencilla.

Íntimamente relacionada con el 31 de Mayo de 1949

Por eso, como ustedes ven aquí, toda la lucha relacionada con el 31 de Mayo de 1949 es siempre la consecuencia de una marcada misión mariana. Yo quería, -hasta donde lo entendía, consideraba tener, junto a la Familia, la misión- colaborar en el derribamiento de la muralla en pro de la piedad mariana en el ámbito alemán.

¿En qué medida se ha realizado esa misión? Les puedo decir: falta mucho aún. Pienso que lo que pretendemos, lo que debemos, lo que en este momento hemos realizado también, es unirnos nuevamente en forma compacta, aprender nuevamente a entendernos. Pero, no debemos pensar que Dios Padre, una vez que ha dado una misión, nos la retiraría tan pronto. Y, doblemente, sobre todo, si como círculo hemos hecho todo el esfuerzo posible de apropiarnos vitalmente de lo que Dios ha obrado en nuestra historia.

Si esta apropiación vital nos ha transformado interiormente a nosotros mismos, sospecho que entonces el Padre Dios nos utiliza como instrumento para continuar y llevar a plenitud todas las cosas ya iniciadas. Tenemos, pues, una tarea para mucho tiempo todavía. No debemos pensar ahora que con haber logrado en general unirnos compactamente, estaría todo concluido. Allí recién comienza de nuevo propiamente la tarea. Allí comienzan en sí nuevas luchas. Sólo que entonces debemos haber madurado más interiormente para enfrentarnos en la forma correcta con la Iglesia actual. ¡Sí, con la Iglesia actual! El pueblo de Dios debe mostrar, pues, verdaderamente una mayor franqueza. El concepto entero de obediencia - *sentire cum Ecclesia*[129]- ha sido ciertamente transformado por el Concilio.

Desde el comienzo hemos interpretado de ese modo las cosas, cuando una de las acusaciones más graves y peligrosas que se nos hacía, era la falta de obediencia eclesial. ¡Con cuánta facilidad podría haber alcanzado yo esto o lo otro! También siempre se me dijo: usted necesita tan solo decir una palabra, y todo está solucionado. Pero yo no podía pronunciar justamente esa palabra. Habría sido la palabra de una traición. Tener una misión profética significa también compartir un destino profético.

---

129 Sentir con la Iglesia (Tema de 18 reglas de los Ejercicios Espirituales de San Ignacio de Loyola).

Cuando ustedes se apropien luego de estas cosas, pienso que deberían verlas siempre como si estuviesen dirigidas a ustedes mismos.

La *Respuesta* "debía quedar durante la noche sobre el altar". ¡Este es el primer tomo! (risas). Se trata de "pequeñas" cartitas. He tomado el asunto ciertamente muy en serio. En aquel momento se trataba de una situación muy delicada. Yo había tomado a mi cargo, en Buenos Aires, un curso de ejercicios espirituales de cuatro semanas para los Padres de la Sagrada Familia. Y por la noche dictaba todo el trabajo. Se trataba, pues, de una cuestión seria.

> Ella misma quería pedir a la Madre y Reina tres veces Admirable de Schoenstatt que se mostrara realmente tres veces Admirable y no negara su bendición especial y su abundante ayuda en la dura lucha que comenzaba, para la cual me había preparado durante decenios y que, después de largas reflexiones, de mucha oración y sacrificio, me sentía obligado a emprender.(...)

> La plática pronunciada en esa ocasión, es decir, la plática que pronuncié cuando se colocó la primera parte del trabajo en el altar, la plática pronunciada en esa ocasión aún permite percibir y revivir el recogimiento que embargaba el corazón de los presentes y colmaba todo el ambiente.

No quiero leer esto ahora. Lo pueden hacer ustedes mismos.

> (...) Con esta entrega solemne, aceptamos una carga que hombros humanos no pueden llevar cuando están abandonados a sí mismos.

Ustedes perciben que yo era consciente de lo que estaba en juego, ¿no es cierto?. Yo podría haber tenido todo a precio barato; tan solo habría tenido que decir "sí", y todo habría quedado resuelto.

> Pero también esperamos para Occidente una gran bendición, en especial para nuestra patria. –Tengan presente que esto ha sido dicho allá en Chile "nuestra patria": Alemania–, Desde allá nos dejamos enviar como instrumentos en las manos de la Madre y Reina tres veces Admirable de Schoenstatt para ayudar a realizar acá los planes de la sabiduría y del amor divinos. Tratamos de hacer todo lo que estuvo en nuestras manos.

> ¿Será acaso un don que nos hace en pago, un reconocimiento y un honor para nosotros, si creemos que ella, a partir de este día, nos quiere usar, desde aquí, para ganar una influencia más poderosa, que repercuta en la forjación de los destinos de la Iglesia en el espacio cultural de Occidente?

La idea era la siguiente: si no vencemos al bacilo en Alemania, la Santísima Virgen no encontrará allá jamás el reconocimiento que necesita para cumplir su misión en los tiempos novísimos.

Ahora bien: hay dos posibilidades para luchar contra el bacilo en Occidente. La segunda posibilidad es la que aquí se considera: el círculo cultural latino no ha caído en ese peligro hasta el momento. Por ello la tendencia a mover interiormente a los pueblos latinos para mezclar y complementar su espíritu con el espíritu germano.

Y, de manera muy peculiar, más tarde todo esto se hizo realidad. Un grupo de los más nobles chilenos fue enviado a Alemania.

Los alemanes no los querían con ellos, ya que eran demasiado peligrosos. Suiza los aceptó. De este modo el círculo cultural chileno –lo mismo vale más tarde para el círculo brasileño y para el argentino– llegó a Alemania para absorber el espíritu local, dejarse vacunar con él, pero, a la inversa, vacunar también al espíritu germano.

Lo importante aquí es siempre la misteriosa historia. A menudo se trata de muy pequeños inicios, y no pasa mucho tiempo para que se vea cómo corrientes enteras son portadoras de estas ideas. Ustedes entienden, entonces: todo el enfrentamiento se dio propiamente para honra de la Santísima Virgen.

> Está claro que cuando escuchamos la palabra "Occidente", pensamos siempre, en primer lugar, en Alemania.
>
> ¿Me permiten expresar lo que mueve nuestras almas en estos momentos y revestir de palabras lo que sienten nuestros corazones? Venimos para dar y recibir. Queremos intercambiar con la Santísima Virgen todo nuestro desvalimiento, nuestra disponibilidad y nuestra fidelidad. Le regalamos a ella nuestro desvalimiento, y ella nos regala su desvalimiento. Le regalamos nuestra disponibilidad y ella nos regala su disponibilidad. Le damos nuestra fidelidad y ella nos da su fidelidad.
>
> Esta contraposición nos recuerda espontáneamente que el pensamiento central que nos mueve, que nos impulsa constantemente y que nos asegura una paz inalterable en todas las situaciones, es el pensamiento de la Alianza.

Aquí, pues, ampliamente: intercambiamos desvalimiento, disponibilidad para ayudar y fidelidad en la ayuda. Naturalmente, esto se explicado más adelante.

> También ella ocupa ahora el primer plano de nuestros intereses y nos da la respuesta a todas las preguntas que esperan una solución. Los dos contrayentes que, desde hace tanto tiempo se pertenecen el uno al otro, vuelven a estar cara a cara en este lugar santo. ¿Y qué es lo que quieren?

> Luego la plática describe con detalles los mutuos ofrecimientos y obligaciones. Destaco en forma especial algunos pensamientos relevantes:

> El desvalimiento de uno de los contrayentes consiste sobre todo en la extrema dificultad frente a la pesadísima tarea que se le ha vuelto a confiar y que ha vuelto asumir para Occidente...

Aquí se habla de nosotros.

> Se trata de desenmascarar y sanar la raíz, el último germen de la enfermedad que aqueja el alma occidental: el pensar mecanicista. Tengo suficientes razones para suponer que Dios ha impuesto, en este sentido, una pesada carga sobre los hombros de nuestra Familia. "La ley de la puerta abierta" me persuade de ello. Luchas de mi juventud indican en esa misma dirección. Estas me permitieron combatir lo que hoy agita a Occidente hasta en sus más profundas raíces. Además de la enfermedad, pude experimentar también en mi propia persona, y muy abundantemente, la medicina.

> La misión tan manifiesta de Schoenstatt para el Occidente, especialmente para la propia patria, frente

al colectivismo que avanza poderosamente y que reduce todo a polvo, se encuentra ante un muro que sólo puede ser derrumbado si, efectivamente en forma más amplia, se vence y se extirpa el mencionado bacilo (...)

Ustedes, a su manera, pueden llevar esta carga conmigo y compartir la misión de la Familia. Pero tenemos que contar con que este trabajo hiera profundamente nobles corazones en la patria, que despierte una violenta indignación y haga que, en respuesta, se nos den fuertes y duros contragolpes.

Ven ustedes, pues, que esto había sido bien reflexionado, que no fue algo ciego.

No nos debemos admirar si se forma un poderoso y unido frente común de hombres influyentes en contra mía y de la Familia. Humanamente hablando, tenemos que contar por último con que nuestro intento fracase completamente.

¡La misma situación que en 1942.

Y, sin embargo, no podemos sentirnos dispensados de correr este riesgo. ¡Quien tiene una misión ha de cumplirla aunque conduzca al abismo más oscuro y profundo, aunque exija dar un salto mortal tras otro! La misión de profeta implica siempre suerte de profeta.

Vemos cómo Occidente camina a la ruina y creemos que estamos llamados desde aquí a realizar un trabajo de rescate, de poner a salvo, de construcción y de perfeccionamiento.

Creemos que tenemos que ofrecernos como instrumentos para impulsar una contracorriente que vuelva a los países de los cuales antiguamente los pueblos de aquí han recibido su cultura y de los cuales también nosotros hemos sido abundantemente beneficiados. Por eso es que tenemos el valor de decir con san Pablo: *Non possum non praedicare!* ¡No puedo dejar de predicar! [130] ¡No puedo hacer otra cosa, debo esgrimir la palabra!

Ustedes comprenden cuán grande es nuestro desvalimiento frente a tan gigantesca tarea. Nos sentimos como David enfrentándose con Goliat. Pienso en el salto mortal que tuve que arriesgar en 1942 y estoy consciente de que esta vez se repite. Si no pudiésemos contar con la disposición de la Santísima Virgen a ayudarnos, nunca nos atreveríamos a dar este arriesgado paso...

Por otra parte, si ustedes me comprenden bien, creo poder agregar que no sólo yo, no sólo nosotros, sino también la Santísima Virgen está desvalida ante esta situación. Es cierto que ella es la Omnipotencia Suplicante ante el trono de Dios, pero también es cierto que según los planes del amor divino, ella está supeditada a instrumentos humanos dóciles y de buena voluntad. Si según el Primer *Documento de Fundación*, ella ha aceptado la tarea de mostrarse en Alemania en forma preclara desde nuestro santuario, como la vencedora de los errores colectivistas, entonces, ella busca ansiosa con su mirada instrumentos que la ayuden a realizar esta tarea.

¿Qué nos queda entonces sino ponernos sin reservas a su disposición en el sentido de nuestra consagración y aceptar su deseo de entregarnos nuevamente a ella dejando a ella la responsabilidad por la gran obra, en la cual, nosotros, depen-

---

130 En Hech. 4,20, pronuncia San Pedro estas palabras. Ver también 1 Cor.9, 16

diendo de ella y por interés en *su* misión, queremos cooperar con ella, sufrir con ella, sacrificarnos con ella y rezar con ella?

Estamos en una hora rica en decisiones para la historia de nuestra Familia. Si no logramos derribar el mencionado muro, la Santísima Virgen quitará a a la patria su misión para Alemania y emprenderá un intento de rescate desde los santuarios filiales. ¡Ella permanece fiel a su Alianza! Si ramas de nuestra Familia, por cobardía y debilidad, no pagan fidelidad por fidelidad, podemos suponer también que su misión se traspasa a nosotros.

Dos pensamientos deben conducirnos a la lucha, dos consignas que como estrellas deben brillar en nuestra vida. Una es: *Tua res agitur! Clarifícate!* ¡Se trata de tu misión, de tu tarea, ahora, por tanto, glorifícate tú y tu Obra! La segunda es: *Mater perfectam habebit curam!* La Santísima Virgen se glorificará a sí misma de la manera más perfecta. ¡Si nosotros nos esforzamos, dondequiera que sea, por tirar de su carro de triunfo, entonces ella cuidará de nosotros y de su Obra de Schoenstatt y nos guiará victoriosa a través de todas las luchas, tal como lo ha venido haciendo durante los años pasados de persecución.

Somos y seguimos siendo hijos de la guerra

Pienso que con esto ha quedado al menos claro cómo ahora hemos llegado, una vez que estábamos tranquilos, a sembrar nueva intranquilidad. Probablemente debamos reiterar esto mismo a menudo en nuestra vida. Si ustedes consideran ahora en qué medida se ha realizado esta misión –la superación del pensar mecanicista– deberán decirse a sí mismos: estamos recién al comienzo. Entonces sabrán que hemos nacido para el combate; sabrán que somos y seguiremos siendo hijos de la guerra. Esto no es vergüenza alguna. Se trata por cierto también de la misión de la Iglesia, y nosotros participamos de la misma misión, en y con la Iglesia.

¿Qué es lo que tendría que exponerles ahora? Propiamente debería introducirlos en forma inmediata en el 31 de Mayo de 1949.

Si me permiten que ahora registre brevemente lo que en realidad con gusto les habría expuesto extensamente, pienso que debería decir lo siguiente: el 31 de Mayo de 1949 significa para nosotros una marcha, una campaña por el pensar orgánico, por el vivir orgánico y por el amar orgánico. Solo quien tenga algún acceso al contexto sospechará cuánta plenitud –una plenitud que casi oprime y quebranta– contienen estas tres expresiones.

Con esto tenemos ante nosotros la gran misión –me permito presentarla ahora de esta manera– de realizar lo que el Concilio tan sólo ha insinuado. Si en otra oportunidad les he dicho que el problema del tiempo actual consiste en la relación entre Causa Primera y causa segunda, que no se trata en primer lugar de la idea de Dios en sí misma sino más bien de la idea de Dios como Causa Primera en relación con la causa segunda (en esa formulación tienen ustedes el contenido de nuestra misión), en el sentido del 31 de Mayo deberíamos decir: "Dicho de otro modo, para nosotros se trata de una cruzada por el pensar orgánico –Causa Primera y causa segunda–, por el vivir orgánico –Causa Primera y causa segunda–, por el amar orgánico –amar sobrenaturalmente, amar en el orden natural, vivir y amar en el orden instintivo".

Todo un gran mundo se encuentra aquí ante nosotros. Y antes de que lo hayamos comprendido, probablemente habremos alcanzado el momento en que la lucecita de nuestra vida se apague. Luego viene la siguiente generación: ella tomará, entonces, las cargas y los gozos sobre sus hombros.

7. El 31 de Mayo y la misión salvífica de Occidente
De una plática dirigida al Consejo Diocesano ampliado de la Familia de Schoenstatt de la Región badense, 4 de septiembre de 1967

Extracto de una plática que el P. Kentenich pronunció el 4 de setiembre de 1967 ante los miembros del Consejo Diocesano ampliado de la Familia de Schoenstatt de la región badense. El compromiso por la realización de la segunda meta de Schoenstatt (rescate de la misión histórico-salvífica de Occidente) se encontraba especialmente vivo en la Familia de Schoenstatt del lugar. Es así como se había solicitado al P. Kentenich una respuesta a la pregunta "¿tiene Occidente aún una misión?".

Son tres los fines de Schoenstatt: el hombre nuevo en la nueva comunidad; el rescate de la misión salvífica de Occidente y la Confederación Apostólica Universal. El P. Kentenich señala que ha llegado el tiempo en que el segundo y tercer fin de Schoenstatt sean asumido con mayor fuerza. Afirma:

En razón de que nos hemos ocupado por largo tiempo de la primera meta, era de esperar que alguna vez llegaría el tiempo en que también la segunda y la tercera metas pasaran al primer plano de interés. Y ésta es la situación en la que vivimos actualmente, éste es el gran cambio en toda la Familia de Schoenstatt.

Esto lo afirma hace cerca de 50 años atrás…

Agrega nuestro Padre:

Estas comunidades (de élite) deben ser introducidas ahora, poco a poco, no sólo en cuanto a las ideas, sino también en cuanto a la vida, en el mundo de esa doble meta: rescate de la misión histórico-salvífica de Occidente y construcción y ampliación de una Confederación Apostólica universal.

Karl Barth y la analogía del ser

Cuando hablamos del rescate de la misión histórico-salvífica de Occidente destacamos siempre el carácter mariano de esa misión. (...)

Tomo como punto de partida lo que Karl Barth[131] relató acerca de sus recientes visitas a Roma. El había sido invitado durante el Concilio a permanecer en Roma como observador, pero se enfermó, realizando con posterioridad su visita. No sé si ustedes habrán leído ya esto. El pequeño folleto les será seguramente de fácil acceso.[132] El librito está escrito en sí con mucha benevolencia. Barth hace un relato de todo lo que vivió en Roma, dónde golpeó a la puerta, qué conversaciones sostuvo, qué preguntas llevó consigo y qué respuestas recibió. Al final afirma: he regresado del mismo modo como fui: como protestante.

Lo que me interesa en este contexto, y lo que probablemente les interesa también a ustedes, es su toma de posición ante lo mariano. Barth habló con renombrados teólogos dogmáticos acerca del tema; averiguó al respecto en todas direcciones; también se hizo enviar apuntes de las clases de teología de este o aquel profesor. El sentido del juicio que finalmente se formó

---

131 1886-1969. Teólogo protestante, líder espiritual de la "Iglesia confesora". Desde que se lo separó de su cátedra como profesor en Bonn en 1935, fue profesor en Basilea. Fue el fundador de la "teología dialéctica".

132 Karl Barth, *Ad limina apostolorum*, Zürich 1967.

podría resumirse del siguiente modo: En la Iglesia Católica, tanto hoy como ayer, lo mariano es, según mi convicción, una malformación. Si esa malformación no es extirpada, el catolicismo cargará siempre, a través de los siglos, con una tendencia a lo enfermizo. Barth sabe hacer, como es natural, algunas concesiones a derecha e izquierda, pero esto no disminuye su convicción ni la impresión general (...)

Permanezcamos en lo mariano

La primera respuesta: por lo menos nosotros, como sacerdotes, sabemos que el jesuita Przywara edificó todo un sistema para rescatar, en cierto modo, al catolicismo de los ataques del protestantismo. El estableció la teoría de la *analogia entis*.[133] ¿Qué significa *analogia entis*? Hay una semejanza entre la actividad divina y la humana, una semejanza entre el ser humano y el ser divino. De allí hemos partido nosotros, y estamos dispuestos a seguir partiendo de allí. Si pensamos de dónde viene hoy el desorden en el tiempo y en el mundo entero, más aún en el ámbito de las confesiones cristianas, descubriremos que la causa reside en la concepción contrapuesta sobre las causas segundas.

Analogia entis. "Hagamos el hombre a nuestra imagen y semejanza", así leemos en las primeras páginas de la Sagrada Escritura. E, inmediatamente, la segunda frase: "Así creó Dios

---

133 Erich Przywara, *Religionsphilosophie katholischer Theologie (Filosofía de la religión de la teología católica)*, München 1926; del mismo autor, *Ringen der Gegenwart* I *(Lucha del presente I)*, Augsburg 1929; del mismo autor, *Kant heute (Kant hoy)*, München 1939; del mismo autor, *Analogia entis*, München 1932; del mismo autor, *Deus semper maior* I y III, Freiburg 1939-1941; del mismo autor, *In und Gegen (En y contra)*, Nürnberg 1955 (*Um die analogia entis, En torno a la analogia entis*).

al hombre como su imagen". Y la tercera frase repite exactamente la misma palabra: "Y lo creó a su imagen y semejanza" (Gen 1, 26s). ¿Comprenden ustedes lo que esto significa? Una semejanza en la estructura del ser humano, en el modo de actuar del ser humano, ya que Dios es el modelo y el ser humano, la imagen. Una semejanza respecto al ser espiritual; una semejanza respecto al actuar intelectual, mental; una semejanza en una doble, sí, en una triple modalidad, en cuanto el ser humano ha sido elevado a la "participación de la naturaleza divina" (2 Pe 1,4). ¡Por supuesto, sólo una semejanza! Sabemos que Karl Barth tiene la posición de que con la *analogia entis* no hay nada que hacer: Dios es, en toda la línea, el total, el totalmente-otro. Indudablemente, también lo es. Sin embargo, según la concepción católica, esto no constituye un impedimento insuperable. Todos nosotros experimentamos, por cierto prácticamente, la gran diferencia. Y hasta tenemos que esforzarnos para ahondar más y más profundamente en ese mundo, ya que hemos experimentado, por lo común en nuestra vida práctica, cosas tan inauditas en lo tocante a lo que Dios dispone y a su conducción que, una y otra vez hemos tenido que conceder que si nosotros tuviésemos el cetro del mundo en nuestras manos, serían imposibles tantas inauditas crueldades de carácter inhumano como las que tenemos que aceptar, trátese de pueblos, naciones o individuos. Verdaderamente esto supera todos nuestros conceptos; es comprensible en cierta medida tan sólo desde el punto de vista de que Dios es el totalmente-otro.

Importancia de las vivencias previas
en el campo natural

¿Me permiten detenerme aquí un momento y decir unas palabras más sobre la *analogia entis*? Semejanza entre el ser de Dios y nuestro ser, semejanza entre el actuar divino y el humano. Justamente, sobre la base aquí delineada se apoya nuestra concepción de las vivencias previas que debemos tener a nivel natural para que entendamos en algo todo lo que se nos da a nivel sobrenatural. Tan sólo necesito hilar un par de expresiones y nos entenderemos inmediatamente. ¿No es cierto que con mucha frecuencia hemos dicho, afirmado y enseñado, que debido a que la mayoría de los hombres carece de vivencias filiales de padre a nivel natural, es casi imposible, o por lo menos muy difícil que tengan una vivencia semejante a nivel sobrenatural? *Analogia entis.* –Necesito haber experimentado, a nivel natural, una vivencia de lo que se hará realidad a nivel sobrenatural.

Por cierto, algo semejante debe decirse también en lo tocante a la vivencia materna. Si no experimenté ni siquiera una vivencia filial ante la madre a nivel natural, resulta, más tarde, relativamente difícil tener una vivencia filial de ese tipo ante la Santísima Virgen.

Queremos retener, pues, lo siguiente: en tanto las circunstancias lo hagan posible, estamos firmemente sobre el suelo de la *analogia entis*. Los antiguos filósofos crearon la siguiente expresión: lo que no es percibido por los sentidos, difícilmente podrá ser comprendido por la razón. Esto tiene vigencia sobre todo cuando se trata, como en este caso, de vivencias previas respecto de vivencias centrales. Si descuidamos esas vivencias previas, si vemos a Dios solamente como el totalmente-otro, entonces seguiremos siendo un género humano en estado primitivo y no encontraremos jamás una respuesta clara para el hombre actual en su carencia de Dios.

Ustedes deben tener siempre presente que la carencia de Dios del hombre actual es espantosamente grande. No sin razón se habla de un movimiento de alejamiento respecto de Dios, así como en otro momento se ha hablado de un movimiento de alejamiento respecto de Roma. ¿Y por qué ese movimiento hace progresos tan aterradoramente importantes y abundantes?

Una importante respuesta reside aquí: porque el hombre, tal como nos lo constatan los psicólogos de casi todas las corrientes, no tiene registradas suficientes vivencias afines en el nivel natural. Si no nos esmeramos en recorrer el camino normal y si no contamos, al mismo tiempo, con que hay innumerables casos en que tampoco entendemos al Padre Dios cuando dispone o permite cosas, en lo que Dios es totalmente distinto a nosotros, no podremos tener dominio sobre la vida actual.

Imagen de Dios del hombre contemporáneo

Si nos detenemos a considerar el tema de la idea de Dios y de la vivencia de Dios del hombre actual, tendríamos que afirmar que existe un movimiento de alejamiento de Dios que tiene justificación: a saber, allí donde nuestra imagen de Dios se encuentra falseada. En verdad encontramos, no raras veces también en nuestras propias filas, una imagen falseada de Dios: una imagen de Dios reblandecida o bien desfigurada, que lo presenta como dictador.

Una imagen de Dios reblandecida. En ella Dios es visto como un abuelo, como un abuelito que está dispuesto a consentir todos los deseos de su nieto, y no como un padre que tiene derecho a llevar las riendas, que tiene el derecho y la obligación de formar y plasmar al ser humano según su imagen.

El ideal para la formación del ser humano se encuentra en la persona del Hombre-Dios. Todo lo que Dios hace tratándose del ser humano tiene tan sólo una gran meta: cada ser humano debe tornarse un *alter Christus*, otro Cristo. Así como el Padre trató a Cristo, así nos trata también a nosotros. Consecuentemente, Dios es el totalmente-otro.

La inmediatez y la mediatez de Dios

Cuando Karl Barth, el principal representante de la teoría de Dios como el totalmente-otro, no acepta una *analogia entis*, está claro que tiene que rechazar toda causa segunda que se encuentre en el camino a la Causa Primera. Por ello toda devoción mariana es para él una abominación.

Sabemos, por cierto, que la así llamada inmediatez de Dios es doctrina de todo el protestantismo. Si se trata, pues, de introducir a Dios en forma inmediata en nuestro interior, en nuestro corazón, de entregarse en forma inmediata a Dios, al Eterno, al Infinito, si se está parado sobre el suelo de la inmediatez de Dios y no se reconoce ni se puede reconocer, más allá de ésta, ninguna *analogia entis*, entonces se debe rechazar propia y naturalmente toda devoción a la Santísima Virgen.

Algo semejante sucede con la postura ante el Papa. Más allá de esto —así lo oímos muchas veces en círculos protestantes gritado desde los techos— se trata ahora en el tiempo posconciliar de que la religión es en lo último más importante. Bajo centralización última de la religión se entiende la entrega al Dios trino.

Inmediatez, sólo Dios

¿No reside acaso aquí también un enorme peligro? Ustedes comprenderán por qué me detengo aquí en forma relativamente prolongada. Quiero formular un principio: una centralización religiosa que implique al mismo tiempo un aislamiento, mañana o pasado mañana se convierte en un *nihilismo*.

¿Qué quiere decir esto? Si yo veo sólo a Dios como el último centro, si aíslo, por tanto, a Dios de la creatura, esta centralización por aislamiento se encuentra siempre en peligro de tornarse pasado mañana en ateísmo y nihilismo. Lo mismo tiene vigencia por cierto no solamente respecto a la Santísima Virgen, sino respecto a cualquier causa segunda.

Mediatez: la creatura es medio para llegar a Dios

Donde la causa segunda no sea vista como *expresión* de la Causa Primera, donde no se la vea como *medio* para llegar a la Causa Primera y como *protección* para la Causa Primera, debemos temer siempre por la autenticidad y rectitud de nuestra religiosidad.

Me permito repetir en este contexto una expresión que podrá sernos tal vez corriente: *soli Deo*. A Dios solo. Ustedes saben cómo se comprende esta expresión en labios del protestantismo. *Soli Deo*, sólo a Dios pertenece, al fin y al cabo, el corazón del hombre religioso. La Santísima Virgen, los santos no son Dios y, por lo tanto, fuera con ellos. Más aún: si contemplo al

Hombre-Dios y me detengo en el elemento humano que hay en él: *soli Deo*. Por ello, fuera con la encarnación. *Soli Deo!*

Poco a poco, el Dios viviente se encuentra aislado frente a mí. Midiéndolo con las experiencias históricas sabemos cómo el *"soli Deo"* se transforma mañana, pasado mañana, en la palabra "al dios Sol".[134] No hay ya entonces más Dios sobrenatural, ni hay ninguna realidad sobrenatural más. Pero como el hombre quiere conocer y reconocer algún bien último, permanece en el nivel natural.

Causa Primera y causa segunda - Iglesia y mundo

¿Por qué razón les traigo todo esto a la memoria? No solamente para dar una respuesta a la concepción de Karl Barth, sino para mostrarles claramente, con ese trasfondo, qué importancia tiene para el cristiano, sí, para el cristianismo entero, el ocuparse de las causas segundas.

Hasta creo poder afirmar lo siguiente: allí donde el Concilio se enfrenta a la pregunta de la relación entre Iglesia y mundo - dicho de modo más general - entre Causa Primera y causa segunda, en la Constitución XIII, allí concede el mismo Concilio que se trata tan solo de un primer intento.[135]

A nosotros nos interesa destacar con claridad cómo se sitúa la Iglesia frente al mundo actual. El Papa ha acentuado en diferentes lugares que el mundo se ha desarrollado en el siglo pasado en forma tan autónoma, y que la cultura humana se ha

---

134 En latín encontramos aquí un juego de palabras: "soli Deo" - "Soli deo" (solo Dios – al dios Sol).

135 Constitución pastoral *Gaudium et spes* (denominada, como documento preparatorio para el Vaticano II, "Esquema XIII").

desconectado tan absolutamente de la cultura cristiana, que ya es tiempo de abrir puertas y ventanas y reencontrar la relación con esa cultura, en parte para adaptarse a esa cultura, en parte para encontrar caminos a fin de que también esa cultura sea influenciada por lo divino. ¿Qué significa esto? Se trata de la presión por aplicar en el tiempo actual la antigua ley que dice: *gratia non destruit naturam; gratia supponit, elevat et perficit naturam,* la gracia no destruye la naturaleza; la gracia supone la naturaleza, la eleva y la perfecciona.

Los expertos de nuestro círculo destacan que mientras el catolicismo en el siglo pasado sucumbió al peligro –sobre todo bajo el influjo de aspiraciones de la jerarquía– de dejar correr solo por el mundo al tren expreso de la cultura moderna, últimamente está encaprichado en correr tras ese tren expreso y en entregarse sin inhibiciones a todas las inquietudes modernas.

Me permito reiterar: el problema que aquí se toca, en último término, consiste en la relación fundamental entre Causa Primera y causa segunda.

31 de Mayo de 1949: preparar el camino a la Santísima Virgen

Les puedo conceder que muchos riesgos asumidos en la historia de nuestra Familia –sobre todo el más peligroso, que tiene que ver con el 31 de Mayo de 1949– parten de la siguiente reflexión: según mi convicción, la Santísima Virgen tiene desde Schoenstatt la gran tarea y misión de formar y plasmar la nueva imagen de hombre para el tiempo venidero, y de mostrarse como la gran educadora para la Iglesia en la ribera de los novísimos tiempos.

Sí, ella tiene esa gran misión. Ella ha debido pronunciar su *fiat* al inicio de la salvación, y si hoy vivimos una nueva etapa de la historia de la salvación, se repetirán las antiguas constantes. Entonces también la Santísima Virgen deberá repetir su *fiat.* Si ella no lo repite, ciertamente tampoco se realizará la otra palabra: *"verbum caro factum est"* (Jn 1,14), "el Verbo se hizo carne".

Ella tiene que pronunciar, pues, el *fiat.* Y nosotros hemos visto íntegramente nuestra tarea en arrastrar el carro de batalla y de victoria de la Santísima Virgen al centro de las luchas espirituales modernas, con más razón aún a los enfrentamientos con el colectivismo o bolchevismo.

Impedimento: el pensar mecanicista

Muy pronto nos dimos cuenta entonces de que es imposible llevar a la Santísima Virgen al campo de batalla de las luchas espirituales, ya que en el ámbito germano la Santísima Virgen no es suficientemente reconocida. El cálculo siguiente fue: si todo no engaña, el fundamento reside no en dificultades dogmáticas –en todo caso no sólo ni primariamente en ello–, sino en que la mentalidad germana tiene una marcada predisposición al pensar mecanicista.

Vale decir, no logra reconocer la Causa Primera en la segunda y la causa segunda en la Primera. Separa la Causa Primera y la segunda: pensar mecanicista *ratione obiecti.* Pensar mecanicista *ratione subiecti:* se separa cabeza, corazón y voluntad. Por ello, si Schoenstatt quiere cumplir su misión, más aún en el ámbito germano, entonces tenemos que arriesgarnos a dar batalla contra ese bacilo, tenemos que superar en el ámbito alemán el pensar mecanicista, al que le resulta imposible la relación entre Causa Primera y causa segunda.

En sí, este fue también el motivo para asumir el enorme riesgo del 31 de Mayo de 1949. ¿Comprendemos aquello de lo que aquí se trataba? Se trataba del reconocimiento de la Santísima Virgen en el ámbito alemán, a saber, partiendo de la convicción de que de otro modo el pensar mecanicista no sería superado. Si no se ve la relación orgánica entre Causa Primera y causa segunda es imposible que la Santísima Virgen sea conocida y reconocida en el ámbito germano.

Todo fue, pues, expresión de una misión mariana extraordinariamente fuerte. Por amor a la Santísima Virgen, para asegurar y salvar el lugar que le corresponde y el reconocimiento de su misión, también en el ámbito alemán, por ello fue ese enorme enfrentamiento.

Importancia de la Santísima Virgen para la misión de Occidente

¿Entenderán ustedes por qué razón adelanto estas referencias? Es que se trata de sostener que la Santísima Virgen tiene un papel que desempeñar también en la salvación de Occidente. ¿Cuál es este papel?

Es el papel de una singularísima causa segunda. Lo que vale acerca de las causas segundas en general, vale *per eminentiam* acerca de la Santísima Virgen. (...) Entregar el corazón a la Santísima Virgen no significa retirarle el corazón a Cristo o al Dios trino. ¡No, no! Esta es siempre la clara doctrina que hemos sostenido y que debemos tener también en el futuro siempre ante nuestros ojos: si me entrego en forma orgánica a causas segundas, entonces ello es expresión de mi entrega a la Causa Primera, entonces esto es un medio, un medio excelente para alcanzar la Causa Primera y un seguro constante para mi entrega a la Causa Primera.

De este modo tenemos, desde el punto de vista indicado, un compendio de la teología moderna en su aplicación a todas las grandes preguntas que sacuden hoy a la Iglesia y al mundo. Y en esto debemos mantenernos firmes.

Debemos, sin embargo, tomar conciencia de que con ello nos ponemos en oposición contra innumerables corrientes de tipo protestante, pero también contra corrientes en el ámbito de la misma Iglesia.

¿Comprenden ahora lo que se quiere decir cuando hablamos de rescate de la misión histórico-salvífica de Occidente? Este debe correr en gran medida por cuenta de la Santísima Virgen.(...)

¿Qué quiere, por lo tanto, la Santísima Virgen? Quiere vencer al hombre bolchevista. ¿De qué manera? Principalmente quiere que nos entreguemos a ella y nos dejemos educar por ella como hombres nuevos. Ella quiere conducir a la Iglesia a la nueva, a la novísima rivera.

Vemos, por tanto, una y otra vez, una interconexión entre Schoenstatt y la misión histórico-salvífica de la Santísima Virgen para el rescate de Occidente. Primer pensamiento.

Me parece que, si tenemos más o menos claras estas interconexiones, luego comprenderemos mejor cómo es que la Santísima Virgen tiene que realizar esta tarea. (...)

Razones para una creciente corriente por la misión de Occidente

Me he permitido hacer referencia al hecho de que el impulso hacia el rescate de la misión histórico-salvífica de Occidente capta lentamente los espíritus de las distintas personas en el ámbito de nuestra Familia. ¿Cómo sucede esto? Para no tener que detenerme demasiado en ello, quiero intentar reducir todos los procesos vitales a algunos principios. Aquí opera, en primer lugar, la ley de la vida no vivida; luego, la ley de centralización orgánica, y, en tercer lugar, la ley de solidaridad. Es verdad que estas formulaciones son muy abstractas...

• Ley de la vida no vivida

En primer lugar, la ley de la vida no vivida. ¿Qué se entiende comúnmente por ello en la pedagogía, en la sociología y en la psicología? Ya en 1932 pude hacer referencia a este tema en la jornada pedagógica. Ustedes pueden observar también esta ley en la vida cotidiana. En la mayoría de los casos, o por lo menos muy frecuentemente, la generación joven no está conforme con la vida vivida por la generación anterior. Tiene siempre el impulso, la necesidad de concretar la ley de la vida no vivida. La generación que llega quiere afirmar, acentuar, hasta sobre-acentuar el lado de la vida que la generación anterior postergó.

Esta ley debe ser tomada en serio. Es decir: nosotros, como padres de familia, nosotros, como Familia de Schoenstatt, que queremos educar a nuestros hijos, debemos tener el temor de que mañana o pasado mañana nuestros hijos sean los más grandes opositores de Schoenstatt. ¿Por qué? Porque los padres no saben adaptarse a las leyes de crecimiento de la persona joven.

Aplicado a nuestro caso: visto históricamente, sabemos que Schoenstatt se ha consumido hasta ahora por la realización de la primera gran meta. Esta es: el hombre nuevo en la nueva comunidad con carácter apostólico universal. En última instancia se trata de crear un nuevo ordenamiento de la sociedad desde un doble punto de vista.

El primer punto de vista: a la deformada sociedad actual debe insuflársele nuevamente alma. Se trata, pues, de romper el formalismo. Dicho más exactamente, de romper la esclavitud respecto de determinadas formas. Por esa razón: el hombre animado por el amor en la comunidad animada por el amor. Esta es y fue desde el comienzo la gran meta.

El segundo punto de vista: éste tiene especial vigencia para nuestras ramas de élite. Se trata nuevamente de formar al hombre nuevo en la nueva comunidad. Pero ¿cómo se presentan ambos aquí? El hombre sin votos, pero perfecto, en la comunidad sin votos, pero perfecta.

Naturalmente, existe el gran peligro de formar el hombre sin votos, pero un hombre sin votos superficial, en la comunidad sin votos, pero en una comunidad sin votos superficial.

A lo que aspira el hombre que está feliz con hacer sus votos, a eso mismo aspiramos también nosotros por el camino sin votos: el hombre perfecto en la comunidad perfecta. Por esa razón las líneas estructurales de nuestras ramas de élite deben ser esencialmente diferentes de las líneas estructurales de las órdenes, en cuanto éstas son comunidades que se complacen en hacer votos.

Percibirán ustedes que aquí me importa tan sólo trazar líneas. No quisiera tratar extensamente las leyes que aquí tienen vigencia. Lo dicho podrá estimular a quienes tengan interés en averiguar más profundamente las implicancias del tema.

La ley de la vida no vivida quiere decir, pues, prácticamente: en razón de que nos hemos ocupado por largo tiempo de la primera meta, era de esperar que alguna vez llegaría el tiempo en que también la segunda y la tercera metas pasaran al primer plano de interés. Y ésta es la situación en la que vivimos actualmente, éste es el gran cambio en toda la Familia de Schoenstatt. (...)

• Ley de la centralización orgánica

¿Qué debemos hacer, entonces? Pienso que deberíamos preocuparnos de que se realice también la segunda ley, la ley de la centralización orgánica. ¿Qué es lo que debemos centrar ahora? Debemos ocuparnos de que las comunidades de élite sean captadas por esa nueva meta, por ese cambio en el pensar y en el querer.

Las comunidades de élite son, en primer lugar, todos los institutos seculares; aquéllos que lo son realmente o que están en camino de serlo. Comunidades de élite son, después, todo lo que resumimos en la Federación. Estas comunidades deben ser introducidas ahora, poco a poco, no sólo en cuanto a las ideas, sino también en cuanto a la vida, en el mundo de esa doble meta: rescate de la misión histórico-salvífica de Occidente y construcción y ampliación de una Confederación Apostólica universal. Esta Confederación Apostólica universal se encuentra aún muy lejos en segundo plano. En el primer plano se encuentra, surgiendo e irrumpiendo lentamente, tanto en lo intelectual como en lo vital, el rescate de la misión histórico-salvífica de Occidente.

• Ley de la solidaridad

Por consiguiente, la tercera ley da probablemente respuesta a muchas inquietudes, a muchas presiones y a mucho desarrollo en nuestras filas: se trata de la ley de la solidaridad. Aplicada al caso nombrado, se trata de solidaridad en primer lugar entre la generación que viene y la anterior. La generación que viene avanzará probablemente mañana o pasado mañana con fuerza elemental hacia el gran ideal, enormemente atrayente pero difícil de alcanzar: rescate de la misión histórico-salvífica de Occidente.

Notamos, por cierto, que la Iglesia de hoy busca en toda la línea la superación de toda estrechez de espíritu. ¡Afuera con la estrechez mental, terminemos con la estrechez de corazón! ¡En toda la línea amplitud, amplitud, amplitud! Ciertamente no podemos comprender en absoluto la vida y la inquietud actual en el ámbito de la Iglesia pos-conciliar si no tomamos en cuenta este impulso hacia una inmensa amplitud.

La ley de la solidaridad quiere decir, entonces, aplicada a nuestro caso, tener cada vez mayor claridad acerca de qué es lo que deben lograr la generación mayor y la generación joven en este proceso. Ley de la solidaridad: la generación mayor y la generación joven deben acercarse mutuamente. La generación mayor debe regalar a la generación joven la lucha esforzada por el hombre nuevo en la nueva comunidad. Y la generación joven tiene la obligación de aceptar enseñanzas de la mayor, pero también transformarse luego en maestra de la generación mayor. Si la generación mayor, fiel a la tradición, empuja una y otra vez hacia el ideal del hombre nuevo en la nueva comunidad, la generación joven no se cansará de decir que sí a ello, pero ampliando el horizonte y poniendo en primer plano con fuerza cada vez mayor el gran ideal del rescate de Occidente.

8. Hacer transparente todo lo creado
Del retiro para seminaristas de los Padres de Schoenstatt (1967)

Ustedes ya advierten que nos estamos moviendo en un plano muy distinto de aquel en el cual solemos movernos. Se trata de una Familia de mirada amplia, clarividente, profunda. En este sentido se acostumbra hablar, especialmente en esta provincia de Westfalia, de "duendes". Porque ellos ven cosas que los demás no ven. Nosotros que estamos en la luz de la fe vemos cosas que los otros no pueden vislumbrar, porque tenemos un órgano nuevo para conocer, porque vivimos fundados en el principio: "Con espíritu de fe, hacer transparente todo lo creado". Y en razón de que la sexualidad adquiere para nosotros, los sacerdotes, un significado especial, destacamos así con particular énfasis ese principio, que reformulamos ahora de la siguiente manera: "Con espíritu fe, hacer transparente la sexualidad".

No nos detendremos ahora en el segundo punto, porque quizás se ofrezca otra oportunidad mejor para abordarlo. Nos abocamos así al punto de hacer transparente todo lo creado con un espíritu de fe. De este modo tenemos ante nosotros la Causa Primera y la causa segunda.

El gran problema que tratamos de solucionar desde el comienzo, radica en aclarar correctamente cuál es la relación entre Causa Primera y causa segunda. Porque nosotros no sólo contemplamos la Causa Primera o sólo la causa segunda sino que siempre las enfocamos a ambas como partes de una totalidad orgánica.

Hablamos del rescate de la misión salvífica de Occidente y si pensamos que hoy todo el mundo representa en algo a

Occidente, entonces vislumbramos en qué consiste también nuestra misión especial. Pienso que podría formularlo de manera sucinta con las siguientes palabras: Procurar que en todo el mundo la Causa Primera y la causa segunda encuentren la divina armonía que Dios quiere para ellas.

El pensamiento oriental se ha quedado estancado, casi exclusivamente, en la Causa Primera. En cambio el pensamiento occidental que ha buscado durante un cierto tiempo descubrir la armonía y que en parte lo ha logrado, ahora corre el peligro de acentuar la causa segunda a costas de la Primera.

Vean, ustedes, desde aquí se puede comprender la razón de ser del "movimiento de alejamiento de Dios". Antes hubo un "movimiento de alejamiento de Roma" y, en nuestros días, un movimiento de alejamiento de Dios. Nosotros tenemos nuestra cuota de responsabilidad por la cultura de Occidente. Y por lo tanto este estado de cosas nos quiere y nos debe motivar naturalmente a velar para que el movimiento de alejamiento de Dios redunde o se complemente, o se reemplace, sí, por un "movimiento de acercamiento a Dios". En este sentido permítanme proponerles una consigna: Que la huida de Dios se convierta en una adicción a Dios. Y en cuanto a nuestra tarea frente a la religiosidad oriental, debiéramos procurar que en ella la Causa Primera esté complementada correctamente por la causa segunda.

De este modo, ustedes perciben la originalidad de nuestro pensar y querer, de nuestra misión, que apuntan a mantener siempre relacionadas la Causa Primera y la causa segunda, tanto en el pensar, como en el amar y el vivir.

9. El 31 de Mayo y la corriente del padre
Plática de la Jornada de Navidad de 1967

Del 27 al 30 de diciembre de 1967 tuvo lugar en Schoenstatt una Jornada de Delegados cuyo tema fue la integración, continuación y consolidación de la corriente del Padre. En la primera plática, el P. Kentenich se ocupó del tema de la integración de la corriente del Padre pues quería investigar las leyes orgánicas de crecimiento y la estructura integral de la corriente del Padre.

Llama a los círculos que entraron en contacto en forma autónoma con todos estos pensamientos, a que ahora se pregunten el porqué de la arriesgada empresa del 31 de Mayo de 1949, por qué la lucha por el pensar orgánico.

Una y otra vez, alude el P. Kentenich a la necesidad de tener claridad al respecto, a considerar la amplitud y trascendencia del paso que dio el 31 de Mayo de 1949. Tan sólo, afirma, debemos seguir siendo una Familia cohesionada, con amplitud de miras, con diversidad de niveles, pero también firmemente parada sobre el piso de la fe y de un claro saber.

Integración, no aislamiento.

El mayor mal, la mayor catástrofe, psicológicamente vista, consiste hoy, según mi parecer, en la enfermedad del pensar mecanicista.

¿Qué tan lejos llega el pensar mecanicista? Hace poco uno de nuestros doctores de Würzburg escribió un artículo como respuesta a un ataque en el semanario dominical de Würzburg. El ataque decía: lo que importa hoy es siempre lo central. Lo que

Schoenstatt quiere con su postura mariana es periférico.[136] ¡Sí, lo central! ¿Qué es lo central? Aquí tenemos mañana o pasado mañana la concepción protestante.

Me puedo acordar muy bien: cuando en los años treinta, en Alemania, las cosas explotaron tan fuertemente -debo reiterar siempre: creo que no encontrarán nada con lo cual no nos hayamos enfrentado ya antes-, con el caso, por ejemplo, del josefinismo con todo lo que lo rodeaba. Mi explicación fue siempre así: Sí, se trata de lo esencial. Tenemos aquí un árbol. ¿Qué es lo esencial? ¿Quién me lo dice? Cada una de las ramas. ¿Pertenece a lo esencial? No. Pues bien, ¡fuera con ellas! ¿La rama principal? No. ¡Fuera con ella! El tronco ¿pertenece a la esencia? Al menos no es necesario que sea tan grueso... ¿Cuál es la esencia del cristianismo?

Esto suena ahora como si yo lo tomara con liviandad. No. Yo podría exponerles ahora todo el trasfondo científico de la época, podría traer a la memoria todas las luchas acerca de la imagen de Cristo. En aquel tiempo se trató siempre de la misma simple solución: ¿Qué hacemos con todo aquello que no parece ser esencial en el árbol del cristianismo? ¿Debemos cortarlo todo? Entonces puedo cortar donde no corresponde, es decir, puedo cortarme y cortar mal el árbol, piensen en las ramas, en las hojas. ¿Qué debemos hacer? Debemos reducir *todo a la raíz*. Ésta es la respuesta: de regreso a la raíz. Ésta ha de ser la tarea.

---

136 En el *Würzburger Katholisches Sonntagsblatt (Página dominical católica de Würzburg)* n. 49 (Noviembre de 1967), p. 3, fue publicada una carta de lectores bajo el título *Schönstatt*, con acusaciones a las que el Dr. Rudolf Weigand dio una respuesta aclaratoria en carta de lectores titulada *Nochmals Schönstatt* ("Otra vez Schoenstatt"), en el n. 50, p. 3 de la misma publicación.

Me acuerdo muy bien que cuando estuve por primera vez en Norteamérica, fue para mí una vivencia escalofriante el constatar que todas las manifestaciones de enfermedad en el pensar alemán habían sido asumidas por América. Por eso me sentí impulsado no solo a enseñar nuevamente el pensar orgánico, sino también, en 1949, —y como la empresa más arriesgada de mi vida— a abogar intrépidamente por éste en la escena pública de la Iglesia. Esto podría haberle costado la vida a la Obra entera. El paso fue dado simplemente en interés del pensar orgánico.

No quiero explicar ahora todo eso. Pero, como dirigentes, deberíamos conocer las implicancias, para que volvamos a cobrar firmeza, de otro modo seremos derribados todos de un soplo. Quien no esté arraigado en el pasado de la Familia y así con ello en todo lo que hemos enseñado hasta ahora, está en gran medida en peligro de arrojar todo por la borda. Puede ser que luego desarrolle un apego, por ejemplo, a la liturgia o a la Sagrada Escritura, pero, ¿qué es lo que puede salvar al mundo? No quiero responder ahora a esa pregunta, ni tampoco digo esto ahora por considerar algo como herejía. Tan sólo debemos intentar —y me parece que éste es el gran regalo, pero también la gran exigencia—, seguir siendo una Familia con cohesión, con amplitud de miras, con diversidad de niveles, pero también firmemente parada sobre el piso de la fe y de un claro saber.

Centralización. Tenemos hoy, pues, el mismo problema que en aquel tiempo. ¿Qué es esencial? La respuesta la he insinuado recién. Hoy tienen que calcular ustedes de la siguiente manera: *centralización, unida con aislamiento, es, pasado mañana, "aniquilamiento"*. Comprueben ustedes la veracidad de esta sentencia. Si no lo tienen claro, no comprenderán muchas cosas de la vida actual. Pues ésta es la gran tragedia en los círculos sacerdotales o, en general, allí donde se trata de personas religiosas: en esencia, estamos solos. El celibato no es siquiera lo peor, sino la soledad, la tremenda alienación respecto del entorno. Y esto está claro: si me encuentro inseguro en el pensar y en el sentir, mañana o pasado mañana me enfermo del estómago, de los pulmones, y de qué sé yo de qué otras cosas. Si queremos crear una humanidad sana, pienso que tendríamos que preocuparnos, también y no en último término, de tener siempre, en general, conceptos claros y posiciones firmes.

Centralización, unida con aislamiento, ¿qué significa esto, prácticamente? El Padre solo. Ya nada de lo otro existe. Lo mismo tiene vigencia cuando perdemos el contacto con la vida cotidiana, con lo habitual, cuando tachamos la creación, cuando no incorporamos la creación sino que, por la religión, nos volvemos ajenos al mundo. Esto significa siempre aislamiento.

La centralización, unida al aislamiento, separa de todo lo demás. No en vano hablamos de santificación de la vida cotidiana. ¡Cuánto más podríamos extendernos ahora en todas esas cuestiones! Con todo, entenderán ustedes lo que pretendo.

¿Por qué, pues, integración, en el sentido indicado? Se trata, en primer lugar, del amor al pensar orgánico, y luego también el amor a la ley de la contraposición. ¡Qué opuesto es el pensar orgánico al pensar mecanicista de la actualidad!

Por lo menos los círculos que se han introducido en forma autónoma en todas estos temas, deberían preguntarse ahora: por qué la arriesgada empresa del 31 de Mayo de 1949, por qué la lucha por el pensar orgánico. Desde mi punto de vista, debe haber sido algo especialmente importante, de lo contrario no habría expuesto a la Familia entera. Pero ustedes conocen la última respuesta: si tenemos la misión de hacer un lugar a la

Santísima Virgen en el mundo, en Europa, especialmente en Alemania, en primer término nuestro pensar debe tornarse sano, debemos aprender a pensar nuevamente en forma orgánica.

Si, por ejemplo, en el librito se afirma: "No existe una biunidad entre la Santísima Virgen y el Salvador, pues eso no es católico" ¿Qué significa eso?

El concepto "biunidad" no está pensado, naturalmente, en forma dogmática, sino psicológica. De esto se trata, por cierto: la integración tiene para todos un lugar. Si yo amo al Salvador, esto no significa que mientras tanto la Santísima Virgen deba quedar arrinconada en el sótano, o que el Padre celestial tenga que buscar dónde salir de caza para conseguir otra persona. ¡Todo debe constituir un organismo sano! Por cierto, siempre se trata de esto y por ello debemos abogar. Esto es también, pienso yo, lo que nos ofrece ahora la Santísima Virgen. Permítanme que lo repita una vez más: la integración de la imagen del Padre.

Queremos pedir a la Santísima Virgen que nos ayude a entender estas cosas pero, para que entendiéndolas, también podamos comprender la estructura total de la mentalidad moderna e intentar dar respuestas claras. Y allí donde no podamos darlas, la consigna es adentrarnos en el espíritu de fe. En definitiva, de eso depende todo.

Pidamos también a la Santísima Virgen que nos enseñe a entender la sencilla y pequeña plegaria:

> El universo entero con gozo glorifique al Padre,
> le tribute honra y alabanza
> por Cristo, con María, en el Espíritu Santo,
> ahora y por los siglos de los siglos. Amén. (HP,185).

También aquí se nombra el universo entero. ¡Es que todo esto pertenece al organismo!

IX

Raices históricas del 31 de Mayo

1. Datos de la historia previa al 31 de Mayo de 1949
(1935 a 1948)

Citamos el resumen que hace el P. Kentenich al respecto en su "Carta a José". Allí explica brevemente:

Si se considera la historia previa al 31 de Mayo, en definitiva podemos constatar que abarca la historia ideológica de la Familia desde sus inicios. En consecuencia, es una historia muy amplia y rica en tensiones. Para nuestro fin baste recordar dos fechas: los años 1935 y 1948.

En 1935 tuvo lugar el primer enfrentamiento con Tréveris. Quien examine el *Ensayo* que redacté en aquel entonces, por lo expuesto hasta ahora, no se sorprenderá que atribuya las diferencias de opinión al choque entre la mentalidad mecanicista y la orgánica[137].

---

137 Ver, *Texte zum Verständnis Schönstatts,* Patris Verlag, 1974.

En 1948 envié a Tréveris mi *Informe de África* que incluía los más mínimos detalles[138]. Quise ilustrar con un ejemplo clásico la fecundidad y el alcance del pensar sintético y del vivir orgánico. No quiero mencionar en detalle cada una de las cartas privadas que precedieron a la *Respuesta* oficial, pero deberían ser consideradas como una unidad moral.

De todo esto puede deducirse hasta qué punto es serio para mí el asunto que aquí está en discusión y por cuántos años me ha ocupado, pues considero que toca esencialmente las interrogantes vitales y existenciales de Occidente.

2. Primera etapa del debate: el descargo de 1936

En los siguientes fragmentos de la defensa escrita por el P. Kentenich, en respuesta a las objeciones recibidas de parte del Episcopado alemán en 1936, se advierte ya con claridad los conceptos "mecanicista" y "orgánico".

De manera similar a lo que está aconteciendo en toda la cultura de impronta europea, también en el catolicismo alemán se están enfrentando dos diferentes corrientes de pensamiento:

• Por una parte existe una corriente fuertemente inclinada a racionalizar, mecanizar y diseccionar. El efecto que produce, aunque no se lo proponga, es el de alienar y matar la vida misma.

• La otra corriente ofrece a su vez la característica de una seria lucha por alcanzar una manera orgánica de pensar

---

138 El P. Kentenich viajó a África en diciembre de 1947. Como era su costumbre, en cada uno de sus viajes escribía una crónica o informe.

y de vivir, procurando por ende actuar en todos los ambientes como factor que acerque a la vida, que suscite y fomente la vida

En el Movimiento de Schoenstatt y en el *Dictamen teológico* emanado de Tréveris, se encuentra sendos exponentes de estas mentalidades tan contrapuestas.

Ambas se guardan el mutuo respeto, pueden estimularse entre sí y, de ese modo, contribuir a que el catolicismo conserve y aumente en nuestros días su fuerza vital. Pero al mismo tiempo, ambas corren, en todo momento, el peligro de desconocer el valor de la otra, de anatematizarse y condenarse a quedar estéril, justo en un tiempo histórico que convoca con tanta urgencia a todas las fuerzas positivas y constructoras de la Iglesia a colaborar en el trabajo común.

El *Dictamen* cayó en esos errores; y lo hizo en una medida preocupante.

Su *mentalidad mecanicista y atomizadora desdibujó* las formas de vida orgánicas más sencillas, al punto de hacerlas irreconocibles. *Su lejanía de la vida* lo llevó a borrar en gran parte los límites entre dogmática y pedagogía de la religión.

Por todo esto, el primer paso de la respuesta a este *Informe* consistirá en depurar la imagen del Movimiento de Schoenstatt de todas las deformaciones que se haya hecho de él y, a continuación, pasar a una valoración crítica de la otra parte.

De ahí que la respuesta se divida así en una sección *positiva* y una *crítica*.

Sin embargo, en ambos tramos se limita al examen de los temas que el *Informe* mismo ha tocado o registrado, vale decir, aquellos que quienes no pertenecen al Movimiento han denominado "ideas peculiares" y que en las filas del Movimiento hemos dado en llamar *"el misterio de Schoenstatt"*. Pero sólo trataremos aquellos puntos en los cuales subsistan diferencias de apreciación entre el Movimiento y el *Dictamen* emitido.

Para no extenderme demasiado, en algunos casos me remitiré al *Descargo* que con fecha 6 de febrero de 1936 elevé a la Curia.

Las *ideas peculiares* giran en torno a dos ejes: Uno es el *Capital de Gracias* de la Madre tres veces Admirable (MTA) y el otro es *la misión que Dios quiere para Schoenstatt*. Ambos han encontrado *su expresión simbólica en el misterio de Schoenstatt*, vale decir, en la vinculación local y en la fecundidad universal de la MTA en Schoenstatt, como consecuencia de la libre acción de Dios y de la colaboración igualmente libre del ser humano.

No hace falta indicar que con estas pocas ideas el Movimiento difícilmente pueda ejercer una influencia profunda, duradera y amplia sobre el tiempo de hoy, tan conmocionado y desgarrado a nivel de las ideas. Creo que no hace falta señalarlo. Pero también es cierto que más allá de esas ideas, el Movimiento cuenta con una manera orgánica, claramente delineada, de contemplar y asumir, en su integridad, la vida religiosa y profana.

Y a esta concepción suya la llamamos *doctrina del organismo*.

Todos nuestros retiros y cursos, más allá de los temas que traten, apuntan a una aplicación de esta doctrina. Pero no me detendré en este punto porque no ha entrado en discusión. (...)

1. Desde sus inicios el Movimiento de Schoenstatt adhirió y se mantuvo inconmoviblemente fiel al programa de gobierno del Papa Pío X en *toda su pureza e integridad*. Es natural que la manera de formular los contenidos haya ido variando de acuerdo a la sensibilidad de cada época. Y es así como unas

veces se habló de "renovación del mundo en Cristo por María", y otras de *"Regnum Christi marianum"* o bien "cristificación mariana del mundo". Pero, insisto, siempre se ha referido al mismo contenido.

a. A fin de esbozar brevemente *el contenido central del objetivo de Schoenstatt,* sería bueno tomar como punto de partida una de estas formulaciones citadas: "Cristificación mariana del mundo". El término "cristificación" debe ser entendido tanto desde el punto de vista óntico como ético, vale decir, tanto a nivel del orden de ser como de las convicciones propias y de la vida misma. A su vez, el término "mariano" nos indica el camino que nos conducirá a dicho objetivo.

El Movimiento quiere colaborar en la tarea de imprimir en el mundo los rasgos de Cristo. Y quiere hacerlo mediante la intercesión de María Santísima (el medio), trabajando según su estilo propio (el método: lo orgánico) y a través de una entrega orgánica a la persona de la Madre del Señor (meta parcial orgánica).

b. De ese modo el Movimiento de Schoenstatt mantiene *un punto de vista claro y definido* en medio de todas las crisis de la actualidad, tanto dentro como fuera de la Iglesia.

Crisis intraeclesiales

Las crisis dentro de la Iglesia están determinadas por dos factores. Uno de ellos es el hecho de que en muchísimos ambientes lo religioso, especialmente lo sobrenatural, sólo está presente, en alguna medida, como mero principio formal y en muy pocos casos constituye un principio real de vida. El otro factor de crisis ha sido el surgimiento de tres prometedores movimientos de renovación y la lucha mutua que se ha entablado entre ellos.

El primero de éstos tiene sus raíces en los siglos recién pasados. Se nutre de la mejor herencia religiosa que esa época nos ha legado y la hace reverdecer hoy en la piedad eucarística, en el movimiento mariano, en la devoción al Sagrado Corazón, etc.

El segundo pasa por alto todos los siglos pasados con la ligereza y precipitación propias de la juventud y sólo o casi sólo reconoce la fuerza reformadora de la Iglesia Primitiva. Y así rechaza el desarrollo que se produjo en la Edad Media a nivel religioso, descartándolo como un desarrollo erróneo, en especial la floreciente devoción mariana de entonces.

El tercero de estos movimientos representa un contra-ataque contra la mentalidad excesivamente intelectual del siglo XIX; y pretende retornar a la totalidad sana y orgánica de la naturaleza, especialmente a las fuerzas pre-racionales reprimidas durante tanto tiempo.

El Movimiento de Schoenstatt está unido a estos tres movimientos de renovación por numerosos canales, unos subterráneos y otros, a flor de tierra. Pero a la vez se mantiene inconmoviblemente fiel a su punto de vista original y propio: la revitalización orgánica de las fuerzas, principios y realidades originales tanto en el plano natural como en el sobrenatural. Aplicado esto en referencia a los citados movimientos, podemos afirmar que Schoenstatt asume y cultiva todas las fuerzas sanas en el campo de la naturaleza y de la gracia, tanto las que se desarrollaron en el cristianismo como las que así lo hicieron en la Edad Media o en la Modernidad. Pero simultáneamente sabe centrarlas todas, y *de manera consciente*, en quien es el eje de la vida cristiana: Cristo. Y esto vale en especial para el caso de la *devoción mariana*.

El Movimiento de Schoenstatt se sabe así en buena compañía con el Papa Pío X, quien con gran firmeza le llamó la atención a la Iglesia no sólo sobre el ejemplo de la Iglesia Primitiva, sino también sobre la rica herencia mariana de la Edad Media. Así, pues, el Movimiento de Schoenstatt procura revalorar en plenitud el lugar que ocupa María Santísima en el plan divino de salvación, tal como está fundamentado por la Sagrada Escritura, la dogmática, las decisiones de la Iglesia y las encíclicas papales. En este sentido Schoenstatt se nutre del magisterio de la Iglesia, que nos demuestra, a través de las conocidas palabras: *"Omnes haereses tu sola interimisti in universo mundo"*[139], que en virtud de su ser y de su intercesión, la Santísima Virgen obra como protección viva de la persona de Cristo. Mediante una devoción mariana lúcida y fundamentada dogmáticamente, el Movimiento de Schoenstatt quiere preservar a sus miembros de una espiritualidad marcada por un excesivo intelectualismo y racionalismo, tal como ocurrió en el caso del Iluminismo y del Protestantismo. El Movimiento de Schoenstatt quiere contribuir así, por medio de la devoción a María, a que sus miembros desarrollen y conserven una seguridad católica instintiva; una profunda receptividad para los valores naturales y sobrenaturales; que en la devoción a María, que es uno de los signos más valiosos del ser elegidos, cuenten con un medio probado a fin de que el conocimiento de Cristo y de Dios se convierta en un profundo y ardoroso estar poseídos por Cristo y por Dios. (cf. La enseñanza de San Pío X 6/7).

El Movimiento de Schoenstatt es consciente de que una devoción mariana sana es un medio especialísimo para conservar o devolver a la Iglesia de Dios en el mundo su carácter de Iglesia

---

139 Tú sola has vencido todas las herejías en el universo entero.

popular. Animado por la fe de que en cuanto a su gestación, ser y acción es obra e instrumento de María Santísima, el Movimiento de Schoenstatt tiene finalmente la convicción de que en su existencia depende del carácter mariano que lo distingue.

Crisis extraeclesiales

Las crisis fuera de la Iglesia, que han alcanzado su máximo exponente en el bolchevismo, son de índole antropológica. Lo que se pretende hoy no es tanto colectivizar y socializar las estructuras sino al hombre mismo, vale decir, despersonalizarlo y masificarlo. De ahí que la Iglesia deba abordar la difícil misión de rescatar el valor y dignidad de la persona humana tanto a nivel individual como comunitario.

El Movimiento de Schoenstatt está convencido de que le será útil a la Iglesia en esta labor si mantiene inconmovible su idea directriz: la cristificación mariana del mundo. Se haría muy extenso exponer aquí este punto en detalle. Dentro del contexto general de la presente justificación, descargo basta con esta breve presentación del tema.

3. De carta a los Caballeros de la Mesa Redonda
22 de octubre de 1948

La gran tarea que aborda hoy la Iglesia consiste en hallar la ruta hacia la otra ribera. En este sentido es indudable que Dios nos ha confiado una misión especial. Y de ello da prueba todo nuestro desarrollo hasta ahora.

Hubiese bastado con trabajar silenciosamente en la formación y perfeccionamiento de nuestra Familia, para luego lanzarla, como un arca, al mar agitado de la vida contemporánea. Y de ese modo también habríamos hecho un gran servicio a la Iglesia.

Sin embargo, con la edición del *Hacia el Padre* mi intención fue precisamente trascender ese marco estrecho y avanzar directamente y con fuerza hacia el ámbito de la Iglesia universal. Por eso mi propuesta es que en la discusión no pongamos tanto la mira en la justificación de Schoenstatt, o al menos no en primer lugar, sino más bien en realzar con claridad los grandes principios sobre los cuales edificamos; y señalar además la gran importancia que ellos revisten para la Iglesia de hoy en su conjunto. Porque a su vez este poner de relieve los principios arrojará luz sobre la forma concreta que ellos asumieron en Schoenstatt.

Cuando publiqué el *Hacia el Padre,* me sentía solo con mi visión de las cosas. Pero en la actualidad la situación ha cambiado. Sí; desde que se publicó la *Constitución Apostólica Provida Mater,* se nos ofrece la oportunidad de afianzarnos sobre terreno firme. Ahora podemos basarnos en los principios fundamentales contenidos en ese documento y constituirnos en sus defensores y representantes.

Y con mayor razón aún al tener en cuenta que la Constitución Apostólica representa en sí la plena justificación de nuestros esfuerzos, desde 1912 hasta nuestros días. (...)

Si realmente queremos hacer un servicio a la Iglesia, sería prudente y bueno de nuestra parte desplazar la discusión directamente hacia el área pedagógico-pastoral. La cuestión dogmática tendría que estar ya suficientemente aclarada. Esta vez no tenemos ningún interés en que se nos deje tranquilos, sino en avanzar con fuerza. Y con este fin debemos aclarar nuestros principios a nivel pedagógico y pastoral, y no cesar en el empeño hasta lograrlo.

Ya he subrayado varias veces que no existen mayores obstáculos para la inserción jurídica en la pastoral diocesana, siempre y cuando se comprenda cabalmente la proyectada dependencia de la Liga del Episcopado.

En lo que a mí respecta, mi propósito es permanecer aquí todo el tiempo que sea posible. Muchas semillas han comenzado a germinar. Ahora entiendo muy bien a san Pablo y su método misionero. ¡Quién sabe cuándo tendremos otra oportunidad tan favorable como ésta para lanzar las redes a los cuatro vientos! (...)

4. De carta a Mons. Stein, obispo auxiliar de Trier
10 de mayo de 1949

Desde los tiempos de mi prisión, veo a Schoenstatt con mayor intensidad que antes como una Obra al servicio de la Iglesia. Creo que mi tarea consiste ante todo en aportar a la Iglesia los principios y métodos que en Schoenstatt se ha probado y experimentado con éxito. Sí; desde entonces es ésta mi principal preocupación. Y por eso he puesto íntegramente en manos de María Santísima la preocupación por Schoenstatt y su justificación.

El *Hacia el Padre* fue publicado con el fin de poner en marcha un debate serio. En este libro de oraciones se expone nuestras metas y principios de la manera más tajante que se puede imaginar. La edición apuntó a concitar la atención de la opinión pública lo más ampliamente posible, a suscitar la controversia y motivar el estudio y la discusión.

A la hora de debatir sobre Schoenstatt, siempre he recomendado a mis colaboradores no pretender justificar a Schoenstatt sino destacar con claridad los principios que Schoenstatt encarna y ponerlos a disposición de la Iglesia. He mantenido esta posición con tal firmeza y sin ninguna consideración personal que, cuando Schoenstatt volvió a ser objeto de debate en el Episcopado, algo que yo mismo anhelaba, no se logró hacerme abandonar mi reserva.

Todos me aconsejaban, tanto nuestra Casa Central como prelados y monseñores influyentes en Roma, tanto los obispos alemanes amigos como mis colaboradores más doctos y prudentes, que visitara a los obispos para restablecer una relación de confianza con ellos y calmar las aguas.

Mi reacción era o bien callarme o bien rehusarme. Tranquilamente dejé la patria y permanecí en el extranjero, también cuando con gran insistencia se me pedía que regresara. Hasta se me pidió con insistencia que regresase. Mis colaboradores se hallaban en una situación de gran desconcierto. Suponiendo que yo habría estado de acuerdo con ello, visitaron, al menos a último momento, a uno u otro obispo antes de que se realizara la Conferencia episcopal. Mi respuesta consistió en decirles que con ese proceder habían interferido en mis planes e impedido el triunfo de María Santísima.[140]

Pero esto no significa que yo no deseara o valorase una relación de confianza de ese tipo. Pero quería abrir un camino llano y firme. Porque lo que se construye sólo, o en su mayor parte, basándose en estados de ánimo no dura mucho. Ante todo

---

140 Este reproche fue hecho a los *Caballeros de la Mesa Redonda* a través de una carta fechada el 5 de setiembre de 1948.

quería total transparencia a nivel dogmático y por lo tanto deseaba realizar un debate a fondo para poder cultivar después una fecunda relación de confianza.

De ahí que la división del trabajo fuese para mí absolutamente clara: Yo me preocuparía de la Iglesia, de los deseos del corazón de María Santísima, y la Madre del Señor se preocuparía de Schoenstatt. Y ella ha cumplido su parte de manera brillante y seguirá haciéndolo así.

En coherencia con la meta que me he fijado, mis esfuerzos, para que usted comprenda cabalmente a Schoenstatt, se dirigen de nuevo y en primer lugar, a la Iglesia en su conjunto. Por supuesto yo sé que este empeño mío redunda indirectamente en una justificación de Schoenstatt, si bien esto último sigue siendo, tanto ahora como antes, una cuestión secundaria.

X.

Textos que abordan temáticas relacionadas con el 31 de Mayo

Entregamos aquí dos textos que nos parecen especialmente importantes en relación al pensar, amar y vivir orgánicos, ambos de los años 30.

1. Ley de la transferencia y traspaso orgánicos
Jornada sobre Pedagogía Mariana de 1934

Lo que entra en discusión con el 31 de Mayo de 1949 es algo que se había ido gestando en Schoenstatt a lo largo de muchos años. Las formulaciones clásicas de las leyes del organismo provienen de los años treinta. Un texto importante en este campo es "Marianische Erziehung" (Educación mariana), de 1934. A continuación se ofrece algunos párrafos de su capítulo séptimo, uno de los más importantes. Estos textos nos explican las leyes de la transferencia y del traspaso orgánicos y destacan su significación.

Consideremos, en primer lugar, las leyes generales de la vinculación personal. Agreguemos enseguida el término esencial: la vinculación orgánico-personal. Luego aplicaremos estas leyes a la vinculación mariana. Les pido que se lleven como punto central de esta jornada el tema del organismo. (...)

Le ley de la transferencia orgánica tiene una doble raíz: una metafísica y una sicológica.

La raíz metafísica es la gran ley que rige el gobierno del mundo y su redención: *Deus operatur per causas secundas liberas*, vale decir, a través de causas segundas libres. La ley de la transferencia orgánica afirma, por lo tanto: Dios transfiere su poder, su perfección y su derecho a causas segundas.

Para hacer más concreta esta formulación abstracta, fíjense en nuestros padres. Como hijos, debemos estar vinculados a nuestros padres. ¿Según qué ley se realiza esta vinculación? Según la ley de la transferencia orgánica: Dios transfiere sus perfecciones y sus derechos a los padres. Pero ésta es una ley de transferencia orgánica y no mecánica. ¿Qué quiere Dios? El quiere que veamos a él mismo también en nuestros padres, no quiere ser separado de ellos. Según el propósito de Dios, nuestros padres son sus representantes ante nosotros.

Así ocurre también con cada personalidad con la que establezco una vinculación de orden pedagógico. No debo ver a la persona sólo en sí misma, sino también a Dios que está tras ella.

La raíz metafísica de esta ley está en que transfiere sus derechos y perfecciones a esa persona concreta y no quiere ser visto separado de ella. (...)

En segundo lugar, tenemos la raíz sicológica. ¿Qué es lo que yo transfiero? En realidad debería regalar al Dios Trino todo lo que hay en mí. Mi capacidad de entrega, mi amor y mis facultades. Debería regalarle mi necesidad de cobijamiento y entregarle mi voluntad. Pero Dios opera a través de causas segundas, y por eso quiere transferir esta actitud a hombres que lo representan. La ley de la transferencia orgánica significa entonces que regalo y dirijo mi capacidad de entrega, mi amor; regalo y dirijo mi necesidad de cobijamiento a un "reemplazante de Dios" pero, por cierto, no a un sustituto de Dios.

Observen a nuestros niños. Ellos no conocen las leyes científicas pero tienen mucho cariño a sus padres. Sienten que tener cariño a sus padres es tener cariño también a Dios. Estamos analizando algo que se encuentra en todo hombre sano, pero que se ha perdido. Deberíamos seguir la pista a estas leyes para así poder aplicarlas adecuadamente en la vida práctica.

Vale la pena detenerse en este punto y preguntarse: ¿qué efecto tiene la ley de la transferencia, qué efecto tiene la vinculación personal orgánica? Permítanme decírselo con términos técnicos: tiene un incomparable efecto creativo; es el principio más creativo que existe en la naturaleza. Pregunten a todos aquellos que, al vincularse muy profundamente a una persona como lo quiere Dios, experimentaron por vez primera el despertar de todo un mundo y se despertó en ellos un ritmo de vida (nuevo) ¡en brevísimo tiempo! Quizás se habría necesitado décadas para lograr por otro camino el efecto de esta fuerza creadora de la vinculación.

¿Quieren otra formulación? Lamento tener que tratar tan brevemente estas cosas. Queremos considerar la personalidad como principio educativo. Vale decir que la fuerza creadora de la vinculación consiste en una profunda e incomparable transmisión y comunicación de vida. (...)

Ya les advertí que la vinculación -o dicho con otras palabras: el amor, el cariño espontáneo- posee dos fuerzas: una fuerza unitiva y una fuerza asemejadora. Sólo son otros términos para expresar la transmisión de vida.

Lo mejor es estudiar las cosas en la vida práctica. Estamos definiendo científicamente algo que se halla en la vida como fenómeno primordial.

En relación con la fuerza unitiva agregaremos que es una fuerza unitiva orgánica, no mecánica. Esta es justamente la herejía de la época actual y también la herejía de aquellos que se quedan prendados de los hombres y no se dejan llevar hasta Dios.

¡Qué poderosa es en el ser humano esa fuerza unitiva! Es un intenso estar el uno en el otro y no el uno frente al otro. Yo estoy en ti, tú en mí, y los dos estamos el uno en el otro. Así nos muestra la vida los actos de amor. Ese estar el uno en el otro es tan fuerte que podemos hablar de una conciencia de identidad.

Yo estoy en ti, tú estás en mí y el uno está en el otro. Si aplicamos esto a Dios, entonces entenderemos mejor muchas cosas de la dogmática. Debemos y podemos participar de la vida de Dios, ahora mismo, pero sobre todo en la visión beatífica. ¡Tú en mí y yo en ti! Lo que trata la dogmática en abstracto, se realiza en concreto según las leyes sicológicas. Por eso hay que observar los procesos de la vida cotidiana.

No sólo existe una fuerza unitiva, sino una asemejadora. *Idem velle et idem nolle.* Consonancia de los corazones, de las inclinaciones. Así lo observaron ya los filósofos de la Antigüedad. Este proceso va tan lejos que el que ama adquiere en su exterior, sin quererlo, una extrema semejanza con la persona amada. Esto es transmisión de vida. (...)

Existe aún una segunda ley que rige la vinculación orgánica. Es la ley de la ampliación y traspaso orgánicos. Noten nuevamente: orgánico.

Contemplemos el gran plan de salvación de Dios. Dios nos quiere para sí. Y esto no se debe tocar. El nos quiere totalmente, con todas las fibras de nuestro ser, más aún, con cada uno de nuestros instintos: el instinto filial, el paternal, el maternal, el fraternal y el esponsalicio. Dios es mi todo. Dios quiere que todos los instintos del amor y sus ramificaciones estén vinculados a él.

¿Qué significa aquí la ley del traspaso? No debo permitir que los hombres se queden en mí. Procuraré que crezcan más y más por encima de mí, adentrándose en el corazón de Dios. Por eso es tan importante distinguir entre "suplente de Dios" y "sustituto de Dios". El jefe no debe ser un sustituto de Dios, puede ser su representante o suplente. No debo permitir que los hombres se queden en mí.

¿Me permiten que exprese ahora estas ideas de manera sencilla? Dios es un sabio sicólogo que ha creado todo el organismo del universo. El nos alcanza desde lo alto un lazo, una cuerda. El nos quiere ligar con lazos humanos. Dios es "espíritu", sin embargo, actúa de una manera muy razonable para nuestros criterios humanos. Quiere atraer al hombre con lazos humanos. Por eso procura que nos ligue el amor filial, paternal o esponsalicio. Permite que nos vinculemos a hijos, padres y cónyuges. Pero Dios tira ese lazo hacia arriba y no descansa hasta que todo esté ligado a él. Lo central es siempre: orgánico.

La ley del traspaso y de la ampliación es siempre una ley del traspaso orgánico y de la ampliación orgánica. No digan: "¡Así procedemos!: ¡hemos amado a alguien durante ocho meses y seis días, ahora debe funcionar la ley del traspaso! ¡Adiós!" (...)

Estamos tocando temas serios. Consideremos todo desde el punto de vista de la ley del traspaso orgánico. Puedo asumir todo lo que es una vinculación sana y querida por Dios. Luego, orgánicamente, todo eso debe integrarse en mi unión con Dios. En la vinculación con el Dios Trino están también presentes todas las demás vinculaciones, aquí y en la eternidad. Así tenemos que imaginarnos la eternidad. De esa manera se puede entender la ley de la transferencia y del traspaso orgánicos. Estas son las dos leyes sobre las que se basa la vinculación personal y orgánica como principio educativo creador.

2. Textos tomados de "La santificación de la vida diaria"
Documento de 1937

"La Santificación de la vida diaria" fue un libro fundamental para el P. Kentenich. En él trata de exponer de manera positiva su visión de lo que es un hombre que cultiva intensamente el organismo de vinculaciones. El P. Kentenich señaló una y otra vez la especial importancia que revisten las partes segunda (La vinculación a las cosas) y tercera (La vinculación a las personas) de esta obra.

El primer texto, tomado de la introducción a "La Santificación de la vida diaria", permite vislumbrar cuál es para el P. Kentenich la importancia y la actualidad de esta concepción del organismo de vinculaciones.

El segundo fragmento constituye el texto central sobre la "vinculación profética a las cosas".

1. El organismo de vinculaciones

El santo de la vida diaria imprime a su rutina cotidiana una forma santa; el vive santamente a lo largo de la semana y de ese modo estampa en todo lo que hace el sello de la santidad. Trátese de alegrías o tristezas, de trabajo o descanso, de oración, conversación o simplemente caminar: por amor, todo lo hace extraordinariamente bien, vale decir, santamente.

Contempla, ama y vive lo natural y lo sobrenatural como una totalidad, como un organismo grande y vivo. La naturaleza es para él base y cimiento de la gracia, y por eso se deja remontar hacia lo alto por todas las cosas creadas, que son para él puente y señal hacia Dios.

Sí; lo creado es para él como un puente hacia Dios, una señal que le indica a Dios. Por eso, cuando de algún modo se le hace claro cuál es la voluntad de Dios, no vacila en ponerla en práctica, de volcarla a la vida. Cuando le toca observar algún hecho o hacer una experiencia concreta en su vida, levanta enseguida sus ojos a lo alto y se pregunta qué es lo que Dios le está queriendo decir con ello. Para él, conocer, amar y vivir están siempre entrelazados. El santo de la vida diaria es un verdadero artista de la vida, un maestro de la vida, y por eso es un don poco común que Dios hace a la humanidad de hoy. Lo que decía en su tiempo el Maestro Eckehardt: "Un maestro de vida es mil veces mejor que un maestro de cátedra"[141] vale quizás en la actualidad más que antaño. Y el santo de la vida diaria lo sabe.

Por eso aprovecha la lección que una vez, en la Edad Media, les diese un necio a un grupo de profesores eruditos. Estos se

---

141 Juego de palabras: *"Lebemeister – Lesemeister* (*leben:* vivir; *lesen:* leer).

hallaban discutiendo desde hacía un buen rato. El necio juntó coraje y se acercó a los eruditos solicitando que se le dejase plantear una pregunta, lo cual le fue otorgado. Entonces dijo lo siguiente: "¿Qué es mejor, saber lo que no se sabe, o hacer primero lo que se sabe?". Los profesores volvieron a enredarse en una discusión. Finalmente arribaron a una conclusión y le respondieron: "Es mejor hacer primero lo que se sabe y así resultará más fácil aprender lo que no se sabe". Entonces el necio les hizo una reverencia diciéndoles: "¡Señores míos! ahora saben lo que tienen que hacer". Y desapareció.

El santo de la vida diaria se esfuerza sinceramente por seguir este consejo. Conoce y vuelca a la vida aquellas palabras de la Sagrada Escritura: "El que obra según la verdad, va a la luz" (Jn 3, 21); y aquella otra: "No todo el que me diga: 'Señor, Señor', entrará en el Reino de los Cielos, sino el que haga la voluntad de mi Padre Celestial" (Mt 7, 21); o bien: "Yo *hago* siempre lo que le agrada a él" (Jn 8, 29). Por eso, el santo de la vida diaria procura que sus conocimientos y capacidades sean fecundos para la vida, y que su intelecto no se desarrolle unilateralmente a costa del corazón, la voluntad o la acción concreta. Algo similar ocurre en el reino de la naturaleza: todo organismo sano debe desarrollar la totalidad de las partes que lo integran. Por eso el dueño del huerto se disgusta cuando ve que un árbol frutal ha desarrollado un tronco fuerte, echado ramas o quizás, incluso flores, pero no da frutos.

De esta manera se comprende que los especialistas en el tema definan la santidad de la vida diaria como la armonía entre la vinculación a Dios, la vinculación al trabajo y la vinculación a las personas en todas las circunstancias de la vida. Armonía que a su vez ha sido querida por Dios y está marcada por el afecto. (...)

¿Qué sucede en cambio con las personas que a causa de la crisis de la cultura actual han caído en los lazos del naturalismo y del colectivismo? Las crisis de la cultura moderna obedecen, en efecto, a una u otra de estas dos corrientes ideológicas.

El *naturalismo* como orientación filosófica pretende explicar todo lo que es ser y acontecer sólo desde la naturaleza y sus leyes, negando lo sobrenatural. Así se coloca a la naturaleza en el lugar de la gracia. Según esta visión de las cosas, el ser humano tendría que poder redimirse a sí mismo. Sin embargo, a la desdivinización le sigue siempre la deshumanización; porque la gracia es protección y remedio para la naturaleza. Cuando en el ser humano ya no hay nada divino o sobrenatural, se convierte pronto en una máquina sin alma.

Sin embargo el ser humano no puede resistir mucho tiempo sin Dios. Los filósofos contemporáneos afirman por eso, muy certeramente, que el hombre actual desvinculado de Dios es como un lobo estepario que aúlla su hambre de Dios en medio del mundo, y merodea a medianoche alrededor de la tumba de su Dios asesinado.

También en los cristianos tibios solemos detectar ciertos matices de naturalismo. Por cierto no niegan al Dios Trino de la revelación ni su acción sobrenatural en el ser humano, pero no dan lugar a una influencia efectiva sobre ellos mismos ni sobre su vida personal. Su rutina diaria ya no tiene su dimensión de sacralidad, tornándose fría y desencantada porque ha perdido el contacto vivo con Dios.

En cambio, la santidad de la vida diaria hace de Dios el eje de la existencia cotidiana; y lo adora dondequiera que él se encuentre, incluso en nuestros hermanos y hermanas, y en toda la creación.

El colectivismo es una herejía de tipo antropológico, vale decir, una doctrina errónea que se dirige en contra del hombre mismo. Al igual que el naturalismo, separa al ser humano de lo sobrenatural, de su vinculación al Dios Trino, pero además destruye directamente la naturaleza en la medida en que corta sin miramientos las vinculaciones naturales a la familia, al hogar, a la tierra, creando así el modelo del hombre masificado e individualista, sin Dios, sin moral, sin personalidad propia y absolutamente desligado de todas las vinculaciones queridas por Dios.

El santo de la vida diaria puede y quiere superar de raíz el colectivismo, oponiéndole a esa desvinculación unilateral y contraria a la naturaleza, al hombre vinculado orgánicamente a Dios, al trabajo y a su prójimo. Un hombre no masificado, sino anclado en Dios, personalizado, sobrenatural y comunitario. (...)

2. La vinculación profética a las cosas

El santo de la vida diaria posee conocimientos claros y precisos en el campo de lo religioso y sabe aplicarlos con consecuencia en la vida cotidiana.

a. El santo de la vida diaria es consciente de que las cosas de este mundo no sólo tienen un valor en sí mismas, sino también un contenido simbólico. Todas ellas son pequeños profetas de Dios que, por mandato divino, dan alegre testimonio de él, de sus cualidades y propósitos, para así encender en nosotros un gran amor a Dios. Por eso ya San Agustín las llamaba *nutus Dei,* es decir, de sus cualidades y propósitos, vale decir, saludos o saludos de Dios.

Asimismo san Buenaventura se refiere a ellas como *manutergium Dei*. Con esto, nos quiere decir que por medio de las cosas Dios nos toma amorosamente de la mano, nos muestra en todo momento y lugar sus propias huellas y deseos, para así conducirnos hacia su corazón paternal. Si nos pusiésemos a enumerar todos los pequeños profetas que nos salen al encuentro a lo largo del día, no acabaríamos tan fácilmente de enumerarlos.

b. El santo de la vida diaria no sólo *escucha y entiende* magistralmente los numerosos profetas de Dios que se le presentan, sino que responde a sus mensajes *con un amor cálido y una vida de perfección*. Procura, en suma, que, en lo posible, todas las acciones e iniciativas de su vida cotidiana se conviertan en un único y gran acto de amor y de servicio a Dios.

3. Sobre el trabajo: Trabajar para Dios

El santo de la vida diaria en lo posible saca provecho de toda la realidad objetiva. El trabajo constituye para él una verdadera participación en la actividad divina, mediante la cual Dios crea y se comunica a sí mismo. A su vez, todo lo que Dios realiza con creatividad y amor tiene como meta superior y última su propia gloria y alabanza. De ahí que también el santo de la vida diaria quiera hacer todo para Dios, es decir, para su gloria y alabanza.

El fundamento de nuestro trabajo para Dios

El ejemplo del cristianismo ofrece al santo de la vida diaria un sustento sólido para su misión. Este ejemplo nos dice que todas las cosas creadas son pensamientos de Dios, pensamientos plasmados en este mundo concreto y cuanto más perfectamente se desarrollen, tanto más gloria darán a Dios y tanto mejor conducirán al mismo hombre hacia su Creador. Todo ser vivo, incluido el ser humano, lleva en sí este impulso hacia el desarrollo y la perfección. Por eso la pluma del poeta nos dejó aquellos versos:

> Todo hombre lleva
> dentro de sí
> la imagen de aquello
> que debe llegar a ser.
> Y su paz no será perfecta
> hasta no hacer,
> de esa imagen,
> una plena realidad."

El santo de la vida diaria descubre en el trabajo que realiza con los hombres y las cosas el medio previsto por Dios para desplegar en toda su perfección la idea divina que subyace en cada persona u objeto. Está convencido de que toda obra humana debe llegar a ser un reflejo de la idea que Dios tiene de ella. De lo contrario Dios no podría hallar una genuina complacencia en dicha obra, ya que él es la verdad misma.

Tomemos algunos ejemplos de la vida cotidiana para comprender mejor estos pensamientos:

Una señora está limpiando los vidrios de la ventana. ¿Acaso su trabajo no ilustra de algún modo la pureza y transparencia de Dios? Por otra parte, Dios posee la imagen ideal de una homilía, de una obra de arte, o de una conferencia científica. Y quiere que esa idea se haga realidad mediante la actividad y el esfuerzo humanos. La mirada de Dios se detiene con complacencia en una obra humana sólo cuando ella constituye una representación cabal de su idea divina. Precisamente porque en ella se hace patente algo de la gloria de Dios.

Pensemos también en la enfermera que trabaja infatigablemente durante el día y, muchas veces, incluso durante la noche, atendiendo a enfermos y moribundos. Aquí venda la herida de uno, más allá alivia la gangrena de otro, y a todos consuela, alienta y calma. Con su labor ella está reflejando una hermosa idea divina. Es como si la misericordia de Dios aguardase a esta enfermera para manifestarse al mundo de la manera más perfecta posible. De modo similar la justicia de Dios busca encarnarse ante los hombres en la persona del juez y su prudente dulzura y su sabia severidad quieren plasmarse en la figura del educador y del sacerdote.

Conozco a un médico que cumplía tan a conciencia su deber que muchas veces suscitaba la admiración de sus conciudadanos, aunque a veces también su sonrisa burlona. Para este hombre nada era sin importancia, todo tenía importancia. Vendaba una herida leve con la misma bondad y dedicación que curaba un cuerpo totalmente enfermo. Esta seriedad le granjeó la plena confianza de todo el pueblo. Desempeñaba su pesado trabajo sin dejarse aplastar por el desaliento, siempre con la misma serenidad y dedicación. Pero además era para la comunidad parroquial ejemplo de un cristiano profundamente religioso y observante. Al celebrar sus sesenta años de vida recibió el homenaje de todos, jóvenes y viejos, pobres y ricos. En esa oportunidad, nuestro médico dio un testimonio sobre su entrega a Dios, confiando a la gente la razón del fiel o fidelísimo cumplimiento de su profesión, cosa que algunas veces se había malentendido. *"En mi vida siempre me sentí en la presencia de Dios. Cada vez que alguien venía a mí a exponerme sus sufrimientos, yo me preguntaba cómo atendería Dios mismo a esa persona. Sí, Dios Todopoderoso y Omnisciente. Y ésa era la norma del trato que dispensaba a mi paciente. Vale decir que nada me parecía demasiado insignificante y en todo momento me planteaba la pregunta sobre cuál sería el plan de Dios."*

Una mujer de nuestro tiempo, ama de casa y dama de la sociedad -Lucía Cristina- nos escribe lo siguiente en su diario espiritual:

"En mi casa tengo que entretener a mis hijos mayores, hacer de modista y modelo, de directora de ensayos y empleada doméstica, enviar las invitaciones, etc...Pero allá arriba, por encima de todo, existe en mi alma algo así como una región luminosa y virginal donde el amor permanece en eterna oración".

Características de nuestro trabajo para Dios

El santo de la vida diaria no se contenta con el mero reconocimiento de la íntima relación que existe entre imagen original e imagen reflejada, sino que para él la santidad consiste sobre todo en el amor. *Por eso, en la imagen reflejada el santo de la vida diaria ama la imagen original,* es decir, ama a Dios. Y en la imagen original ama asimismo a la imagen reflejada. Tomemos un ejemplo: Cuando el santo de la vida diaria se esfuerza seriamente por lograr que en la limpieza y orden de su cuarto se vislumbre algo de la pureza infinita de Dios, está amando a la vez esa misma pureza divina con todo el corazón y con toda su voluntad y, en el fondo, a Dios mismo.

Esta manera de trabajar para Dios significa cultivar una vida de incesante oración. Además le brinda dos ventajas al santo de la vida diaria: Por una parte preserva a su conciencia de la dispersión y, por otra, concentra todas las fuerzas del amor que palpitan en él encauzándolas hacia la labor particular y concreta que tenga entre manos. Así la realizará con la mayor perfección posible y el fruto de sus esfuerzos será un trabajo de calidad. (...)

4. Sobre el amor

4.1. El amor instintivo

El proceso vital al cual se alude en este punto suele calificarse también como amor instintivo. Cuando y en tanto las personas están unidas por vínculos de sangre o por una afinidad espiritual espontánea, se habla de amor instintivo. Frente a este tipo de amor está el amor lúcido, purificado y transfigurado. Ambos se relacionan entre sí como impulso y virtud, instinto y voluntad.

La tarea del santo de la vida diaria no consiste en extirpar ese impulso de amor primario e instintivo, sino en ennoblecerlo, depurarlo y transfigurarlo.

El amor instintivo presenta tres características; es por naturaleza *primitivo, mezquino y egoísta*. Estas notas del amor instintivo le abren al santo de la vida diaria tres amplios campos de trabajo.

4.2. Amor primitivo

Resulta fácil comprender por qué el amor instintivo es primitivo. Basta pensar, por ejemplo, en el amor sexual, paternal, maternal, filial e incluso el de amistad, o bien en el amor a nuestros compatriotas. En determinadas circunstancias, la naturaleza, una apetencia natural o un impulso ciego del instinto, hacen que esos diversos amores actúen y se influyan mutuamente sin la guía de la razón ni la decisión lúcida de la voluntad.

El impulso del amor primitivo no lúcido surge espontáneamente en el área de los instintos y se nutre de ellos. No obstante, el amor primitivo ejerce una vasta influencia sobre el mundo de la cultura y fija grandes y valiosas metas a la educación. Es una fuerza creadora irremplazable a la hora de conservar, enriquecer, formar e infundir vida y espíritu a la existencia humana. ¿Cómo habría de asegurarse sin este tipo de amor la continuidad del género humano y el cuidado del hijo?

El santo de la vida diaria lo considera como una *llamada de Dios* a la puerta que determina en forma decisiva el grado y la orientación de su amor al prójimo. Pero también es comparable a un *campo* fertilísimo sin cultivo y cubierto de malezas; campo que lo desafía a desplegar toda su fuerza educativa y que recompensará en abundancia el trabajo invertido, siempre y cuando el santo de la vida diaria sepa aplicar los adecuados medios naturales y sobrenaturales.

Por eso, ¡feliz quien posee un fuerte amor instintivo presente en las diversas facetas de su existencia y personalidad! Ciertamente deberá prepararse para enfrentar serias crisis pero, con la gracia de Dios y su propia colaboración humana, lúcida y perseverante, su vida alcanzará una incomparable riqueza y fecundidad.

Esta fe en la educación del amor primitivo se nos revela con especial intensidad en el pensamiento y enseñanzas de san Francisco de Sales[142]. Al igual que los demás grandes maestros de espiritualidad, Francisco es consciente de que la purificación

---

142 San Francisco de Sales, prelado francés, 1567-1622. Obispo de Ginebra, fundó la Orden de la Visitación. Escribió *Introducción a la vida devota*.

y ennoblecimiento de los instintos no es posible sin la práctica de una moderada renuncia. Pero a la vez él trata con sumo cuidado de "bautizar" toda la calidez y la fuerza que subyacen en los instintos y ponerlas al servicio del amor al prójimo.

Vivimos en una época gravemente amenazada por el colectivismo y, por lo tanto, en continuo peligro de negar los valores del alma y del corazón, de caer en la despersonalización y la masificación. En tales tiempos no hay que avergonzarse de aprender de santos como san Francisco de Sales, y vale la pena estudiar, examinar o investigar por lo menos su método de formación y educación de un hombre nuevo y más personalizado.

El santo de la vida diaria ofrece las mejores condiciones para alcanzar este último objetivo. Para él la santidad reside en la armonía querida por Dios entre la vinculación a Dios, la vinculación al trabajo y la vinculación a los hombres. Se trata además de vinculaciones marcadas por el afecto y de una armonía que se debe guardar en todas las circunstancias de la vida.

Sí; en el caso del santo de la vida diaria, el afecto marca no sólo su vinculación a Dios y al trabajo, sino también su vinculación al prójimo. Porque hoy más que nunca es necesario ese afecto en la relación con los demás. ¿Por qué? Porque el capitalismo y la revolución industrial han dejado huellas en nuestra manera de concebir y experimentar la vida y el mundo, haciéndonos sentir así, y más de lo que nos imaginamos, como piezas desechables de un engranaje, como mera mercancía. De ahí que a pesar de los progresos en todos los campos de la actividad humana, no podemos eludir nuestra sensación de vacío interior ni la propensión a sumarnos a las psicosis de masa y dejarnos tratar como simples números. Allí donde el colectivismo detenta el poder, el mundo se va tornando día a día más y más frío; y el ser humano se revela progresivamente como una "bestia rubia" o como un "animal gregario"[143].

Quien percibe tales realidades o cómo se relacionan estas realidades, vislumbrará la enorme importancia que reviste en la actualidad la correcta educación de los instintos, de los sentimientos y de los afectos, a fin de lograr una mejor convivencia humana. Todos debiésemos estar verdaderamente agradecidos de tener en san Francisco de Sales un guía confiable en medio de la inseguridad espiritual que reina hoy. El fue a la vez santo y doctor de la Iglesia. Asimismo otras lumbreras en el cielo de la santidad y de la sabiduría nos señalan el mismo camino, cada uno en fidelidad a su propio estilo o carisma.

Tomemos, por ejemplo, a San Ignacio de Loyola[144]. Con sus Ejercicios no sólo quiere ayudarnos a comprender intelectualmente las verdades de la fe, sino, también y sobre todo, a gustar y degustar las cosas divinas.

Y al parecer, san Francisco de Sales tiene una misión especial en este mismo campo. Su amor a Dios es ardientemente afectivo. Por su actitud espiritual, resulta fácil comprender que su amor al prójimo, siempre en consonancia con el amor a Dios, sea hondamente afectivo y espontáneo. Por otra parte, no lo perturba saber que su estilo en este punto sea opuesto al de otros santos. (...)

---

143 Expresiones del filósofo alemán, Friedrich Nietzsche (1844-1900), propias de su concepción del hombre como "superhombre".

144 San Ignacio de Loyola, religioso español, 1491-1556, fundador de la Compañía de Jesús. Escribió *Ejercicios Espirituales* (1548), obra ascética.

Cualquiera no logrará, como San Francisco de Sales, unir estrechamente el amor instintivo con la "santa indiferencia"[145], de modo que se beneficien recíprocamente. Quizás algunos, en razón de un justificado temor, deban mantener las riendas más firmemente a fin de prevenir peligrosos desbordes de los instintos. Sea como fuere, san Francisco de Sales logró armonizar brillantemente esta unión. Por eso se presenta ante nuestros ojos como un ejemplo clásico, en especial de la santidad de la vida diaria que se cultiva en medio del mundo.

Quien sepa purificar y ennoblecer en Dios el amor instintivo y primitivo, no sólo estará forjando un hombre nuevo y redimido tal como lo reclama el tiempo actual, sino que, a su vez, ayudará a rechazar las acusaciones que se le hacen al cristianismo de ser inhumano, antinatural y artificial.

4.3. El amor mezquino

Al igual que los instintos, también el amor instintivo y primitivo está sujeto a grandes limitaciones. No es capaz de proyectarse por sus propias fuerzas más allá de un marco determinado. De este modo se abre otro campo de trabajo al santo de la vida diaria que aspire a ser perfecto en todo. Pero podrá pasar bastante tiempo hasta que logre vincularse a todas las personas con un amor genuinamente cristiano y respetuoso de los diferentes grados de la caridad.

La experiencia cotidiana nos muestra la estrechez que tiene por naturaleza el amor primitivo en sus diversas manifestaciones.

---

145 La "santa indiferencia" es un concepto en la ascética que se refiere a la total disponibilidad ante aquello que Dios nos pida. En lenguaje de Schoenstatt equivale al Poder en Blanco".

Sin autodisciplina, el entorno en el cual vivimos y amamos como personas espirituales se nos hará relativamente pequeño.

Tomemos, por ejemplo, el amor maternal meramente instintivo. Es cierto que no se lo suele encontrar frecuentemente en su forma extrema. Cuando se da un caso de este tipo, la gente común suele descalificar este amor tachándolo de "absorbente", vale decir, de insano, corto de miras, mezquino, hipersensible, falto de objetividad y egoísta hasta lo patológico. Esto lo perciben también muchas personas que rechazan el cristianismo, pero que, sin embargo, lo aceptan en sus convicciones y costumbres.

Cuando el amor filial, conyugal e incluso el de amistad se tiñe de un tal mero primitivismo, se producen infinitos malentendidos, recelos y riñas. Porque cuanto mayor sea la mezquindad con que se manifieste el instinto, cuanto más imperiosa sea su exigencia de exclusividad, tanto mayor será su capacidad de irritar y herir al otro. Por eso Nietzsche aconsejaba "no apegarse a nadie, ni siquiera a la persona más amada; porque todo ser humano es una cárcel, y también un escondrijo".

Las personas que en su juventud compartieron su caudal de amor sólo con muy pocos, con el paso del tiempo se van haciendo mezquinas hasta vaciarse interiormente. Por eso, cuando, por ejemplo, se casan se convierten en malos esposos y padres poco cariñosos. Así lo enseña la experiencia. Sólo el amor querido por Dios, el que mantiene la vinculación con Dios, hace al hombre libre, alegre y fecundo; ese amor humano participará más y más en la riqueza inagotable del Creador, quien da continuamente de sí mismo, sin por ello empobrecerse nunca.

En la antigüedad los paganos tenían un concepto de patria basado unilateralmente en este amor primitivo. De ahí que sólo la nación propia fuese la importante. Quien no pertenecía a ella, era considerado un extranjero y tratado como enemigo y, más tarde, como bárbaro y, de todos modos, como un ser sin derechos, sin defensas, sin valor. En este punto Israel fue una excepción ya que, por lo menos, los extranjeros que vivían en su tierra estaban bajo el imperio de la misma ley que regía para los hijos de Jacob.

Entre los paganos de entonces, el individuo no era nadie sin sus derechos de ciudadanía; no se reconocía ni el núcleo de su personalidad, ni se le adjudicaba el valor como persona. Sólo el Estado era quien valía; y sólo por él y en él se otorgaba al individuo su derecho a existir y su valor propio. Siguiendo a Aristóteles, los filósofos de la antigüedad consideraron al ser humano como un ser social, como *animal sociale.*

Cuando recurrimos hoy a esta definición aristotélica, lo hacemos sólo para subrayar que el ser humano tiene por naturaleza la tendencia a reunirse y asociarse con su prójimo. Los antiguos interpretaron esta inclinación como un impulso innato a conformar estados y a sancionar el sometimiento del individuo a la masa.

El cristianismo trasciende el estrecho marco impuesto por cualquier tipo de amor primitivo. Acaba con toda estrechez de miras y derrama la luz de la fe sobre los hombres en su conjunto, sin hacer acepción de personas, permitiéndoles verse en su grandeza y dignidad, semejantes a Dios. Cuando Dios establece su morada en el alma del cristiano, desaparece la estrechez de corazón como la escarcha al resplandor del sol de la mañana, porque Dios ama todo y no odia nada de lo que ha creado.

De esta manera el cristianismo contribuyó a la exaltación del valor de la persona cristiana y proclamó un nuevo ideal cristiano de comunidad, inspirado en la comunidad prototipo de la Santísima Trinidad y que puede ser formulado de la siguiente manera: *Conformación de una comunidad lo más perfecta posible, integrada por personas del mayor nivel de perfección posible. Y ambas, comunidad y personas, basadas en primer lugar en la fuerza elemental y fundamental del amor.*

El mundo de hoy ha echado en el olvido todo lo que su cultura debe al cristianismo en este sentido. Fue el cristianismo el que enseñó que el hombre está íntimamente unido a Dios y es creatura hecha a imagen y semejanza de su Creador, tanto en el plano natural como sobrenatural. Con estos postulados el cristianismo sentó las bases de la inviolabilidad de la dignidad humana y de la libertad interior del hombre, sin por ello arrancarlo de la comunidad en la cual Dios quiere que esté integrado, sea ella natural o libremente elegida.

San Agustín nos recuerda que uno de los castigos más grandes para los cristianos de su tiempo era el destierro. Según la doctrina cristiana, el ser humano pertenece, en primer lugar, a Dios y luego, siempre en dependencia de Dios, pertenece en parte a sí mismo y en parte a la comunidad. (...)

La práctica del verdadero amor al prójimo y la conformación de una auténtica comunidad se hacen posibles sólo cuando el individuo se experimenta y se relaciona con los demás como persona. En cambio aquel que esté totalmente absorbido por la colectividad se comportará como un ser social solamente mientras sus fuerzas estén comprometidas en el servicio de esa colectividad. Pero en cuanto se lo ponga en libertad y quede abandonado a su propio arbitrio, volverá a dar señales de flagrante egoísmo. Precisamente porque es típico del colectivismo que, cuando el individuo se separa de la masa, pierde su valor de persona y no reviste ya ninguna importancia. Y por eso puede ser tratado sin respeto alguno. En un sistema con tales características la práctica de un verdadero amor al prójimo aparece como absurda.

El reconocimiento de la dignidad y de la nobleza de la persona cristiana imprime a *la obediencia, a la convivencia, al mando y al gobierno* cristianos una sacralidad especial. Así pues, el subordinado se inclina profundamente y con libertad soberana, ante Dios que está detrás de la autoridad establecida. El superior es para él un representante de Dios, pero no un sustituto de Dios. De ahí que prestar obediencia no es en último término un servicio humano, sino divino. (...)

El santo de la vida diaria domina el arte de santificar todas sus vinculaciones y de hacer de ellas un servicio divino. Cuando desempeña el papel de subordinado sabe, a la luz de la fe, que es Dios quien, a través de sus superiores, quiere hablarle, guiarlo y santificarlo. El santo de la vida diaria aspira a la cumbre más alta en todo aquello a lo cual se dedica. No se conforma con el cumplimiento exacto, rápido y perfecto de lo que se le ordene o pida, ni tampoco se contenta con poner su mejor voluntad en la tarea confiada, sino que lucha por conquistar el grado más alto de la obediencia, la obediencia de la razón, una sana obediencia ciega.

Y así parte siempre del presupuesto de que todo aquello que le ha sido mandado por sus superiores es justo. Si percibe en cambio que lo ordenado no es tan conveniente como debería ser, le advierte a su superior sobre ello con una actitud de sinceridad y respeto. Si a pesar de esta observación la autoridad no modifica en absoluto su parecer, entonces el santo de la vida diaria "baja las luces" del ojo meramente natural del entendimiento –pone en práctica la obediencia ciega– y deja que la luz de la fe resplandezca en su alma con mayor intensidad aún.

Esa luz de la fe le mostrará con claridad que cuando los hombres sólo se esfuerzan en amarlo, Dios sabe enderezar hacia el mayor bien todas las cosas, incluso las torpezas de los superiores. Y lo hace en armonía con los planes de su divina Providencia. De ese modo el santo de la vida diaria seguirá recorriendo su camino sin caer en la amargura ni permitir que se empañe su relación con la autoridad.

Esto no le impedirá que, cuando él mismo deba decidir en el futuro sobre un caso similar, dé la solución y trate el caso como él lo considere justo ante Dios. Por lo tanto, el santo de la vida diaria cultiva el equilibro entre sinceridad ante los superiores, iniciativa propia y obediencia respetuosa.

4.4. El amor egoísta

En todo amor terreno se observa que el que ama tiende a apegarse a su propio yo, a referirlo todo a ese yo. Cuando el amor terreno se estanca en el nivel de lo meramente instintivo, llega incluso a asumir rasgos de narcisismo y de obsesión por sí mismo. De ahí que el santo de la vida diaria trate, y con éxito, de conservar un sano amor a su persona sin caer en el egoísmo y de poner también ese amor al servicio de Dios.

No hace falta explayarse mucho en la descripción del egoísmo. Egoísta es, por ejemplo, el amor de la madre que no puede renunciar a su hijo, a pesar de que esa renuncia sería necesario o útil para que éste desarrolle sus capacidades, organice su propia vida, ejerza una profesión o bien pueda seguir una vocación más importante o trascendental.

De manera similar, el amor de amistad e incluso el filial pueden tornarse fuertemente egoístas. En ese caso, el que ama buscará continuamente la presencia del otro, reunirse y desahogarse con el otro, sin tomar en consideración las necesidades que éste pueda tener en cuanto a su salud, profesión o trabajo. Este tipo de amor primitivo tiene efectos particularmente perjudiciales en la vida de una comunidad, aun cuando pretenda ejercerse bajo la máscara de un genuino amor filial, paternal, maternal o de amistad. Las divisiones, el descontento, la sensualidad, la rebeldía, la mediocridad y la infecundidad de una comunidad suelen ser las secuelas que deja en ella el amor primitivo. ¡Cuántas cosas buenas se han frustrado en el mundo y en la Iglesia a causa de este tipo de amor primitivo! Muchas son las formas en las que se manifiesta: a veces como egoísmo individual, otras como egoísmo colectivo. (...)

El santo de la vida diaria sabe interpretar correctamente las palabras de san Francisco de Sales. Y así, en lo que se refiere a la educación de su amor propio, se guía por tres principios:

En primer lugar, está convencido de que u*n amor propio ordenado constituye una gran virtud,* y que aquí en la tierra no existe un amor totalmente desinteresado. El santo de la vida diaria conoce también los grados superiores del amor y aspira a todos ellos con la ayuda de la gracia. Pero no por eso desprecia el amor de concupiscencia, que puede contemplarse como meta o bien como fruto de los esfuerzos y aspiraciones del hombre en el campo de las virtudes. Muchas personas quizás no puedan alcanzar otro grado de amor, ya sea durante un cierto tiempo o bien definitivamente. En efecto, ellas aman a Dios y cumplen con sus mandamientos para ser así más ricas espiritualmente, interiormente más maduras, perfectas, puras y fuertes. Para ellas, haber logrado esto ya es mucho.

También el santo de la vida diaria experimenta este perfeccionamiento de su naturaleza como consecuencia de la entrega a Dios, aun cuando no siempre haya aspirado expresamente a ello. Por otra parte, Jesús mismo nos propuso el amor propio como medida para el amor al prójimo.. (cfr Mt 19,19) (...)

El santo de la vida diaria aplica estos principios a su vida práctica, *y no renuncia de antemano y en general a amar y ser amado en forma ordenada.* Sólo Dios es quien puede sugerirle de manera inequívoca esta renuncia a través de situaciones concretas o bien de íntimas inspiraciones. Porque el Amor eterno ha orientado la naturaleza humana hacia el amor y ha creado el instinto de amar como uno de sus instintos primordiales. (...)

El santo de la vida diaria *se guarda muy bien de no alimentar el anhelo de recibir el amor de alguna persona en particular*, vale decir, de un amor humano que no parezca querido por Dios, en vista del estado de vida que se profese o de la naturaleza de la vinculación que se tenga con el prójimo. (...)

Al mismo tiempo, el santo de la vida diaria se atiene a lo siguiente como una ley inmutable: *Cada momento de comunión espiritual con personas por las cuales el corazón siente una simpatía natural debe redundar en la profundización de la vinculación a Aquel de quien la persona amada es sólo un pálido reflejo; a Aquel que reúne en sí, como en un gran mar, todas las perfecciones, y en comparación con el cual toda amabilidad creada nos parece como una pequeñísima gota.*

El trato *exterior* está reglamentado por los principios de la delicadeza, la libertad interior y la integridad que exige el estado que se profesa. Se evitará por tanto las conversaciones que signifiquen pérdida de tiempo y energía o bien que contribuyan a relajar la disciplina. Todo lo que obstaculice o vaya en detrimento de la formación, la actividad laboral o el crecimiento silencioso y fuerte en las cosas de Dios, será juzgado como una falta de verdadero amor.

Por último, el santo de la vida diaria considera que *él no es digno de ser amado en particular,* y por lo tanto está dispuesto, si Dios así lo quisiere, a hacer esta renuncia. Y se repite la misma consigna cuando llega la hora en que Dios le retira todo tipo de amor humano de que gozaba, a fin de purificarlo y hacer de él una plena y exclusiva posesión suya.

Para prepararse a tales pruebas, el santo de la vida diaria lucha con denuedo por desasirse de todo amor *pecaminoso* hacia las creaturas. (...)

Pero no se conforma con dar estos pasos, sino que va más allá aún. Y así tampoco tolera que ningún amor *meramente instintivo o natural* gane terreno en su corazón, trátese tanto del amor a los padres, hermanos o parientes como a sus superiores, subordinados o hermanas y hermanos de comunidad.

En la oración constante el santo de la vida diaria pide a Dios el don de poder conocerse a sí mismo verdaderamente. Y de ese modo su visión se aguzará a la hora de descubrir las más sutiles manifestaciones del egoísmo en sus numerosas ramificaciones.

El santo de la vida diaria experimentará como un acto de egoísmo de su parte cuando, en la realización de buenas obras, no busque tanto a Dios y lo divino como *la satisfacción de sus propios gustos; cuando abuse de su eventual cargo de superior para atender primero sus propias necesidades* y descuidar el bienestar de sus subordinados; o bien cuando —sea cual fuere el puesto que ocupe— *procure obtener ventajas personale*s en detrimento del prójimo.

La vida cotidiana —en especial la comunitaria— ofrece muchísimas oportunidades de caer en tales tentaciones. Así, se busca entonces el trabajo mejor, el cuarto mejor, el lugar mejor, el instrumento mejor y se deja a los demás lo peor. En este capítulo se incluye también la carga que suponen para el prójimo nuestras malas costumbres, nuestra falta de orden y limpieza. Solemos ser muy cómodos y no nos tomamos el trabajo de corregir o cambiar seriamente nuestros malos hábitos. Y así dejamos que otros padezcan por ellos.

El santo de la vida diaria cifra todo su esfuerzo en aprovechar correctamente todas estas pequeñas y pequeñísimas oportunidades de crecimiento. *Sabe ejercitar con tesón el "agere contra"* para dominar rápidamente cualquier impulso egoísta de su corazón. Así soporta con benevolencia e incluso con alegría los pequeños "alfilerazos" que le aseste su prójimo; y buscará precisamente el trato y la compañía de aquellos que le resulten antipáticos o que lo hayan herido.

Sin embargo todo esto no basta, por lo general, para arribar a la meta. Hace falta que Dios mismo intervenga y nos envíe la experiencia de la desilusión. De lo contrario la persona no alcanzará el grado de la abnegación; cumbre que es necesario escalar si se quiere pertenecer totalmente a Dios.

3. Textos sobre el organismo de vinculaciones
(Documento de 1939)

En este pasaje de la Segunda Acta de Fundación de 1939 se crea la expresión "organismo de vinculaciones" y la formulación clásica de las "leyes que rigen el mundo".

Organismo de Vinculaciones

Segunda Acta de Fundación

El carácter marcadamente mariano de nuestra Familia nace de su historia. Responde a la ley divina de gobierno, orden y perfeccionamiento del mundo y a la realidad sensible de nuestra naturaleza humana.

Dios, en su sabiduría y respeto por las criaturas gobierna al mundo a través de causas segundas. El tiene a bien participar a las cosas y a las personas sus propiedades, derechos y poderes. Desea, al mismo tiempo, que hagamos objeto a éstos del amor y afecto que a él pertenecen. Y que, a través de ellos, le devolvamos ese amor y afecto. Así nace un gran organismo de vinculaciones.

El Dios infinitamente bondadoso creó en la Santísima Virgen un ser a quien hizo participar sobreabundantemente de sus propias cualidades. Él quiere y desea, por consiguiente, que nos sirvamos de María como de un santo vínculo al cual nos unamos íntimamente, para ser elevados, junto con ella, hasta su propio corazón.

No siendo nuestra naturaleza puramente espiritual, sino también sensible, expresa sus ansias de eternidad en un profundo anhelo de encontrar seres que sean transparentes de Dios.

El Todopoderoso, en su infinita bondad e infinita sabiduría, se hace cargo plenamente de esta necesidad de nuestra naturaleza. Nos envió a su Hijo Unigénito, en quien tenemos su rostro paternal vuelto hacia nosotros. Nos dio la variedad de los santos. También ellos tienen, a su manera, esa misma misión. Igual papel desempeña la persona de la Santísima Virgen. Dios la creó, se podría decir, en un "éxtasis"; por eso es de un modo relativamente perfecto como un espejo de las perfecciones divinas. Quien la contempla y se entrega a ella, se acerca a Dios de manera extraordinariamente profunda, es cautivado por su grandeza y se siente elevado hacia su corazón de un modo sencillo y eficaz.

María es para nosotros portadora oficial de Cristo Hombre y Dios. Ella nos lo trae y es su sierva. Aquel que la encuentra, ha hallado la vida y recibe la gracia del Señor.

Esta posición objetiva que tiene la Santísima Virgen en el plan divino, se manifiesta en forma extraordinariamente clara en la historia de nuestra Familia. La "bendita entre todas las mujeres" es a quien la Familia debe su origen. Y ella es también, al mismo tiempo, parte de su misión e ilustra en forma gráfica todo su método de trabajo.

Anexo I.

Entrevista a Pablo Siegel
Verónica Muñoz

Wolfgang Siegel nació en Hamburgo en 1920. A los 17 años abandona Alemania junto a su familia. En 1939 llega a Valparaíso donde conoció a gente de la Acción Católica y se bautizó con el nombre de Pablo. A través de los padres palotinos conoce el Movimiento de Schoenstatt, del cual se transforma en uno de sus fundadores en Chile. Conoció personalmente al P. Kentenich en 1948 y estableció con él un estrecho vínculo personal; como hablaba alemán, su relación con él fue fluida. Esta entrevista, que realizó Verónica Muñoz, da cuenta de ello.

En 1952, durante la última visita del P. Kentenich a Chile, participó y fue testigo de la celebración de Pentecostés, de la alianza de amor del grupo Sicut Ventus en el santuario Cenáculo de Bellavista y del acto de fidelidad que sellaron el grupo de los Caballeros del Fuego y el grupo Sicut Ventus con nuestro Padre. Por eso hemos querido poner esta entrevista como un anexo a los textos citados.

Pablo contrajo matrimonio con María Angélica Lemm en 1956; tuvieron cuatro hijos. Como matrimonio, ingresaron al primer grupo de la Federación de Familias. Estudió pedagogía en inglés y luego hizo estudios de posgrado en Connecticut y en Harvard, y fue profesor de la Universidad Católica de Chile durante decenios.

¿Por qué tuvieron que venirse?

Porque mi papá era enemigo del régimen, de ascendencia judía y además de otra orientación y todos habríamos terminado en el campo de concentración, como efectivamente sucedió con mis tías y mis abuelas. Tengo una foto de esa época; una foto con mis cuatro hermanos, el de la izquierda soy yo; esto ya en Italia, donde fuimos primero, después de salir de Alemania.

¿Cómo supo del Movimiento de Schoenstatt?

Tomé contacto con los Padres palotinos en el Cerro Alegre, en Valparaíso, la comunidad de los mismos sacerdotes a los cuales había pertenecido el P. Kentenich; había co-hermanos suyos que habían estado con él en el noviciado. También vi una imagen de la Mater, sin darme cuenta de qué se trataba; estaba en una nave lateral de la Iglesia. Incluso, una de las futuras fundadoras de la Rama femenina del Movimiento en Valparaíso, Benedicta Deiber, fue madrina mía cuando me bauticé. Allí conocí el Movimiento de Schoenstatt. Algo curioso es que mi papá me había aconsejado hacerme católico… Pero la razón que me dio fue que era la religión mayoritaria en Chile… Eso no me impresionó mucho… Tenía 19 años…

La primera vez que fui a ver al P. Kentenich no resultó mucho; fui más por curiosidad, pero no por una verdadera inquietud. La segunda vez fue porque había conocido a la gente de la Acción Católica, que me había impresionado profundamente y, mal que mal, uno estaba muy solo como inmigrante. Con la colonia judía no teníamos ningún contacto; con la colonia alemana, que era nazi, menos contacto… Por lo tanto, estábamos muy solos… Había gente chilena que nos abría sus casas y los podíamos visitar; ellos nos decían que nos sintiéramos como en nuestra propia casa…Eran abogados, ingenieros…Esto era muy impresionante para un joven de 19 años…

¿Y cómo toma contacto con el Movimiento de Schoenstatt?

Estando en la casa de los palotinos, quise leer algunas cosas que fueran actuales; allí subí al segundo piso donde había un desván y saqué un libro. Era una biografía de Vicente Pallotti que la leí y la encontré muy interesante. Además, allí había un montón de hojas sueltas, medias amarillentas, impresas, escritas con letra gótica, que arriba tenían la imagen de la Mater y una frase que decía: *Un siervo de María nunca perecerá;* además otra leyenda que decía: *Para apoyo o inspiración mutua, para contrarrestar los ideales amenazados en tiempos difíciles…* Pensé, un pasquín de gente piadosa… El formato no era atractivo…, en tamaño oficio, a dos columnas… Lo iba a dejar de lado cuando vi las palabras bombas, trincheras, heridos… Lo que yo había leído en mi juventud era de guerra, de tal manera que allí estuve en mi salsa… Y empecé a leer… Me senté en un baúl y leí como dos horas… Y después me llevé el paquete de hojas a mi casa… Y conocí al sacerdote que mandaba todo esto y que se llamaba JK… Conocí también a José Engling, a Hans Wormer, a los congregantes héroes y la correspondencia que tuvieron entre ellos y Schoenstatt, y de Schoenstatt para con ellos, con consejos y pláticas del P. Kentenich, mezclados entre medio como orientación. Adentrándome más en esto, me di cuenta que era un órgano de difusión del Movimiento que, a través de esta revista, llegaba a mucha gente y que en las trincheras se pasaban estos ejemplares. Supe que había muchos que querían ingresar al Movimiento, pero como no se podía, porque no había internado, decidieron fundar la Congregación externa que fue el origen de la Federación Apostólica.

¿Y cuándo conoció al P. Kentenich?

En el año 1948, el P. Kentenich estuvo por primera vez en la casa de la calle Manuel Montt y yo lo conocí allí, en Manuel Montt. La primera vez que vino a Chile no lo pude conocer.

¿Y cuál fue su impresión?

Yo había estado en el noviciado de los palotinos durante dos años y estaba acostumbrado a los palotinos. En su casa, había un ambiente muy familiar. Para mí, la imagen de los palotinos, con su hábito y esa especie de pequeño manto que llevaban cocido (la esclavina) y el cíngulo negro, me eran familiar. El padre tenía los mismos gestos, los mismos giros, las mismas expresiones que usaban los palotinos. Me recordaba mucho a mi papá; tenía los mismos ojos chicos y del mismo color; era más bien bajo, a pesar de que yo lo recuerdo más alto que yo. Pero él era más bajo que yo…

¿Y cómo tomó contacto con el P. Kentenich? ¿Le pidió hora…?

El padre Luis Brautlacht, que me había bautizado, me dijo que el P. Kentenich estaba en Chile. Yo le dije que quería verlo. Me respondió que fuera a verlo, así, simplemente…

Y yo fui desde la casa de los palotinos en Avda. República, donde estábamos, a la casa de las Hermanas, en Manuel Montt. Toqué el timbre y me abrió la Hna. Henrietta, alemana, una persona gordita, canosa, sonriente. Me preguntó: ¿Qué se le ofrece…? Y le dije: Quiero hablar con el P. Kentenich. Y ella me respondió: ¡¿Ah, sí…?! Y me miró de arriba abajo, creyendo que podría ser un hombre que pedía alguna cosa, alguna ayuda…

Yo estaba acostumbrado a hablar con los padres palotinos sin problemas; no había ninguno con quien yo no hubiese hablado…Había conocido al superior de los palotinos en Chile… Bueno, la Hermana me hizo entrar y me dijo que esperara un momento. Ella subió al segundo piso. Bajó con una expresión en su cara un tanto extrañada y me dijo que el P. Kentenich me recibiría… Tuve que esperar unos diez minutos. Creo que P. Kentenich seguramente estaba dictando cartas, o escribiendo textos, ayudado por alguna Hermana Mariana. Seguramente tenía mucho que escribir porque era el año de la constitución del Instituto de las Hermanas de María (1948).

Bajamos a un locutorio; creo que allí había un piano. El se sentó al lado de una mesa y yo a su lado y empezamos a conversar. Teníamos muchos recuerdos en común. Recordamos a un co-hermano suyo del mismo tiempo de su noviciado y que había muerto en Chile. Le comenté que este sacerdote había tenido muchas dificultades en su labor de profesor en Chile, que los alumnos se le subían al piano…Le dije: "El P. Kaufmann era muy bueno…" Y el P. Kentenich me respondió: "Sí, era muy bueno, pero es malo ser demasiado bueno…" Esto lo recuerdo como si fuera hoy… Después le comenté que el P. Kaufmann había tenido líquido en las piernas, lo que significaba una falla al corazón. Le comenté que una vez había dicho que tenía muchas ganas de vivir por mucho tiempo para hacer muchas cosas… Y el P. Kentenich, serio pero muy cariñoso, me dijo: "Bueno, puede ser también que es demasiado humano…"

Yo no tenía idea que el P. Kentenich había estado en un campo de concentración y por lo que había pasado. Me di cuenta que era muy cercano; uno podía tener mucha confianza con él, casi de igual a igual, pero, sin embargo, estaba muy por sobre uno… Y eso es lo curioso, esa tensión entre lo cercano y lo lejano que se daba con él, pero en ningún momento sentí miedo o algo parecido… Él estaba muy interesado en la situación de Chile; me preguntó mucho por el P. Alberto Hurtado. Había concertado una entrevista entre los dos pero, en último momento, no resultó. El P. Hurtado se excusó y no pudo ir a la entrevista. En todo momento, el P. Hurtado intuyó que Schoenstatt iba a ser una fuerza en la Iglesia Católica, una fuerza muy positiva. En una ocasión, señalando hacia el sur, desde su cama, con una sonrisa, mostrando sus grandes dientes, porque estaba ya muy demacrado, dijo: "María va a obrar grandes cosas…" Esto fue claramente una alusión al Movimiento de Schoenstatt. Sucedió recién en el año 1952; Schoenstatt recién había tenido los primeros 7 u 8 novicios… Todo el Movimiento éramos unas 40 personas solamente…

¿Qué rasgos le impresionaron del P. Kentenich?

Lo curioso y lo grande con el P. Kentenich era que no preguntaba cosas de la vida de uno con el propósito de hacernos un favor… Uno no se sentía frente al psicólogo que le hace un favor para tratar de aclararle las dudas, ni tampoco uno se sentía auscultado por él… Él estaba genuinamente interesado en la situación de Chile y yo era su interlocutor y quería sacarme el jugo sobre Chile; y una conversación con un estudiante universitario le ayudaba en esto… Yo, a su vez, tenía preocupaciones y problemas y se los planteé con toda franqueza, a medida que iba entrando en confianza con él. Fue una relación muy llana, muy fácil. Indudablemente, a veces no era fácil, me daba "plancha" contarle ciertas cosas, no por él sino por mí mismo, por las situaciones que había pasado, por las "trancas personales", como se dice ahora. Era muy fácil conversar con él; tenía muy buen sentido del humor. Nunca lo vi tomar algo en forma trágica; enojado sí, pero no trágico.

Una frase que lo revela de cuerpo entero. En una ocasión le dije: "Padre, yo nací de antepasados judíos, pero fui educado como protestante, de tal manera que no soy miembro de la comunidad judía; tampoco nunca me he sentido alemán; soy emigrado, estoy en Chile; soy convertido católico, pero apenas soy católico, y no soy chileno… entonces, ¿qué soy yo…?" El Padre, cuando respondía, te miraba a los ojos… Me miró muy tranquilo y me dijo en alemán: "Muy sencillo, tome lo mejor de los tres…" Cuando me lo dijo, no me sentí muy tranquilo; quedé descontento, pensando que su respuesta no había sido muy concreta… Pero después, en la casa, pensándolo bien, me di cuenta que había dado muy en el clavo. Y en realidad, más al leer lo que San Pablo dice: "Yo quiero ser todo para todos, judío con los judíos, romano con los romanos…"

Es curioso, el Padre era muy universal… Tenía un sentido del humor muy exquisito… Poco antes del 20 de junio de 1952, al final de su estadía en Chile, lo fui a ver y le dije: Padre, quería verlo una vez más…" Y me dijo rápidamente: "Entonces, míreme…" Su humor era muy sencillo y rápido.

¿Cuál fue el mejor consejo que le dio…?

El mejor consejo fue lo siguiente: La mejor manera de ser sobrenatural, de conquistar la vida interior, es ser enteramente idéntico a sí mismo, ser natural; mostrarse a sí mismo, ser completamente hombre, ser muy hombre, realizarse profesionalmente, buscar su propio núcleo de enseñanza, su propia estrategia…

Quizás el consejo más profundo y que tiene que ver con su misión es éste: "Mire, en este siglo, todos están más o menos neuróticos y enfermos psicológicamente. Y la única forma de sanar esto no es ponerse a rezar como locos sino cultivar los vínculos humanos que debemos. Esto es algo que tiene que darse; no lo podemos forzar. Lo único que usted puede hacer es no cerrarse a los vínculos humanos. Porque hay mucha gente que tiene problemas y se encierra en sí mismo y los problemas que tiene empeoran y no se abre… Usted, al vivir solo, tiene que mantenerse abierto y esperar lo que pase…"

Esto fue muy cierto. Lo que no me había dado cuenta era que el P. Kentenich me había regalado las primeras vinculaciones humanas y muy profundas. El P. Hurtado también me lo había dado. Pero yo siempre buscaba algo más… El P. Hurtado, mal que mal, había nacido acá, a pesar de que tenía una cultura universal muy grande; había estado en Bélgica mucho tiempo. Pero el P. Kentenich entendió perfectamente todo mi pasado, porque había vivido en Alemania igual que yo, vivió el mismo tiempo pasado.

¿Usted ya pertenecía al Movimiento de Schoenstatt en su juventud…?

Esto puede extrañar a mucha gente. El P. Kentenich jamás me hizo proselitismo schoenstatiano; ni siquiera de la Iglesia. No me habló de Dios, ni de la alianza de amor, ni de la Mater, ni de los grupos, ni de la Federación… Claro, yo lo escuchaba en las pláticas, pero no eran para mí… Yo tenía más o menos claro la estructura organizativa de la Federación… Casi no necesitaba hablarme de Dios… A través de una entrevista me di cuenta que Schoenstatt era Federación y Liga. Después supe que había Hermanas de María. Y, en ese tiempo, yo decía: La Federación es para mí… El P. Kentenich nunca me habló de ello. Sin embargo, en la medida en que hablaba con él, me di cuenta que una de las cosas que tenía el grupo era que parecía muy perfecto, con muchos propósitos… Yo era más "al lote", más artista… Un día, la segunda vez que le hablé del grupo, le dije: "En el grupo nunca abro la boca, porque creo que no soy digno de hablar, porque ellos son demasiado perfectos y yo soy demasiado pecador…" Y lo que me dijo fue muy sorprendente: "Con mayor razón tiene que hablar…" Y en ese contexto me dijo muy concretamente: "Usted tiene que realizarse profesionalmente y, además, si puede, realizarse en el apostolado religioso, ¡fantástico…!" Esto fue lo más religioso que me dijo.

Y desde ese momento empecé a hablar y pude influir decididamente en el grupo. Conocí a Mario Hiriart, lo que fue algo providencial, a Jorge Morales y otros, y formamos un sub grupo y rompimos toda esa tiesura ética y nos acercamos muy fuertemente a otra corriente. Hicimos escuela; éramos 20 y después se formaron otros subgrupos Nos reuníamos en mi pieza, que estaba en la plaza de La Alcaldesa, en Bilbao con Los Leones.

Rezábamos juntos y cocinábamos en grupo. Estábamos muy comprometidos.

El punto culminante de todo esto fue Pentecostés del año 1952. Antes de la Misa, el padre se paseaba conmigo entre los abedules, cerca de la actual Casa del Padre. Me preguntó por las últimas noticias que aparecían en el diario. Le dije que en Francia e Italia los comunistas habían avanzado considerablemente; habían obtenido casi el 25% de la votación. Y el Padre empezó su plática con esto. Inició su plática diciendo: "Pentecostés, un llamado al radicalismo, al idealismo y al totalitarismo, porque hoy en día avanza considerablemente el otro frente". Era el tiempo de la guerra fría.

Algo muy típico suyo, era iniciar sus pláticas partiendo de conversaciones con otros; siempre estaba al tanto de las noticias, aunque no tenía el tiempo de leerlas. Me acuerdo patentemente que cuando leí las primeras revistas de los primeros tiempos de Schoenstatt, me di cuenta que el P. Kentenich insertaba recortes de los diarios en estas revistas. El padre estaba siempre muy al tanto de todo lo que pasaba; hasta el final, hasta el último año, sabía perfectamente lo que estaba pasando. Pocas veces había visto al P. Kentenich así; estaba gozando la plática que daba; hablaba del espíritu de entrega, del radicalismo de la entrega; de ver todo a la luz de la fe; estaba totalmente en lo suyo, convencido de lo que decía.

Hablaba muy bien. Se notaba que había sido profesor de latín. La antigua generación sabía de oratoria y preparaba muy bien sus pláticas… Pero el padre también sabía improvisar, hacer alusiones a personas… Esa plática debe haber durado media hora; en ella desarrolló tres puntos…

Lo más emocionante fue en la tarde. Se consagraba el Grupo *Sicut Ventus*. Se arrodilló en el comulgatorio y escuchó muy serio la oración. Y habló a la Mater en forma muy espontánea.

Luego habló del significado de la consagración. Las consagraciones son como escalar una montaña, atados unos a otros por una cuerda, donde todos son responsables de todos; la Mater nos acoge tal como somos. Esa plática fue muy hermosa.

Yo estaba un poco agotado porque había participado todo el día en estas ceremonias. Y había asistido un poco como intruso, porque allí se reunían dos grupos: los *Caballeros del Fuego* y el *Sicut Ventus*.

Después, estos dos grupos salieron y rodearon al padre e hicieron algo que yo, en ese tiempo, no entendí… Después supe que había sido un acto de fidelidad al padre, acto de séquito. [146] En ese tiempo no se podía decir esto. Era el 1 de Junio, un día de mucho frío.

Después salimos y caminamos por un camino de maicillo. El padre caminaba firme y fuerte porque era el único ejercicio que hacía. Fue la única oportunidad en que no me hizo hablar; hablaba él, estaba eufórico, emocionado, se notaba que quería hablar… Me dijo: "Esto lo quise toda mi vida en Alemania y no lo he podido conseguir de la juventud masculina; que tomaran con toda naturalidad lo natural y lo sobrenatural, que se comunicaran entre sí, con toda sencillez, el mundo sobrenatural…;

---

146 Pablo confunde un poco los hechos. El P. Kentenich celebra en la mañana de Pentecostés; en la tarde preside la alianza de amor del grupo *Sicut Ventus*. Luego, mas tarde, se reúnen los dos grupos con el padre en el santuario. Él se hinca frente al altar y lo rodean los dos grupos, leyendo un coro hablado (Pablo estaba también en el santuario). Cuando termina el acto de fidelidad, el padre se pone de pié y da la mano a cada uno.

que no tuvieran inhibiciones frente a María; que dijeran lo que sentían... Eso es algo admirable y en muchas partes no lo entienden. Y quiero decirle otras cosas, pero en público no lo quiero decir. Mucha gente no me entiende esto... ”

Y éste es uno de los puntos de por qué él estuvo en el exilio. Él decía que sanar la vida de la Iglesia Católica en Alemania y la Iglesia en el ámbito occidental en general, no se lograría sólo por un movimiento sobrenatural sino que se tenía que tener la experiencia de una paternidad vivida, la experiencia de una maternidad vivida, la experiencia de una fraternidad vivida; es decir, padre, madre, hermanos vividos. Si no, Europa se des-cristianizaría… En el fondo, ese bolchevismo (del cual hablaba el P. Kentenich) era un bolchevismo cultural, que era mucho más grave que el otro bolchevismo (político y económico). En el fondo, él estaba hablando de la importancia de los vínculos humanos. Y me dijo: “Y esto es lo que hemos visto hoy, en la noche, en forma tan clara. Y esto era lo que yo trataba de decirle todo el tiempo. Por eso, usted vincúlese sanamente y se sanará…”

Realmente este momento fue muy hermoso y me sentí con-fidente suyo y él confidente mío. Esto era muy característico del padre; cuando se fiaba de las personas, él decía: “Yo sólo digo algo a las personas cuando estoy seguro de ello...” Como se dice: “En la confianza está el peligro”… El padre no conocía este dicho… El padre no era temerario, confiaba.

¿Qué ha significado para Angélica, en concreto, haber conocido al P. Kentenich, estar en el Movimiento…?

Creo que tanto Angélica como yo nos dimos cuenta que el matrimonio es muy importante y el cónyuge es muy importante para uno. Pero que hay algo más allá del matrimonio, y es el tercero en el diálogo y que es de uno: es el Movimiento, el grupo, Dios, la Mater, la Alianza… Concretamente, Angélica, en el matrimonio, ha tenido una experiencia de padre que tal vez en su vida natural no la tuvo, por muchas razones… Y yo, una experiencia de vinculación a María que, de otra manera, no la habría tenido. Estaba mi mamá, pero mi mamá era más ética. En Angélica he experimentado mucho la vinculación a María. Esa transparencia… Como dice san Juan, "el que ve a su prójimo, ve a Dios". Y eso, en el P. Kentenich, era muy patente.

¿Qué significa el P. Kentenich después de haber estado tantos años en el Movimiento?

Creo que es una roca sobre la cual uno se afirma. Lo que dice Jesús en el Evangelio. Es el punto de orientación firme. Uno puede cometer muchos errores, ir de un lado para otro…. Pero realmente, las orientaciones del P. Kentenich han sido válidas hasta aquí, comprobadas hasta aquí y te marcan una ruta. Es algo inagotable, es un punto de orientación en el cual uno se puede confiar y afirmar.

Anexo II.

Carta del P. Benito Schneider
10 de octubre de 1955

En 1955 se declaró los inicios de la controversia que se dio en la naciente Familia de Schoenstatt en torno a Bellavista. Ésta se centró fundamentalmente en la interpretación del contenido y sentido de la Misión del 31 de Mayo. Es en ese contexto en que el P. Kentenich escribe en su Crónica de 1955. Sus palabras se pueden comprender mejor si se tiene conocimiento de esta carta enviada por el P. Benito Schneider a los seminaristas en Friburgo, Suiza. De esta carta transcribimos lo que se refiere directamente al 31 de Mayo.

A raíz de esta carta, Humberto Anwandter —en ese momento uno de los seminaristas chilenos en Suiza— hizo llegar al P. Kentenich su opinión al respecto.

(…) Cuán fácilmente podríamos dar ejemplo de perfecta unión en que todos acepten el mutuo complemento mutuo para enriquecernos y cuán grande sería el placer de la Mater. El P. Kentenich entiende la Misión del 31 de Mayo en este sentido, pero no en una unilateral acentuación del espíritu latino en contraposición al germano. El P. Máximo Trevissan, siendo latino y sudamericano, tiene la impresión de que se hable acá demasiado del peligro del espíritu alemán malo pero sin ver con la misma claridad los defectos latinos de los sudamericanos. Yo personalmente me he desnacionalizado tanto en espíritu para cumplir una misión puramente espiritual en Chile y en el mundo -sin negar naturalmente mi naturaleza humana- que me importa poco un sentimiento patrio alemán. A todos mis jóvenes les llama la atención -pienso también en los profesionales del grupo familiar en el puerto- mi amplitud y apreciación positiva de las cualidades chilenas... Años atrás, me decían los asesores de la Acción Católica que nunca habían conocido un sacerdote extranjero y ante todo anglosajón, que comprendiera tan bien la mentalidad chilena. Y mis jóvenes me han dicho siempre que comprendo los problemas chilenos mejor que la mayoría de los sacerdotes chilenos. Pero yo pienso en los padres que vienen de Europa y que deben trabajar con ustedes más tarde, y que han luchado por la integridad schoenstatiana, y pienso en las Hermanas Marianas que siendo alemanas no son menos integrales[147] que los chilenos.

No pensemos pues en contraposiciones primitivas. Hay algo superior que nos une, que es la causa común y el complemento mutuo. Incluso al aceptar la plena complementación mutua no se debe acentuar tanto como si fuera más importante que la unión absoluta en la alianza.

---

147 En el texto: integralistas

Por eso tienen las fechas del 18 de octubre, del 20 de Enero, del 20 de Mayo, del 22 de enero y la fiesta de la Reina de los Apóstoles más importancia general que el 31 de Mayo.

No demos a una misión particular, transitoria, de modalidad schoenstatiano-chilena, un significado general-fundamental-absoluto. Por las especiales circunstancias en que vivimos, es justo una acentuación de la Misión del 31 de Mayo. Pero considero en ella más importante para los chilenos el querer dejarse complementar por lo que son capaces de dar sus cohermanos de otro pueblo para recristianizar su nación, enriqueciéndola con nuevos aportes, que hablar tanto de dar lo que a los alemanes falta.

O con otras palabras: vosotros vais a cumplir mejor vuestra misión allá siendo tan integrales a medida que demuestren la igualdad o superioridad en aquello en que los europeos se fijan exageradamente, que es el deber, la profundidad e ideas solamente. Este es el principio que he aplicado acá en Chile tanto a mí y a las Hermanas Marianas, en mis retiros en que he hablado varias veces de la necesidad de conocer, querer y apreciar valores latinos. Y el P. Kentenich me decía, ya años atrás: lo que yo he aprendido de las Hermanas en su carácter de mujeres, lo aprendió usted de los chilenos. Se refirió a la mayor sencillez y espontaneidad en la piedad.

El P. Kentenich entiende la Misión del 31 de Mayo sólo sobre la base de una modalidad schoenstatiana chilena en el sentido de desposorio entre dos mentalidades, pero no en el sentido de una consciente o inconsciente contraposición entre los schoenstatianos integralistas de Chile.

Yo reconozco ampliamente que en Chile y por mentalidad chilena me he hecho mucho más sencillo y filial frente a Dios y la Mater y por eso todos los chilenos con que he trabajado han aceptado siempre sin ningún resentimiento mis observaciones sobre Chile y los problemas de Chile. En cuanto depende de mí ayudo también a los Padres nuevos a que aprendan a amar a Chile y su gente como yo la amo, a comprenderla en sus valores positivos para disminuir sus defectos característicos por la acentuación y cultivo de lo positivo.

Carta del P. Humberto Anwandter

Las diferencias que vemos entre el P. Benito y el P. Ernesto podemos concentrarlas en 5 puntos principales. Como es el caso de cada esquematización, existe aquí también el peligro de una cierta acentuación que quisiéramos evitar en cuanto podamos.

1. La concepción de la Misión del 31 de Mayo

Para el P. Benito (según su última carta), la Misión del 31 de Mayo reside esencialmente en un complemento mutuo o nupcias entre dos distintas mentalidades, es decir, la latina con la alemana. Por eso la fecha 31 de Mayo tiene menos importancia que otras como por ejemplo, 20 de Enero, 22 de Enero, 20 de Mayo, 18 de Octubre, etc. Y la misión es particular y pasajera, de una modalidad chileno-schoenstatiana que no tiene ninguna validez general y no tiene significado de principio.

Nosotros creemos que esa complementación, que reconocemos y encontramos necesaria (como para cada pueblo es el caso, ya que un pueblo perfecto es un mito) la recibimos en y por Schoenstatt; la educación de nuestro pueblo en el sentido del hombre nuevo y de la nueva comunidad es el sentido del 20 de Mayo de 1949, bendición del Santuario de Bellavista, donde la Madre tres veces Admirable ha sellado con nosotros (como en el 18 de Octubre de 1914), la Alianza de Amor y se ha querido mostrar como la gran Educadora de nuestro pueblo chileno (Plática del P. Kentenich, 20 de Mayo de 1949).

Para nosotros la Misión del 31 de Mayo estriba en una cruzada por el pensamiento orgánico y en el restablecimiento de todo el organismo de vinculaciones naturales-sobrenaturales. Concretamente dicho: una cruzada por el Schoenstatt integral con un marcado carácter sobrenatural como obra de Dios, que tiene como requisito un pensamiento orgánico. En esta misión, en la cual todos los integrales, consciente o inconscientemente, son portadores (porque hasta ahora "el 31 de Mayo es un gran desconocido en la Familia", P.K.). Creemos nosotros que los pueblos latinos tienen que dar una especial contribución por su sanamente originaria seguridad instintiva católica, que les hace creer más fácil y evidentemente la creyente y vital aceptación de nuestro mundo schoenstatiano. También creemos que nuestro Santuario de Bellavista deberá jugar un rol especialísimo porque desde allá el torrente de gracias, que nos había llegado desde el antiguo Schoenstatt en la plenitud de la *Tercera Acta de Fundación,* volverá reforzado al Santuario original (Plática del 31 de Mayo de 1949)

Nuestra Familia en Chile se siente especialmente responsable por la Misión del 31 de Mayo, pero no como única portadora; por el contrario, queremos ganar a todos los otros para ello y a todos los integrales que no conocen el 31 de Mayo mostrarles esta responsabilidad y su respuesta en el sentido del *Acto de José Engling.*

2. El método de educación schoenstatiana

Aquí se podría nombrar muchos puntos, pero me limitaré al más importante: La comprensión de la relación entre vinculación y actitud en la educación mariana.

El P. Benito cultiva al mismo tiempo y paralelamente ambas: vinculación y actitud (mejor dicho = formas de vida), y cuida de que cada crecimiento en la vinculación corresponda en el grado de la actitud. O más precisamente, se crean formas; ¡la forma exterior de vida para que la gracia adquiera un nuevo fundamento natural! Así el alma puede alcanzar un nuevo grado de vinculación, el cual será por su lado asegurado por la correspondiente nueva actitud o forma exterior de vida. Así sigue el desarrollo en un paralelo y recíproco proceso de crecimiento. Si no, existe el peligro que, en un crecimiento unilateral de la vinculación, sin el cuidado correspondiente y consciente de la actitud, tarde o temprano se quiebre, porque hay ahí un entusiasmo afectivo, donde la gracia todavía no tiene un sólido fundamento natural para poder seguir construyendo.

Nosotros vemos aquí un peligro de principio mecánico, en el cual el amor y sus leyes de crecimiento no han sido considerados como un todo, sino que separados. Vinculación y actitud, o vinculación y forma de vida, son considerados como dos todos independientes y paralelos. También hay aquí una sobreacentuación (estimación ante) del principio: *Gratia supponit naturam*, y una cierta disminución de la otra función: *Gratia serva perficit et elevat naturam*.

El P. Ernesto cultiva y acentúa la vinculación personal, sencilla y vital a la persona de la Santísima Virgen en la Capillita. También a él (como padre espiritual) a la comunidad (grupo) y a la misión; a los ideales y tradición de la Familia (aquí corresponde también la vinculación al P. Kentenich como Padre y Fundador de la Familia, a José Engling y a los congregantes héroes, a las Hermanas, a la historia de la Familia en Schoenstatt y en Bellavista, etc.). Los jóvenes desde un principio, gradual y orgánicamente, son llevados a un contacto con nuestra específica vinculación orgánica schoenstatiana, de manera preferente con nuestro misterio mariano de Schoenstatt. Al principio él no exige ninguna nueva forma exterior de vida o comportamiento de vida como condición para ser schoenstatiano (fuera del mínimo necesario: examen particular y horario espiritual), sino que trata de despertar vida y aumentarla y así crear una corriente de vida que, por propia dinámica de una necesidad interior, cree las correspondientes formas de vida como expresión y como seguro. Así empiezan los jóvenes a conocer, a estimar, a amar a Schoenstatt y cuando ellos están enteramente captados viene lo que nosotros llamamos "crisis del crecimiento", donde por impulso interior son llevados a una autodecisión. Porque yo soy schoenstatiano -(no porque yo quiero ser schoenstatiano)- puedo esto y esto -(v.gr. baile, teatro, etc.)- rehusar; y después positivo: tengo que actuar de esta manera porque corresponde a mi actitud y forma de vida schoenstatiana.

Nosotros vemos el amor como la ley fundamental del mundo y como la fuerza fundamental del hombre, como el único poder que lo puede captar hasta el más profundo núcleo de su personalidad. Cuando hemos conquistado el corazón, hemos captado entendimiento y voluntad, vida sensitiva y afectiva, actuar racional e irracional.

El amor tiene tres efectos capitales o fuerzas principales: una fuerza unitiva (que crea la vinculación); una fuerza asemejativa (que crea la actitud); una fuerza creadora conformadora (que crea las formas exteriores de vida). Pero las tres se pertenecen juntas y forman un todo que se desarrolla según determinadas leyes de vida y crecimiento, y así fluye una tras la otra en dependencia orgánica, y no se las puede separar. Vinculación, actitud y formas exteriores de vida son como raíz, tronco y ramas en un árbol; cuando se siembra la semilla y ésta empieza a desarrollar sus primeras raíces, no se necesita cuidar también paralelamente el tronco, esto viene por sí solo cuando la raíz está firme y profunda en el suelo; cuando viene el tronco es seguro que vendrán también las ramas.

El educador, como el jardinero, tiene que entender este proceso de vida y observar su regularidad, y ayudar por su actividad para que este desarrollo orgánico llegue a su término y no haya ningún mal camino. Si quiere que las ramas crezcan debe alimentar las raíces.

3. La valorización del alma chilena

El P. Benito escribió sobre esto un trabajo especial donde él compara el alma alemana, española y chilena, y da un juicio del estado actual de nuestro pueblo (mujer, hombre, sacerdote, etc.). No necesito ir en detalles, para esto bastan las citas (ver citas)

El P. Benito está ya desde hace tiempo en Chile, es bien dotado sicológicamente, por lo tanto su juicio tiene valor. Nosotros creemos que en algunas observaciones, en casos concretos, tiene razón (aunque prácticamente sólo señala los defectos y en especial los que se refieren al terreno ético), pero cuando quiere generalizar y dar un juicio definitivo sobre nuestro pueblo y sus diferentes estados, no lo podemos aceptar. Lo que él dice, (no en casos concretos sino que en general), por ejemplo sobre el hombre, la mujer, los sacerdotes, la juventud, etc., nosotros de ninguna manera lo podemos afirmar. No queremos hacer ninguna apología de nuestro pueblo, que ciertamente sufre pesadas fallas en la educación, pero sin embargo, tenemos que permanecer fieles a la verdad. Junto a esto, lo que el P. Benito dice sobre las virtudes morales y éticas del alma alemana, no queremos ponerlo en duda, sólo señalar que aquellos de nosotros que estuvieron en Olpe no se llevaron un cuadro general tan optimista, tal vez porque se trataba de una generación de postguerra.

Justamente donde el P. Benito ve las fallas fundamentales de los chilenos, vemos nuestra fuerza y tendencia fundamentales que, a causa del pecado original y por una naturaleza no educada, tienen una desviación que actúa y parece como defecto. Pero aquí, en esta captación aparecen nuevamente los criterios y métodos de ambos educadores.

El P. Benito ve que la rica afectividad y sensibilidad, o la vida afectiva del alma chilena ha degenerado (lo ve como un hecho general) en un debilitado sentimentalismo y un sensualismo peligroso hasta el sexualismo. Por lo tanto no se debe trabajar sobre esta base, sino que al contrario, poner el acento en la formación del carácter y en la purificación ética. Por eso en Schoenstatt no se debe hablar mucho sobre la pedagogía de la Alianza sino acentuar la santidad del día de trabajo; no tanto de cruces negras y de entrega total sino más de contribuciones al capital de gracias y de propia superación en la vida. Se tiene que educar al chileno en el espíritu de sacrificio por la metódica formación del carácter y no a través de una positiva educación de la vida afectiva hacia el heroísmo, porque el simple entusiasmo permanece sólo "fuego de paja": que no tiene ningún efecto real en la vida.

El P. Ernesto, por el contrario, ve en la estructura fundamental del alma chilena la especial capacidad o receptividad para el amor (no sólo visto afectivamente) y su mundo de valores, que toca sobre una rica vida afectiva. El alma chilena tiene una tendencia al heroísmo que trae consigo un cierto desprecio o poca valorización de la vida diaria cotidiana; esta tendencia fundamental como cada tendencia natural ha sido tocada por el pecado original y si no es educada, permanece dirigida hacia abajo. Esta disposición natural para el amor puede degenerar en sensualismo y sexualismo, pero no *debe*; al contrario, cuando es educada y sublimada por una formación orgánica del corazón (¡no sólo formación del carácter!) puede captar íntimamente la personalidad toda y obrar milagro de transformación también en el terreno ético. El P. Ernesto trabajó consciente y consecuentemente en esta dirección, lleno de confianza en el poder del amor (el natural y el sobrenatural porque en la vida práctica no se pueden separar). Cuando esta tendencia natural es unida orgánicamente a las personas e ideas adecuadas, como sucede en nuestro organismo schoenstatiano de vinculaciones, es conducida gradualmente toda la persona de adentro a afuera, hacia arriba, y no sólo voluntad y entendimiento. El camino para la santidad del día de trabajo no está para nosotros fundamentado bajo un imperativo ético para alcanzar la *perfección* sino que ve que en cada pequeñez de la vida diaria se puede desarrollar un heroísmo real y que en esto está la mejor *muestra de amor* a la Mater ter Admirabilis.

No nos mueve una conciencia del deber sino que una conciencia del amor que capta corazón, entendimiento y voluntad.

4. Diferencias en torno a Bellavista

Junto a estos tres puntos en los cuales hemos tratado de señalar las diferencias principales entre el P. Benito y el P. Ernesto, como a nosotros nos parece, quisiera también agregar algo sobre las diferentes expresiones que se han formado con la palabra "Bellavista" y la consideración mecánica que pudiese significar falso nacionalismo.

En primer lugar, quisiera decir algo de lo que Bellavista mismo significa para nosotros.

Bellavista tiene para nosotros el mismo significado que Schoenstatt (ya el nombre) porque allí encontramos las realizaciones concretas de nuestro mundo schoenstatiano: nuestra Capillita y nuestra Familia de Schoenstatt; allá conocimos nuestra Alianza de Amor con la Mater, y las más grandes decisiones por Ella y su Obra se han hecho allá. Allá conocieron, los primeros de los nuestros al Padre y Fundador de nuestra Familia de Schoenstatt, y también algunos recibieron el hábito de nuestra Sociedad de sus manos. Se podría todavía seguir nombrando tales cosas pero esto nos basta. En una palabra, Bellavista ha llegado a ser para nosotros realmente un hogar.'

Pero todo esto lo vivimos y experimentamos en una consciente dependencia de Schoenstatt como Santuario original y en una clara conciencia de miembro pues sólo somos una parte de toda la Familia schoenstatiana en todo el mundo.

Quien no ve esto orgánicamente nos hará el mismo reproche que algunos no schoenstatianos hacen al Movimiento en su actitud frente a la Iglesia, es decir, que nosotros hablamos de Schoenstatt y muy poco de la Iglesia.

La expresión "Señora de Bellavista", que la usamos en oraciones privadas pero siempre bajo la advocación oficial de Madre tres veces Admirable de Schoenstatt, y de ninguna manera para sustituir Schoenstatt por Bellavista, sino notando bien que la vinculación con el Santuario original la tenemos en y a través de Bellavista. Esa expresión fue usada por nosotros por primera vez en Olpe porque allá la pregunta fue reflexivamente colorada: ¿a cuál Santuario debemos unirnos espiritualmente: directamente a Schoenstatt o a Schoenstatt por Bellavista?

Hablamos también de "espíritu de Bellavista" desde que el 31 de Mayo empezó a ser consciente y ahora último fue creada la invocación *"Regina Bellavistae da nobis spiritum terrae tuae"*. Bajo esto entendemos el espíritu de Schoenstatt que reina en Bellavista y que está vivo en nuestros grupos y el que ha inspirado todas las formas de vida originales y típicas chileno-schoenstatianas en nosotros (v.gr. campamentos, esquinazos a la Mater, la vida peculiar de los grupos, etc.).

Sabemos que estas formas originales de Bellavista son algo típico del Schoenstatt chileno, es decir, modalidad de schoenstatiano Pero el espíritu que hay adentro y que las inspira creemos que ese espíritu lo hemos expresado en distintas maneras: v.gr. como un amor vital, crucificado y victorioso o como una fe vital, visionaria y sobrenatural de Schoenstatt.

5. Sobre la persona del padre Ernesto

 Para terminar, quisiera decir todavía algo sobre la persona del P. Ernesto y su significado para nosotros y de tal modo aclarar algunos malos entendidos e interpretaciones erróneas y también cargar sobre nuestros hombros con la responsabilidad de iniciativas que no vienen de él.

El P. Ernesto es para nosotros nuestro *Padre* espiritual (era no sólo nuestro *director* espiritual o confesor) y nos consideramos sus hijos espirituales; él es nuestro Padre porque nos ha regalado su vida y su amor. El fue el instrumento mediato por el cual llegamos a nuestro mundo schoenstatiano y, por así decirlo, el que nos hizo nacer en nuestra Familia schoenstatiana (naturalmente que esto ocurrió por nuestra Alianza de Amor con la Mater).

Digo con intención que él nos ha regalado su vida para mostrar el modo y manera cómo él nos introdujo en Schoenstatt. No nos suministró sólo ideas, no se limitó a enseñarnos sólo aislados principios schoenstattianos, para que nosotros endendiésemos intelectualmente esa fuerte síntesis y después pudiésemos aplicarla lógica y sicológicamente, sino que él, desde un principio, nos ha conducido a una corriente de vida todavía más poderosa, unir armónicamente la naturaleza con la supranaturaleza, cuyo centro y fuente reside en la Capillita. Y él nos ha dado todo en tal forma que nosotros siempre teníamos la impresión no son sólo sus ideas -(aunque siempre decía que eran del P. Kentenich y de Schoenstatt)-, sino que su sentido de vida, camino de vida, misión de vida, es decir, en otras palabras: su propia vida.

El P. Ernesto es también el Padre espiritual de nuestros grupos y ellos lo han visto poco a poco, reflexiva y conscientemente, muchos ya a través de un acto de fidelidad -(que siempre es dirigido a la persona del P. Kentenich, en la persona del P. Ernesto como reemplazante; pero en último fin a la Mater ter Admirabilis y al Dios Trino)- lo han expresado. Esto sucedió por primera vez cuando el debió venir a Roma y se temía que no volviera. El acto de fidelidad directo al P. Kentenich lo hicieron ya nuestros primeros grupos, cuando el Padre estaba en Chile e iba al destierro en Estados Unidos. Por esto, este nuevo acto al P. Ernesto fue visto siempre como una renovación y aplicación concreta del otro. Eso era una corriente en nuestros grupos, los "ernestinos", y nosotros no hicimos ninguna exigencia a los otros, "benitinos", que tenían otro desarrollo y eran reservados en las vinculaciones personales. Por el contrario, nosotros creímos que, con el tiempo, llegarían a la misma actitud frente al P. Benito, así como nosotros con el P. Ernesto.

Ya hace tiempo se produjo una cierta tensión entre los grupos del P. Benito y el P. Ernesto a causa de los distintos métodos de ambos educadores; v.gr. algunos "benitinos" decían que no se debería aceptar a colegiales en el Movimiento, como e P. Ernesto lo hace, porque no tendrían la suficiente formación intelectual y madurez para captar y conocer a Schoenstatt; o algunos "ernestinos" decían que los "benitinos" tuviesen muy poco contacto personal con Bellavista, etc. Pero todo esto fue siempre más o menos como una sana y santa emulación que, con el tiempo, iría desapareciendo.

A pesar de esto en los dos últimos años se fue acentuando más especialmente desde que la Misión del 31 de Mayo está consciente y viva en nuestros grupos. Nosotros notamos que los "benitinos" así no sabrían nada sobre el 31 de Mayo y para ellos nada especial significaba. La tensiones empezaron a ser mayores aunque sólo los viejos y los jefes lo notaran.

Ahora en nuestra... (texto perdido) palabra y lo seguimos. Si en este trabajo incompleto -que nos hemos atrevido a escribir apoyados en oraciones y sacrificios especiales de muchos cohermanos- se encontrasen algunos errores, estamos anticipadamente dispuestos a reconocerlos, y esperamos que la Mater ter Admirabilis lo hará todo nuevamente bien. Es por esto que queremos terminar con dos lemas que el Padre de la Familia nos ha dejado como testamento especialísimo en la plática del 31 de Mayo de 1949:

Mater ter Admirabilis, tua res agitur. Clarificate! Mater perfectam habebit curam!

Y nosotros hemos agregado... et victoriam!

Indice